als →Stiftung bes. Seelmessen an Gedenktagen (drei Tage, eine Woche, ein Monat oder ein Jahr nach Tod oder Begräbnis) gelesen werden. Am Datum des Sterbetages wurde üblicherweise im Chor nach dem Vortrag des Martyrologiums an die in →Necrologien verzeichneten Personen erinnert. Im 11. Jh. verbreitete sich von →Cluny aus der Brauch, am Tag nach →Allerheiligen der Seelen aller Toten zu gedenken; ab 1311 allg. als anniversarium omnium animarum festl. begangen.   A. Rüther

Lit.: LThK² X, 277 – J. BIARNE, Le Temps du moine d'après les premières règles monastiques d'Occident (Le Temps Chrétien de la fin de l'antiquité au MA, 1984), 99–128 – M. HUGLO, L'Office de prime au chapitre (L'Église et la mémoire des morts dans la France médiévale, ed. J.-L. LEMAÎTRE, 1986), 11–16.

**Totenroteln** (engl. *obituary rolls*, frz. *rouleaux des morts*; →Rotulus), basierend auf dem Dogma von der Gemeinschaft der Hl.n, nach dem ein myst. Band zw. Lebenden und Toten besteht, müssen in Verbindung mit den →Gebetsverbrüderungen (fraternitates, societates usw.; →Memoria, Memorialüberlieferung) gesehen werden, die seit dem 8. Jh. auftreten, ausgehend von der ags. Welt (Einfluß des hl. →Bonifatius, †754). Bei den Klerikern bestand der Wunsch, die Namen der Verstorbenen ihrer Gemeinschaften durch Dokumente des Totengedenkens, die zur Versendung bestimmt waren und von Boten (→Botenwesen) befördert wurden, bekanntzumachen. Zwei Typen dieser Dokumente bildeten sich heraus: kurze Mortuarien und die eigtl. T.

Die kurzen Mortuarien (breves, brevia; →Brief), die in der Regel von kleinem Umfang waren und daher zumeist nur schlecht überliefert sind, konnten in regelmäßigen Abständen zw. zwei kirchl. Institutionen ausgetauscht werden: in den meisten Fällen wurden sie, nach dem Zeugnis der monast. Consuetudinalüberlieferung, in mehreren Exemplaren hergestellt und den Empfängern überbracht. Sie bieten in der Regel einfache Namenslisten.

Rasch erhielten jedoch die eigtl. T. das Übergewicht; sie enthielten zum einen die Todesmitteilung (encyclica), zum anderen die Eingangsbestätigungen (tituli) der einzelnen Kirchen, denen die T. überbracht worden waren. Dieser Typ des Dokuments existierte während des gesamten MA bis ins 16. Jh.; der Totenrotel des John Islip, Abt v. Westminster († 1532), der wegen der Aufhebung der engl. Kl. durch Kg. Heinrich VIII. nicht mehr kursierte, kann gleichsam als 'terminus ad quem' angesehen werden. Für das gesamte MA beläuft sich die Zahl der bekannten T. auf ca. 300, die entweder als Originale (vollständig erhaltene bis 30 m Länge, einige Opisthographen, häufiger aber fragmentar. überkommene Exemplare), in Kopien oder durch Erwähnungen überliefert sind. Das erste erhaltene Exemplar von Bedeutung ist der Totenrotel des Abtes Hugo v. St-Amand († 1107).

Die T. wurden zumeist von Benediktinerkl. und Kanonikerstiften versandt; sie galten einfachen Mönchen und Äbten, doch beschränkten sie sich seit dem 11. Jh. im wesentl. auf verstorbene Würdenträger; T. aus dem Bereich der Kartäuser und Zisterzienser sind selten, aus dem der Bettelorden fehlen sie ganz; erwähnenswert ist ein Totenrotel aus dem zur Kongregation v. →Fontevrault gehörenden Kl. Fontaine-les-Nonnes (bei Meaux) für den monachus ad succurendum Guillaume des →Barres († 1233). Gibt es bis ins 12. Jh. noch einige Beispiele von T. aus Südeuropa (Katalonien, Italien), so wurde in der folgenden Periode dieser Brauch offensichtl. nur noch in west- und mitteleurop. Ländern (Nordfrankreich, heut. Belgien, England, Bayern und Österreich) praktiziert. In Kastilien und Portugal waren T. anscheinend unbekannt.

Die T. erfuh... k-
lung. Die Enz... ie
exemplar. Qua... ı-
gebettet in Bibe... e
jeweilige Laufb... t
einer dem Text v... .t
sein, seit dem 14... ...ste der Gebetsverbrüderungen (societates) angefügt sein. Die 'tituli' sind im 9.–11. Jh. oft in Form langer Gedichte gehalten; sie zeichnen sich allerdings oft durch unklare Angaben, schlechte Qualität, willkürl. und ungeordneten Charakter der Inschriften aus. Seit dem 13. Jh. gewannen sie an Präzision, wohl eine Folge der Kritik, die →Balderich v. Bourgueil, Ebf. v. Dol († 1130), artikuliert hatte, doch wurden sie andererseits auch auf stereotype Formelhaftigkeit reduziert. Die T. geben nur selten Hinweise auf die Persönlichkeit der Boten, der Botendienst wurde wohl lange zumeist von Laienbrüdern verrichtet. – Die quellenkundl. und hist. Forsch. (Mentalitätsforsch., Prosopographie, →Itinerare) verdankt den T. vielfältige Informationen.

J. Dufour

Lit.: L. DELISLE, Rouleaux des morts du IXᵉ au XVᵉ s., 1866 – M. BRUCHET, Les rouleaux des morts du Saint-Sépulcre et de Saint-Aubert de Cambrai, 1914 – FR. BÜNGER, Admonter T. (1442–96), 1935 – N. R. KER, Mortuary Briefs (Worcestershire Hist. Society, 1960), 53–59 – E. KRAUSEN, Totenrotel-Slg. en bayer. Kl. und Stifte, AZ 60, 1964, 11–36 – J. DUFOUR, Le rouleau mortuaire de Boson, abbé de Suse (vers 1130), Journal des savants, 1976, 237–254 – DERS., Les rouleaux et encycliques mortuaires de Catalogne (1008–1102), CCMéd 20, 1977, 13–48 – N. HUYGHEBAERT, Les documents nécrologiques, 1985² [TS].

## Totentanz
A. Ikonographie – B. Literatur

### A. Ikonographie

Darstellung einer meist durch erläuternde Verse ergänzten Figurenreihe in Reigenform, bei der eine lebende Figur, als Vertreter eines Standes oder Lebensalters gekennzeichnet, und ein Toter (verwesender Leichnam, mumienartig mit »Bauchschnitt« oder Skelett) jeweils Paare bilden. Die ikonograph. Wurzel liegt vermutl. im Zug der Verdammten in Weltgerichtsbildern, wo Teufel die Stelle der Toten einnehmen (Reims, Notre Dame, Gerichtsportal, um 1230; Bamberger Dom, Fs. enportal, nach 1230). Seit der Mitte des 14. Jh. von Frankreich (Danse macabre) nach Deutschland, der Schweiz, den Niederlanden ausstrahlend; darüber hinaus in Italien, Spanien, Österreich, England und auch verschiedenen an der Ostsee gelegenen Ländern (Dänemark, Finnland, Estland) nachgewiesen. Verbreitetste Form in der Monumentalmalerei, hier v. a. auf Kirchhofsmauern, an Kapellen oder Beinhäusern – quasi als bildhaftes, ins Monumentale gesteigertes »Memento Mori« –, aber auch in der Druckgraphik, in Blockbüchern, Bilderbogen und Einblattdrucken thematisiert, sowie als »Bild im Bild« (Simon Marmion, Altartafeln mit Szenen aus dem Leben des hl. Bertin, 1455–59, rechter Flügel; Berlin, Gemäldegalerie). Die meisten Wandbilder sind nicht mehr erhalten, doch vielfach in Nachzeichnungen, Kopien oder Kupferstichen überliefert. Ältestes erhaltenes Beispiel: Fresko in der Abteikirche St. Robert, La Chaise-Dieu (Auvergne), um 1410. Die Figuren bewegen sich mit gemessenem Schritt (La Chaise-Dieu; Berlin, Marienkirche, nördl. Turmhalle, um 1484; Paris, Friedhof des Franziskanerkl. Aux SS. Innocents, 1424; zerstört, in Holzschnitt von 1485 überliefert) oder in wildem springendem Tanz, wobei die Toten in Aktion sind und die Lebenden eher zögerlich bzw. resigniert oder sich sträubend (Großbasel, Kirchhofsmauer des Dominikanerkl., um 1440; zerstört, durch Merianstiche überliefert, einige

Fragmente im Hist. Mus. Basel). Eine Auflösung in Einzelpaare ist v. a. in druckgraph. Beispielen zu bemerken. Die Reigen werden vielfach eingeleitet durch Predigerdarstellung (dominikan. Einfluß; z. B. Basel), zuweilen erweitert durch Hinweise auf den Sündenfall, die Kreuzigung Christi (franziskan. Einfluß; z. B. Berlin) oder das Jüngste Gericht, auch durch Totenorchester oder dudelsackpfeifenden Tod. Attribute der Toten sind u. a. Sichel oder Sense (antiken Ursprungs, Hinweis auf Kronos/Saturn), Musikinstrumente, Särge (meist in Frankreich). Eine ungebräuchlichere Darstellungsform ist der Tanz der Toten, in diesem Fall Skelette, für sich allein (Hartmann Schedels Weltchronik, Nürnberg 1493, B. CCLXIII). Die wenigen bekannten it. T.e, die in das späte 15. bzw. das 16. Jh. datiert werden und relativ gut erhalten sind, verbinden das Thema mit dem »Triumph des Todes« (Clusone, Giebelfeld der Chiesa dei Disciplini, 1485).

Während die roman. Länder in der NZ das Bildthema des T.es aufgaben, behauptete es sich in den nord. Ländern – mit künstler. Höhepunkt in den Holzschnitten H. Holbeins d. J. – bis in die Gegenwart.   M. Grams-Thieme

Lit.: LCI IV, 343–347 – LThK² X, 277–279 – W. Stammler, Der T., 1948² – J. M. Clark, The Dance of Death in the MA and the Renaissance, 1959 – S. Cosacchi, Makabertanz, 1965 – H. Rosenfeld, Der ma. T., 1974 – R. Hammerstein, Tanz und Musik des Todes, 1980 – Bilder und Tänze des Todes, Ausst.-Kat. Unna, Paderborn 1982, 9–27 – G. Kaiser, Der tanzende Tod, 1982 – M. Bartels, T.e, kunsthist. Betrachtung (Der Tod in Dichtung, Philos. und Kunst, hg. H. H. Jansen, 1989²), 79–93 – Der T. der Marienkirche in Lübeck und der Nikolaikirche in Reval (Tallinn), hg. H. Freytag, 1993 – Tanz und Tod in Kunst und Lit., hg. F. Link, 1993.

**B. Literatur**
I. Deutsche Literatur – II. Romanische Literaturen.

I. Deutsche Literatur: Die dt. T.-Tradition ist wie die frz. eine Erscheinung des 15. Jh.; ihre Entstehung und Ausbildung läßt sich weder (wie in der Forschung manchmal versucht) mit der Pestkatastrophe von 1348 noch mit späteren Seuchen direkt in Verbindung bringen. Sie gehört vielmehr, u. a. von →Dominikanern und →Franziskanern gefördert, in den allg. Rahmen der Todesdidaktik (→Contemptus mundi, →Memento mori, →Ars moriendi; →Tod), in der die Aufforderung zu einem christlich-bußfertigen Leben in Text und Bild zunehmend drastischen Ausdruck fand: Die Standesvertreter, die von ihren toten, auf Musikinstrumenten spielenden Pendants in einen paradoxen Tanz hineingezogen werden und widerständig oder zerknirscht Bedauern über das im Leben Versäumte äußern, sind weniger definitiv Verdammte als Zielscheiben des Spottes und der Sozialkritik (die auch die Geistlichkeit einschließt). Mit der Aktualisierung von Bezugsmöglichkeiten (z. B. in städtischem Rahmen) hängt wiederum sowohl die Veränderung/Ausweitung des Figurenpersonals als auch generell die für die Gattung charakterist. Text-(Bild-)Variation zusammen.

Obdt. begegnet der T. (je 24 vierzeilige Strophen der Standesvertreter und der Kadaver) in nichtillustrierten Hss. seit den vierziger Jahren des 15. Jh., zunächst im Wirkungsraum der Wandgemälde von Ulm und Basel (um 1440). Zugrunde liegt ein lat. Text, der im Wechsel mit dem dt. (nur die Verse der Standesvertreter) unikal erhalten ist in einer Hs. des Augsburger Humanisten Sigismund Gossembrot. Eine in einer anderen Gossembrot-Hs. überlieferte »Vermahnung der geistl. und weltl. Stände Deutschlands« ist von einfachen Federzeichnungen (Tod als Reigenführer) begleitet, dürfte aber, auch wenn Illustrationen ansonsten erst in den →Blockbüchern (seit den sechziger Jahren) auftauchen, weder in Text noch in Bild die älteste dt. T.-Tradition repräsentieren (anders Hammerstein). Ein dominantes Text-Bild-Modell formierte sich erst im Druck mit den Holbeinschen T.-Holzschnitten (seit 1538).

Unter Einfluß der frz. »Danse macabre« wurde die obdt. Fassung im mitteldt. Raum zu achtzeiligen Strophen umgearbeitet und auf 38 Figuren erweitert. Dieser sog. »Mittelrhein. T.«, überliefert (mit sich grotesk verrenkenden Todesfiguren) in einer illustrierten Prachtshs. burg. Stils und seit 1488/89 mehrfach gedruckt, diente seinerseits als Textgrundlage für den sog. »Jüngeren vierzeiligen T.« (in dem daneben andere Contemptus-mundi-Texte verwertet sind) und für die T.-Fassung in den Vergänglichkeitsbüchern des Wilhelm Werner v. Zimmern (der die Bilder aber teilweise durch die neueren von Holbein ersetzen ließ). Auch der 1463 in der Lübecker Marienkirche angebrachte (und wenig später nach Reval übernommene) T., der das Modell des Reigentanzes (24 Tanzpaare) am klarsten verwirklichte, geht mittelbar (über eine verlorene mndl. Zwischenstufe) auf die »Danse macabre« zurück; gedruckt 1489 (als umfangreiches Erbauungsbuch), und 1520 bildete er die Basis für den dän. T. (um 1550).   Ch. Kiening

Lit.: R. Hammerstein, Tanz und Musik des Todes, 1980 – E. Koller, T. (Innsbrucker Beitrr. zur Kulturwiss. Germanist. Reihe 10, 1980) – B. Schulte, Die dt.sprachigen spätma. T.e (Nd. Stud. 36, 1990) – Kat. der dt.sprachigen ill. Hss. des MA, 1, 1991, 271–328 – Ch. Kiening, Contemptus mundi in Vers und Bild am Ende des MA, ZDA 123, 1994, 409–457, 482 – Ders., T.e-Ambivalenzen des Typus, Jb. für Internat. Germanistik 27, 1995, 38–56.

II. Romanische Literaturen: In Frankreich ist die früheste T.darstellung 1424 im Arkadenumgang des Beinhauses beim Franziskanerkl. Saints Innocents in Paris bezeugt (heute zerstört, nur die dazugehörigen Verssprüche sind hsl. überliefert). Die Holzschnittfolge der von Guyot Marchant 1485 in Paris gedruckten »Danse macabre« (GW 7943) folgt wahrscheinl. dieser Bildvorlage und stellt jeweils eine Gestalt im Tanzschritt mit dem eigenen Gerippe dar, umrahmt von Doppelbögen und achtzeiliger frz. Bildinschrift. Das Büchlein hatte solchen Erfolg, daß Marchant 1486 eine in Text- und Figurenreihe erweiterte Ausgabe herausbrachte (»Danse macabre nouvelle«, GW 7944). Neben geistl. und weltl. Würdenträgern treten u. a. Schulmeister, Gefängniswärter, Pilger, Hirt, Narr und Bewaffnete auf. Zusammen mit einer Art lat. Fassung und der »Danse macabre des femmes« (1486, GW 7945 Miroer salutaire pour toutes gens), u. a. mit Amme, Geburtshelferin, Schwangerer, Mädchen, Nonne, Schäferin, Hexe, Bäuerin, Bürgersfrau, Kammerzofe, Jungvermählter, Greisin, sind allein bis 1500 sechs Ausgaben aus Marchants Offizin und 9 weitere Drucke nachgewiesen, die in volkstüml. Erbauungsschriften jahrhundertelang nachgedruckt bzw. nachgeahmt wurden. Marchant druckte selbst den »Kalendrier des bergiers« 1499 (GW 5915) mit der »Danse macabre des femmes« zusammen. Die in diese Ausgaben aufgenommenen Texte verweisen auf verwandte Motive spätma. Todesdichtung und -didaktik (Mors de la Pomme, Débat du corps et de l'âme, Dit des trois morts et des trois vifs). Vado Mori-Sprüche (13. Jh.) stellten ebenfalls den Abschied von der Welt im Figurenreigen dar.

Die kast. »Dança general de la Muerte«, in der Escorial-Hs. IV-b-21 zusammen mit anderen erbaul.-moralist. Schriften überliefert, ist älter als der Pariser T. Zwar fehlen hier außer den Bildern auch Spielmann, Liebhaber und Kind, dafür treten die Gestalten des Rabbiners, muslim. Gesetzeslehrers, Steuereinnehmers, Schatzverwalters,

Leibwächters, Bauern sowie zwei Jungfrauen auf (möglicherweise irdische Schönheit und Eitelkeit). Die Stimme des Predigers bildet den Rahmen für den szenischen Aufzug. MS. 381 der Biblioteca Publica, Toledo, enthält das mlat. Gedicht »Mors cunctis imperat una« mit der Reihe männl. und weibl. Gestalten der Danse macabre und Danse des femmes. Einzelne Totentanzszenen finden sich auch in Zierleisten für Stundenbücher, die Simon Vostre in Paris auf span. druckte.

Pere Miquel Carbonell schrieb die verhältnismäßig getreue katal. Übers. der frz. Danse macabre ab und fügte nach 1490 eine Fortsetzung mit 25 Figuren – zumeist höf. Amtsträgern, einem Blinden und in der Gestalt des Archivars sich selbst – und erbaul. Betrachtungen hinzu.

D. Briesemeister

*Ed*: Katal. Fassung in Colección de documentos inéd. del Archivo de la Corona de Aragón 28, 1865, 267–317 – Danse macabre, 1925 [Faks. der Ausg. 1486] – La Danse m. de 1485, 1969 [Faks.] – Dança general de la muerte, ed. M. MARCIALES, 1972; ed. J. M. SOLÁ-SOLÉ, 1981; ed. M. MORREALE, Rev. de Lit. Medieval 3, 1991, 9–50 – The Danse macabre of women, ms. fr. 995 BN Paris, ed. A. TUKEY HARRISON, 1994 – *Lit.*: P. VIGO, Le danze macabre in Italia, 1901 [Nachdr. 1978] – F. WHYTE, The Dance of Death in Spain and Catalonia, 1931 [Nachdr. 1977] – A. MACHABEY, A propos de la discussion sur la D. M., Romania 80, 1959, 118–129 – A. D. DEYERMOND, El ambiente social e intelectual de la D. de la m. (Actas del III Congr. Internac. de Hispanistas 1970), 267–276 – J. SAUGNIEUX, Les Danses macabres de France et de l'Espagne et leurs prolongements litt., 1972 – C. BLUM, La représentation de la mort dans la litt. fr. de la Renaissance, 1, 1989 – J. COROMINAS, Diccionari etimològic i compl. de la llengua cat. 5, 1990, 340–341 – A. M. ALVAREZ PELLITERO, La D. de la m. entre sermón y el teatro, BH 93, 1991, 13–29.

Zur Englischen Literatur s. → Drei Lebende und drei Tote, II [2].

**Totila** (Beiname Baduila [Kämpfer]), Kg. der Ostgoten 542–552, Neffe des Ostgotenkg.s Hildebad (540/541) und Großneffe des Westgotenkg.s Theudis (531–548). Nach dem Untergang des → Vitigis 540 hatte sich nördl. des Po ein ostgot. Kgr. erhalten, dessen Befehlshaber mit dem Ks. günstige Kapitulationsbedingungen verhandelten. Einer von ihnen war der Comes T. v. → Treviso, den die Goten in Pavia eher Mitte 542 als 541 zum Kg. erhoben, um ihnen »die Herrschaft über die Italiker« zurückzugewinnen. T. war bis gegen 550 in vielen, teils spektakulären Schlachten sehr erfolgreich, nahm sowohl Ende 546 wie zu Jahresbeginn 550 Rom ein, konnte jedoch niemals die Stadt halten, geschweige denn den Frieden oder gar die Anerkennung Ostroms erringen. Das gleiche gilt für T.s Ansehen in der gentilen Welt. Seine Bewerbung um die Hand einer frk. Kg.stochter wurde 549/550 unter dem Hinweis auf den Verlust Roms abgelehnt. Angeblich hatte T. eine revolutionäre Sklavenpolitik betrieben, als er Unfreie in seine Armee aufnahm. Tatsächl. wollte T. 546/547 damit die ökonom. Grundlage seiner senator. Gegner zerstören. Als Ks. → Justinian I. um die Jahresmitte 550 den Angriff auf Italien über Istrien und Venetien befahl und nach dem Tod seines Neffen dafür den fähigen Feldherrn → Narses gewann, waren T.s und des ostgot. Kgtm.s Tage gezählt. Um den 1. Juli 552 kam es auf der Hochebene der Busta Gallorum zur Schlacht, in der T. und 6000 seiner Reiterkrieger fielen. Es gibt zwei Nachrichten über seinen Tod: Die eine besagt, er sei zu Schlachtbeginn von einem Pfeil tödlich getroffen worden. Die andere Version läßt ihn auf der Flucht durch den Gepiden Asbad umkommen.

H. Wolfram

*Lit.*: PLRE 3, 1328–1332 – H. WOLFRAM, Die Goten, 1990³, bes. 352–359 – A. SCHWARCZ, Überlegungen zur Chronologie der ostgot. Kg.serhebungen bis zum Herrschaftsantritt T.s. Ethnogenese und Überlieferung (VIÖG 31, 1994), 117–122.

**Totschlag** (homicidium, *manslacht*) war die Herbeiführung des Todes eines Menschen, in manchen Rechten auch einer (entwickelten) Leibesfrucht durch Mißhandlung der Schwangeren. Im Unterschied zum modernen Strafrecht (§ 212 StGB) war kein Tötungsvorsatz vorausgesetzt, sondern der Wille zu einer → Körperverletzung oder schweren Mißhandlung ausreichend; auch Tötung in → Notwehr – heute straflos – wurde als T. angesehen. Allg. galt im frühen MA das Individuum noch wenig, weshalb im Vordergrund das Interesse der Hinterbliebenen stand; erst in der → Gottes- und → Landfriedensbewegung wurde der T. zu einem an sich strafwürdigen Verbrechen. Doch muß gesehen werden, daß es sich in den meisten Fällen (und in Abgrenzung zum → Mord [freilich in den Q. oft ebenfalls als »T.« bezeichnet]) um Taten im Affekt oder im Verlauf von Streitigkeiten (häufig im Wirtshaus), damit um verständl. und jedem nachvollziehbare Taten, handelte. Von daher ist erklärl., daß der T. während des gesamten MA im Regelfalle nicht peinl. bestraft wurde, sondern als Konflikt mit den Hinterbliebenen oder Freunden des Opfers betrachtet und im Wege von Vergleichsverhandlungen mit ihnen bereinigt wurde. In den Volksrechten war die Bußleistung des → Wergeldes festgesetzt, die an die Sippe des Getöteten zu geben war zur Wiederherstellung der durch die Tat herabgesetzten (und entehrten) Rechtsposition und zunehmend auch der materiellen Versorgung. Im SpätMA kam die Sorge der Angehörigen für das Seelenheil des unvorbereitet Gestorbenen hinzu, was zu einem differenzierten und z. T. entehrenden Sühneverfahren (mit Steinkreuzsetzung, Wallfahrt, Messelesen, Abbitte am Grab) unter Beteiligung der – dafür auch durch Geldzahlung entlohnten – Obrigkeit (und/oder der Kirche) führte. Nur bei Ertappung auf → handhafter Tat oder bei sonstiger schneller Ergreifung des Täters war häufig (im Sinne auch des Prinzips der → Talion) → Todesstrafe (v. a. Enthauptung) vorgesehen, die aber – wie allg. normiert – durch Geldzahlung ablösbar war. Zudem gab es zahlreiche Freistätten (Asyle), die den fliehenden Täter Schutz boten und zugleich die Möglichkeit für seine Familie oder Freunde eröffneten, Verhandlungen einzuleiten. In den Stadtrechten wurde vielfach die Verbannung des Täters vorgeschrieben, die zur sozialen Abkühlung der Emotionen der Hinterbliebenen führte und ebenso die Möglichkeit zur Aufnahme des Sühneverfahrens bot. In schweren Fällen allerdings (verbunden mit Bruch eines Sonderfriedens oder mit Auflauern oder mit »Mordwaffen«, bei Vorbedacht oder bei Tötung eines Verwandten – mit Sonderregelungen bezügl. der Kindestötung – oder des Herrn) wurde der T. als unehrl. und unredl. (und mit Mord vergleichbare) Tat angesehen und mit Todesstrafe (oft Rädern) geahndet. Dagegen blieb die Tötung eines Friedloslegten (Geächteten), eines auf handhafter Tat Ertappten, in gerechter Notwehr und in → Zweikampf im wesentl. sanktionslos.

W. Schild

*Lit.*: HRG V, 286 – CH. RIGGENBACH, Die Tötung und ihre Folgen, ZRGGermAbt 49, 1929, 57 – R. HIS, Das Strafrecht des dt. MA, II, 1935, 75 – W. J. SONNEN, T.sühnen im Bereich des Hzm.s Berg, AHVN 132, 1938, 1 – K. ROETZER, Die Delikte der Abtreibung, Kindstötung und ihre Bestrafung in der Reichsstadt Nürnberg [Diss. Erlangen 1957] – H. JÄNICHEN, Schwäb. T.sühnen im 15. und 16. Jh., Zs. für Württ. Landesgesch. 19, 1960, 128 – J. A. KRAUS, T.-Sühne im 15. Jh., Hohenzoller. Heimat, 1962, 35 – J. STREB, Über die Kindestötung [Diss. Frankfurt 1968] – K. KOHN, Nürnberger T.sühnen, Das Steinkreuz 27, 1971, H. 2, 21 – W. SAAL, Bräuche um das Sühnen von T.en im MA, Sächs. Heimatbll. 21, 1975, 223, 244 – J. B. GIVEN, Society and Homicide in 13th-Century England, 1977 – K. KASTNER, Der Kindsmord: hist., rechtl. und literar. Aspekte, Neue Jurist. Wochenschr., 1991, 1443 – G. DILCHER, Mord und T. im alten Worms (Überlieferung, Bewahrung und Gestaltung in der rechtsgeschichtl. Forsch., hg. ST. BUCHHOLZ u. a., 1993), 91.

**Totum-pars** ('Ganzes-Teil'). Die T.-p.-Beziehungen haben einen zentralen Stellenwert in der gesamten aristotel. Scholastik: Neben den Beziehungen von Kontinua und Aggregaten zu ihren Teilen werden auch die Verhältnisse von Materie und Form (bes. auch von Körper und Seele; →Form/Materie), Gattung und Art, Art und Individuum, usw. als verschiedene Arten von T.-p.-Beziehungen behandelt. Die autoritativen Grundlagen hierfür bilden zahlreiche Stellen bei Aristoteles (bes. Metaphysik V, 25ff., 1023b12–1024a28) und Boethius (bes. Liber de divisione, MPL 64, 875–892). Im wesentl. lassen sich vier Arten von T.-p.-Beziehungen als ma. Gemeingut auflisten (vgl. z. B. noch CHAUVINUS): 1. Das t. universale (auch: distributivum) ist das in der kategorialen Hierarchie (→Kategorien) Höhere, also Allgemeinere in bezug auf das ihm Untergeordnete, weniger Allgemeine; dieses heißt 'p. subiectiva' ('untergeordneter Teil'). So ist die Gattung das t. universale in bezug auf die Arten und Individuen, die Art das t. universale in bezug auf die Individuen. Wesentl. für diese T.-p.-Beziehung ist, daß das t. von allen seinen p.tes einzeln ausgesagt wird, da das kategorial Allgemeinere sich ganz auf alles ihm Untergeordnete 'verteilt' (distribuitur). Diese Beziehung ist nach heutigen Begriffen also transitiv und somit nicht mit der Element-Klasse-Beziehung vergleichbar. – 2. Das t. essentiale ist etwas wesensmäßig Zusammengesetztes, eine Wesenseinheit: Damit ist auf der Ebene der Individuen die Zusammensetzung aus Materie und Form, auf der Ebene der Arten die Zusammensetzung aus Gattung und Artunterschied gemeint. Wesentl. für diese T.-p.-Beziehung ist die beiderseitige reale Untrennbarkeit, bloß begriffl. Trennbarkeit der Teile: Bei realer Trennung der p.tes geht das t. verloren. – 3. Das t. integrale ist etwas quantitativ Zusammengesetztes, wobei die Teile im allg. in einer räuml. Beziehung zueinander stehen. Die Hauptarten sind: kontinuierl. t. integrale (z. B. Linie) und nichtkontinuierl. bzw. diskretes t. integrale (z. B. Herde; auch: t. collectivum, aggregativum). Die Teile eines kontinuierl. t. integrale sind nur mögliche Teile (in potentia), die Teile eines diskreten t. integrale sind wirkl. Teile (in actu); deshalb bilden kontinuierl. Ganze auch eine stärkere Einheit. Ferner sind die Teile danach zu unterscheiden, ob sie von gleicher Art (homogen, z. B. Wasser) wie das t. integrale sind oder von verschiedener Art (heterogen, z. B. Haus). Auch die Unterscheidung von wesentl. und akzidentellen Teilen ist üblich, da z. B. der Verlust eines Haares nicht den ganzen Menschen zerstört, wohl aber der Verlust des Kopfes. Im Unterschied zum t. essentiale kann das t. integrale nicht von seinen p.tes ausgesagt werden. – 4. Das t. potentiale bzw. potestativum, virtuale schließl. ist etwas aus verschiedenen Vermögen Zusammengesetztes, insbes. die Seele als Ganzes in bezug auf ihre Vermögen als Teile. – In der Logik spielt die T.-p.-Beziehung eine Rolle bei bestimmten Schlußregeln (»loci a toto ad partem [und vice versa]«) und bei bestimmten →Sophismata, wobei bes. die Unterscheidung einer kategoremat. und einer synkategoremat. Verwendung von 't.' wichtig ist: Im ersten Fall bedeutet 't.' »aus allen seinen Teilen zusammengesetzt«, im zweiten »jeder Teil«. Der Satz »Der ganze Sokrates ist kleiner als Sokrates« ist in der ersten Verwendung falsch, in der zweiten wahr.   H. Berger/W. Gombocz

Q. und Lit.: Petrus Abaelardus, Dialectica, hg. L. M. DE RIJK, 1956, V, 1, 4, 546–562 – Thomas v. Aquin, In libr. Metaphys., lib. 5, lect. 21 – Albertus de Saxonia, Sophismata, Paris 1502 [Nachdr. 1975], Nr. 45–49, d1vb–d5ra – Ders., Perutilis logica, Venedig 1522 [Nachdr. 1974], IV, 21, 33vb–36ra – R. GOCLENIUS, Lex. philos., Frankfurt 1613, 788–796, 1132ff. – S. CHAUVINUS, Lex. philos., Leeuwarden 1713², 469, 672f. – HWP III, 3–20 – Hb. of Metaphysics and Ontology, hg. H. BURKHARDT – B. SMITH, II, 1991, 663–675 – The Cambridge Hist. of Later Medieval Philos., hg. N. KRETZMANN u. a., 1982, 211–245 – D. P. HENRY, Medieval Mereology, 1991 [Lit.].

**Toul**, Stadt und Bm. in Ostfrankreich, →Lothringen (dép. Meurthe-et-Moselle).
I. Stadt – II. Bistum und Hochstift.

I. STADT: [1] *Früh- und Hochmittelalter:* In der Spätantike war das am Oberlauf der →Mosel gelegene T. Hauptort der gall. Leuker und wohl seit Ende des 4. Jh. Bf.ssitz. Stets im Schatten der Nachbarstadt →Metz stehend, verdankte es seine Entwicklung der Lage an der Verkehrsachse von →Lyon über Metz und →Trier an den →Rhein. Nur wenige Zeugnisse sind aus Spätantike und Merowingerzeit überliefert (städt. Kontinuität auf niedrigem Niveau); erst im 9. Jh. wird die äußere Gestalt der Stadt erkennbar. Der Ausbau der bfl. Stadtherrschaft erfolgte während des 9. und 10. Jh. über den Erwerb von Immunitätsrechten (erste Verleihungen an die T.er Kirche spätestens z. Zt. Bf. →Frothars um 825–830) und wirtschaftl. Hoheitsbefugnissen. Kg. Heinrich I. übertrug dem Bf. 927 die Einkünfte der Gft. aus den Marktzöllen. Die Ansprüche auf die vollen Gft.srechte wurden 974 von Ks. →Otto II. bestätigt. Vor dem Hintergrund polit. (Zugehörigkeit zum Reichsverband seit 925) und wirtschaftl. Konsolidierung gelang eine Ausgestaltung der Stadt auf dem Weg der Gründung neuer geistl. Institutionen seit der Zeit des bedeutenden, als heilig verehrten Bf.s →Gauzlin (922–962), v. a. aber unter dem aus Köln stammenden, 1050 von Papst →Leo IX. (Bf. v. T., † 1054) kanonisierten Bf. →Gerhard (963–994). 1069 wurden von Bf. Udo die Rechte der Gf.en nach Konflikten um die Stadtherrschaft festgelegt (Beschränkung ihrer Hoheitsgewalt; Erwähnung von 'meliores civitatis' und gemeindl. Mitspracherechten; starke Position der geistl. Gemeinschaften).

[2] *Kirchliche Ausstattung bis zum Hochmittelalter:* Zentrum war die Kathedralgruppe (Patron St. Stephan; bis zum 9. Jh. zusätzl. Marienpatrozinium; Tauf-, später Pfarrkirche Johannes d. T.). Weitere Kirchen innerhalb der spätantiken Ummauerung (das Ende 3./Anfang 4. Jh. befestigte 'castrum' umfaßte ca. 11 ha) waren Ste-Geneviève (→Genovefa) und St-Vaast (→Vedastus). An ihrer sw. Peripherie, am Marktplatz, bestand das nach 963 gegr., 1065 vom Bf. neu eingerichtete Stift St. Gangolf, das seitdem einen raschen Aufschwung nahm und u. a. durch die Zuweisung von Markt- und Zolleinkünften mit der städt. Wirtschaft verflochten war. Auf das frühe 7. Jh. geht das im südl. Vorstadtbereich (eigener 'vicus', Pfarrkirche St. Maximin) gelegene OSB-Kl. St. Aper/Evre (Bf. des 6. Jh.) zurück, das sich v. a. nach der Reform Bf. Frothars 836/838 festigte und als wirtschaftl. (Priorate) und kult. Zentrum (Bibliothek, Kl.reform) Bedeutung erlangte. Mit einem Neubau der bis zum 10. Jh. als bfl. Grablege dienenden Kl.kirche begann man in der Mitte des 11. Jh. Das dem ersten Bf. v. T. geweihte Benediktinerkl. St. Mansuy, auf spätantikem Gräberfeld nö. der Stadt gelegen, wurde nach Anfängen unter Gauzlin (947) v. a. von Gerhard unter Förderung des Kultes verselbständigt bzw. eigtl. begründet. Eine Konsolidierung von Grundherrschaft (Jahrmarkt) und Abtei (eigene Siedlung) gelang seit der 2. Hälfte des 11. Jh. Bereits 1091 wurde vor den Mauern T.s (nach 1400 Verlegung in die Stadt) das wirtschaftlich stets schwache Regularkanonikerstift St. Leo eingerichtet. Von der Mitte des 11. Jh. an wird ein

Siedlungsausbau im Vorstadtbereich faßbar, der sich in die Pfarreibezirke um die merowingerzeitl. Kirchen St. Anian (seit 13. Jh. Notre-Dame) und St. Amant teilte; beide Siedlungen waren seit Mitte des 12. Jh. einzeln ummauert.

[3] *Städtische Entwicklung vom 12. bis zum frühen 14. Jh.:* Die konkrete Ausprägung und Entwicklung der bfl. Stadtherrschaft ist kaum zu erkennen. Neben den wenig hervortretenden Gf.en (1261 Übergang der Gft. an die Bf.e) sind bfl. belehnte Vögte und Meier nachweisbar (Rechtsprechung; militär. und wirtschaftl. Funktionen). Das maximal 60 Kanoniker umfassende, zunehmend selbständige Domkapitel (Privilegien Papst Leos IX.) verfügte mit seinem qualifizierten Personal über eine bes. starke Position. Erstmals 1182 wird von Konflikten mit den 'cives' über die wirtschaftl. Betätigung und geistl. Standesvorrechte der Handel treibenden Dienstleute des Kapitels berichtet. Seit Ende des 12. Jh. sind vereinzelt Vertreter einer städt. Führungsgruppe (1104: 'optimates urbis') namhaft zu machen, die sich aus dem bfl. Umfeld (Wechsler u. a.) rekrutierten und zunehmend selbständig handelten. Kurz vor 1200 ist die Existenz einer Stadtgemeinde nachzuweisen, zugleich wird das Stadtsiegel erwähnt; es zeigte bis zum 14. Jh. die Steinigung des Stephanus. Eine begrenzte Ausweitung stadtgemeindlicher Kompetenzen ging mit dem Bau einer neuen Stadtmauer um 'castrum' und Vorstadtpfarreien ab 1240 einher. Die bis in die NZ nicht mehr erweiterte Stadtfläche umfaßte ca. 25 ha. Ab etwa 1220 begann ein aufwendiger, erst im 16. Jh. vollendeter got. Neubau der Kathedrale. Relativ spät ließen sich die Bettelorden in T. nieder: Vor 1247 wurde der Dominikaner-, um 1265 ein Franziskanerkonvent eingerichtet. Neben einem älteren, dem Domkapitel unterstehenden Hospital wurde um 1250 auf bürgerl. Initiative ein Hl.-Geist-Spital gegründet; seit 1263 sind Beginen nachzuweisen.

Eine institutionelle Verfestigung der gegenüber Bf. und Geistlichkeit stets vergleichsweise schwachen Stadtgemeinde ist seit etwa 1250 zu beobachten. An der Spitze der Stadt standen ein Schöffenmeister und eine Gruppe von 10 bzw. 15 Geschworenen, die vom Bf. auf städt. Vorschlag bestimmt wurden ('iurati', 'prud'hommes', 'justiciers'). Im SpätMA bildete sich zudem ein 40köpfiger Rat heraus; daneben sind Mitspracherechte der geistl. Institutionen bezeugt. Wichtige kommunale Funktionen erfüllte St. Gangolf (13. bis 14. Jh. gotischer Neubau). Seit der Mitte des 13. Jh. kam es zu auch militär. ausgetragenen Konflikten der Stadt mit den Bf.en und dem Domkapitel. Von 1237 an – v. a. im 14. Jh. – schloß die Stadt Schutzverträge (→ Garde; finanzielle und militär. Verpflichtungen) mit den erstarkenden, zunehmend in die städt. Belange eingreifenden territorialen Nachbarn → Lothringen und → Bar ab. Die Bf.sherrschaft geriet seit dem Ende des 13. Jh. in Stadt und Hochstift in eine permanente Krise, verstärkt durch zunehmenden Druck → Frankreichs (1300 städt. Schutzvertrag mit dem frz. Kg.). 1297 – im Zusammenhang innerstädt. Konflikte – erfolgte die erste Kodifikation eines Stadtrechts (revidiert 1306 und 1330). Die Geistlichkeit, verstärkt durch die Präsenz auswärtiger Kl. (Besitz, Stadthöfe), blieb bis in die NZ, bei zunehmendem Gewicht der 1357 in einer Bruderschaft organisierten → Notare, die bestimmende Kraft in der Stadt.

[4] *Wirtschaft:* T. war stets ein grundherrschaftlich bestimmter, agrar. orientierter Nahmarkt. Am Beginn des 10. Jh. befanden sich → Markt, → Münze und → Zoll (1033 Marktzoll genannt) in bfl. Hand; vom 10. Jh. bis nach 1360 bfl. Münzprägung. Bis weit in die NZ wichtig blieb der seit dem 9. Jh. bezeugte Weinbau (→ Wein). Die wenigen, seit dem 12. und 13. Jh. nachweisbaren Zünfte waren formell stadtherrlich organisiert und erlangten kein polit. Gewicht. Der seit Anfang des 12. Jh. belegte Jahrmarkt bei St. Mansuy blieb der wichtigste Termin im städt. Wirtschaftsleben. Schon 1245 werden → Lombarden genannt; bis zur Mitte des 14. Jh. besaß T. eine bescheidene Funktion als Geldmarkt. Eine wirtschaftl.-demograph. Stagnation zeichnete sich seit dem 14. Jh. ab (1349 Pest; in den 1360er Jahren schwere Krise im Weinbau; Herausbildung neuer städt. Zentren, Märkte und Verkehrswege im Umland; Bedeutungsverlust der zunehmend erstarrenden klösterl. Grundherrschaften); 1427 Ansiedlungserlaubnis für Juden und Wechsler (Wechslertafel bestand bis zum 15. Jh.).

[5] *Der Ausgang des Mittelalters:* Die schweren, auch mit der regionalen polit. Konstellation zusammenhängenden innerstädt. Konflikte des 14. Jh. (um 1300, 1338/39, 1368/69) zw. einer führenden Gruppe der relativ geschlossen agierenden Bürger und dem Domkapitel, das wiederum in Beziehung zu einzelnen städt. Familien stand, ergaben sich aus den nachdrückl. beanspruchten und kaum eingeschränkten geistl. Sonderrechten; 1405 Festlegung der bis in die NZ gültigen Verfassung zw. Bf. und Stadt. Das Verhältnis T.s zum Reich blieb trotz der formellen Position als → Reichsstadt (Privileg Karls IV., 1367) wenig ausgeprägt; politisch entscheidend war neben der Nachbarschaft zu Bar und Lothringen (die auch beträchtlichen Einfluß auf die stagnierenden T.er Kl. und ihre Grundherrschaften gewannen) die v. a. seit dem 15. Jh. bestimmende Einbindung in die frz. Machtsphäre; 1552 Übergang der Stadt an das Kgr. Frankreich.

II. BISTUM UND HOCHSTIFT: [1] *Früh- und Hochmittelalter:* Die Diöz. an oberer Mosel, → Maas und Meurthe entsprach weitgehend dem Stammesgebiet der 'Leuci'. Erster verbürgter Bf. in der mit Unsicherheiten behafteten frühma. Bf.sliste ist → Auspicius (um 471). In der Karolingerzeit exponierte polit. Stellung des reformorientierten Bf.s → Frothar (813–849; Nähe zum Herrscherhaus; benachbarte kgl. Pfalzen Gondreville und Savonnière). Die seither formell fixierte Zugehörigkeit zum Trierer Metropolitanverband war spätestens seit dem Ende des 13. Jh. faktisch bedeutungslos. Im 10. Jh. wurde der nur begrenzt wirksame Kult der hl. Bf.e Mansuetus und Aper propagiert und für die T.er Kirche ein Apostolizitätsanspruch erhoben. Von Bf. → Gerhard bis zum Beginn des 12. Jh. (Abfassung der 'Gesta episc. Tull.', MGH SS VIII) stammten die in die Politik der → Ottonen und → Salier eingebundenen Bf.e aus dem Reich, wobei das Grenzbm., die Stadt und das stets sehr bescheidene Hochstift, dessen Anfänge auf das 7. Jh. zurückgehen, nur ein geringes polit. Gewicht besaßen. Charakterist. für T. ist der Gegensatz zw. der großen Ausdehnung des Bm.s zum einen und dem geringen Gewicht von Kathedralstadt und Hochstift zum anderen. Überaus stark war die Beteiligung der zahlreichen geistl. Gemeinschaften des Bm.s an der Kloster- und Kirchenreform des 10.–11. Jh. (→ Lotharing. Reform; Kathedralschule), die ihren Höhepunkt unter Bf. Bruno erreichte (Papst → Leo IX.) und mit einer seit dem 11. Jh. stark intensivierten innerdiözesanen Tätigkeit der Bf.e einherging. Eine Ausweitung des Netzes geistl. Institutionen seit der Mitte des 11. Jh. erfolgte zunächst mit der adligen Gründung zahlreicher OSB-Priorate, seit Ende des 11. Jh. breiteten sich dann die Reformorden im Bm. aus. Von 1107 bis nach der Mitte des 13. Jh. wurden vom Kapitel dem lothr. Adel entstammende Bf.e gewählt. Seit dem 12. Jh. ist – trotz der persönl. Autorität und den

Kontinuitäten im Bf.samt – eine zunehmende territoriale Konkurrenz der Bf.e gegenüber den aufstrebenden Hzg.en v. Lothringen festzustellen, die im O und S des kleinen Hochstifts ihre Herrschaft festigten (Nähe der späteren Residenz →Nancy). Bereits ab 1178 wurde der Burgort Liverdun zum wichtigsten bfl. Stützpunkt ausgebaut (Stift, Münzstätte, Befreiung der Bewohner). Einblick in die bfl. Grundherrschaft gibt ein um 1286 verfaßtes Einkünfteverzeichnis.

[2] *Spätmittelalter*: Die Situation war von Stagnation und ständiger Gefährdung des Hochstifts angesichts der übermächtigen Konkurrenz des Adels überschattet. Die Beziehungen der Bf.e zum Reich verloren nach der Mitte des 13. Jh. weiter an Bedeutung; bis zum Ende des Jahrhunderts fanden in der Region dt.-frz. Herrschertreffen statt. Seit dem Ende des 13. Jh. führte die überwiegende Besetzung des Bf.sstuhles durch das Papsttum zu häufig kurzen Episkopaten meist landfremder bzw. schwacher Bf.e und zu einem nachhaltigen Macht- und Autoritätsverlust der Oberhirten.

Vom 10. Jh. an werden →Archidiakone genannt, für die seit dem 11. Jh. räumlich fixierte Zuständigkeitsbereiche im Bm. bezeugt sind. Das Subsidienregister von 1402 nennt sechs Archidiakonate (darunter das mit St. Gangolf verbundene Großarchidiakonat für T. und sein Umland; die Archidiakone residierten im Domkapitel), 23 Dekanate und etwa 680 Pfarreien. G. Bönnen

Lit.: J. Choux, Recherches sur le dioc. de T. au temps de la réforme grégorienne. L'épiscopat de Pibon, 1952 – J. Schneider, L'avouerie de la cité de T., M-A 69, 1963, 631–640 – Ders., T. dans la seconde moitié du XII$^e$ s. (Fschr. E. Ennen, 1972), 185–191 – Ders., Sur le droit urbain de T. au MA (Mél. E. Perroy, 1973), 273–282 – N. Gauthier, L'évangélisation des pays de la Moselle, 1980 – J. Schneider, Tensions en milieu urbain à la fin du XIII$^e$ s.: le cas de la cité de T. (Études en souvenir de R. Fiétier, II, 1982), 179–191 – G. Bönnen, Die Bf.sstadt T. und ihr Umland während des hohen und späten MA, 1995 [Lit.].

**Toulon,** Stadt und Bm. in der →Provence, am Mittelmeer, hervorgegangen aus der kleinen röm. Siedlung 'Telo Martius', erwähnt erstmals im Itinerar des Antoninus; Bm. seit dem 5. Jh. Der Bf. Cyprianus (525–541) verfaßte die Vita seines Freundes →Caesarius v. Arles. Die Bf.sliste ist für 636 bis 879 unterbrochen. 1178 und 1199 erlitt T. Piratenüberfälle. Der wirtschaftl. Aufschwung setzte ein im 12. Jh., gestützt auf den Hafen (Küstenschifffahrt) und die von →Karl I. v. Anjou 1259 erworbenen Salinen (Handel mit →Salz im prov. Hinterland, auf der Basis des Salzmonopols (→Gabelle], aber auch in →Genua). T. beherbergte seit Mitte des 13. Jh. Bettelordenskonvente, Errichtung einer Stadtmauer im 1. Viertel des 14. Jh. Das zunächst einer Seitenlinie der Vicomtes v. →Marseille unterstehende T. fiel durch Erbschaft und Gebietstausch an die alleinige →Seigneurie Karls v. Anjou. Am Beginn des 14. Jh. stand T. als Verwaltungszentrum einer kleinen 'Baillie' von sechs Gemeinden (aus der ehem. 'viguerie' v. St-Maximin) vor und errang einige städt. Rechte (1289 durch →Karl II.: Parlament, Wahl von →Syndics; 1314 durch →Robert v. Anjou Wahl eines zwölfköpfigen Rates). Die wirtschaftl. Situation verschlechterte sich im frühen 14. Jh. (Schädigung des Hafenverkehrs durch den angevin.-aragones. Konflikt). Die Pestepidemie von 1348 provozierte eine heftige Judenverfolgung. Bedrohung durch Söldnerbanden (Arnaud de →Cervole, 1357) führten zum Neubau der Mauern (1366). Im Krieg der Union v. Aix stand T., das →Ludwig v. Anjou bekämpfte, im Gegensatz zu den meisten (proangevinisch handelnden) Gemeinden des Umlandes. Auch nach dem Frieden v. 1388 setzten sich die Kämpfe fort (Raymond de →Turenne, genues. Pirat Baude Spinola in Brégançon). T., das 1368 und 1417 nur knapp der Verlegung seines Bf.ssitzes in das aufstrebende Hyères entging, erlitt in dieser Krisenzeit eine demograph. Schwächung (Beginn des 14. Jh.: ca. 600 Herdstellen, 1471: nur noch 238). N. Coulet

Lit.: GChrNov V, 1911 [J.-H. Albanès] – G. Lambert, Hist. de T., I-II, 1886–87 – Hist. de T., hg. M. Agulhon, 1980, 20–41 [P.-A. Février–R. Boyer].

**Toulongeon,** burg. Adelsfamilie. Die Seigneurs de T. (Burg T., dép. Ain, comm. Germagnat) stammten aus der Franche-Comté (→Burgund, 5) und dienten den Hzg.en v. →Burgund. *Jean* († 1427), Marschall v. Burgund, errang gegen Frankreich den Sieg in Cravant (1423), bevor er in frz. Gefangenschaft fiel. Sein Bruder *Antoine* († 29. Sept. 1432), der ihm im Marschallamt nachfolgte, war unter Hzg. Johann (→Jean sans Peur) Hauptmann (*gardien*) v. →Troyes und →Champagne (1417), besiegte →René v. Anjou bei Bulgnéville (1431) und wurde zum Ritter des →Goldenen Vlieses gekürt (27. Nov. 1431). Ein weiterer Bruder, *André*, ist 1418 als *grand* →*écuyer* bezeugt, wurde mit einer natürl. Tochter Hzg. →Philipps des Guten vermählt und sollte 1432 ebenfalls mit dem burg. Hausorden ausgezeichnet werden, war aber bereits mit →Bertrandon de la Broquière ins Hl. Land gezogen und verstarb dort. *Claude* († nach 1502), Sohn von Antoine, war Sire de la Bastie, fungierte als hzgl. →*chambellan*, wurde 1472 zum Generalstatthalter v. Burgund (→*lieutenant général*) erhoben, organisierte den burg. Widerstand gegen →Ludwig XI. v. Frankreich (1477–80), mußte daher vor der Rache des Kg.s in →Brüssel Zuflucht suchen und empfing hier 1481 von →Maximilian die Halskette des Goldenen Vlieses. Er beschloß sein Leben im Hzm. Burgund, wo er 1476 Guillemette de →Vergy geheiratet hatte. J. Richard

Lit.: J. Richard, Claude de T., Handelingen van de k. Kring van Oudenheiden van Mechelen 95, 2, 1991, 175–187 – Les chevaliers de l'ordre de la Toison d'Or au XV$^e$ s., hg. W. Paravicini, 1994, 37, 72 [M. Th. Caron].

**Toulouse,** Stadt, Bm./Ebm. und ehem. Gft. in Südwestfrankreich, westl. Languedoc.
I. Stadt – II. Grafschaft – III. Bistum/Erzbistum – IV. Universität – V. Konzilien und Synoden – VI. Coutumes.

I. Stadt: [1] *Spätantike und Frühmittelalter*: Eine städt. Siedlung bestand bereits vor der Eroberung →Galliens durch Caesar; an ihrer Stelle gelegen, wurde Tolosa im 1. Jh. n. Chr. zur röm. Stadt (Colonia) und war in der späten Kaiserzeit ein wichtiges Handelszentrum (Umschlagplatz für it. Weine, die von →Narbonne nach →Bordeaux gingen). Die 'Stadt der Minerva' ('Palladia Tolosa' bei →Martial) war Wirkungsstätte von Rechtsgelehrten und Rhetoren und hatte berühmte Schulen (→Ausonius); die drei Brüder Ks. →Konstantins d. Gr. wurden in T. erzogen.

Seit dem 1. Jh. n. Chr. mit einer Backsteinmauer, die ein Areal von 90 ha umschloß, befestigt, besaß T. eine Reihe von Monumenten (Capitol, Theater, Amphitheater, Thermen). Am Beginn der Christianisierung stand der hl. →Saturninus (Martyrium um 250 unter Decius). T. widerstand dank des Bf.s Exuperus zu Beginn des 5. Jh. der Invasion der →Vandalen. 413 wurde es vom Kg. der →Westgoten, →Athaulf, erobert und rasch Hauptstadt ('Tolosan. Reich'). 439 schlug →Theoderich den Angriff des röm. Heerführers Litorius zurück. 506 verkündete →Alarich II. die →Lex Romana Visigothorum, doch unterlag er schon im folgenden Jahr bei →Vouillé dem Kg. der →Franken, →Chlodwig.

Unter der Herrschaft der →Merowinger war T. nur

noch Provinzstadt, in der merow. Teilherrscher (→Chlothar, →Childebert [511–561], →Charibert, →Chilperich [567–584] und →Guntram, Vormund →Chlothars II.) einander ablösten. Kg. →Dagobert konstituierte den ehem. westgot. Herrschaftsbereich als Teilreich →Aquitanien (→Regnum) für seinen Bruder Charibert (630–632), vereinigte es aber nach dessen Tod wieder mit →Neustrien und hinterließ es →Chlodwig II. (639–657).

T. war Sitz des Hzg.s →Eudo v. Aquitanien, der im Juni 721 den Sarazeneneinfall zurückschlug. 767 nahm →Pippin III. die Stadt dem Hzg. Waifar ab. Pippins Sohn →Karl d. Gr. inkorporierte T. dem Regnum Aquitanien, als dessen Vorort die Stadt wieder fungierte. Ks. →Karl d. K. belagerte T. 844 erfolglos, doch wurde es 849 vom Gf.en Fredelo kampflos dem Ks. übergeben. Trotz Waffenhilfe der →Normannen konnte →Pippin II. v. Aquitanien die Stadt 864 nicht zurückerobern; sie wurde zum Sitz der Tolosaner Gf.endynastie.

[2] *Topographische und institutionelle Entwicklung im Hochmittelalter:* Das frühe städt. Leben konzentrierte sich auf mehrere Siedlungskerne: im S das *Château Narbonnais*, möglicherweise schon Sitz der westgot. Kg.e, sicher aber der Gf.en, die Kirche *La Daurade* und (außerhalb der Civitas) die Abtei *St-Sernin*. Seit dem 10. Jh. begünstigte das Aufleben von Handwerk und Handel den demograph. Aufschwung. Ein Markt bildete sich bei St-Sernin heraus; bei der Kirche St-Pierre-des-Cuisines entstand ein Handwerkerviertel (Lederverarbeitung), im N der Stadt ein neuer Burgus, um 1140 mit der Stadt durch eine gemeinsame Mauer vereinigt. Am Knotenpunkt der beiden Siedlungen wurde zu Beginn des 13. Jh. die 'maison commune' (→Kommune) errichtet, Sitz der →Konsuln; die Werkstätten zum Neubau der Basilika St-Sernin und der Kathedrale St-Étienne nahmen ihren →Baubetrieb auf. In T. siedelten sich zahlreiche Zuwanderer an, herbeigelockt durch die gewährten Privilegien.

Das Fehlen einer echten stadtherrl. Gewalt erlaubte es den städt. 'prudhommes' (→probi homines), spätestens ab 1152 einen gemeinsamen Stadtrat ('commun conseil de la cité et du faubourg') zu errichten, dessen Kern sechs 'capitulaires', vier Richter ('juges') und zwei Vögte ('avocats') bildeten. Stand dieser Rat zunächst unter gfl. Einfluß, so assistierte er seit 1189 den 24 Konsuln (deren Zahl 1269 auf zwölf, zu Beginn des 15. Jh. dann auf acht beschränkt wurde); diese nahmen um 1300 den Namen von *capitouls* an, bildeten sie doch das Kapitel (lat. Capitulum, okzitan. *capdol*, das seit 1189 unabhängig die städt. Regierung in der Stadt und ihrem Bannbezirk (*gardiage*) ausübte (aufgrund des vom Gf.en →Raimund V. in Gegenwart des Bf.s Fulcrannus am 6. Jan. 1189 in der Kirche St-Pierre-des-Cuisines beschworenen Friedens). Als veritable städt. Republik dehnte T. seine Macht auf das ländl. Umland aus; die Konsuln fungierten als Gesetzgeber (Erlaß von Ordonnanzen/ 'Établissements', Friedensverträge mit benachbarten Ortschaften, denen bei Verstößen Straffeldzüge drohten).

[3] *Albigenserkrieg und Übergang an den König von Frankreich:* Während des Albigenserkreuzzugs (→Albigenser, II) war T. wiederholt Ziel feindlicher Angriffe: Zw. 1211 und 1219 belagerten die Heere Simons v. →Montfort dreimal die Stadt, dann die Armee des Kapetingerprinzen →Ludwigs (VIII.); die Gf.en v. T. verliehen ihrer treuen Hauptstadt dagegen erweiterte Freiheitsprivilegien. Der Vertrag v. →Meaux-Paris (1229), der den Kreuzzug beendete, veränderte jedoch tiefgreifend die Situation von T., das von einer Stadtrepublik nach Art der it. Kommunen zu einer Provinzstadt des Kgr.es →Frankreich absank. Das Kgtm. richtete hier die dritte Sénéchaussée (→Seneschall, III) des Languedoc ein (1271); mit dem weitgehenden Verlust der polit. Unabhängigkeit und dem Wegfall des Grafenhofs war auch die kulturelle Rolle als Brennpunkt der okzitan. Kultur (→Altprovenzal. Lit., →Troubadourdichtung) ausgespielt. Der Seneschall mit Sitz im Château Narbonnais, nun Königspalast, beschnitt durch strikte Kontrolle die städt. Autonomie. Kg. →Philipp III., der fünfmal in T. weilte, war gleichwohl bestrebt, die Bevölkerung zu versöhnen (Gewährung von Abgabenbefreiungen [→*leudes*, →*péages*], 1279 Amnestie zur Rehabilitation und Repatriierung von Nachkommen verurteilter →Katharer, Regelung der Konsularwahlen durch die Ordonnanz v. Nîmes 1283, regelmäßige Abhaltung eigener →Parlements in T., schriftl. Aufzeichnung der →Coutumes).

[4] *Spätmittelalter:* Unter Rücknahme eines Teils dieser Zugeständnisse hob aber Philipp IV. das Parlement wieder auf (1291), und Karl VI. reduzierte die Zahl der Capitouls ztw. auf vier (1389). Die Stadt diente während des →Hundertjährigen Krieges durchweg als Nachschubbasis für die kgl. frz. Truppen. Um 1345 umwehrte sie sich mit einer neuen Mauer; die Bevölkerungszahl schrumpfte in dieser Krisenzeit, zunächst durch die Schwarze →Pest (1349), dann infolge des Großen →Abendländ. Schismas, das der Univ. v. T. einen Teil der Studenten (aus den »urbanistisch« gebliebenen Gebieten) entzog.

T. entging 1355 der Eroberung durch den »Schwarzen Prinzen« →Eduard. Die Unzufriedenheit mit den Fiskallasten entlud sich in blutigen städt. →Revolten (1357, 1382). Die schwersten Konflikte traten jedoch während des Bürgerkrieges der →Armagnacs und Bourguignons auf; 1418–20 bemächtigten sich die Bourguignons der Stadt, die schließlich vom Dauphin →Karl (VII.) für die Armagnac-Partei zurückerobert wurde und fortan dem »roi de Bourges« eine verläßl. Stütze war. Ihre Treue wurde belohnt durch die Wiedererrichtung des Parlement (provisorisch 1420, dauernd 1444).

Am 7. Mai 1463 (unter den Augen des entsetzten Kg.s →Ludwig XI.) wurde T. von einer verheerenden Feuersbrunst heimgesucht (anschließend Gewährung einer Steuerermäßigung). Insgesamt stand das späte 15. Jh. aber im Zeichen einer wirtschaftl. Erholung: Der Friede begünstigte gewinnbringenden Export von →Waid und →Getreide nach England, Spanien und in die Niederlande; it. Bankiers führten die damals modernsten Techniken des Wechselverkehrs ein. Dank seines Parlement wurde T. zum Zentrum des Justizwesens im gesamten Languedoc. Die Repräsentanten der Stadt nahmen bei den →États provinciaux eine dominierende Position als Wortführer ein. Dieses Goldene Zeitalter sollte bis zu den Religionskriegen des 16. Jh. andauern.

Im SpätMA verwaltete der (erstmals unter den letzten Gf.en v. T. auftretende) Seneschall einen Amtssprengel (»Sénéchaussée de T. et d'Albigeois«), der in sechs Gerichtsbezirke, *jugeries* (→Albigeois, Lauragais, →Rieux, Rivière, Verdun, Villelongue), eingeteilt war; hinzutrat die *viguerie* v. T., welche die Stadt und ihren Bannbezirk (*gardiage*) umfaßte. Die erstinstanzl. Justizausübung oblag den Richtern an der Spitze der jeweiligen *jugerie*, in der *viguerie* dem *juge ordinaire* v. T. In der Stadt selbst stand seine Gerichtsbarkeit seit 1189 in Konkurrenz mit der anerkannten Jurisdiktion der *capitouls*. Letztinstanzlich wurden Prozesse vom Parlement entschieden. Die kgl. ('ordentl.') Finanzen unterstanden der Verantwortlichkeit eines *trésorier-receveur* (→Receveur), die 'außerordentl. Finanzen' (vor der Einrichtung der États de Languedoc im

15. Jh.) den drei *élus sur le fait des aides* (→Aides, →Gabelle), deren Sprengel die Diocèse civil (Élection) v. T. bildete. Eine Münzstätte war seit der Grafenzeit in Betrieb. Hinsichtl. der innerstädt. Verwaltung bestand eine Einteilung nach (aus den Pfarrbezirken hervorgegangenen) *capitoulats*, deren Zahl entsprechend der Anzahl der *capitouls* schwankte; nach dem letzten Stand gab es acht *capitoulats* (La Daurade, Saint-Étienne, Pont-Vieux, La Pierre-St-Géraud, La Dalbade, St-Pierre-des-Cuisines, St-Barthelemy, St-Sernin). Seit dem 13. Jh. bildeten die beiden Stadtkerne, Civitas/Cité (das von der röm. Mauer umschlossene Gebiet) und Burgus/Bourg (der sich seit dem FrühMA um St-Sernin entwickelnde Bereich), eine Einheit.

II. GRAFSCHAFT: [1] *Die Anfänge:* Die als →Mark gegen →Sarazenen und Vasconen (→Aquitanien, →Gascogne) errichtete Gft. T. unterstand zunächst Gf.en, die von den →Karolingern ernannt wurden (sog. 'Amtsgf.en'). Der erste von ihnen, Chorson (778–790), wurde 787 von den Vasconen gefangengenommen; an seine Stelle trat ein Vetter Karls d. Gr., →Wilhelm d. Fr. (vor 741–812), der sich nach verdienstvollem Kampf gegen die Sarazenen 806 in die Abtei Gellone (→St-Guilhem-du-Désert) zurückzog. Einer seiner Nachfolger, Fredelo, übte die Funktionen des Gf.en unter dem bloßen Titel eines 'custos civitatis' aus, gleichsam als Vertreter des eigtl. Inhabers der Grafengewalt, Wilhelm II., der in Katalonien gefangengenommen und hingerichtet wurde (Barcelona, 850).

Fredelo steht am Anfang des Gf.enhauses v. T. (Raimundiner), das mit Fredelos Bruder Raimund I. (852–863) und seinen Neffen Bernhard (865–877) und Odo erstmals die Grafengewalt ausübte. Der Herrschaftsbereich der Gf.en v. T., der zunächst die Mark Toulouse umfaßte, dann aber auf das Toulousain beschränkt wurde, erweiterte sich unter der Regierung Bernhards auf die Gft.en →Rouergue und →Quercy, die Bernhard durch Heirat erwarb, sowie Carcassès (→Carcassonne) und →Razès, die er als Beneficien innehatte. Nach dem Tode Odos (918) wurden die Territorien geteilt unter die beiden Söhne Raimund II. und Ermengol, den Begründern der beiden Zweige T. und Rouergue. Nach dem Tode Raimunds II. (923) vereinigte dessen einziger Sohn, Raimund III. Pons (923–950), den Tolosaner Staat durch die Ausübung der Lehnshoheit (Suzeränität) über die Gft.en Carcassonne, →Albigeois, Rouergue und Quercy; ztw. war er auch Hzg. v. Aquitanien (936–941). Aufgrund der Heirat mit Emma v. →Provence konnte Raimunds Sohn Wilhelm III. 'Taillefer' († 1037) die Herrschaften →Tarascon und Terre d'Argence seinen Territorien einverleiben.

[2] *Im 11. und 12. Jh.:* Das während des 11. Jh. mehrmals geteilte Tolosaner Fsm. wurde nach dem Tode Wilhelms IV. (1093) von dessen Bruder, →Raimund IV. v. St-Gilles, wieder vereinigt; der Fs., der 1096 als Befehlshaber des südfrz. Kreuzfahrerheeres ins Hl. Land zog (→Kreuzzug, Erster) und dort bis zu seinem Lebensende († 28. Febr. 1105) verblieb, war bereits seit 1065 Herr der Gft.en Rouergue, →Nimes und →Narbonne, weiterhin der Gft.en →Gévaudan, →Agde, →Béziers, des Pays d' →Uzès und vielleicht des →Vivarais; er intitulierte sich als »Gf. v. T.«, Hzg. v. Narbonne und Mgf. v. Provence« und vererbte seinen Nachkommen ein Fsm., dessen Grenzen (trotz der Ansprüche der Hzg.e v. Aquitanien) bis ins 13. Jh. stabil blieben.

Bei seiner Kreuznahme übertrug Raimund v. St-Gilles sein Fsm. dem älteren Sohn Bertrand, der ebenfalls ins Hl. Land aufbrach († 1112 ebd.) und seine Güter wiederum dem jüngeren Bruder, Alfons Jordan, übergab. Unter Ausnutzung der durch Besitzwechsel und Abwesenheit der Gf.en entstandenen Schwächung besetzte der Hzg. v. Aquitanien, →Wilhelm IX., zweimal T. (1098–1100, 1114–19) und vererbte seiner Tochter →Eleonore Rechte, die Eleonores erster Gemahl, Kg. →Ludwig VII. v. Frankreich, durch eine Belagerung von T. (1141) zu realisieren versuchte, ebenso der zweite Ehemann der Gfn., Kg. →Heinrich II. Plantagenêt; zwar mußte Heinrich 1159 die Belagerung von T. aufheben, doch konnte er seine Lehnshoheit 1173 dem Sohn von Alfons Jordan, Raimund V. (1148–94), aufnötigen.

In feindseliger Rivalität zu den Gf.en v. →Barcelona (seit 1137 Kg.en v. →Aragón), die den mittelmeernahen Teil des Languedoc (über das Haus →Trencavel) zu kontrollieren trachteten, setzte Raimund V. 1163 seine Lehnshoheit gegenüber dem Vizgf.en v. Carcassonne, der Vizgfn. v. Narbonne und dem Herrn v. →Montpellier durch. 1176 annektierte er die Gft. →Melgueil, stellte seine Autorität über Nîmes wieder her und unterdrückte die vom Kg. v. Aragón geschürten Revolten. 1154 heiratete er Constance, die Tochter Kg. →Ludwigs VI. v. Frankreich, und verstieß sie 1165. Unter Raimunds V. Regierung erwarb T. definitiv seine städt. Privilegien; in dieser Zeit begann auch die verhängnisvolle Ausbreitung des Katharertums.

[3] *Albigenserkrieg und Übergang an das Königreich Frankreich:* Die religiöse Frage begann die Politik der Gft. zu beherrschen. Gegen den 1207 exkommunizierten →Raimund VI. (1194–1222) wurde der Albigenserkreuzzug (→Albigenser, II) entfesselt. Das IV. →Laterankonzil beraubte Raimund seiner Besitzungen und setzte den Befehlshaber des Kreuzzugs, Simon de →Montfort, zu einem Gf.en v. T. ein, doch konnte Raimund, nach dem Tode Montforts vor T. (25. Juni 1218), einen Großteil seiner Länder zurückgewinnen. Nach seinem Tod (1222, immer noch im Stande der Exkommunikation) hinterließ er seinem Sohn →Raimund VII. (1222–49) die schwere Aufgabe, einem neuen, vom frz. Kg. persönlich geführten Kreuzzug standzuhalten. Im Frieden v. →Meaux-Paris (12. April 1229) verlor Raimund VII. alle westl. Besitzungen sowie das Quercy an die kapet. Monarchie und mußte der Heirat seiner Erbtochter Jeanne mit einem Bruder des Kg.s, →Alfons v. Poitiers, zustimmen. Während der Kriegs- und Krisenzeit hatten die Gf.en v. T. den Ausbau der städt. Privilegien von T. hinnehmen müssen. Nach dem Vertrag v. Meaux war Raimund VII. bestrebt, die direkten und indirekten Folgen für seine Herrschaft zu mildern. Als Teilnehmer an der vom Kg. v. England gegen →Ludwig d. Hl.n v. Frankreich gesteuerten Koalition wurde er von der Niederlage v. →Taillebourg (1242) mitbetroffen. Sein Versuch einer Zurückdrängung der »libertés toulousaines« blieb ohne durchschlagenden Erfolg. Nach dem Tod des Gf.en (1249) ließ die Regentin v. Frankreich, die 'Königinmutter' →Blanca v. Kastilien, die Gft. für Sohn und Schwiegertochter beschlagnahmen. Alfons v. Poitiers (obwohl selten persönlich präsent) war auf Beschneidung der Autonomie von T. bedacht und führte, meist gestützt auf den Einsatz von kgl. Beamten, die kapet. Verwaltungspraktiken ein. Nach dem Tod von Alfons und seiner Gemahlin (1271) ließ der Kg. v. Frankreich in Anwendung des Vertrags v. Meaux ab Okt. 1271 die Gft. T. durch seine Kommissäre in Besitz nehmen; die Tolosaner Unabhängigkeit war beendet.

III. BISTUM/ERZBISTUM: [1] *Die Anfänge:* Die Diöz. v. T. gehörte urprgl. zur Kirchenprovinz →Narbonne und umfaßte das Gebiet der antiken 'civitas Tolosana'. Im SpätMA wurde auf Bestreben des avignones. Papsttums das Diözesangebiet verkleinert: 1295 (unter →Benedikt XII.) durch Gründung des Bm.s →Pamiers, wodurch T. etwa 350 Pfarreien, Priorate und Kirchen sowie sechs Abteien verlor; 1317 (Bulle »Salvator noster« Johannes' XXII.) durch Schaffung der Bm.er →Rieux, Mirepoix, →Montauban, Lombez, Lavaur und →St-Papoul. Als Kompensation wurde T. zum Ebm. erhoben, dessen Provinz territorial dem alten Diözesangebiet entspricht.

Der erste Bf. v. T. war der hl. Martyrer →Saturninus († 250). Unter seinen Nachfolgern war der namhafteste der hl. Exuperus, Freund des hl. →Hieronymus und tatkräftiger 'defensor civitatis' (Verteidigung gegen die Vandalen), der die Translation des Leichnams des hl. Saturninus aus der Église du Tour, seiner ältesten Grabstätte, in die Basilika, die später seinen Namen erhielt (St-Sernin), vornahm. Die nachfolgende Periode ist schlecht erhellt: Die Bischofsliste ist nach dem Episkopat des hl. Germier (um 691-695) unterbrochen, um erst mit Aricius (um 785-790) wieder fortgesetzt zu werden.

844 erhielt Bf. Samuel von Karl d. K. ein →Immunitätsprivileg zugunsten der Kathedrale St-Étienne und der Kl. Ste-Marie de la Daurade und St-Sernin. Samuel war wohl beteiligt an der Ausarbeitung eines →Kapitulars, in dem Karl d. K. dem Episkopat des südl. Gallien die Abstellung von Mißbräuchen vorschreibt.

[2] *Im 11.-12. Jh. und während des Albigenserkrieges:* Im frühen MA standen die Bf.e v. T. wohl zumeist den Häusern der Gf.en und Vizgf.en v. T. nahe (Hugo I., Atto/Aton, Raimund I.). Das 11. Jh. wurde dominiert von der bedeutenden Persönlichkeit des Isarn, der um 1071 gewählt wurde und die →Gregorian. Reform durchsetzte, das Kathedralkapitel reformierte und die Mensa canonialis wiederherstellte. Isarn vertrieb die Kanoniker aus St-Sernin, das er mit Benediktinern aus →Moissac besetzte, wurde aber zur Wiederherstellung des alten Zustands genötigt, woraufhin er Moissac die Kirche La Daurade übertrug. Auf den Konzilien von 1079 und 1080 verteidigte er sich gegen Anklagen, die seiner Amtsführung galten.

Die Bf.e des 12. Jh. entstammten zumeist der örtl. Aristokratie, so Amiel Simplicius und Raimund v. →Lautrec (Ketzerpredigt des hl. →Bernhard v. Clairvaux, 1145). Ihre Nachfolger im späten 12. Jh. und in der 1. Hälfte des 13. Jh., Fulcrannus, Foulques de Marseille, Raimund du Fauga, waren v.a. mit der kathar. Häresie und dem Albigenserkreuzzug konfrontiert (→Albigenser, →Katharer). Foulques förderte die Mission des hl. →Dominikus, der in T. 1215 den Predigerorden (→Dominikaner) gründete. Raimund du Fauga setzte in seiner Diöz. die →Inquisition der Dominikaner ein; im Okt. 1235 mußte er vor der städt. Aufstand in T. seine Diöz. räumen und konnte erst ein Jahr später, unter dem Schutz des päpstl. Legaten, wieder zurückkehren. 1270 übernahm Bertrand de l'Isle Jourdain, ein Enkel von Raimund V., die Nachfolge Raimunds du Fauga und ließ als wohlhabender Prälat große Bauten errichten (got. Chor von St-Étienne). Am Ende des 13. Jh. stand der kurze Episkopat des hl. →Ludwig v. Anjou.

[3] *Im 14. und 15. Jh.:* Die Ebf.e v. T. des 14. Jh. wurden üblicherweise durch den Papst ernannt. Der erste von ihnen, Jean-Raymond de →Comminges, soll nach dem Tode Johannes' XXII. die Papstwürde abgelehnt haben. Sein Nachfolger Guillaume de Laudun war ein Dominikaner, der zugunsten von Raimond de Canillac zurücktrat. Jean de →Cardaillac († 1390) war der erste Ebf. des Großen →Abendländ. Schismas. 1401, im Zuge des Obödienzentzuges, stand der vom Kathedralkapitel zum Ebf. gewählte Propst Vidal de Castelmaurou († 1410) dem von →Benedikt XIII. eingesetzten Pierre Ravat gegenüber, der nach einem Aufstand von seinen Anhängern gewaltsam inthronisiert wurde (13. Nov. 1406). Der aus T. stammende Bernard de Rosier (Ebf. 1451-72), der bereits vor seiner Wahl eine glühende ultramontane Propaganda entfacht hatte, ließ 1452 die →Synodalstatuten erneuern. Hector de Bourbon, ein natürl. Sohn des Hzg.s v. Bourbon, machte dank seines Einflusses erfolgreich vor dem Parlement v. Bordeaux seine Ansprüche gegen den regulär vom Kapitel gewählten Neffen von Bernard de Rosier geltend und steht damit am Anfang einer langen Reihe von Prälaten, die im 15. und 16. Jh. das Ebm. T. durch kgl. Gunst erlangten.

[4] *Klosterwesen:* Auf dem Gebiet der Diöz. T. bestanden im 13. Jh. sechs Benediktinerabteien (Lavaur, Mas d'Azil, Mas-Garnier, Rieux, St-Papoul und Sorèze), ein von →Cluny abhängiges Kl. (Lézat), sechs Zisterzienserabteien (Belleperche, →Boulbonne, Calers, Eaunes, Feuillans, →Grandselve), eine Prämonstratenserabtei (La Capelle). Die ehem. Benediktinerabteien St-Antonin de →Pamiers und St-Volusien de →Foix sowie das Benediktinerpriorat Notre-Dame de Lombez waren seit dem 12. Jh. in der Hand der augustin. Regularkanoniker. In T. selbst hatten die Regularkanoniker seit 1073 das Kathedralkapitel und das Stift St-Sernin inne. Cluny kontrollierte nicht weniger als drei Priorate, Notre-Dame de la Daurade und St-Pierre-des-Cuisines, die von Moissac abhingen, St-Antoine, eine Gründung von Lézat. Die geistl. Ritterorden der →Templer und →Johanniter hatten jeweils ein Priorat, dem zahlreiche Komtureien unterstanden. Die großen Bettelorden (→Dominikaner, →Minoriten, →Karmeliter und →Augustinereremiten) besaßen jeweils eine Niederlassung in T., desgleichen auch Orden und Kongregationen wie die →Mercedarier und →Trinitarier, die Frères de la Pénitence (→'Sackbrüder'), die Frères de la Mère de Jésus-Christ, mit ihrem schwarzweißen Habit als 'Frères Pies' bekannt, der Ordre de la Sainte-Croix, der 1256 errichtet worden war. An Frauenkongregationen bestanden – neben den Dominikanerinnen des Kl. →Prouille, das der hl. Dominikus 1207 gegründet hatte – Häuser der Zisterzienserinnen (Oraison-Dieu, Valnègre), des Ordens v. →Fontevrault (Grâce-Dieu, Lespinasse, Longages) und der Minorettes v. T.

IV. UNIVERSITÄT: Die Gründung einer Univ. wurde dem Gf.en durch den Vertrag v. Meaux (1229) auferlegt; sie wurde von Papst Gregor IX. mit den Privilegien der Univ. →Paris bewidmet (1233), erhielt von Innozenz IV. ihre erste Ordnung (1245) und arbeitete 1309-14 die Statuten aus, die das universitäre Leben in T. für die nächsten Jahrhunderte bestimmen sollten. Die Univ. unterstand der Aufsicht des Kanzlers der Kirche v. Toulouse; an der Spitze stand ein →Rector, gewählt auf drei Monate aus den 'doctores regentes' (Lehrstuhlinhabern); ihm zur Seite ein 'consilium', in dem neben den Professoren auch die Baccalare und Studenten durch zwei Repräsentanten vertreten waren.

Die Univ. T. erlangte hohes Ansehen durch ihren Rechtsunterricht. Nach 1270 hatten ihre Lehrer für gemeines Recht (Arnaud Noubel, Guillaume und Pierre de →Ferrières, Arnaud und Jean Arpadelle, Guillaume de Cunh, Pierre de Mortemart) europ. Rang; die Argumente der 'Doctores Tholosani' werden in vielen zeitgenöss. Werken als Autoritäten zitiert. Die zahlreichen Lehrer des kanon. Rechts bildeten die kirchl. Führungskräfte aus. Der Theologieunterricht war den Lektoren der Bettelorden in der Stadt übertragen, war aber dessenungeachtet der universitären Körperschaft integriert. Des weiteren bestand eine namhafte Artistenfakultät, während die med. Fakultät mit nur zwei bis drei Lehrstühlen geringere Bedeutung hatte. Für die wachsende Studentenschaft wurden, zumeist im 14. Jh., zahlreiche →Kollegien gegründet.

Das Universitätsleben wurde durch das Große Schisma stark beeinträchtigt. Wegen ihrer Treue zu →Benedikt XIII. zog sich die Univ. T. die Feindschaft der mächtigen Alma mater von →Paris zu; das Niveau des Studienbetriebs sank, nur noch wenige Gelehrte (wie der Jurist Bernard de Rosier und der Theologe →Raimundus v. Sabunde) hatten internationalen Ruf. Erst seit dem späten 15. Jh. kam es zu einer Blüte, v. a. dank der Initiative des →Parlement, das von 1470 bis 1516 die Reorganisation des Lehrbetriebs und seiner Institutionen durchsetzte.

V. Konzilien und Synoden: Nach Devic und Vaissète fanden im MA in T. insgesamt zwölf Konzilien und Synoden statt (nach heutigem Forschungsstand ist das Konzil von 1160 [Anerkennung von →Alexander III. gegen →Victor IV. durch Frankreich und England] auszunehmen, da es nicht in T., sondern in Beauvais stattgefunden habe).

Neben dem schlecht belegten Konzil von 829 (Ludwig d. Fr.) und den Konzilien von 1005 und 1022 sind die Konzilien von 1060/61, 1068 und 1090 als »gregorian.« Kirchenversammlungen erwähnenswert. Auf dem Konzil von 1110 führte der päpstl. Legat Richard, Bf. v. Albano, den Vorsitz; das Konzil von 1118 beschloß einen Kreuzzug in Spanien (→Reconquista).

Das auf Weisung Papst Victors II. 1056 tagende Konzil unter Vorsitz des Ebf.s v. Narbonne, Guifred, verurteilte in 13 Kanones die →Simonie der Kleriker und Mönche und die Usurpation von Kirchengut durch Laien und propagierte das Keuschheitsgebot der Kleriker.

Das Konzil v. 1079, dem die päpstl. Legaten →Hugo v. Die und →Amatus v. Oloron präsidierten, exkommunizierte zwei »simonist.« Bf.e (Peter v. Rodez und Frothar v. Albi) und bedrohte mit Exkommunikation jedwede Usurpation von kirchl. Gütern und Zehnten, löste damit eine Welle der Restauration des Kirchenvermögens aus.

Am 8. Juli 1119 leitete Papst →Calixt II. in Person zu T. ein Konzil, an dem u. a. mehrere Kard.e sowie die Ebf.e v. Tarragona, Auch, Narbonne, Arles und Aix teilnahmen. Das Konzil erließ zehn Kanones über die Kirchenzucht.

Im Herbst 1229 berief der Kardinallegat Romanus Frangipani ein regionales Konzil nach T. Es diente der Anwendung der Klauseln des Vertrags v. →Meaux-Paris zur Beendigung des Albigenserkrieges (Ausnahmeverfahren im Kampf gegen Häretiker).

VI. Coutumes: Dem Gewohnheitsrecht v. T. lagen z. T. Gebräuche der röm. Rechts, wie sie im Westen des röm. Reiches vor der Rechtskodifikation unter Justinian (→Corpus iur. civ.) üblich waren, zugrunde. Die Ausbildung der →Coutumes entwickelte sich seit dem 12. Jh. mit der Erneuerung des wirtschaftl. und sozialen Lebens, unter starkem Einfluß der städt. Rechtsprechung und Jurisprudenz. Die Vertreter dieser munizipalen Jurisdiktion bekämpften im 13. Jh. mehrfach das vordringende gelehrte Recht, das auf der Basis des Corpus iuris an den Universitäten gelehrt wurde. Die Coutumes v. T. wurden 1286 schriftlich fixiert und feierlich im Namen des Kg.s v. Frankreich promulgiert; sie blieben, mehrfach stark abgeändert, bis zur Frz. Revolution (1789) gültiges Recht. Hauptsächlich Bestimmungen des Privatrechts umfassend, wurden sie nicht nur in der Stadt T., sondern auch im Umland angewandt (*gardiage* und *viguerie* v. T.). H. Gilles

*Lit.*: G. Catel, Hist. des comtes de T., Toulouse 1623 – C. Devic-J. Vaissète, Hist. générale de Languedoc, I–XII, 1872–89 – R. Limouzin-Lamothe, La commune de T. et les sources de son hist. (1120–1249), 1932 – A. Viala, Le Parlement de T. et l'administration royale laïque, 1429–1525 environ, 1953 – J. H. Mundy, Liberty and Political Power in T., 1050–1230, 1954 – Ph. Wolff, Commerces et marchands de T. (vers 1350–vers 1450), 1954 – M. Castaing-Sicard, Les contrats dans le très ancien droit toulousain (X$^e$–XIII$^e$ s.), 1959 – Y. Dossat, Saisimentum comitatus Tholosani, 1966 – M. Labrousse, T. antique, 1968 – H. Gilles, Les Coutumes de T. (1286) et leur premier commentaire (1296), 1969 – Ph. Wolff, Hist. de T., 1974$^2$ – Ders., Le dioc. de T., 1983 – H. Gilles, Univ. de T. et enseignement du Droit (XIII$^e$–XVI$^e$ s.), 1992 – J. R. Magné-J. R. Dizel, Les comtes de T. et leurs descendants, les T.-Lautrec, 1992.

**Tour Landry,** Chevalier de la → La Tour Landry, Geoffroy

**Touraine,** hist. Landschaft, ehem. Provinz und früheres Hzm. in Westfrankreich, entsprach im wesentl. der 'Civitas Turonum' und der Diöz. v. →Tours, umfaßt in etwa das sich um Tours, beiderseits der →Loire, erstreckende dép. Indre-et-Loire.

Die im 4. Jh. begründete Kirche v. Tours stieg durch das Wirken des hl. →Martin (371–397) zur führenden kirchl. Institution des nördl. →Gallien auf. Der hl. Bf., der sich oft als Einsiedler nach →Marmoutier zurückzog, begründete in mehreren ländl. Gemeinden der T. Klerikergemeinschaften; diese Ansätze zum Aufbau eines ländl. Pfarrwesens wurden von seinen Nachfolgern fortgesetzt. 470 gliederte Kg. →Eurich das Gebiet der T. (ganz oder teilweise) dem Reich der →Westgoten ein, die versuchten, den Arianismus einzuführen. Doch drangen bald die →Franken in das von Kg. →Chlodwig nach der Schlacht v. →Vouillé (507) besetzte Gebiet vor.

Ausgehend von St-Martin, das Pilgerströme anzog, wurde eine Reihe von großen Abteien errichtet oder reorganisiert (Marmoutier, →Cormery, St-Julien de Tours, St-Mexme de →Chinon, →Villeloin). Persönlichkeiten wie der Bf. und Geschichtsschreiber →Gregor v. Tours (573–594) und der Ratgeber Karls d. Gr., →Alkuin (um 730–804), Abt v. St-Martin, begründeten den hohen Rang der T. im geistigen Leben des Früh- und HochMA. Das Gebiet diente vom 6. Jh. bis ins 9. Jh. als Operationsbasis der frk. Expansion in die Armorica (→Bretagne) und nach →Aquitanien. Verschont von der muslim. Invasion (Sieg →Karl Martells bei →Poitiers, 732), erfuhr die T. bis zur Mitte des 9. Jh. eine wirtschaftl. Blüte. Nachfolgend wurde die Region durch Einfälle der →Normannen (zw. 853 und 903) schwer geschädigt. Die →Robertiner bzw. →Kapetinger, die maßgebl. den Kampf gegen die Normannen geführt und das Laienabbatiat v. St-Martin an sich gezogen hatten, überließen die T. und ihre Nachbarregionen auf längere Sicht den beiden ihnen als Vasallen untergeordneten Fs.enfamilien, den Gf.en v. →Angers (Anjou) und den Gf.en v. →Blois. Die Besitzungen der beiden heftig rivalisierenden Geschlechter waren stärkstens miteinander verzahnt (Anjou: →Amboise, →Loches und Montrichard; Blois: Tours, Montsoreau, Chinon und →Saumur). Beide Seiten bauten ein Netz von →Befestigungen auf, zunächst hölzerne Turmburgen, dann steinerne →Donjons. Im frühen 11. Jh. errangen die Anjou definitiv den Sieg (Schlachten v. Pontlevoy, 1016, St-Martin-le-Beau/S. Martinus de Bello/St-Martin la Bataille, 1034); die angevinisch gewordene T. bildete seit 1154 einen Eckpfeiler des Festlandbesitzes der →Plantagenêt (sog. →Angevin. Reich). Trotz der militär. Konflikte vollzog sich ähnlich wie in anderen westfrz. Gebieten starker Landesausbau (Rodungstätigkeit), entstanden →Kastellaneien und wurde die Reorganisation des kirchl. Lebens in Angriff genommen. Bf. Theotolon v. Tours setzte →Cluniazenser in St-Julien an; Abt →Gauzbert restaurierte Marmoutier; auch wurden neue Abteien gegr. (→Beaulieu-lès-Loches, Preuilly, Noyers). Infolge der Gregorian. Reform wurden zahlreiche Pfarrkirchen dem →Patronat von Äbten unterstellt. Kg. →Heinrich II., der häufig in Chinon residierte, ließ die ersten *turcies* (Loiredämme, →Deich- und Dammbau) gegen die gefürchteten Hochwasser errichten.

Von 1188 an unternahm →Philipp II. Augustus, Kg. v. →Frankreich, große Anstrengungen zur Eroberung der T., die 1205 der frz. →Krondomäne angeschlossen wurde. Nach dem Tode des Seneschalls des Anjou, Guillaume des →Roches († 1222), vermochte die kapet. Monarchie gegenüber der lokalen Aristokratie die administrative Autorität ihrer →Baillis durchzusetzen. Das Land erlebte eine neue Wirtschaftsblüte, die sich in der zentralen Bedeutung des *Tournois* (→Denier, →Gros tournois, →Turnose) für das europ. Währungswesen des MA widerspiegelt. →Zisterzienser (La Clarté-Dieu) und geistl. →Ritterorden faßten Fuß in der T.; die got. Baukunst blühte auf.

1322 wurde die T. (nicht aber das Anjou) dem künftigen Kg. →Jean/Johann (II.) als →Apanage übertragen. Ab etwa 1350 hatte die Region unter den Verwüstungen des →Hundertjährigen Krieges zu leiden; es kam zu neuen Einfällen, Plünderungen durch Söldnerkompanien, Bauernaufständen und →Epidemien. Von der T. aus bereitete →Jeanne d'Arc (Chinon, 1429) die Befreiung v. Orléans vor, doch hielten die Kriegswirren noch bis zur Mitte des 15. Jh. an.

Nach dem Ende der Feindseligkeiten (1453) profitierte die T. dann von der Präsenz der großen Valois-Kg.e →Karl VII., →Ludwig XI., →Karl VIII., →Ludwig XII. und Franz I., deren glanzvolle Hofhaltung und Bautätigkeit (»Loire-Schlösser«) dem wirtschaftl. Wiederaufschwung starke Impulse gaben. Die Städte (Tours, Loches, Chinon, Amboise) traten in ihr Goldenes Zeitalter ein und erlebten im 16. Jh. ihre große Blütezeit.

G. Devailly

*Lit.*: G. N. OURY, Hist. religieuse de la T., 1975 – C. LELONG, T. romane, 1977 (Zodiaque) – C. CROUBOIS, L'Indre-et-Loire: la T. des origines à nos jours, 1982.

**Tournai** (ndl. Doornik), Stadt in Belgien, an der →Schelde, Prov. →Hennegau.
I. Stadt – II. Bistum.

I. STADT: Die am Ursprung der Stadtentwicklung stehende röm. Siedlung Turnacum (Tornacum), die sich als Stadt der Gallia →Belgica II im Laufe des 1. Jh. n. Chr. entwickelte, war Verkehrsknotenpunkt eines weiträumigen Straßennetzes und umfaßte in der röm. Ks.zeit ein Areal von 40 ha, das sich an beiden Ufern der Schelde erstreckte. Im 4. Jh. wurde T. zum Vorort einer 'civitas' und wichtigen Glied in der Kette von Befestigungen, die das röm. Reich gegen die vordringenden Germanen errichtete. Trotz dieser Verteidigungsmaßnahmen besetzten die Franken um 430 die Stadt. T. fungierte bis 486 als Hauptstadt eines frk. Kleinreiches, als dessen bedeutendster Herrscher →Childerich, der Vater →Chlodwigs (→Merowinger), hervortritt; sein reich ausgestattetes Kg.sgrab wurde 1653 aufgefunden (→Childerichgrab).

Mit Ausnahme einiger dunkler Perioden erfuhr T. bis ins späte MA einen kontinuierl. territorialen, demograph. und wirtschaftl. Aufschwung, stark gefördert durch das blühende Tuchgewerbe (→Textilien, A) und den Handel mit Bruchsteinen; dieser Aufstieg fand seinen Ausdruck in der Errichtung einer Stadtbefestigung, die sich in zwei Phasen vollzog: Ein erster Mauerring entstand Ende des 12. Jh., ein zweiter, wesentl. weiterer im letzten Viertel des 13. Jh.

Die urbane und fortifikator. Entwicklung wurde in nicht unerhebl. Maße von der strateg. Lage der Stadt beeinflußt: T. beherrschte den Lauf der Schelde und bildete den Kreuzungspunkt großer Straßen, v. a. aber wurde die Gesch. der Stadt über die Jahrhunderte von ihrer Bedeutung als Grenzstadt geprägt. Seit dem Vertrag v. →Verdun (843) trennte die Schelde die Bereiche des Westfrk. Reiches bzw. Frankreichs von den Gebieten Lotharingiens und des Ostfrk. bzw. Dt. Reiches, wobei diese Grenze 1289 leicht nach Osten verschoben wurde.

T., das sich um 1147 als →Kommune konstituierte, befreite sich 1188 von der seit dem 9. Jh. ausgeübten bfl. Stadtherrschaft und unterstand fortan unmittelbar der Krone Frankreich; 1341 wurde die Kommune zum einzigen 'Seigneur' (→Seigneurie) des Territoriums v. T. Die städt. Institutionen lagen in dieser Zeit noch in den Händen der Aristokratie; erst 1423 setzte eine demokrat. Umwälzung die Teilung der Macht durch: Die Stadt wurde nunmehr regiert von einer Versammlung, bestehend aus vier Kollegien (*Consaux*), denen der →*prévôts* und →*jurés*, der *mayeurs* und *échevins* (→Schöffen), der *eswardeurs* sowie der *doyens* und *sous-doyens* der in 36 *bannières* gliederten →Zünfte.

Die Gesch. T.s im ausgehenden MA stand meist im Zeichen wirtschaftl. Schwierigkeiten, z. T. ausgelöst durch Pestepidemien (während des gesamten 15. Jh.) und Naturkatastrophen (Hochwasser, Frostperioden); das konstante Defizit und die drückenden Fiskallasten ließen finanzielle Probleme entstehen; infolge des schlechten Funktionierens der Verwaltungsinstitutionen machte sich auch polit. Instabilität bemerkbar. Diese Krisenerscheinungen führten zu einem Bevölkerungsrückgang; ein völliger Niedergang konnte aber vermieden werden, zumal zwei neue, aufstrebende Wirtschaftszweige (hochwertige Teppichwirkerei, Waffen- und Rüstungsproduktion) sich in T. etablierten. Es galt auch, die Schwierigkeiten, denen die Stadt während der Konflikte zw. dem Kg. v. Frankreich und dem Hzg. v. Burgund ausgesetzt war, zu überwinden: Burgund erreichte das Ziel einer Einverleibung von T. nicht, dies gelang erst Ks. Karl V. (1521), nachdem die Stadt kurz zuvor einige Jahre unter engl. Besatzungsherrschaft (1513–18) gestanden hatte.

Auf kirchl. Gebiet war die Bf.sstadt T. in 14 Pfarreien unterteilt, die auf beiden Ufern der Schelde lagen und bis zum Ende des Ancien Régime teils dem Bm. T. (links der Schelde), teils dem Bm. →Cambrai (rechts der Schelde) zugehörig waren. Diese bes. Situation lag im Grenzstadtcharakter von T. begründet. Die Stadt beherbergte zahlreiche bedeutende kirchl. Einrichtungen; an erster Stelle ist neben dem Kathedralkapitel Notre-Dame die große Abtei OSB St-Martin zu nennen, eines der reichsten Benediktinerkl. der alten Niederlande.

II. BISTUM: Das Christentum hielt seinen Einzug am Ende des 3. Jh. oder zu Beginn des 4. Jh. mit dem missionar. Wirken des hl. Piatus (Piat); die kleine Christengemeinde verfügte über eine eigene Kultstätte, überlebte aber die Invasionen der frühen 5. Jh. nicht. Nach Wiedereinkehr ruhiger Verhältnisse erfolgte eine Rekonstituierung und der Aufbau einer Kirchenorganisation mit Einsetzung eines eigenen Bf.s: nach jüngsten Unters.en wird angenommen, daß der Bf.ssitz T. vermutl. vor dem Ende des 5. Jh. zugunsten eines gewissen Theodor errichtet wurde. In der Folgezeit – wohl zw. 626/627 und 637/638 – wurde das Bm. mit →Noyon (auf personaler Grundlage) vereinigt; diese Union bestand bis 1146. Seit dem FrühMA vollzog sich der Ausbau des Diözesangebietes, das im Verlauf des 9. Jh. seine endgültigen Grenzen erreichte und sich von der Schelde bis zur Nordsee erstreckte; es umfaßte einen Großteil des Tournaisis sowie der alten Gft. →Flandern (unter Einschluß des kgl. frz. Flandern). Dieses weiträumige Gebiet der dem Ebm. →Reims unterstehenden Diöz. war untergliedert in drei Archidiakonate (T., →Brügge, →Gent) sowie elf (später zwölf) Dekanate, die 497 Pfarreien (1331) umfaßten (bis zur Mitte des 16. Jh. waren acht weitere Pfarreien hinzugekommen). Im Zuge der Neuordnung der Diözesanverhältnisse um die Mitte des 16. Jh. (s. a. →Cambrai) wurden die – als eigene Bm.er konstituierten – Archidiakonate Brügge und Gent 1559 von T. abgetrennt.

Die dem Bf. wohl seit dem frühma. Anfängen zur Seite stehende Klerikergemeinschaft erhielt erst aufgrund der →Institutiones Aquisgranenses v. 816, welche die →Kanoniker einem einheitl. Rechtsstatus unterwarf, ihre eigtl. Organisation als Kathedralkapitel (→Kapitel, I) mit urspgl. 30 Kanonikern (43 am Beginn des 13. Jh.). Das Kathedralkapitel wurde zur unbestreitbar bedeutendsten und angesehensten kirchl. Einrichtung in T. Seine dominierende Rolle auf den Gebieten des öffentl. Gebetes, Pfarrdienstes, Unterrichts und der wohltätigen Stiftungen ließ die (in der 2. Hälfte des 12. Jh. zu einem der bedeutendsten spätroman. Sakralbauten des Scheideraums erweiterte) Kathedrale Notre-Dame (got. Chor des 13. Jh.) zur »bevorzugten Stätte des Gebetes der Diöz., zum Zufluchtsort der Entrechteten und Zentrum der gelehrten Studien« werden. J. Nazet

Lit.: zu [I]: Dict. hist. et géogr. des communes du Hainaut, 1940 [P. ROLLAND] – Communes de Belgique. Dict. d'hist. et géogr. administrative, 1–2, Wallonie–Bruxelles, 1980), 1482–1488 [CH. VRANCKEN–G. PREUD'HOMME] – P. ROLLAND, Hist. de T., 1956 – F. VERCAUTEREN, T. (Plans en relief de villes belges levés par des ingénieurs français, XVII$^e$–XIX$^e$ s., 1965), 163–206 – J. DUMOULIN, L'organisation paroissiale de T. aux XII$^e$ et XIII$^e$ s. (Horae Tornacenses, 1971), 28–47 – M. AMAND, T., de César à Clovis, 1972 – G. DESPY, Naissance de villes et de bourgades (La Wallonie. Le Pays et les Hommes, Hist. – économies – sociétés, 1, 1975), 110, 112, 113 – R. BRULET, Les fouilles du quartier St-Brice à T., 1990, 11–14 [Einl.] – J. PYCKE, »Urbs fuerat quondam, quod adhuc vestigia monstrant«. Réflexions sur l'hist. de T. pendant le Haut MA (V$^e$–X$^e$ s.) (La genèse et les premiers s. des villes médiévales dans les Pays-Bas méridionaux. Actes 14$^e$ Coll. internat. Spa 1988, 1990), 211–233 [Bibliogr. bis 1985] – J. NAZET, Les institutions religieuses de T. et du Tournaisis vers 1600, Albums de Croÿ XI, 1991, 77–95 – J. DUMOULIN, L'organisation paroissiale de T. au XV$^e$ s. (Les Grands S.s de T., 1993), 257–278 – J. PAVIOT, T. dans l'hist. bourguignonne (Les Grands S. de T. 12$^e$–15$^e$ s., 1993), 59–78 – T. Une ville, un fleuve, hg. F. THOMAS–J. NAZET, 1995 – L. VERSLYPEN, Aux origines de Notre-Dame de T., Bull. de la Soc. tournaisienne de paléontologie et préhist. VI, n° 5, mai 1996, 179–187 – zu [II]: F. JACQUES, Le dioc. de T. (1690–1728) et ses divisions archidiaconales et décanales de 1331 à 1789, 1973 – J. PYCKE, Le chapitre cathédral de T. de la fin du XI$^e$ à la fin du XIII$^e$ s., 1986.

**Tournai, Simon v.**, * ca. 1130, † ca. 1201. Sein Schrifttum erweist ihn als bedeutenden Theologen des 12. Jh. Die »Disputationes« zeigen Einfluß →Odos v. Ourscamp († nach 1171); ihm folgt er 1165 als theol. Lehrer an der Domschule in Paris, wo er zuvor zehn Jahre als Magister artium wirkte. S. bewundert Abaelard und ist Gilbert v. Poitiers derart verpflichtet, daß er als Porretaner der zweiten Generation gilt. Dem entsprechen verstärkte Rezeption des Aristoteles; er, nicht mehr Platon, ist für S. *der Philosoph*; ferner seine differenzierte theol. Denkform und Verstehenslehre, Nähe zu Boethius sowie seine Trinitätslehre. F. Courth

Ed.: Disputationes, 1932 – Institutiones in sacram paginam, VGI 1, 1967 – Expositio Symboli S. Athanasii, AHDL 43, 1976, 135–199 – M. SCHMAUS, Die Texte der Trinitätslehre in den Sententiae des S. v. T., RTh 4, 1932, 59–72, 187–198, 294–307 – Lit.: GRABMANN, Scholastik, II, 535–552 – N. M. HÄRING, S. of T. and Gilbert of Poitiers, MSt 27, 1965, 325–330 – DERS., Zwei Redaktionen des Komm. zum Apost. Glaubensbekenntnis von S. v. T., MSt 35, 1973, 333–338.

**Tournament of Tottenham, The.** Die vor 1450 in N-England entstandene alliterierende Reimdichtung von 234 Versen Länge, überliefert in drei eng verwandten Hss., von denen zwei aus der 2. Hälfte des 15. Jh. stammen, schildert in neunzeiligen Strophen aus je vier durch gleichen Reim verbundenen Langzeilen mit öfter auch fehlender →Alliteration (C. IV.), gefolgt von fünf zwei- oder dreihebigen Kurzversen mit dem Reimschema bcccb, Vorbereitung, Verlauf und Ausgang eines Turniers, das bäuerl. Junggesellen in Tottenham nahe London um den Preis der Tochter eines Gutsverwalters und ihrer aus Huhn, Schwein, Kuh und Mähre bestehenden Mitgift austragen. Als Waffen dienen Dreschflegel, Harken und Keulen; Töpfe, Schaffelle und flache Weidenkörbe ersetzen Rüstung und Schild. Am Ende vereint die Hochzeit die blessierten Kämpen zu fröhlicher Feier.

In bewußt volkstüml., bisweilen derber Sprache, die freilich auch konventionelle Elemente der →Romanzen verwendet, parodiert die zu den späten Vertretern des *mock-heroic* gehörende balladenhafte Erzählung die höf.-ritterl. Tradition, insbes. das Turnierwesen, zielt zugleich aber auch gegen das Bauerntum und trägt mithin auch Merkmale der Ständesatire. Burleske Züge rücken die wohl für die Schicht des städt. Bürgertums geschriebene →Parodie in die Nähe der Schwanklit. K. Dietz

Bibliogr.: ManualME 9.XXIV, 1993, 3164f., 3493f. – Ed. und Lit.: ME Verse Romances, ed. D. B. SANDS, 1966, 313–322 – ME Poetry, ed. L. J. und H. N. OWEN, 1971, Nr. 32 – The T. of T. and The Feest, ed. B. HOFFMAN [Diss. SUNY-Stony Brook 1984].

**Tournoi de Chauvency.** Vom sonst unbekannten Jacques Bretel vielleicht im Auftrag Gf. Henris de Salm († 1292) gegen Ende des 13. Jh. verfaßt, erzählt das T. in 4563 paarweise gereimten Achtsilbern den Ablauf eines Turniers, das 1285 in Chauvency (Meuse) auf Initiative des Gf.en v. Chiny, Louis de Loos, stattgefunden hat. Die Handlung erstreckt sich über 6 Tage, von denen die ersten drei minuziös die Vorbereitungen der *joutes*, die letzten drei das eigtl. *tournoi* und die Schlußfestivitäten beschreiben. Die Mehrzahl der Teilnehmer ist hist. belegbar, und es ist sicher zulässig, das T. mimet. als einen im Auftrag erstellten Ereignisbericht eines Turniers zu lesen, eine äußerst schmale, aber wohl doch auszumachende Tradition, für die der zeitgenöss. »Roman du Hem« des Sarrasin ein weiteres Beispiel darstellt. Im Gegensatz zu letzterem mimen die Kämpfer im T. allerdings keine Roman-Figuren, sondern tragen ihre eigenen Namen. Das T., von großer Bedeutung für die Turnierkunde, ist für die Lit.geschichte dank der Schilderung der Festivitäten mit amourösen Dialogen, verschiedenen Tanzformen und 35 eingestreuten Refrains ebenfalls von Interesse. Erhalten sind 2 Hss. und ein Frgm. (alle Ende 13.–Anfang 14. Jh.) sowie eine Abschrift des 17. Jh. Die beiden ma. Hss. sind Sammelhss., von denen eine das T. zusammen mit der Prosa-Fassung A des »Roman des Sept Sages« (wohl erst nachträgl. zusammengebunden), die andere (Oxford, Bodl., Douce 308 [= Chansonnier I], reich ill., stark lothring. gefärbt) zusammen mit Liedern und den »Voeux du Paon« des →Jacques de Longuyon (ebenfalls lothring. Ursprungs) überliefert. R. Trachsler

Ed.: M. DELBOUILLE, 1932 – Lit.: GRLMA VI/1, 279, 305; VI/2, nr. 6324 – DLFMA 1992², 726f. – E. TREVISAN, »Le tournoi« de Jacques Bretel ... Étude litt. et socio-historique, 1980 [Lit.].

**Tournoiement Antechrist** → Huon de Mery

**Tournoiement des dames** → Huon (III.) d'Oisi

**Tournoiement d'Enfer**, allegor. Dichtung in reimpaarigen *octosyllabes*, die unvollständig (2048 v.) und lückenhaft in einer Hs. des 14. Jh. (Paris, BN, fr. 1807) erhalten ist. Der Text ist um die Mitte des 13. Jh. in dem Gebiet zw. Blois, Tours und Orléans entstanden (wie sich aus Inhalt und Sprache erschließen läßt) und folgt der Tradition der Psychomachia des →Prudentius, die im 13. Jh. breite Nachwirkung erlebte (»Tournoiement d'Antechrist« des →Huon de Mery, »Bataille des sept arts« von →Henri d'Andely, »Bataille de' Enfer et de Paradis«, »Bataille de Caresme et de Carnage« u. a.).

Inhalt: Der Autor begegnet einem Knappen, der ihn zu einem Turnier begleitet, an dem sein Herr Charité teilnehmen muß. Dort scharen sich Humilité, Amour, Pitié, Largesse, Paix, Abstinence, Loyauté, Virginité, Chasteté, Charité und stellen sich den entsprechenden Lastern zum Kampf. Das Kampfgeschehen wird in rund 1000 Versen geschildert; es ist nicht klar, ob der anschließende, verlorene Teil der Dichtung umfangreich war. Abgesehen von der allegor. Struktur, die jedoch nichts Auffälliges hat und für die Motivation des Dichters, diesen Text zu verfassen, nicht entscheidend ist, erwecken die langen moralsatir. Passagen (Unterdrückung der Armen durch die Reichen, der Schwachen durch die Mächtigen) bes. Interesse. Der mit Sicherheit nur verderbt erhaltene Text bietet häufig Schwierigkeiten, z. T. sind diese jedoch auch auf die ungewöhnl. und komplexe Formulierung (viel wird mit Wortspielen und Sinnverdrehungen gearbeitet) zurückzuführen. – Der Autor kennt einige wichtige frz. Stoffe wie Tristan und Roland in verschiedener Textgestalt, er besitzt mit Sicherheit Kenntnisse des Lat. und der liturg. Schriften und spielt (in vager Form) auf exeget. Texte an. Dies kann ausreichen, um das gesellschaftl. Umfeld seiner Satire zu bestimmen, läßt jedoch keine sicheren Schlüsse auf seine Bildung zu.        A. Vitale Brovarone

*Lit.:* GRMLA VI/1, 222 – A. LÅNGFORS, Le T. Poème allégorique et satirique tiré du ms. frç. 1807 de la Bibl. Nat., Romania 44, 1915–17, 511–518.

**Tournois** → Münze, B. III [2]

**Tournus**, St. Philibert de (Trenorchium, Tinurtium im »Itinerarium Antonini«), Abtei OSB im südl. →Burgund (dép. Saône-et-Loire), ursprgl. ein gallo-röm. 'castrum', wo 197 Septimius Severus seinen Gegner Albinus besiegte. →Gregor v. Tours berichtet im »Liber de gloria martyrum«, I, 2 c. 52 (MGH SRM I/2, ed. B. KRUSCH, 1885, 75) vom Martyrium des hl. Valerianus i. J. 177, in T. bestattet wurde. Ob und wann auf dessen Grab ein Kl. entstand, ist offen, doch dürfte dies kaum vor dem 6. Jh. der Fall gewesen sein. Genaueres erfährt man erst i. J. 875, als die Mönche v. →Noirmoutier die Reliquien des hl. Philibert (→Filibertus) vor den →Normannen nach T. retteten, das ihnen der westfrk. Kg. →Karl d. Kahle übertragen hatte. Von den →Ungarn 937 zerstört, folgte mit dem Wiederaufbau die Blütezeit der Benediktinerabtei vom 10. bis zum 13. Jh. In diese Epoche fällt auch der Monumentalbau der roman. Klosterkirche (ca. 1000–1120). Die nach 950 begonnene Basilika, deren Vorbild teilweise in der Kathedrale v. →Clermont(-Ferrand), aber auch in der mozarab. beeinflußten Kathedrale v. →Le Puy zu suchen ist, wurde sowohl durch ihren Gewölbebau als auch mit ihrer dreischiffigen Krypta, um die sich drei radial angelegte Kapellen gruppieren, zum Vorbild für zahlreiche roman. Kirchen Burgunds. Charakterist. sind die gemauerten Bögen und Säulen. Das auch geistig bedeutende Kl. wurde schon von Kg. →Boso v. Niederburgund (879–887) mit Ländereien im Mâconnais und Prioraten beschenkt. Es hatte von 889 bis 1316 eigenes →Münzrecht, außerdem kontrollierte es wegen seiner Lage an der Saône den Salzhandel (→Salz) nach S und W, wodurch es reich wurde. Der Beschluß des Provinzialkonzils v. 946, der allen Familienvätern der Diöz. →Autun, →Besançon, →Chalon und →Mâcon eine jährl. →Wallfahrt nach T. vorschrieb, förderte ebenfalls den Aufstieg der Abtei.

Seit dem HochMA setzte sich T. aus zwei Orten zusammen, die 1 km voneinander getrennt waren: Die Abtei (mit dem Grab des hl. Valerianus sowie dem Philibertschrein in der großen Krypta des 10. Jh.) wurde im N von einer Mauer umgeben. Südl. davon lag ein ursprgl. röm., nach den Normanneneinfällen 889 neu befestigte rechteckige 'castrum'. T. erhielt im 12. und 13. Jh. mehrere päpstl. Privilegien, die das Kl. unmittelbar Rom unterstellten, geriet aber schon seit Kg. →Ludwig d. Hl. (1215–70) unter die Herrschaft der Krone Frankreichs, was den Niedergang der Abtei beschleunigte. Die Gesch. des Kl. endete 1498, als es →Kommende wurde.    F. Prinz

*Lit.:* DACL XV/2, 2565–2570 – R. POUPARDIN, Monuments de l'hist. de abbayes de St. Philibert, 1905 – E. GRIFFE, La Gaule chrétienne à l'époque romaine, I, 1947, 94, 98, 110 – R. OURSEL, 1971 – H. CURÉ, St-Philibert de T., 1903, 1984² – St-Philibert de T. Hist., archéologie, art (Actes du Coll. d'Études Romanes, T., 15–19 juin 1994, 1995).

**Tours**, Stadt und Ebm. in Westfrankreich (Sitz des dép. Indre-et-Loire), hist. Zentrum der →Touraine.

I. Spätantike und Frühmittelalter – II. Hochmittelalter – III. Spätmittelalter.

I. SPÄTANTIKE UND FRÜHMITTELALTER: Die Vorgängersiedlung Caesarodunum entstand als galloröm. Stadt wohl zu Beginn des 1. Jh. n. Chr. auf einem hochwassersicheren, das linke Ufer der →Loire beherrschenden Hügel; sie verfiel bereits am Ende des 2. Jh. Weder Name, Grundriß noch Monumente (mit Ausnahme des Amphitheaters) gingen auf die spätere Stadt über.

In der 2. Hälfte des 4. Jh. (um 370) wurde ein Castrum mit einem befestigten Areal von ca. 9 ha im östl. Teil des Hügels erbaut; es war Sitz des Bf.s der *Civitas Turonum* und wurde zur Metropole der Lugdunensis III. Als erster gesicherter Bf. kann Litorius (Lidorius, 337–371) gelten; der Pontifikat des hl. Gatian (3. Jh.) dürfte dagegen legendarisch sein.

Das Castrum der Civitas war zweifellos eine nur locker besiedelte Zone und diente wahrscheinl. als gelegentl. Zufluchtsort für die Bevölkerung der umliegenden Gebiets, fungierte aber als Sitz der weltl. und geistl. Gewalt (erster Kathedralbau). Über das Suburbium, das den übrigen Bereich des Hügels einnahm, läßt sich für diese frühe Periode nichts Sicheres aussagen.

Die Gesch. von T. wurde aufs stärkste geprägt durch den hl. →Martin (Bf. 371–397), der den Zeitgenossen als Asket und mutiger Bekenner des Glaubens galt und bereits ein Jahrhundert nach seinem Tode als größter Hl. und Wundertäter →Galliens verehrt wurde. Bf. Perpetuus ließ 471, bereits während der kurzen Besetzung T.' durch die arian. →Westgoten, über der bis dahin einfachen Grabstätte des Hl.n eine aufwendige Basilika errichten. Der frk. Kg. →Chlodwig, der 507 das Westgotenreich v. →Toulouse zerschlug (→Vouillé), hatte den hl. Martin als Sieghelfer angerufen und besuchte auf dem Rückweg vom siegreichen Westgotenfeldzug T. und das Grab Martins; der damit einsetzende Martinskult der →Merowinger, die den Hl.n als großen Schirmherrn der 'gens Francorum' verehrten, erreichte mit dem lit. und kirchl. Wirken →Gregors v. T. (Bf. 573–593/594) seinen glanzvollen Höhepunkt.

Im 6. Jh. war die Civitas v. T. ganz auf die Martinsverehrung hin orientiert. Das Castrum (die eigtl. Civitas), die wohl im N den Sitz des merow. →Comes beherbergte, umfaßte im SW die Episkopalgruppe (St-Gervais et St-Protase, Notre-Dame) sowie die unter Gregor neuerbaute Kathedrale, den Ort der Weihe Martins. Knapp 2 km westl. davon lagen die Basilika, in welcher der Leichnam des Hl.n ruhte, und das große Kl., das seinem Dienst geweiht war (St-Martin), sowie eine Reihe weiterer Kirchen und kleinerer Kl. (Notre-Dame-la-Pauvre, St-Pierre-et-St-Paul, St-Médard, St-Lidoire, St-Venant und zwei Frauenkl.). Diese Entwicklung war durch den wachsenden Zustrom von Wallfahrern bedingt. Zw. der Civitas und dem Komplex um St-Martin erstreckte sich eine agrar. Siedlungszone, in der das Priorat St-Vincent und die Abtei St-Julien, gegr. mit Unterstützung Gregors, lagen. Am rechten Ufer der Loire befand sich der einstige Ruhesitz des hl. Martin, die große Abtei →Marmoutier. Die Bf.e hatten den ausschließl. Vorsitz bei den liturg. Feiern an den drei Zentren des Martinskultes und fungierten als Verteidiger ('defensores') der Civitas, notfalls auch gegen den kgl. Comes.

→Karl d. Gr., wie seine Vorgänger ein eifriger Martinsverehrer, setzte seinen gelehrten Ratgeber →Alkuin zum Abt v. St-Martin ein (796–804); hier war an die Stelle der Mönche bereits kurz zuvor ein Kapitel von 200 Kanonikern getreten. Unter Alkuins Einfluß (→Bildungsreform Karls d. Gr.) wurde St-Martin mit seinem berühmten →Skriptorium eines der großen Zentren der Karol. Renaissance (→Buchmalerei, A. V).

II. HOCHMITTELALTER: Die Überfälle der →Wikinger, bes. 853 und 903, verschonten zwar die Cité, deren Befestigungen instandgesetzt worden waren, fügten aber St-Martin und namentl. Marmoutier schwere Schäden zu; sie beschleunigten im übrigen nur eine bereits in Gang befindl. Entwicklung. Seit dem Ende des 10. Jh. zerfiel die Einheit der aus der Spätantike überkommenen Cité. Der →Burgus, der sich sehr frühzeitig um die Basilika St-Martin gebildet hatte (837) und 918 befestigt wurde, nahm als 'Châteauneuf de St-Martin' rasch den Charakter einer kleinen Stadt mit diversifizierten Funktionen an. Das Kapitel v. St-Martin genoß wie die Abtei Marmoutier →Exemtion (1096) und nutzte diese, um den Ebf. vollständig aus der Organisation des sich nun ganz auf die Ende des 11. Jh. in grandiosen Dimensionen neuerrichtete Basilika v. St-Martin konzentrierenden Martinskultes zu verdrängen. Das Laienabbatiat v. St-Martin hatte der Kg. v. Frankreich inne. Der fakt. Vorsteher des Kapitels war der Thesaurar (trésorier); ihm unterstand die Münzprägung (sie war zumindest seit dem 13. Jh. von europ. Geltung: →Denier, →Gros tournois; →Turnose), er übte die Herrschaft über den Châteauneuf aus und unterband erfolgreich alle Bestrebungen der Bürger, eine →Kommune zu bilden (1122–1305).

Im Osten, am rechten Loireufer, bestand der Burgus der Abtei Marmoutier, der im 9.–11. Jh. blühte, durch eine Brücke mit der befestigten Cité verbunden war, später jedoch verfiel. Im Zuge des wechselvollen Ringens zw. den Gf.en v. Anjou (→Angers) und →Blois unterwarf der Gf. v. Anjou 1044 die Cité seiner Herrschaft; er kontrollierte damit auch die große Loirebrücke und hatte die →Garde über die Abtei St-Martin inne, die durch Bautätigkeit und Reformen einen Aufschwung erfuhr.

Ein Palast der Gf.en entstand im nw. Bereich der Cité; der südl. Bereich verblieb dem Ebf., ging jedoch zunehmend an das Kathedralkapitel über, das sich zunehmend der seigneurialen Rechte des Ebf.s bemächtigte; selbst der hochangesehene Dichter und Kirchenreformer →Hildebert v. Lavardin (Ebf. 1125–34) vermochte diese Entwicklung nicht aufzuhalten.

Während der Burgus v. Marmoutier bis zu seinem Verfall am Ende des 12. Jh. ein Schattendasein führte, blühte der befestigte 'Bourg des Arcis' im 11. Jh. als erfolgreiche Konkurrenzsiedlung am Ausgang der Brücke auf und bildete fortan den Zugang zur Kathedrale, die Mitte des 12. Jh. in größeren Dimensionen rekonstruiert wurde und sich an die westl. Mauer der Cité anlehnte. Vor ihrem Tor lag die Abtei OSB St-Julien, die im 10. Jh. restauriert und reformiert worden war; die entlang der beiden Hauptstraßen siedelnden Bewohner unterstanden der Seigneurie v. St-Julien. In dieser Zone mit noch reichlich vorhandenem Baugrund errichteten im 13. Jh. die vier Bettelorden ihre Konvente (Franziskaner und Dominikaner nahe dem Bourg des Arcis, Karmeliter und Augustiner nahe dem Châteauneuf).

Am Ende des 12. Jh. litten die drei, sehr ungleich entwickelten städt. Siedlungen unter dem Konflikt zw. den Kg.en v. Frankreich (→Kapetinger) und den Gf.en v. Anjou, die mit →Heinrich II. Kg. e v. England geworden waren (→Plantagenêt, →Angevin. Reich). Durch den Sieg des Kg.s →Philipp II. Augustus (1202) fiel T. der frz. Monarchie zu, die sich mit der Errichtung des Amtssitzes für den kgl. →Bailli und einer kgl. Burg, am Platz des gfl. Palasts, in T. etablierte. Es begann der großangelegte Ausbau der Kathedrale und der Abteien St-Julien, St-Martin und Marmoutier. Ein Netz von 15 Pfarreien, dessen Herausbildung im 11. Jh. begonnen hatte, verklammerte die drei städt. Siedlungskerne stärker miteinander.

III. SPÄTMITTELALTER: Die Verteidigungsbedürfnisse während des →Hundertjährigen Krieges führten zum definitiven Zusammenschluß der einzelnen Burgi. Ein neuer, 1356 begonnener Mauerzug umfaßte den Châteauneuf und das Zentrum; er wurde mit den Mauern von Les Arcis und der Cité verbunden, beschrieb ein enges Rechteck und schloß ein Areal von 58 ha ein. Zur Bewachung und Instandhaltung dieser Befestigung bildete sich eine neue städt. Gemeinschaft, an deren Spitze ein ständiges Kollegium gewählter Ratsherren (élus) sowie ein Steuereinnehmer (→receveur) standen. 1385 wurde die institutionelle Vereinigung mit der Cité durchgeführt. Damit hatte sich T. als kgl. Stadt (bonne ville) konstituiert. Sie regelte eigenständig, doch in engem Zusammenwirken mit dem kgl. Repräsentanten ihre Verteidigungs- und Verwaltungsangelegenheiten, war Zentrum der Gerichtsbarkeit und des Fiskalwesens. T. war Vorort und Verwaltungssitz der (zum Hzm. erhobenen) Touraine, die sie auf den Versammlungen der États repräsentierte, spielte aber noch keineswegs die Rolle eines dominierenden wirtschaftl. Zentrums der Region. Ohne ihre religiöse Komponente aufzugeben, war die bonne ville in erster Linie eine polit. Körperschaft, konstituiert im Rahmen eines modernen monarch. Staates, und hob sich somit grundsätzl. ab sowohl von der frühma. 'cité martinienne' als auch vom hochma. Konglomerat der Burgus-Siedlungen.

Von 1444 an wurde T. infolge der Zeitereignisse zu einem wichtigen Sitz des Königshofes und der Regierung. Der eng mit T. verbundene und häufig im nahen Schloß Plessis residierende →Ludwig XI. (er nannte sich bisweilen »l'un des anciens citoïens«) erlegte der Stadt 1462 eine Umbildung ihrer städt. Verfassung auf (nach dem Vorbild der →Établissements de Rouen jährlich wechselnder

Bürgermeister/*maire* u. permanent amtierende Schöffen/*échevins*). Die Stadt wurde zum Tagungsort wichtiger →*États généraux* (1468, 1484, 1506) und großer Versammlungen des Gallikan. Klerus (1493, 1510). Der hl. →Franziskus v. Paola († 1507), den Ludwig XI. aus Kalabrien nach Plessis berufen hatte, gründete den Orden der Minimen (→Paulaner).

Nach Beendigung des Krieges mit England (1453) erlebte T. einen starken demograph. Aufschwung und entwickelte wirtschaftl. Dynamik (Erneuerung der Topographie: Parzellierung weiträumigerer Grundstücke, v. a. im Stadtkern; Verschmelzung der Cité und des Châteauneuf zu einem neuen Viertel); die wachsende Bevölkerung umfaßte nicht zuletzt mit der Residenzfunktion verbundene Personengruppen (polit. und administratives Personal, für den Hof arbeitende Handwerker und Gewerbetreibende, namentl. Italiener). Bereits 1448 wurden auf Initiative von Jacques →Coeur die Magazine der kgl. →Argenterie nach T. verlegt; 1470 wurde die Seidenmanufaktur (→Seide, A. IV) eingeführt; nach it. Vorbild entstanden auch Rüstungsbetriebe mit Geschützgießereien. Eine Handvoll großer Familien aus T. (Beaune de →Semblançay, Briçonnet [→Jean, →Guillaume B.], Bohier, Berthelot, Poncher, Fumée) stieg im Königsdienst auf und monopolisierte allmähl. die kgl. Finanzverwaltung sowie das öffentl. Kreditwesen, gestützt auf ihre engen Verbindungen zur it. Hochfinanz v. →Lyon. Das →Mäzenatentum des Hofes, des neuen Patriziats und des hohen Klerus machten T. im späten 15. Jh. zu einer Pflegestätte des Humanismus, v. a. aber zum Zentrum der frz. Frührenaissance (Musiker Johannes →Ockeghem; Maler Jean →Fouquet, Jean Bourdichon und Jean Clouet; Bildhauer Michel →Colombe u. a.). Die neuen Architekturformen fanden Anwendung in kirchl. und profanen Bauvorhaben (Pfarrkirchen, Kreuzgang v. St-Martin, Vollendung der Kathedrale, Stadtpaläste). T., das um die 20000 Einw. zählte, erreichte in dieser Epoche den Höhepunkt seiner Bedeutung.

B. Chevalier

Q.: J.-M. Delaville le Roulx, Registres des comptes municipaux de la ville de T. (1358–80), 2 Bde, 1878–81 – A. Giry, Les Établissements de Rouen, II, 1885 – *Lit.*: P. Gasnault, Doc. financiers de St-Martin de T. à l'époque mérovingienne, Journal des Savants, 1970, 82–93 – B. Chevalier, T., ville royale, 1356–1520, 1975 – Brühl, Palatium II, 100–110 – H. Galinié–B. Randoin u. a., Les archives du sol à T., survie et avenir de l'archéologie de la ville, 1979 – R. Kaiser, Bf.sherrschaft zw. Kgtm. und Fs.enmacht, 1981, 422–433 u. ö. – L. Piétri, La ville de T. du IV$^e$ au VI$^e$ s., 1983 – Hist. de T., hg. B. Chevalier, 1985, 1–152 – Ch. Lelong, La basilique St-Martin de T., 1985 – C. Mabire la Caille, Evolution topogr. de la cité de T. des origines jusqu'au XVIII$^e$ s., 3 Bde [Thèse Paris I, 1988] – Sh. Farmer, Communities of St. Martin. Legend and Ritual in Medieval T., 1991.

**Tours, Synoden v.** In T. tagten oft wichtige Kirchenversammlungen, u. a.: 1. Das Teilreichskonzil v. 567 ist als kirchl. Reaktion zu verstehen auf die zerrütteten staatl. Zustände in der Merowingerzeit. – 2. T. beherbergte 813 eines der von Karl d. Gr. initiierten, über das Reich verteilten fünf Konzile mit dem Ziel der Kirchenreform. – 3. Das unter dem röm. Legaten Hildebrand (→Gregor VII.) 1054 abgehaltene Konzil zwang →Berengar (8. B.) zur Beeidigung der orth. Abendmahlslehre, ohne den Fall damit abzuschließen. – 4. 1060 wurden unter dem päpstl. Legaten Stephan Beschlüsse gegen die →Simonie gefaßt. – 5. und 6. Die unter dem Vorsitz der Päpste Urban II. 1096 bzw. Alexander III. 1163 zusammengetretenen Konzile beschäftigten sich v. a. mit tagespolit. Themen.

H. Mordek

Q. und Lit.: Mansi – Hefele-Leclercq – Diz. dei concili V, ed. P. Palazzini, 1966, 370ff. – J. Th. Sawicki, Bibliogr. synodorum particularium, 1967 – Konziliengesch., hg. W. Brandmüller, R. A, 1986ff.

**Tours und Poitiers, Schlacht v.** → Poitiers, Schlacht v. (732)

**Tower** → Donjon, →London

**Towneley Cycle,** einer der vier erhaltenen spätme. *mystery*- (oder *miracle*-) *play*-Zyklen (→Mysterienspiele, II). »T.« war der Name der Besitzer der Hs. (entstanden um 1450) im 17./18. Jh. (heute Huntington Libr., San Marino, Calif., MS HM 1). Inhaltl. umfaßt der T.-Zyklus 32 z. T. unvollständige Einzelspiele (»pageants«) über bibl. Stoffe, von der Schöpfungsgesch. bis zum Jüngsten Gericht; z. T. haben auch die Apokryphen und Volkslegenden eingewirkt. Örtl. sind die T.-Spiele mit Wakefield (südl. von Leeds) verknüpft (daher auch »Wakefield Plays«). In ihrer Aufführungsart entsprachen sie dem zunehmenden Spieltrieb im SpätMA, dadurch unterschieden sie sich von den vorausgehenden →geistl. Spielen und waren zugleich Vorläufer des elisabethan. Dramas. Aufgeführt wurde bei Tageslicht auf *pageants* (zweistöckigen Wagen) außerhalb der Kirche; die Schauspieler waren meist Handwerker der Zünfte. Im Gegensatz zu den »moralities« (→Moralitäten, III) waren die mysteries, somit auch die T.-Spiele, weniger auf Moral als auf Vermittlung der bibl. Gesch. und auch – in einzelnen Szenen – auf Unterhaltung bedacht; in Ansätzen findet sich auch Sozialkritik. Durch diese Merkmale und durch die überzeugende, z. T. realist. Charakterisierungstechnik (unter Verwendung umgangssprachl. Ausdrücke) sind v. a. die sechs Spiele des sog. »Wakefield Master« (alle in neunzeiliger Reimstrophe) bekannt geworden, darunter das Spiel von Noah und die zweite von zwei Schäferszenen (»Secunda pastorum«); die Szene der Überführung des Schafdiebs Mak und seiner Frau Gill, die das Diebesgut in der Kinderkrippe versteckt hält und ein Baby vortäuscht, gilt als Meisterwerk des engl. religiösen Dramas. Die farcenhafte Szene kontrastiert effektvoll mit der anschließenden Anbetung des Jesuskindes. – →Drama, VI.

M. Markus

Ed.: G. England–A. W. Pollard, The T. Plays, EETS ES 71, 1897 – A. C. Cawley, The Wakefield Pageants in the T. Cycle, 1958 – J. R. Brown, The Compl. Plays of the Wakefield Master, 1983 – *Lit.*: C. S. Danner, The Staging and Significance of Selected Wakefield New Testament Mystery Plays, 1984 [Diss. Abstr. Internat. 45 (4), 1110 A].

**Towton, Schlacht v.** (29. März 1461), Entscheidungsschlacht der 1. Phase der →Rosenkriege (→England, E. I, II). Der Sieg Eduards IV. errichtete die Herrschaft des Hauses →York. Sein Griff nach der Krone war durch das Versäumnis des Lancastrian-Heeres, den Sieg in →St. Albans im Febr. 1461 auszunutzen, erleichtert worden. Dieses hatte sich ungeordnet mit Heinrich VI. und Kgn. →Margarete v. Anjou (6. M.) nach Yorkshire zurückgezogen. Eduard IV. konnte nun seine Herrschaft im s. England begründen. Nach der Aushebung umfangreicher Streitkräfte beabsichtigte er, York zu erobern. Die Lancastrian-Streitkräfte konnten die Überquerung des Flusses Aire in Ferrybridge durch Eduards Heer nicht verhindern, und am 29. März stießen die feindl. Heere bei T. aufeinander. Es gibt keinen zuverlässigen Bericht von der Schlacht. Zeitgenossen betonten die sehr umfangreichen Streitkräfte, Heftigkeit und Länge des Kampfes sowie die schweren Reiterangriffe. Die in die Flucht geschlagenen Lancastrians konnten sich nicht mehr sammeln und York nicht mehr verteidigen. Eduard nahm die Stadt am folgenden Tag ein. Kg. Heinrich und seine Gemahlin flohen nach Schottland.

A. Goodman

Lit.: →Rosenkriege.

**Traba,** Gf.en v., große Adelsfamilie aus →Galicien (Stammbesitz in Trastámara, zw. dem Tamar [Tambre]-

Fluß und dem Atlantik [Playa de T.]). Hist. Bedeutung gewannen erstmals die Brüder *Gonzalo Froílaz* als Bf. v. →Mondoñedo (1070[?]–1109) und bes. Gf. →*Pedro Froílaz* († 1128), der die 'custodia' des jungen →Alfons (VII.) v. León und Kastilien, des Sohnes des Gf.en →Raimund v. Galicien († 1107) und der Kg.stochter →Urraca, erhielt und nach dem Tode von Urracas Vater, Kg. →Alfons VI. († 1109), neben Urraca, ihrem 2. Mann →Alfons I. v. Aragón und dem Bf. →Diego II. Gelmírez v. →Santiago de Compostela zu den Protagonisten im Wettstreit um die Zukunft des Reiches zählte. Pedro Froílaz arbeitete unter großem persönl. Einsatz als Anführer einer galic. Adelspartei für seinen Schützling auf ein galic. Kgtm. hin: 1111 betrieb er die Krönung seines Infanten durch Bf. Diego Gelmírez zum Kg. v. Galicien, geriet aber kurz darauf in aragon. Gefangenschaft. 1113 leisteten er und seine Familie dem Bf. einen speziellen Treueid. 1121 zerstörte der Bf. die T.-Burg Raneta. 1122 ließ Urraca den Gf.en und seine Söhne in Ketten legen. Dennoch erlebte Pedro Froílaz noch die Thronbesteigung Alfons' VII. nach dem Tod seiner 1126 verstorbenen Mutter.

Pedro Froílaz hatte aus zwei Ehen 15 Kinder. Sein Sohn *Fernando Pérez de T.* setzte im entstehenden Kgr. Portugal, seit 1121 mit Kgn. →Teresa v. Portugal liiert, die Anti-Urraca- und Pro-Alfons-Politik der T. fort. Aus Portugal vertrieben, ging er an den Hof Alfons' VII. und beeinflußte ihn dahingehend, sein Doppelreich unter seine beiden Söhne aufzuteilen. Alfons bestellte den Gf.en v. Galicien gar zum Erzieher seines jüngeren Sohnes →Ferdinand (6. F.), des künftigen Kg.s v. León, der 1178 in 2. Ehe die Tochter seines einstigen Tutors, *Teresa Fernández*, heiratete. Weitere T.-Mitglieder haben noch dem Hof →Alfons' IX. v. León und lange Zeit auch der Metropolitankirche v. Compostela angehört. Der bedeutendste Vertreter des Geschlechts, das in enger verwandtschaftl. Beziehung zu den →Lara stand, war Rodrigo Gómez. Mit dem Aussterben der T. und ihrer Zweige ging ihr Einfluß zu Beginn des 14. Jh. auf die →Castro über. 1113 übertrug Pedro Fróilaz das T.-Eigenkl. S. Julián Martín de Jubia der Abtei →Cluny. Zukunftweisender war der Empfang des Kl. →Sobrado (1118) als Schenkung Urracas und ihres Sohnes Alfons (nachdem Gf. Pedro Froílaz im Vertrag v. Tambre [Mai 1117] die Versöhnung beider vermittelt hatte). 1142 führten Fernando Pérez de T. und sein Bruder *Bermudo* in diesem bevorzugten Kl. der T. mit Mönchen aus →Clairvaux die Zisterzienserregel (→Zisterzienser) ein.

P. Feige

Q. und Lit.: Os Livros de Linhagens (IV, Tit. XIII), Portugaliae Mon. Hist. SS I, 1856, 268f. – S. MONTERO DÍAZ, La Colecc. Diplomática de S. Julián Martín de Jubia (977–1199), 1935 – S. DE MOXÓ, De la nobleza vieja a la nobleza nueva, Cuadernos de Hist. 3, 1969, 1–210, 86–90 – Gran Enc. Gallega XXIX, 1974, 133f. – Enc. Temática de Galicia. Hist., 1988, 129f. [Stammtafel des Pedro Froílaz de T.] – s.a. Lit. zu →Pedro Froílaz, →Historia Compostellana, →Sobrado.

**Trabesanlagen** erscheinen in frühchr., früh- und hochma. Kirchen als bes. feierl. Form der →Chorschranken. So in Alt-St. Peter in Rom vor der Confessio mit zwölf gewundenen hellenist. Steinsäulen gestaltet. Diesen Typ zeigt ein Relief des Elfenbeinkästchens, 5. Jh., im Museum v. Pula/Pola, Istrien. Das älteste erhaltene Beispiel steht im Oratorium der hl. Giustina in Padua, um 500, mit vier Säulen, das Gebälk in der Mittelachse nach dem Schema des herrscherl. Ehrenbogens hochgebogen. Ein Frgm. des 11. Jh. aus S. Martino im Museum v. Spalato/Split. Ein später Ableger ist die T. mit bekrönendem Apostelzyklus von 1394 in S. Marco in Venedig. A. Reinle

Lit.: P. L. ZOVATTO, La basilica di S. Giustina, 1970, 19–63.

**Trabzon** → Trapezunt

**Tracht.** Der Begriff T. kommt erstmals in schriftl. Q. des ausgehenden 15. Jh. mit der Bedeutung »das, was vom Menschen auf dem Körper getragen, oder die Art, wie es getragen wird« vor. Er bezeichnet damit die →Kleidung, und zwar die Gesamtheit aller Kleidungsstücke. Erst in der NZ wird der Begriff T. mit bestimmten Assoziationen verknüpft, wie Modet., Standest., Amtst., Nationalt., Volkst. etc., unterstützt und gefördert durch die Diktion der Kostümlit. des 19. und 20. Jh. E. Vavra

Lit.: GRIMM, DWB XXI, 989f. [Neudr. 1984] – I. LOSCHEK, Reclams Mode- und Kostümlex., 1987, 454f. – I. PETRASCHEK-HEIM, Die Sprache der Kleidung. Wesen und Wandel von T., Mode, Kostüm und Uniform, 1988².

**Tractoria** (tracturia; it. *Trattoria*). Der Begrifflichkeit des staatl. röm. Postwesens (cursus publicus) entlehnt, verbinden sich auch für die Zeit vom 6. bis zum 9. Jh. mit t. bestimmte, oft detailliert ausformulierte Ansprüche (stipendia) auf tägl. Beförderungs- und Beherbergungsleistungen (evectio – humanitas: Pferde, Beipferde [Ochsen] bzw. Brot, Getreide, Wein, Bier, Speck, Fleisch, Käse, Geflügel, Eier, [Gewürze], Öl, Salz, Holz, Pferdefutter), die im Gegensatz zur Spätantike ihren privilegierten Empfängern, v.a. kgl. →Missi, zu allermeist nicht von staatl. Einrichtungen (Pfalzen, Kg.shöfen), sondern von weltl. und geistl. Amtsträgern geschuldet wurden (coniectus). Als t. wird dementsprechend auch eine einfache, aber besiegelte Urk. bezeichnet, die solche Rechte (aber auch Zollbefreiungen bzw. -einnahmen) verbrieft. T. sind aus einigen germ. Nachfolgereichen bekannt, so der Ost- und Westgoten, seit dem 7. Jh. insbes. in frk. Formelslg.en (Formulae Marculfi, Formulae Imperiales; →Formel) und in (sehr seltenen) Diplomen im Wortlaut überliefert. Neben dem Kg. sind Hausmeier, Bf.e und Äbte als Aussteller belegt. Empfänger sind auch Pilger, Straftäter auf Bußgang und geistl. Institutionen, so 716 das Kl. Corbie zur Organisation seines Bezugs an Öl aus Fos. Letzte Belege für die t. stammen von 845/846 bzw. 846. Mit dem Zerfall karol. Staatlichkeit geht die t. in gfl. exactiones (mansiones et paratas) auf, von denen zahlreich erhaltene Immunitätsprivilegien befreien. Inwieweit das hochma. gistum (→Gastung) bzw. →servitium regis an die t. direkt anknüpft, muß offen bleiben. D. Hägermann

Lit.: T. SICKEL, Acta regum et imperatorum Karolinorum, I, 1867, 396ff. – BRUNNER, DRG II, 309ff. – F. L. GANSHOF, La T. Contribution à l'étude des origines du droit de gîte, TRG 8, 1928, 69ff. – BRÜHL, Fodrum, 110ff.

**Tractus,** Teil des →Proprium missae, gehört zu den Gesängen nach der Lesung und vor dem Evangelium in den Messen der Quadragesima und bei Vigilfeiern (Ostern, Quatember), aber auch zur Karfreitagsliturgie. Entstehungszeit und Herkunft sind offen (frühe Kirche oder MA; altgall., röm. Solopsalmodie?). Die mehrere Verse bis zu fast einem ganzen Psalm (91[90] 1. Fastensonntag) umfassenden Texte sind Psalmen und bibl. Cantica (Karfreitag, Ostervigil) entnommen. Das Repertoire der frühesten Hss. (8.–10. Jh.; s. HESBERT) umfaßt 21 T.gesänge; die Zahl wächst im MA stark an. Die Vortragsweise ist gegenüber der des →Graduale melod. getragener, immer im 2. oder 8. Modus, und die Verse werden (ursprgl.?) durchgehend (tractim) ohne Responsum gesungen (wovon manche den Namen T. ableiten wollen), zunächst wohl solist., im frühen MA von mehreren Sängern und seit dem hohen MA wechselchörig. Die kompositor. Gestalt der T.gesänge ist aufgrund paläograph.-semiolog. Forsch. als text- und wortgebundene »rhetor. Psalmodie« bestimmbar (KAINZBAUER). H. B. Meyer

*Lit.*: MGG XIII, 607–612 – R. J. HESBERT, Antiphonale Missarum Sextuplex, 1935 – J. A. JUNGMANN, Missarum sollemnia, I, 1962⁵, 550–552 – H. HUCKE, T.-Stud. (Fschr. B. STÄBLEIN, 1967), 116–120 – X. KAINZBAUER, Der T. tetradrus. Eine centolog. Unters., Beitr. zur Gregorianik 11, 1991 – D. HILEY, Western Plainchant. A Handbook, 1995, 82–85, 500–503.

**Traditio c(h)artae,** ein von der klass. Rechtsgesch. geprägter Begriff, der die im frühen MA bezeugte Übergabe einer rechtsförml. Geschäftsurk. vom Aussteller (dem Veräußerer) an den Empfänger (Erwerber) meint. Die T. c. ist dabei eine Sonderform der vielfältigen sakral-symbol. Handlungen, mit denen insbes. Grundstücksgeschäfte rechtsförml. vollzogen wurden, und die dingl. Einweisung (→Investitur) in die Grundstücke erfolgte im frk. Raum häufig mittels Erdscholle oder Zweig (= t. per festucam). Die mit der →Charta als Vertrags- und Investitursymbol vorgenommene Übereignung konnte im Urkk.text auch als »tradere (donare etc.) per (hanc) cartolam« bezeichnet werden (davon abgeleitet der Forsch.sbegriff t. per cartam). Die T. c. kam zunächst im kirchl. Umfeld auf, wo die Streulage der Grundstücke die älterem Rechtsempfinden nach erforderl. körperl. Anwesenheit der Rechtspartner auf den zu veräußernden Grundstücken erschwerte und wo sich als Sonderform die t. (c.) super altare (also das Niederlegen der Charta auf dem Kirchenaltar) entwickelte. Die T. c., die an jedem Ort erfolgen konnte, wurde häufig im Text der Urkk., v. a. in der Schreiberunterfertigung, in der Regel in verkürzter Form, erwähnt (»ego N. notarius hanc cartolam post traditam [post traditionem; post tradita ipsi doti ad ipsa ecclesia] complevi et dedi«). Solche und ähnl. Formeln lassen den Schluß zu, daß die T. c. nach der Niederschrift des Kontextes, aber vor der Unterfertigung durch den Schreiber erfolgte. Daß die Übergabe der Charta an den Erwerber nicht die für den Vollzug des Geschäfts allein maßgebl. rechtsförml. Handlung darstellte, belegen andere Schreiberunterfertigungen, in denen die T. c. auf die Zeugen bezogen (»post tradita ante [coram] testibus«; »p. t. in testium presentia«) oder in denen neben ihr oder an ihrer Stelle die Beglaubigung durch die Zeugen (roboratio testium) erwähnt wird. Die von H. BRUNNER im Rahmen seiner klass. Privaturkk.lehre vertretene Auffassung, daß es schon in spätröm. Zeit eine T. c. in rechtserhebl. Funktion gegeben habe, trifft nicht zu (→Privaturkunden). Mit dem Rückgang der Schriftlichkeit n. der Alpen am Ausgang des 9. Jh. kommt dort die T. c. außer Gebrauch, in Italien ist sie noch im 10. Jh. bezeugt.

H. Zielinski

*Q. und Lit.*: HRG I, 597f.; V, 296f. – H. STEINACKER, 'T. c.' und 't. per cartam'..., ADipl 5/6, 1959/60, 1–72 – P. CLASSEN, Fortleben und Wandel spätröm. Urkk.wesens im frühen MA (Recht und Schrift im MA, hg. DERS., 1977 [= VuF 23]), 13ff., bes. 38–41.

**Traditio legis** → Gesetzesübergabe

**Traditionsbücher,** seit dem 9., verstärkt seit dem 12. Jh. angelegte Slg.en von mehr oder weniger in ein Formular (→Formel) gekleideten Aufzeichnungen über Schenkungs- (und Tausch-)akte von Grundbesitz (und Zubehör) in Gestalt von Einzellagen, →Rotuli und Codices. Diese enthalten Abschriften von cartae und notitiae (Urkk. und 'Notizen'), seit dem 11. Jh. auch fortlaufende Eintragungen über aktuelle Rechtsgeschäfte ohne vorausgegangene Einzelausfertigung und nehmen damit den Charakter spezieller Kopialbücher und Register zugleich an.

T. sind v. a. von kirchl. Einrichtungen, insbes. Kl., angelegt worden zur Rechts- und Besitzstandssicherung; sie überliefern aus schriftarmer Zeit den weitaus überwiegenden Teil des heute bekannten Urkk.materials. Verbreitungsgebiete der T. sind v. a. Bayern, der Südosten (Österreich), später auch der Südwesten (Schwaben) im Zuge der →Hirsauer Reformen (z. B. Kl. Reichenbach). Für Bayern sind 37, für Österreich 13 Codices bekannt, die mit Freisinger (Dom), Regensburger (St. Emmeram) und Mondseer Slg.en bereits im 9. Jh. einsetzen, ihren Höhepunkt jedoch im 12. Jh. haben. Auch der berühmte Weißenburger Traditionscodex wurde im 9. Jh. angelegt, während die bekannten T. aus Lorsch (Codex Laureshamensis) und aus Fulda (Codex Eberhardi, zugleich Kopialbuch) erst Mitte des 12. Jh. anläßl. umfassender Restitutionsbemühungen zusammengestellt worden sind.

Die in den T.n niedergeschriebenen Traditionsnotizen wenden sich zu allermeist mit ihrem →Protokoll »notum sit omnibus« oder dergleichen an eine Öffentlichkeit, machen damit den Akt »landeskundig« (JOHANEK) und geben ihm Rechtssicherheit über den Beweis der als Tatzeugen genannten Personen hinaus. Diese rechtssichernde Qualität blieb den T.n auch nach verstärktem Aufkommen der Siegelurk. seit 1100 zumindest in Bayern bis ins 13. Jh. voll erhalten und garantierte ihre Einschätzung – analog zu den besiegelten Schriftstücken – als registra authentica (Garstener T., 1233). Zur rechtssichernden Funktion der T. durch Öffentlichkeit und Zeugenbeweis trat nicht selten ein administrativer Aspekt hinzu, etwa durch Anwendung topograph. Ordnungskriterien bei Aufnahme der Traditionsnotizen im Interesse einer effizienteren Wirtschaftsführung. Doch blieben zunächst T. und →Urbare in der Regel noch unverbunden überliefert. Seit dem 11. Jh. wurden aber zahlreiche T. um urbariale Aufzeichnungen, Zensualenverzeichnisse, Prozeßakten (Reichersberg, Herrenchiemsee), auch →Fälschungen, seit dem 13. Jh. v. a. um aktuelle Auslaufregister für Grundleiheangelegenheiten angereichert, so daß diese Mischcodices zu Vorläufern der sog. Salbücher des 14. Jh. wurden.

Die jurist. und administrativen Funktionen wurden ferner ergänzt und vertieft durch historiograph. Elemente, die teils in einleitenden allg. Begründungen zur Anlage des Codex (so bereits der Mönch Cozroh im Vorwort des von ihm zusammengestellten Freisinger Traditionsbuchs), teils in der Gründungsgesch. der jeweiligen Institution, der sog. fundatio, niedergelegt sind, insbes. als Klostergesch. (Ebersberg, Mondsee), die sich zur »Stifterchronik« (PATZE) ausweiten kann. Fundatio, Genealogien, dokumentiert durch großformatige Miniaturen (Formbach, Dießen), und Traditionsnotizen verbinden sich zu einem unlösbaren Ganzen. Dies gilt auch für das einzige bedeutende 'laikale' Traditionsbuch, das (gegen 1165 zusammengestellt) der Gf.en v. Falkenstein, der Gründer von Kl. Weyarn (→Codex Falkensteinensis). In dieses Umfeld gehört schließlich auch der sakrale Aspekt der durch genealog. Details und →Nekrologien über die »Alltagssphäre« (BORGOLTE) herausgehobenen T., die →memoria und traditio, Gebetsgedenken und Güterschenkung zu einer rechtl. und dauerhaften Einheit verknüpfen.

D. Hägermann

*Lit.*: HDG, Lfg. 34, 297f. – O. REDLICH, Die Privaturkk. des MA, 1911, 79ff. – J. WIDEMANN, Die Traditionen bayer. Kl., ZBLG 1, 1928, 225ff. – P. JOHANEK, Zur rechtl. Funktion von Traditionsnotiz, Traditionsbuch und früher Siegelurk. (Recht und Schrift im MA, hg. P. CLASSEN, 1977 [= VuF 23]), 131ff. – H. WANDERWITZ, T. bayer. Kl. und Stifte, ADipl 24, 1978, 359ff. – M. BORGOLTE, Stiftergedenken im Kl. Dießen. Ein Beitr. zur Kritik bayer. T., FMASt 24, 1990 – S. MOLITOR, Das Traditionsbuch. Zur Forsch.gesch. einer Q.gattung und zu einem Beispiel aus SW-Dtl., ADipl 36, 1990, 61ff.

**Traduzianismus** (von lat. tradux), Lehre, gemäß der die menschl. Seele von den Eltern stammt und bei der Zeugung zugleich mit dem Körper übermittelt wird (Gegensatz: Kreatianismus, laut dem Gott jede Seele einzeln erschafft). Sie teilt sich in einen materialist. (die Seele entsteht aus der materiellen Substanz des Samens) und einen spirituellen T. (Generatianismus: Die Seele entstammt der Seelensubstanz der Eltern), wobei die Begriffe in der Forsch. nicht einhellig verwendet werden. Von →Tertullian eingeführt und in seiner materialist. Form vertreten, spielte der T. v. a. im W eine Rolle: Diese Richtung lehnte Augustinus während der Auseinandersetzung mit dem Pelagianismus (→Pelagius [3. P.]) zwar ab, befürwortete jedoch den spirituellen T., der die Weitergabe der Erbsünde besser zu erklären schien als der mehrheitl. bevorzugte Kreatianismus. Seiner Autorität ist es zuzuschreiben, wenn die 498 von Anastasius II. in einem Brief an die Bf.e Galliens verurteilte Lehre (DENZINGER-SCHÖNMETZER, nr. 360) u.a. von Fulgentius, Gregor d. Gr., Alkuin und Hrabanus Maurus nicht völlig ausgeschlossen wurde. Entschieden dagegen äußerte sich im 12. Jh. Petrus Lombardus, ihm folgten Albertus Magnus, Thomas v. Aquin, Bonaventura, Richard v. Mediavila, Aegidius Romanus und andere, so daß seit der Scholastik der T. endgültig verworfen war. B. Klein-Ilbeck

*Lit.:* DThC XV, 1350–1365 – LThK² IV, 668f.; X, 302 – NCE XIV, 230 – I. TOLOMIO, L'origine dell'anima nell'alto medioevo, Medioevo 13, 1987, 51–73.

**Tragaltar.** Für diese Sonderform des christl. →Altars geht aus den ma. Benennungen tabula, mensa, lapis, ara, altare portatile, – mobile, – gestatorium, – itinerarium (Betstein, Reisealtar) viel von Charakter, Material, Gestalt und Verwendung hervor. Als bewegl. Gerät diente er für die Zelebration der Messe auf Reisen, Pilgerschaft, in Kriegszeiten, bei Krankheit, meist außerhalb des Gotteshauses. Voraussetzung war eine Weihe, für die ein Ordo seit dem 8. Jh. bezeugt ist (Sakram. v. Gellone, Paris BN lat. 12048). Im 9. Jh. ist Stein als Material gefordert (Hinkmar v. Reims 857), als früheste Beispiele sind jedoch Holztafeln bezeugt, so für die hll. →Ewalde (Beda, Hist. Eccl. 5,10), St. Willibrord und Kapläne Karls d. Gr. Schon früh begegnende Verbindung mit Reliquien dürfte bald zum kastenförmigen T. geführt haben (Essen-Werden, Frk. Kasten 8. Jh.), zugleich zur Aufbewahrung der Altargeräte dienend. Das älteste Portatile klass. Tafelform liegt im Adelhauser T. (Freiburg, Mus.) vor, einer hölzernen Tafel mit Altarstein aus Porphyr zw. flankierenden Emailkreuzen. Im T. mit Reiseziborium Ks. Arnulfs (Ende 9. Jh.) ist ein miniaturisierter vollständiger Altar des FrühMA erhalten (München, Residenz). Tafelförmige T.e, rechteckig oder seltener quadratisch, sind durch das ganze MA üblich, teilweise figürlich und symbolisch verziert (Paris, Mus. Cluny, T. Spitzer; München, BNM, T. aus Watterbach; Conques, T. der hl. Fides). T.e byz. Charakters sind im Welfenschatz erhalten (Berlin, KGM), manche tragen edle Altarsteine. Das Diptychon des sog. Heinrichsportatile (München, Residenz) ist ein Kreuzreliquiar nach byz. Vorbild, mit (jüngerem) Kristall als Altarstein, durch rückseitige Darstellungen zum Meßkanon als T. ausgewiesen.

Aus der Entwicklung des kastenförmigen T.s, mit frühesten Beispielen in Essen-Werden, Trier (Andreasportatile) und Hildesheim (Niello-Kästchen) ergeben sich neue materielle, gestalterische und liturg. Möglichkeiten. Der T. wird zunehmend als miniaturisiertes »altare fixum« gebildet, differenziert nach Basis (meist über Füßen), Stipes und Mensa. Alle Teile werden mit Bildwerk in weitgespannter ikonograph. Programmatik überzogen, oft mit typolog. betontem Hinweis auf den Opfercharakter der Messe, ferner mit Aufschriften zu Funktion, Stiftung und (selten) Künstler. Damit verbunden ist die Ausstattung in aufwendigen Techniken der Goldschmiedekunst wie Treibarbeit, Email, Gravierung, Durchbrucharbeit, Bekleidung mit (Elfen-)Beinreliefs und eingelegten Miniaturen. Die Hochblüte des ma. T.s entfaltet sich im niedersächs. Umkreis des →Roger v. Helmarshausen und v.a. in der →Maas-Kunst des 12. Jh., mit ca. 10 kostbaren Exemplaren allein in Köln. Die Mehrzahl der ca. 150 T.e des MA läßt sich in Dtl. nachweisen. Seit dem 13. Jh. nimmt der Gebrauch des T.s deutlich ab. Er darf nur mit bfl. Erlaubnis benutzt werden, und man kehrt zur schlichten Tafelform zurück. – Für die kirchl. Weihe des T.s sind mehrere, aber nicht allg. verbindl. Ordines überliefert, im Gegensatz zum »altare fixum« unterbleibt oft eine Salbung. Auch für ein Reliquiensepulkrum, bei tafelförmigen T.en ohnehin nicht die Regel, hat die Kirche keine allg. Vorschrift erlassen, doch paßt sich der T. auch hier weitgehend dem festen Altar an. – Im byz.-ostkirchl. Bereich wird der T. vertreten durch das →Antiminsion, seit dem 8.–9. Jh. zunehmend üblich (vgl. Erwähnung im Liber de caerimoniis Konstantins VII. Porphyrogennetos, †959). V. H. Elbern

*Lit.:* DACL I,2 3187f. – Dizionari terminologici. Suppletile Ecclesiastica I, 1987, 36f. – J. BRAUN, Der christl. Altar in seiner gesch. Entwicklung, 1, 1924, 42ff., 419ff. – V. H. ELBERN, Der Adelhauser T., Formenschatz und Ikonographie (Nachdr. des Dt. Inst. für merow.-karol. Kunstforsch. 8, 1953) – R. A. RALEGH RADFORD, The Portable Altar of St. Cuthbert (The Relics of St. Cuthbert, hg. C. F. BATTISCOMBE), 1956, 326ff. – V. H. ELBERN, Der frk. Reliquienkasten und T. von Werden (Das erste Jt. – Textbd. I, 1962), v.a. 465ff. – D. KÖTZSCHE, Der Welfenschatz im Berliner Kunstgewerbemus., 1973, v.a. Nrr. 3–14, 25–27 – Kat. Ornamenta Ecclesiae, 1985, 1 C 33ff., 2 F 45ff. – V. H. ELBERN, Die Goldschmiedekunst im frühen MA, 1988, 78ff., 114ff.

**Träger** (Trager), seit dem 13. Jh. eine v.a. im süddt. Raum verbreitete Bezeichnung für den Inhaber eines Gutes oder Rechts. Im bes. wurde derjenige T. genannt, der ein Gut oder Recht für einen anderen empfing oder innehatte, als dessen Vertreter oder Treuhänder (→Treuhand). Hier wäre namentl. der Lehnsträger zu nennen, der ein →Lehen für lehnsunfähige Personen wie Minderjährige, Frauen oder geistl. Gemeinschaften empfing. Bei einer Gesamtbelehnung konnten mehrere Geschwister oder ganze Familien durch einen T. repräsentiert werden. Eine große Rolle spielte die T.schaft endlich im bäuerl. Recht. Gerade im dt. Südwesten wurde die längst durch Erbteilung zersplitterte bäuerl. →Hufe im SpätMA gegenüber dem Grundherrn durch einen T. vertreten, der für die Zinszahlung und die Erfüllung der sonstigen Pflichten einzustehen hatte. K. Kroeschell

*Lit.:* C. SCHOTT, Der 'T.' als Treuhandform, 1975.

**Trägheit** (lat. acedia, acidia, gr. ἀκηδία) ist die gewöhnl. dt. Übers. für das Laster »acędia«, das scholast. Autoren als »Traurigkeit hinsichtlich des geistig Guten« bestimmen. Acedia wird zumeist – eine bedeutende Ausnahme bildet Gregor d. Gr. – unter die sieben oder acht Hauptlaster gerechnet. Das MA hindurch suchten lat. und landessprachl. Autoren – in so unterschiedl. Gattungen wie →Tugend- und Lasterkatalogen, →Bußbüchern, Predigten und scholast. Quästionen –, dieses Laster zu bestimmen, seine Wurzeln und Folgelaster zu benennen und seine Heilmittel zu identifizieren. Dieser Diskurs spiegelt die Bandbreite der Verwendung des Terminus ἀκηδία in der Septuaginta wider wie auch den Einfluß der Beschreibung dieses Lasters durch Johannes →Cassian in seinen »Collationes« und »Instituta«. Cassian bezeichnet T. (acedia) als das fünfte der acht Hauptlaster, das er mit »Angst oder Langeweile des Herzens« (»anxietas seu taedium cordis«) gleichsetzt. Er folgt der griech. monast. Tradition, wie sie bei →Evagrius Pontikos formuliert wurde, in der Unterscheidung von zwei Arten von acedia: die eine, die um die Mittagszeit zum Einschlafen verführt, die andere, die dazu verleitet, seine Zelle zu verlassen. Cassians Liste der Tochtersünden der acedia: Müßiggang, Schläfrigkeit, Schroffheit, Unruhe, Unrast, geistige und leibl. Unbeständigkeit, Geschwätzigkeit und Neugier (otiositas, somnolentia, importunitas, inquietudo, pervagatio, instabilitas mentis et corporis, verbositas und curiositas), war im MA sehr einflußreich, ebenso seine These, daß die Handarbeit deren bestes Heilmittel sei. Gregor d. Gr. hingegen nimmt acedia nicht in seine Liste der Hauptlaster auf, weil er offensichtl. nicht überzeugt war, daß, anders als von seinen patrist. Vorgängern befürchtet, Schläfrigkeit und Unrast eine derart ernste Quelle sittl. Unordnung sind. In der Lasterliste Gregors entspricht tristitia am besten der acedia Cassians. Gregors tristitia hat jedoch andere Folgelaster als Cassians acedia; diese ähneln andererseits Cassians Verständnis der tristitia. Laut Gregor sind die Folgelaster der tristitia: Bosheit, Verbitterung, Zaghaftigkeit, Verzweiflung, T. hinsichtl. der Gebote, das Abschweifen des Geistes in Richtung auf das Verbotene (malitia, rancor, pusillanimitas, desperatio, torpor circa praecepta, vagatio mentis circa illicita). Ab dem 12. Jh. wurden acedia und tristitia oftmals als Synonyme angesehen. →Petrus Lombardus z. B. bezeichnet in seinen »Sentenzen« acedia bzw. tristitia als das dritte der sieben Hauptlaster. M. J. Tracey

Lit.: Prakt. Lex. der Spiritualität, 1988, s. v. [S. Wisse] – S. Wenzel, The Sin of Sloth: Acedia in Medieval Thoughts and Lit., 1967 – L. L. Bronson, »My heart is harden'd.« Marlowe's Dr. Faustus and the Thomistic Concepts of desperatio and acedia, Aquinas 25, 1982, 465–478 – R. Jehl, Melancholie und Acedia. Ein Beitrag zur Anthropologie und Ethik Bonaventuras, 1984 – L. Giordano, »Morbus acediae«. Da Giovanni Cassiano a Gregorio Magno alla elaborazione medievale, Vetera Christianorum 26, 1989, 221–245.

**Tragudia**, neben den Katalogia und den Parallages mündl. überlieferte Lieder des gr. MA, die in seltenen Fällen, wenn sie aufgezeichnet wurden, bis in neugr. Ausläufer verfolgt werden können. Der Bezug zur antiken, namengebenden Tragödie geht über das trag. Lied der Spätantike und zeigt die starke Bindung an die musikal. Aufführung, von denen markante ältere und neugeschaffene 'Opernarien' ihren geradlinigen Weg nach Byzanz fanden, ohne sich um das immer wieder geäußerte Verdikt durch die chr. Kirche zu scheren. Greifbar sind T. v. a. als epische Lieder im Umfeld der heroischen Kämpfe zw. dem Byz. Reich und dem Islam, die in den Versroman →Digenes Akrites einmünden und über sie hinausgehen. So das Armurislied als Brücke zw. der schriftl. fixierten Digenes-Version und den neugr. »akriteischen« Liedern aus der mündl. Überlieferung. Schwer faßbare weitere Fragmente von Liedern aus byz. Zeit bezeugen einerseits eine Fülle an Themen und andererseits die mehr ephemere Existenz bei fehlender schriftl. Aufzeichnung. H. Eideneier

Lit.: Beck, Volksliteratur, bes. 48–63, 110–113, 163–165 – Basileios Digenes Akrites kai to Asma tu Armure, ed. S. Alexiu, 1985; 1990 [zusammen mit To Asma tu Hyiu tu Androniku].

**Traken** (litauisch Trakai [*trakas* 'gerodete Waldfläche'], russ. und poln. Troki), Stadt in →Litauen am See Galvė, 25 km w. von Wilna. Nach chronikal. Berichten verlegte Gfs. →Gedimin vor 1323 die fsl. Residenz von T. nach →Wilna, doch blieb T. weiterhin polit. Zentrum Westlitauens; 1337 wird erstmals ein Fs. v. T. erwähnt.

[1] *Burgen:* In der 1. Hälfte des 14. Jh. wurde die Steinburg Alt-T. errichtet, die im 14. Jh. verfiel. Das polit. Zentrum wurde in der 2. Hälfte des 14. Jh. 4 km w. nach Neu-T. verlegt, wo im 14. Jh. bis zu Beginn des 15. Jh. auf der Halbinsel und der Insel steinerne Burgen gebaut und wiedererrichtet wurden; Residenz des Fs.en →Kynstute. Neu-T. wurde 1375 und 1377 vom →Dt. Orden angegriffen und war 1381/92 Objekt von Auseinandersetzungen zw. litauischen Fs.en unter Beteiligung des Ordens. Seit der Zeit →Witowts bis zum Beginn des 16. Jh. war T. Residenz der Gfs.en, verlor jedoch später die Funktionen von Residenz und Verteidigungsburg; 1413 Sitz des →Wojewoden v. T.

[2] *Stadt:* Im 14. Jh. entstand neben den Burgen von Neu-T. eine städt. Siedlung, die Anfang des 15. Jh. →Magdeburger Recht erhielt. 1397/98 siedelte hier Witowt gefangene Tataren und aus der Krim stammende Karaimen an, die 1441 die Selbstverwaltung erhielten. Mitte des 15. Jh. gab es zwei Burgen und zwei städt. Gemeinden mit Selbstverwaltung, in denen sich Kaufleute aus dem ö. und w. Europa aufhielten (ca. 3–4000 Einw.). Im 2. Viertel des 16. Jh. stagnierte die städt. Entwicklung. Z. Kiaupa

Lit.: A. Szyszman, Osadnictwo karaimskie na ziemiach Wielkiego Księstwa Litewskiego, 1936 – A. Baliulis, S. Mikulionis, A. Miškinis, Trakų miestas ir pilys, 1991.

**Tralles** (Τράλλεις), Stadt und Bm. (Suffragan v. Ephesos in der Prov. Asia) in W-Kleinasien, an der Stelle, wo von der wichtigen Straße durch das Tal des Mäander (Büyük Menderes) eine Straße nach Karien abzweigt; heute spärl. Ruinen auf einer Terrasse n. oberhalb der Vilayet-Hauptstadt Aydın, am Fuße des Mesogis-Gebirges. Zerstörung durch Erdbeben 27 v. Chr. Aus T. stammte →Anthemius, gemeinsam mit →Isidor v. Milet Baumeister der Hagia Sophia in Konstantinopel. Unter Justinian. I. missionierte →Johannes v. Ephesos in den Bergen um T. Heiden, Juden und Anhänger des →Montanismus. Seit dem 8. Jh. zum byz. →Thema Thrakesion gehörig. Nach der Schlacht v. →Mantzikert (1071) erstmals von den Türken besetzt, nach der Schlacht v. →Dorylaion (1097) zurückerobert, 1176 erneut vorübergehend türk., wurde T. wichtige Festung an der S-Front des Reiches v. →Nikaia. Nach der Rückeroberung Konstantinopels 1261 aufgegeben, wurde T. 1264 unter dem Despotes →Johannes Palaiologos (11. J.) wieder für einige Zeit byz. Von Andronikos II. 1280 wiederaufgebaut und Andronikopolis/Palaiologopolis gen., hatte T. angebl. 36000 Einw., wurde aber 1284 von den →Menteše Oğullarï erobert und in Güzel Ḥiṣār umbenannt. Im 14. Jh. kam T. unter die Herrschaft der →Aydïn Oğullarï, deren Gebiet 1425 osman. wurde. Erst im 19. Jh. übernahm Güzel(ce)hisar den Namen der Prov. Aydın als Stadtnamen. F. Hild

Lit.: EI² (frz.) I, 806 – Kl. Pauly V, 921f. – Oxford Dict. of Byzantium, 1991, 2103f. – RE VIA/2, 2093–2128 – A. Failler, La restauration et la chute définitive de T. au 13ᵉ s., REB 42, 1984, 249–263 – O. Sağdıç, Aydın, 1988.

**Trancoso, Schlacht v.** (Ende Mai/Anfang Juni 1385; wahrscheinl. 29. Mai, sicher vor 9. Juni), im Zuge des Krieges um die Nachfolge Kg. →Ferdinands I. v. Portugal geschlagen, auf die auch →Johann I. v. Kastilien (∞ ptg. Erbtochter →Beatrix) aufgrund der Verträge v. →Badajoz und →Elvas Anspruch erhob. Eine starke Vorhut des kast. Invasionsheeres mit 300 *jinetes* drang von Ciudad Rodrigo aus bis nach Viseu vor und wurde auf dem Rückmarsch bei T. von ptg. Truppen geschlagen. Trotz geringer militär.

Folgen wirkte sich der Schaden für die Kampfmoral noch bei der vernichtenden kast. Niederlage in →Aljubarrota aus.    L. Vones

Lit.: S. M. Dias Arnaut, A Bathalha de T., 1947 – P. E. Russell, The English Intervention in Spain and Portugal in the Time of Edward III and Richard II, 1955, 379f. – C. Batlle, La fecha de la batalla de T., Anuario de Estudios Medievales 3, 1966, 525–527 – L. Suárez Fernández, Hist. del reinado de Juan I de Castilla, 1977, I, 210–212.

**Tränengabe** (donum lacrymarum), das seit den Wüstenvätern hochgeschätzte Charisma, aus Frömmigkeit weinen zu können im Gedenken an die eigene Sündhaftigkeit, aus Himmelssehnsucht oder Mitleid mit dem Passionschristus. Schon in frühma. Hl.nviten erwähnt (z. B. Rimbert, Vita S. Ansgari 35), wurde die T. im Rahmen der Asketik u. a. von →Cassian, →Gregor I., →Petrus Damiani, →Katharina v. Siena behandelt; im O von →Johannes Klimakos und →Isaak v. Ninive. Bei hoch- und spätma. Hl.n (z. B. Gilbert v. →Sempringham, † 1189; Johannes v. Bridlington, † 1379) und bes. Mystikerinnen (z. B. →Maria v. Oignies), am extremsten Margery →Kempe, konnte sie in Form stundenlanger Weinkrämpfe auftreten. Dies war auch ein Hinweis zur Unterscheidung der Geister, denn Hexen war es unmöglich zu weinen (Institoris, Malleus 3, 15, 11). Die T. wurde gelegentl. auch im Sinne einer der Taufe vergleichbaren Gnade verstanden (Ps.-Augustinus, Scala paradisi; Wolfram v. Eschenbach, Parzival 28, 14ff.). Spätma. Andachtslyrik und -bilder (der Beweinung Christi und Einzeldarstellungen der weinenden Mutter Gottes oder Magdalenas) forderten den Betrachter zur Erweckung der T. auf.    P. Dinzelbacher

Lit.: DSAM IX, 287–303 – LThK² X, 305 – M. Lot-Borodine, Le mystère du don des larmes dans l'Orient chrétien (O. Clement u. a., La douloureuse joie, 1974), 133–195 – L. Gnädinger, Feuertränen, Caterinas v. Siena Tränen-Lehre und T.-Erfahrung, Geist und Leben 54, 1981, 85–98 – H. Hamburgh, The Problem of Lo Spasimo of the Virgin in Cinquecento Paintings: Sixteenth Century Journal 12, 1981, 45–76 – G. Schleusener-Eichholz, Das Auge im MA, 1985, 723ff. – K. Lochrie, Margery Kempe and Translations of Flesh, 1991, 172ff.

**Trani**, Stadt und Bm. in Süditalien (Apulien) an der Adria (Gebiet v. Bari), deren Name (*trana* oder *traina* 'Bucht') und Entwicklung seit der Spätantike mit dem kleinen Hafen verknüpft sind; in der →Tabula Peutingeriana und beim →Geographus Ravennas als Turenum/Tirenum verzeichnet. T. war bereits Anfang des 6. Jh. Bf.ssitz (Bf. Eutychius). 834 Gastaldat des langob. Hzm.s →Benevent, erscheint es 887 als abhängig vom byz. Reich, obgleich die örtl. lat.-langob. geprägte Bevölkerung in ihren alten Traditionen verwurzelt blieb. Trotz wiederholter Eroberungsversuche durch die Sarazenen im 9. und 10. Jh. vertiefte T. seine Bindungen an den Osten, wozu v. a. seine Rolle als Handelshafen beitrug (Niederlassung levantin. Kaufleute, starke, während des ganzen MA von den Herrschern geförderte Judengemeinde). Nach dem Fall von →Canosa in der 2. Hälfte des 9. Jh. nahm T. die Bevölkerung des Hinterlandes auf und verstärkte seine Befestigungen. Um die strateg. wichtige Stadt (Verbindungsglied zw. dem Landweg von Benevent nach Apulien und dem Seeweg nach Byzanz und in das Hl. Land) und das angrenzende Gebiet weiterhin an sich zu binden, erhob Byzanz T. zum Ebm., auch um eine Art Gegengewicht zu dem lat. geprägten →Bari zu schaffen. Diese Rolle T.s wird deutl., als das Ebm. sich dem Schisma des →Michael Kerullarios anschloß, was die Absetzung Bf. Johannes' durch Papst Nikolaus II. zur Folge hatte (1059). Nach einem gescheiterten Eroberungsversuch durch die Normannen (1042) wurde die Stadt schließl. 1073 von →Robert Guiscard eingenommen. Die Kreuzzugsbewegung verlieh T. neue Impulse. Auch das Netz der von →Montecassino, →Cava, Banzi und →San Vincenzo abhängigen Kl. OSB, die bereits vor der norm. Eroberung eine wichtige Rolle gespielt hatten, verdichtete sich. Die örtl. Gewohnheitsrechte wurden in den »Ordinamenta et consuetudo edita per consules civitatis Trane« gesammelt. Im 11./12. Jh. erfuhr die Struktur der Stadt durch den Bau der neuen Kathedrale und der Templerkirche (Ognissanti) entscheidende Veränderungen. Befestigungssystem und Kastell wurden unter Friedrich II. ausgebaut, der auch die alten Privilegien erweiterte und die Flotte verstärkte. Am Ausgang der Stauferherrschaft wurde die Stadt Sitz eines ven. Konsulats. In angevin. Zeit bekam auch T. die allg. Übelstände des Regnum, v. a. den Fiskalismus, zu spüren, obgleich seinem Hafen bes. Fördermaßnahmen zuteil wurden. Zw. 1309 und 1316 führte die Stadt einen Handelskrieg mit Venedig um die Kontrolle des Hafens, der durch ein Zollabkommen beendet wurde. In den Kämpfen während und nach der Herrschaft →Johannas I. wurde T. wegen seiner strateg. günstigen Lage zum Zankapfel der gegner. Parteien: 1348 besetzte →Ludwig v. Anjou, Kg. v. Ungarn, die Stadt für kurze Zeit, bevor sie dem Fs.en v. Tarent, Robert v. Anjou († 1364), überwiesen wurde. Danach fiel sie an die Krondomäne. Im Lauf des 15. Jh. war T. die begehrte Apanage von Kondottieren und Staatsmännern im Dienste der Krone (Alberico da Barbiano, † 1409; Muzio Attendolo →Sforza und sein Sohn Francesco; Sergianni →Caracciolo). Nach dem Tode Johannas II. († 1435) wechselte T. im Kampf zw. den Anjou und den Aragonesen häufig die Seite. Trotz der polit. Instabilität wuchs T.s Bevölkerungszahl (v. a. Seeleute, Fischer, Kaufleute), was zu einer Reihe von Auseinandersetzungen um Privilegien mit dem von den Pelagano geführten städt. Adel führte. Obgleich Ferdinand I. die aufsteigenden Schichten förderte, stieß er wegen der lastenden Abgaben auf Widerstand. 1481 fielen die Türken, die im Vorjahr →Otranto zerstört hatten, an der Küste von T. ein. Die Venezianer machten sich dies zunutze, um eine Kontrolle der unteren Adria durchzusetzen, und bedrohten die Stadt. 1495 unterstand T. einige Monate lang →Karl VIII., wurde dann aber von Ferdinand II. an Venedig abgetreten, das sich verpflichtete, den Hafen zu erneuern und eine moderne Schiffswerft zu errichten.

P. De Leo

Lit.: IP VIII, 288 – N. Kamp, Kirche und Monarchie im stauf. Kgr., I. 2, 1975, 544 – C. D. Fonseca, T. Itinerari e centri urbani nel Mezzogiorno normanno-svevo (Atti delle decime giornate normanno-sveve), 1993, 365–384.

**Trank** (lat. *potio*, *poculum* [auch →Gift-, Liebes- oder Zaubertrank], *potus*; arab. *šarāb* [→Sirup]), gehört zu den ältesten →Arzneiformen und spielte bes. als Wundtrank in der chirurg. Praxis eine bedeutende Rolle. Seine Bestimmung zum baldigen Gebrauch war v. a. durch die Art der Vehikel bedingt, für die man in der Regel überall erhältl., indes teilweise leicht verderbl. Flüssigkeiten verwendete, u. a. Wasser, Wein, Bier, Essig, Milch, Molke, Most, Gerstenwasser ('ptisana', bisweilen auch für 'Arzneitrank' generell) oder Fleischbrühe, meist unter Zusatz von →Honig oder (später) →Zucker als Konservierungsmittel. Zur Bereitung eines T.s wurden die Ingredienzien zuerst pulverisiert und dann mit dem Vehikel übergossen bzw. gekocht, anschließend oft durch ein Leinentuch koliert; damit die Wirkkraft der Arzneidrogen in das Extraktionsmittel übergehe, legte man diese auch in einem Säckchen eine Zeitlang in die entsprechende Flüssigkeit. Häufig war der T. warm einzunehmen, wobei man durch Eintauchen eines glühenden Eisens temperierte. Die 'potio sancti

Pauli' (auch 'potio maior') des →Antidotarium Nicolai stellt eigtl. ein →Elektuarium dar, das – wie andere Latwergen auch – bei Bedarf zu einem T. verarbeitet werden konnte. Eine spezielle Zubereitung ist der *lûtertranc* (lat. claretum), ein aromat., mild laxierender Kräuterwein mit Honig.　　　　　　　　　　　　　　　F.-J. Kuhlen

*Lit.:* →Arzneibücher, →Chirurgie, →Rezeptliteratur – D. GOLTZ, Ma. Pharmazie und Med., VIGGPharm NF 44, 1976, passim.

**Transenna**, durchbrochen ('à jour') gearbeitete Platte, meist aus Stein, benannt nach dem lat. Wort für Gitter. Schon in hellenist. und kaiserzeitl. Architektur für Abschrankungen (in Bauten, um Brunnen und Gräber u. a.) beliebt, meist mit rauten-, quadrat- und schuppenförmigen Öffnungen. Auch in frühchr. und ma. Baukunst neben geschlossenen Reliefplatten für Schranken (Cancelli) aller Art verwendet, neben dem Profan- und Grabbereich v.a. im Kirchenbau des W und O, z.B. um das →Bema (→Chorschranken) und zur Trennung von Mittel- und Seitenschiffen (Beispiele für T.e der byz. Kunst: DELVOYE). Neben den o. erwähnten Gitterformen finden sich reichere Gliederungen mit Flechtbändern, Ranken, Kreuzmotiven und Vögeln, bes. seit dem 6. Jh. (ravennat. Beispiele: DEICHMANN, Abb. 61–67, 77–87). Der Entwicklung im Bereich der Schranken folgten T.e als Fensterverschlüsse (ausführl. unter →Fenster III. 2). In den Bereich der Gitter zum Verschluß von →Türen gehört in frühchristl. Zeit die T. der Reliquienöffnung des Altars (fenestella confessionis, →Altar III. b, →Reliquiengrab).
　　　　　　　　　　　　　　　　　　J. Engemann

*Lit.:* →Fenster, →Chorschranken – RByzK I, 900–931 [Cancelli, CH. DELVOYE] – F. W. DEICHMANN, Ravenna, I: Gesch. und Monumente, 1969.

**Transept** → Querhaus

**Transformation.** Bezeichnen die Begriffe →Kontinuität bzw. sein Korrelat Diskontinuität gegensätzl. Positionen der Bewertung des kulturellen Übergangs von der Antike zum →Mittelalter und somit gleichsam These und Antithese eines Urteils über die vielfältigen Zusammenhänge zweier Weltzeitalter, kann der Begriff der T. das Gesamtphänomen konkreter fassen. Grundlegende Ergebnisse der Archäologie, der Kirchengesch. und Volkskunde, der Agrar-, Wirtschafts-, Institutionen- und Rechtsgesch., der Literatur- und Kunstgesch. ergaben in den letzten Jahrzehnten ein ebenso differenziertes wie stringentes Bild des Vorgangs der T. zw. Spätantike und FrühMA. Man kann sagen, daß kein Phänomen der ersteren ohne spezif. Umwandlung in die neue Epoche übernommen worden ist. Außer acht bleiben hier die regional sehr unterschiedl. Bevölkerungs- und Substanzverluste (→Bevölkerung, A) durch Krieg (Völkerwanderung etc.) und →Epidemien infolge der Zerstörung der städt. hygien. und Entsorgungs-Systeme (Aquädukte, Kloaken). Es sind dies Phänomene, die v.a. am Beginn der Diskussion über die Kontinuitätsfrage eine große Rolle spielten. Aber selbst in diesem Fall hat sich durch die moderne Stadtgeschichtsforschung (→Stadt, A, B) ein wesentlich genaueres Bild ergeben. Der entscheidende Vorgang der T. der antiken Stadt ist hier die topograph. Umpolung von den alten paganen Zentren mit ihren munizipalen Repräsentationsbauten auf die neuen Lebenszentren einer chr. →Civitas, nämlich auf den Bereich der Bf.skirchen, Kl., Kultzentren, wie der Märtyrer- und Heiligenkirchen (z. B. →Basilikal.). Diese bildeten die neuen städt. Siedlungskerne innerhalb wie außerhalb der antiken Stadtmauern. Um diese chr. Zentren entstehen Pilgerhospize (→Hospital, →Xenodochium) und manchmal sogar neue Badeanlagen für →Pilger und Gläubige, während die alten Großthermen als Stätten von heidn. 'luxuria' veröden, desgleichen die Kampfarenen. Die Stadt als solche existierte somit weiter, wenn es auch insgesamt einen gewaltigen Rückgang der Einwohnerzahlen gegeben hat. Ähnliches gilt für die ländl. Regionen, wo schon seit dem 2. Jh., d.h. noch vor den germ. Invasionen, ein Rückgang der Besiedlung feststellbar ist, dem erst, nach Ausweis der Gräberfelder, im 7. Jh. ein Wiederanstieg der Bevölkerung wie der Siedlungsfläche folgt. Regionale Unterschiede treten aber durch Einzelforschungen immer stärker hervor. So hat sich für die Vorderpfalz am Mittelrhein ergeben, daß seit dem 3. Jh. nur etwa ein Drittel der Siedlungen verlassen und zahlreiche Gräberfelder kontinuierlich weiterbelegt wurden, die galloröm. Bevölkerung also auch auf dem Lande fortlebte, wohingegen im Kölner Raum ein gravierender Rückgang der Besiedlung festzustellen ist. Pollenanalyt. Untersuchungen in Südbayern bestätigen einerseits eine Schrumpfung der Anbaufläche nach dem Ende der röm. Herrschaft, belegen aber auch die Kontinuität des Ackerbaus von der Eisenzeit bis ins MA bei Fortdauer röm. Getreidesorten und Flursysteme, v.a. in der Nähe weiter benutzter Römerstraßen. Hier wie in Italien und Gallien bestand die T. v.a. im Übergang von der hochorganisierten antiken Latifundienwirtschaft zur ma. →Grundherrschaft, die bes. von Kirchen und Kl. organisiert, aber auch von Kg. und Adel betrieben wurde. Genaue Analysen von Reihengräberfriedhöfen (→Grab, A; →Friedhof) haben für Lothringen ergeben, daß die germ. Zuwanderung seit dem 4./5. Jh. zu einem Wandel der Siedlungsstruktur führte. Es gab jetzt ein Nebeneinander der ursprgl. galloröm. Bevölkerung mit den Germanen. Man hat dies als »ethn. Leopardenfellmusterung« bezeichnet, wobei sich im allg. die galloroman. Bevölkerung um die fortbestehenden antiken Civitates und Bf.sstädte konzentrierte, wohingegen sich die germ. Siedlungen überwiegend auf dem Land finden. In einem zweiten Schritt der T. dieses Siedlungsbildes wuchs der Anteil gemeinsamer Bestattungen von Romanen und Germanen auf ein und demselben Friedhof, d.h. es setzte eine ethn. Integration und Symbiose ein: Voraussetzung für die Entstehung der ma. Völker Europas. Solche Verschmelzungsprozesse nahmen oft lange Zeit in Anspruch. An der mittleren Mosel wurde noch im HochMA romanisch gesprochen, und in der sog. 'Alpenromania', etwa in →Churrätien, konnte sich das roman. Element bis heute gegen die alem. Zuwanderung erhalten.

Was die Staatlichkeit und die Rechtsordnung anbelangt, so ist festzustellen, daß im frk. Großreich (→Franken, -reich) als Nachfolger des Imperium Romanum (→Röm. Reich) nördl. der Alpen die röm. Kopf- und Grundsteuern, selbst für Kirchen, fortbestanden, und damit zu wichtigen Grundlagen der Kg.sherrschaft wurden. Die T. bezog sich hier v.a. auf den neuen staatl. »Überbau«, der an die Stelle der spätröm. (diokletian.) Reichsstruktur getreten war. Ähnliches gilt für die Fortdauer röm. Praxis im →Urkundenwesen und in der kgl. Verwaltung, die sich, wie dies schon in der Spätantike der Fall gewesen war, stark auf die organisierte und fiskalisch ertragreiche bfl. Stadtherrschaft (→Bischofsstadt) stützte. Kontinuität und T. sind hier ebenso deutlich wie im Rechtsleben, wo nach heutiger Kenntnis die sog. »germ. Stammesrechte« mit dem ältesten, der »Lex Salica«, dem Frankenrecht an der Spitze, in ihrer Rechtssubstanz in hohem Maße spätröm. Traditionen, nämlich röm. Vulgarrecht übernommen haben (→'Leges'). Seit dem frühen 12. Jh. setzte mit der systemat. wiss. Bearbeitung und 'Rezeption' des Justinian. Rechtes eine tiefgreifende T. der europ. Rechtskultur ein (→Bologna, B; →Corpus iuris civilis; →Glossatoren; →Dekretalisten).

Die →Kirche war als geistige Macht in ihrer sakralen und zugleich polit. Herrschaft das stärkste Kontinuum zw. Spätantike und FrühMA und damit der wichtigste Faktor kultureller T. Als kirchl. Stadtherrschaft verwandelte sie bereits in der chr. Antike grundlegend den Charakter der spätantiken Stadt. Wichtiger noch war aber das Doppelgesicht der Kirche insgesamt, denn einerseits konservierte sie, wenn auch sehr selektiv, das kulturelle Erbe des Altertums und dessen Denkformen in Philosophie, Theologie und Herrschaftspraxis, andererseits gab sie dieses chr.-antike geistige Erbe, wenn auch in stark limitierter und umgedeuteter Form, durch die →Mission an die germ. wie slav. Welt weiter. Mit anderen Worten: Die Kirche war selbst die Hauptträgerin, der vitale Kern und zugleich das wichtigste Objekt der allg. T. der antiken Welt ins MA hinein. Durch das weitgespannte Kommunikationsnetz ihrer Bm.er und Kl., das sich infolge der Mission ständig erweiterte und verdichtete, entfaltete sie die stärkste Integrationskraft. Was ihre kulturell selektierende Wirkung anbelangt, so hatte die Kirche schon lange vor dem Zusammenbruch des Imperium Romanum und in scharfer Auseinandersetzung mit heidn. Kultur und Philosophie wie mit starken – als →Häresien ausgeschiedenen – Strömungen innerhalb des Christentums selbst (→Christologie) sowohl Kontinuität als auch Diskontinuität praktiziert und damit wohl die entscheidendste und dauerhafteste T. der Antike bewirkt. Es wurden seit den großen Reichskonzilien des 4. und 5. Jh. und von den Kirchenvätern →Ambrosius, →Hieronymus, →Augustinus und →Gregor d. Gr. Entscheidungen von großer Tragweite getroffen, welche Kulturtraditionen vom Christentum akzeptiert oder zumindest toleriert werden konnten oder aus religiösen und moral. Gründen abgelehnt, ja unterdrückt werden mußten. Beispielsweise gingen Teile der stoischen →Ethik in adaptierter Form in die kirchl. Sittenlehre über (→Naturrecht). Was die Schulen anbelangt, so bewirkte die letztlich unaufhebbare Spannung zw. christl. Glauben und hochkultureller paganer Tradition, daß es keine ungebrochene pädagog. und geistige Kontinuität zw. dem auslaufenden heidn. Schulwesen und der kirchl., bes. der mönch. Ausbildung gibt (→Erziehungs- und Bildungswesen). Letztere zielte als »Erweckungserziehung« im Sinne Max Webers auf eine bewußte Loslösung von der 'Welt', deren Werte in hohem Maße tabuisiert wurden. Abgesehen von der Vermittlung philolog.-grammatikal. Kenntnisse zum Verständnis der Hl. Schrift (→Bibel, A.I) und der Kirchenväter richtete sich in der chr. Spätantike und erst recht im FrühMA die Unterweisung in Kl. und Domstift (→Dom-, →Klosterschule) vornehmlich auf das Einüben einer neuen Lebensform: Nicht →Grammatik und →Rhetorik, die paganen Kulturwissenschaften, sondern →Liturgie und →Psalter standen im Mittelpunkt. Letzterer bot als religiöser Text Grammatik, Lexikon und große Dichtung in einem. Auch der zentrale Begriff der →Lesung (lectio) bedeutete keine organisierte Tradierung von kulturellen Standards, sondern war v. a. gemeinschaftl. →Gebet und Gebetsunterweisung im belehrenden Gespräch. Hier wird die transformierende Kraft des Christentums bes. deutlich: Traditionelle Bildungselemente werden gleichsam als 'Spolie' in einen neuen religiösen Kontext eingeordnet, so daß man von einer bewußt gebrochenen Kontinuität sprechen kann. Wie ambivalent jedoch der Jahrhunderte während kulturelle Selektions- und Rezeptionsvorgang war, der den Kern der geistigen T. des antiken Erbes bildete, zeigt die Haltung des →Mönchtums gegenüber dem oft als obszön bewerteten antiken Kulturerbe. Einerseits kam es zu einer immer wieder bekräftigten Ablehnung der polytheist.-erot. Kulturtraditionen aus asket. Motiven (→Askese, →Sexualität), andererseits stehen wir vor der Tatsache, daß fast alles, was uns an paganer Lit. des Altertums überliefert ist, über kirchl. und monast. →Skriptorien auf uns gekommen ist. Im Grunde handelt es sich um ein Paradoxon, das der →Antikenrezeption des MA ebenso anhaftet wie jeder →'Renaissance' und →'Bildungsreform' im kirchl. Bereich, deren Kern die Auseinandersetzung mit der heidn. Antike sein mußte. Die zahlreichen Handschriftenwanderungen (→Handschrift, →Codex) seit dem 6./7. Jh. aus dem Mittelmeerraum nach West- und Mitteleuropa und ebenso die Herstellung von →Palimpsesten aus antiken Texten zeigen die Ambivalenz von transformierender Rezeption und Selektion des antiken Erbes unter kirchl. Aspekt.

Mit einer bes. Art der T. hat man es bei der Übernahme antiker Kultur über den →Islam (→Araber) zu tun, da es sich hier um eine zweifache Umformung handelt: Erstens um die Übernahme antiker Technologie, Medizin, Agrartechnik und Philosophie in der Auswahl einer neuen Weltkultur, die relativ rasch in den alten zivilisator. Zentren des Vorderen Orients und Nordafrikas erfolgte und daher viele hochkulturelle Standards übernehmen und assimilieren konnte. Zweitens gelangten mit der islam. T. und Weiterentwicklung v. a. des philosoph. Erbes (→Platon, →Aristoteles) durch arab.-islam. Gelehrte, wie →Avicenna und →Averroes, neue Interpretamente in die chr. Welt, die in Akzeptanz wie Widerspruch Wesentliches zur Ausformung der →Scholastik als der ersten kreativen →Philosophie des europ. MA beigetragen haben. Bei diesem T.svorgang spielten die islam. und jüd. (→Sefarden) Gelehrten in Córdoba, Salamanca, Toledo, Granada und im unterit.-siz. Reich Ks. Friedrichs II. eine bedeutende Rolle (→Übersetzer: 'Schule v. Toledo'). Ähnliches gilt für den raschen Anstieg der materiellen Kultur Europas durch den engen Kontakt mit der arab.-islam. Welt in Spanien und Süditalien. Der gleichsam »osmotische« kulturelle Austausch zw. Islam und chr. Welt wurde durch die →Kreuzzüge eher gestört als gefördert. – Zur Frage der Bedeutung der byz.-westl. Kulturbeziehungen →Byz. Reich, bes. Abschn. F; →Byz. Literatur; →Griech. Lit. und Sprache.

F. Prinz

*Lit.:* C. N. Cochrane, Christianity and Classical Culture, 1944 – M. L. W. Laistner, Christianity and Pagan Culture in the Later Roman Empire, 1951 – E. Levi, Weström. Vulgarrecht. Das Obligationenrecht, 1956 – F. Prinz, Frühes Mönchtum im Frankenreich, 1965, 1988², 449ff. – F. Rosenthal, Das Fortleben der Antike im Islam, 1965 – O. Gigon, Die antike Kultur und das Christentum, 1967 – D. Illmer, Formen der Erziehung und Wissensvermittlung im frühen MA, 1971 – H. Bernhard, Beitr. zur röm. Besiedlung im Hinterland von Speyer, Mitt. des Hist. Ver. der Pfalz 73, 1976, 37–165 – P. Brown, Die letzten Heiden, 1978 – Ders., Augustinus v. Hippo, 1982² – B. Bischoff, Paläographie und frühma. Klassikerüberlieferung (Ders., Ma. Studien 3, 1981), 55–72 – W. Kleiber, Das moselroman. Substrat im Lichte der Toponymie und Dialektologie (Zw. den Sprachen, hg. W. Haubrichs–H. Ramge, 1983), 153–192 – M. Gechter, Zur ländl. Besiedlung der Rheinlande in röm. Zeit, BJ 186, 1986, 377–396 – Herrschaft und Kirche, hg. F. Prinz, 1988 – G. Diepolder, Aschheim im frühen MA, II, 1988, bes. 183–217 – H. Küster, Vom Werden einer Kulturlandschaft, 1988 – F. Stein, Die Bevölkerung des Saar-Moselraumes am Übergang von der Antike zum MA, Archaeologia Mosellana 1, 1989, 89–195 – A. Angenendt, Das FrühMA, 1990 – J. Durliat, Les finances publiques de Dioclétien aux Carolingiens (284–889), 1990 – G. Crespi, Die Araber in Europa, 1992 – R. Kaiser, Das röm. Erbe und das Merowingerreich, 1993 – M. Montanari, Der Hunger und der Überfluß. Kulturgesch. der Ernährung in Europa, 1993, bes. 10–50 – M. FUHRMANN, Rom in der Spätantike, 1994 – Gesch. der arab. Welt, hg. U. HAARMANN, 1994 – F. PRINZ, Formen, Phasen und Regionen des Übergangs von der Spätantike zum FrühMA (Zur Kontinuität zw. Antike und MA am Oberrhein, hg. F. STAAB, 1994) – F. PRINZ (GEBHARDT, 10. Aufl., §20, 21) [in Vorber.].

**Transgression,** aus der Terminologie der Geologie in die hist. Geographie und →Altlandschaftsforschung übernommener Begriff, der langandauernde Perioden (in der Regel mehrere Jahrhunderte) bezeichnet, in denen das Meer weit in den Küstenbereich vordringt und v. a. durch Überflutung weiter Gebiete (z. B. der gesamten belg. Nordseeküste; →Nordsee), Sedimentierung (*Klei, Schlick*) sowie Grundwasserstau hinter Strandwällen und Dünengürteln die küstennahe Landschaft verändert. Die Ursachen von T.en liegen vornehml. in Wandlungen des →Klimas, wobei insbes. Langzeiterwärmungen, die das Eis der Polarregionen abschmelzen lassen, im Bereich der Nordsee und des Nordatlantiks zu Erhöhungen des Meeresspiegels und damit zu T.en führen. In anderen Regionen (z. B. Küsten der Ostsee und des Mittelmeeres) lösen auch tekton. Bewegungen der Erdkruste, verbunden mit klimat. Faktoren, Erhöhungen bzw. Senkungen des Meeresspiegels aus. In beiden Fällen ist unregelmäßiger Wechsel von Perioden der T. und jenen der Regression, in denen der Meeresspiegel absinkt oder stagniert, festgestellt worden. T.sphasen in hist. Zeit beschränken sich im Einzugsbereich der Nordsee auf die Periode bis ca. 1000 n. Chr.; mit der Errichtung erster Deiche (→Deich- und Dammbau) konnten die von T.en verursachten Überflutungen großer Gebiete zunehmend verhindert oder doch begrenzt werden. Seit der Zeit um 1000 konnten nur noch eingeschränkte Überschwemmungen historisch festgestellt werden. Ein Bezug auf eine T.sphase ist nicht erkennbar, so daß nach einigen Forschern der Begriff der T. für die Zeit nach 1000 für das Nordseeküstengebiet nicht mehr anwendbar ist. Stattdessen wird für diese Periode mit dem Begriff der »Sturmflutfrequenz« operiert; diese wird auf eher komplexe Ursachen zurückgeführt (zyklonale Störungen in Verbindung mit Windrichtung, Küstenmorphologie, Gezeiten usw.).

Für das erste Jahrtausend unserer Zeitrechnung wird im Nordseeraum dagegen eine T.sphase (bekannt als 'T. Dünkirchen II' oder 'Frühma. T.') angenommen; sie soll von ca. 300–600 n. Chr. gedauert haben und ließ durch großräumige Überflutungen weite Teile der Nordseeküste (Küstensäume des späteren Belgien, der seeländ. Inseln, Frieslands, Norddtl.s) nahezu unbewohnbar werden, mit Ausnahme von Habitaten auf Restdünen oder künstlich errichteten Hügeln (→Wurten, Warften). Dieser 'T. Dünkirchen II' soll bis in die Periode kurz vor Beginn unserer Zeitrechnung eine als 'Dünkirchen I' oder 'Vorröm. T.' bezeichnete T.sphase vorausgegangen sein. Umstritten ist die Annahme einer weiteren, ins hohe MA reichenden T., 'Dünkirchen III', angesetzt auf die Zeit ungefähr vom 9. bis zur Mitte des 12. Jh. Die Zuordnung der für Teile Flanderns, Seelands und Frieslands festgestellten Überschwemmungen von 838, 1014, 1042 und 1134 zu einer echten T. muß dabei aber fraglich erscheinen.                                 A. Verhulst

*Lit.:* The Quaternary Hist. of the North Sea, hg. E. OELE–R. T. E. SCHÜTTENHELM, 1979 – Transgressies en occupatiegeschiedenis in de kustgebieden van Nederland en België, hg. A. VERHULST–M. K. E. GOTTSCHALK, 1980 – K. E. BEHRE, Meeresspiegelverhalten und Besiedlung während der Zeit um Christi Geburt in den Nordseemarschen, Offa 47, 1986, 45–53 – Sea Level Changes, hg. M. J. TOOLEY–I. SHENNAN, 1989.

**Transhumanz** (frz. und engl. *transhumance*, it. *transumanza*, span. *trashumancia*), Form der bewegl. Weidewirtschaft (→Weide), bei der die Herde von Lohnhirten (→Hirt, →Viehhaltung), dem Besitzer oder dessen Angehörigen auf einer zumeist längeren (bis ca. 800 km), einen Tag bis zu drei und mehr Wochen dauernden Wanderung zu mindestens zwei, jahreszeitl. wechselnden Weidegebieten getrieben wird. Trotz Neuerungen ist die Ausübung der T. seit Ende des 19. Jh. stark rückläufig und aus manchen Landschaften verschwunden. Zwar reicht die T. mindestens bis in die Antike zurück (z. B. Varro II, 2: 8–11; III, 17: 6–9; Columella VI, 22), doch sind die mannigfaltigen Formen der nach Raum und Zeit sehr variablen T. erst seit dem 19. Jh. typisiert und klassifiziert worden. Durch Entlehnung aus der Umgangssprache wurde der wiss. Ausdruck geprägt (< frz. transhumer < lat. trans + lat. humus 'Gegend'). Zw. T., Almwirtschaft (→Alm) und Nomadismus (→Nomaden) bestehen viele Übergänge. Von der Almwirtschaft unterscheidet sich die T. durch Fehlen enger Beziehungen zw. Heimgut und benachbarter Bergweide sowie der winterl. Einstallung. Vom Nomadismus unterscheidet sich die T. durch die bodenstete Siedlung am Hauptbetriebsort und das Fehlen von ethn. Einheiten (Stämmen) bei der Herdenwanderung. Diese wird bedingt durch den klimat. und vegetativen Gegensatz zw. Winter- (Tiefland-) und Sommer- (Gebirgs-) weide. Weitere, die Trassen der Herdenwanderung bestimmende Faktoren sind v. a. die Rechte des Durchzugs und der Benutzung von Rast- und intermediären Weideplätzen, die Lage von obligator. Zollstationen, ferner territoriale, polit. und betriebswirtschaftl. Faktoren. Verbreitet war die T. bis weit ins 19. Jh. in großen Teilen des Mittelmeergebietes und darüber hinaus, namentl. in Regionen mit höheren, im Sommer kühlfeuchten, im Winter kalten, oft schneebedeckten Gebirgen und sommerl. trockenen, aber im Winter warmfeuchten Tiefländern: von Portugal bis Kaukasien und Armenien, vom Atlasgebirge bis in die Karpaten. In Spanien erstreckten sich manche Herdenwanderungen von N nach S durch die Iber. Halbinsel. Hauptformen der T. sind aufsteigende aus Tieflandsiedlungen (*t. normale*), absteigende aus Gebirgssiedlungen (*t. inverse*) und zwischenständige, wenn sich der Ausgangsort zw. Sommer- und Winterweide befindet (*t. mixte*).

Wenn sich Belege für die T. seit dem 13./14. Jh. häufen, so sind dafür wachsende Schriftlichkeit und Jurisdiktion ebenso verantwortl. wie eine Zunahme der Konflikte um Durchzug und Weiden als Folge des hochma., mit Bevölkerungswachstum verknüpften →Landesausbaus. Nach dem spätma. Bevölkerungsrückgang, der weite Teile von Südeuropa erfaßt hatte, folgte, regional um die Mitte des 15. Jh. beginnend, ein erneuter, mit Intensivierung der T. verbundener kräftiger Anstieg der Bevölkerung. So war regional die transhumante Weidewirtschaft, die oft Herden mit jeweils mehreren Tausend →Schafen, daneben →Ziegen, umfaßte, bedeutend für die Wiederbesiedlung oder die Weiternutzung entvölkerter Landstriche, doch auch für die Zerstörung der natürl. →Umwelt. Die gestiegenen Wollpreise (→Wolle) und eine wachsende Nachfrage nach →Fleisch begünstigten die Ausdehnung der T., die sich seit dem 15. Jh. auch dank ihrer Bedeutung für die Steuereinnahmen des Staates und die Pachterträge der Kommunen verbreitete. Es ergab sich eine erneute Zunahme von Nutzungskonflikten: zw. weltl. und geistl. Grundherren und Bauern, auch zw. einheim. und fremden Bauern- und Unternehmerherden. Auf der Iber. Halbinsel (→Mesta) vollzogen sich im Zusammenhang mit →Reconquista und →Repoblación sowie regionalen Kriegen manche Sonderentwicklungen, so bei den Zeitphasen von Wüstungsprozessen und ihren landschaftl. Auswirkungen. Oft stärkten sie die Latifundien und damit Ausdehnung und Intensivierung der T. Das gilt z. B. für manche ehemals bevölkerten muslim. Siedlungsgebiete im südiber. Tiefland, wo Ende des 13. Jh. Adel und Templer weite Gebiete in Besitz nahmen und der raumgreifenden T. anheimgaben. Bes. in Spanien und Italien hat die mit Extensivierung und Verwilderung von Kulturland sowie Verstärkung der Erosion einhergehende T. zu einer Zunahme der →Malaria beigetragen, daraus resultierten neue →Wüstungen mit folgender Ausdehnung der T. H. Jäger

*Lit.:* E. MÜLLER, Die Herdenwanderungen im Mittelmeergebiet, Petermann's Mitt. 84, 1938, 364–370 – R. AITKEN, Routes of T. on the Spanish Meseta, The Geogr. Journal 106, 1945, 59–69 – TH. HEUBERGER, Die kulturgeogr. Bedeutung der Wanderschäferei in Süddtl., Forsch. zur dt. Landeskunde 109, 1959 – TH. SCLAFERT, Cultures en Hte-Provence. Déboisements et pâturages au MA (Les hommes et la terre, IV, 1959) – B. HOFMEISTER, Wesen und Erscheinungsformen der T., Erdkunde 15, 1961, 121–135 – F. BRAUDEL, La Méditerranée et le monde méditerranéen à l'Époque de Philippe II, Bd. I, 1966 – A. BEUERMANN, Fernweidewirtschaft in Südosteuropa, 1967 – U. SPRENGEL, Wanderherdenwirtschaft im mittel- und südostit. Raum, Marburger Geogr. Schrr. 51, 1971 – G. RINSCHEDE, Die T. in den frz. Alpen und in den Pyrenäen, Westfäl. Geogr. Stud. 32, 1979.

**Transitus,** Übertritt von einem Orden in einen anderen. Die →Regula s. Benedicti (Kap. LX/LXI) erlaubte fremden Priestern und Mönchen den Verbleib im Kl., wenn sie die Regel in ganzer Strenge befolgten. Johannes XI. hatte →Cluny 931 zugestanden, alle Religiosen, die dessen Observanz folgen wollten, aufzunehmen. Mit dem Erscheinen monast. und kanonikaler Verbände strengerer Lebensführung kam es zu Veränderungen. Doch blieb der Wechsel zw. den Gruppen an Zustimmung und Empfehlung von Oberen gebunden, der Eintritt von Flüchtlingen verboten. Während der Gregorian. Reform durften Kl. jede geeignete Person annehmen, selbst gegen den Willen von deren alten Superioren. Nach Gratian sollte der T. bei Nonnen und Schwestern zu einer strikteren Lebensgestaltung führen (C. 20 q. 4 c. 1). Urban II. untersagte Mönchen, Kanoniker zu werden (C. 19 q. 3 c. 1). Alexander III. gestattete hingegen Chorherren, in mönch. Kongregationen zu gehen (X 3. 31. 10), Innozenz III. jede Hinwendung zu einer rigoroseren Vita (X 3. 31.18). Begünstigte dieser umstrittenen Entscheidungen waren →Zisterzienser und →Kartäuser. Im 12. Jh. mußten sich ganze Konvente, die Statuten suchten, →Cîteaux anschließen. Durch das Aufkommen der mobilen Bettelorden verstärkte sich die Tendenz, in Gemeinschaften zu wechseln, deren Konstitutionen als angenehmer galten. Honorius III. verbot 1217 den Predigerbrüdern, ihren Ordo aufzugeben, sofern die neu aufgesuchten Kommunitäten gemäßigtere Gewohnheiten beachteten. Nach dem Abfall zahlreicher Minoriten untersagte Gregor IX. 1238 diesen, einen anderen religiosen Stand zu wählen. Martin IV. bestrafte 1281 jede Flucht von Professen zu fremden Observanzen (Extravag. com. 3. 8. 1). Zwar anerkannte das Konzil v. Vienne die Versetzung von Personal in andere Häuser, beschränkte aber Amt oder Würde am neuen Ort. Während Clemens V. jeden ungegründeten Umzug für ungültig erklärte, autorisierte Benedikt XII. 1335 die Aufnahme flüchtiger oder ungehorsamer Angehöriger anderer Orden bei den Mendikanten.
A. Rüther

*Lit.:* DDC VII, 558f. – DIP VI, 1214–1230 [Lit.] – M. A. DIMIER, Saint Bernard et le droit en matière de T., RevMab 34, 1953, 48–82 – G. MELVILLE, Das Übertrittsproblem in kanonist. Behandlung von Gratian bis Hostiensis (Fschr. N. BACKMUND, 1978), 205–243.

**Transitus-Mariae-Berichte,** legendäre apokryphe Erzählungen über den Heimgang Mariens (als »Transitus«, »dormitio« oder »assumptio« bezeichnet), die, inhaltlich variierend, in griech., lat., syr., kopt., arab. und äthiop. Fassung vorhanden waren. Die Ursprungsfrage erfährt bislang keine einheitl. Beantwortung (judenchr. palästin. Milieu: V. ARRAS; syr. Bereich: HAIBACH-REINISCH). Die hsl. Zeugnisse reichen nicht weiter als bis zur 2. Hälfte des 5. Jh. Die älteste Form des T.-M. liegt im T. des Ps.-Melito vor, als dessen Vorbild die gnost. Acta Johannis gelten, die wohl am Anfang des 5. Jh. eine orthodoxe Überarbeitung erfuhren. Durch die im Decretum Gelasianum (Anfang des 6. Jh.) erfolgte Einreihung unter die Apokryphen ist das Bekanntsein des T. zu dieser Zeit in Rom gesichert (wenn auch nicht dessen Fassung). Die Wirkungsgeschichte der T. varianten erstreckte sich von Syrien bis Irland und von der Antike bis zum MA. Während die oriental. Kirchen die Apokryphen im allg. wohlwollend aufnahmen, was auch für die gall. (Gregor v. Tours, † 594) und irische Kirche gilt, trat im Abendland seit der Karolingerzeit das Interesse am T. M. zurück (so bei Beda Venerabilis, im Ps.-Hieronymus ep. 9, im Ps.-Augustinus sermo 208), wobei die Befürwortung der Aufnahme Mariens mehr auf theol. Konvenienzgründe setzte. Erst seit dem 11. Jh. gewann die Legende des Ps.-Melito im Zuge der wachsenden Marienverehrung mit ihren phantasievollen Details (Engelerscheinungen, Zusammenkunft der Apostel, Herabkommen Christi) an Einfluß. Obwohl von der Kirche und der Liturgie ignoriert, ging die Legende in die Volksfrömmigkeit ein und erfuhr durch Übers. in die Volkssprache, durch Bearbeitungen, Nachdichtungen und dramat. Gestaltungen weite Verbreitung. Die theol. Bedeutung des T. liegt in dem Umstand, daß sich hier der »sensus christianus« einen volkstüml. Ausdruck für die Überzeugung von einem bes. Schicksal des Leibes Mariens in Angleichung an das Geschick des Leibes des Sohnes schuf. L. Scheffczyk

*Ed.:* W. WRIGHT, Contributions to the Apocryphal Lit. of the NT, Journal of Sacred Lit. and Biblical Record (NS, VI/VII), 1865 – C. TISCHENDORF, Apocalypses apocryphae Mosis, Esdrae, Pauli, Joannis, item Mariae dormitio, additis evangeliorum apocryphorum supplementis, 1886 – M. JUGIE, Johannes Thessalonicensis, Dormitio dominae nostrae Deiparae ac semper Virginis Mariae, 1925, PO 19 – DERS., La lit. apocryphe sur la mort et l'assomption de Marie à partir de la seconde moitié du VI$^e$ s., EO 29, 1930, 265–295 – A. WENGER, L'assomption de la T. S. Vierge dans la Tradition Byz. du VI$^e$ au X$^e$ s. Ét. et Documents, Archives de l'Orient Chrét. V, 1955 – V. ARRAS, De T. M., Apocrypha Aethiopica, 2 Bde, 1973 – *Lit.:* Marienlex. IV, 1992, 115f. [J. B. BAUER] – O. FALLER, De primoaevo saeculorum silentio circa assumptionem B. Mariae Virginis, 1946 – C. BALIĆ, Testimonia de assumptione BVM ex omnibus saeculis, I, 1948 – M. HAIBACH-REINISCH, Ein neuer »T. M.e« des Ps.-Melito, 1962.

**Translatio Imperii,** variantenreiches Deutungsschema für den Verlauf der Weltgesch. (s. a. →Translatio studii). Für das MA entscheidend war die Vermittlung des in antiken Texten vorhandenen Gedankens durch Hieronymus, der die Floskel »regna transferre« in von ihm übersetzte Texte des AT sowie in seine Weltgesch. einfließen ließ. Maßgebl. wirkten u. a. Dan 2, 21: »(Deus) transfert regna et constituit« und Sir 10, 8: »Regnum a gente in gentem transfertur propter iniusticias et iniurias...«. Die hier angesprochenen Komponenten des Schemas: Gott als Urheber der T., Versagen und Sünde bzw. virtus und Sittenreinheit als Grund der T. I., werden nicht überall hervorgehoben. Oft erscheint die T. I. als ein weiterer Erklärung nicht bedürftiger Vorgang. Für die ma. Version der T. I. kam die Unterteilung der Gesch. in eine Abfolge von Weltreichen hinzu, deren schwankende Zahl durch des Hieronymus' Daniel-Exegese durchweg auf vier festgelegt wurde: das babylon., das medisch-pers., das griech. und das Röm. Reich. →Orosius hat das Vier-Reiche-Schema mit dem der T. I. verbunden, Babylon steht am Anfang, das Röm. Reich am Ende der Weltgesch. Die eschatolog. geprägte Version des Schemas blieb bis zum 9. Jh. weitgehend ohne aktuelle Bedeutung. Chroniken, die das Bild der durch die T. I. verknüpften Vier Reiche in vollem Umfang ausführten, entstanden erst wieder seit dem Ende des 11. Jh.

Die Ks.krönung Karls d. Gr. wurde zunächst nicht im Sinne einer T. I. gedeutet; erst die »Vita Willehadi« enthält um 850 die Notiz, die ksl. Gewalt sei durch Wahl des Röm. Volkes auf die Franken transferiert worden. Wohl schon vor Karls Ks.krönung war indes die →Konstantin. Schenkung entstanden, in der es heißt, der Ks. habe sein Imperium in den O transferiert, dort eine nach ihm benannte Stadt gebaut und hier sein Imperium etabliert, nachdem er zuvor alles, was zum W des Reiches gehörte, der Verfügungsgewalt des Papstes Silvester und von dessen Nachfolgern überantwortet habe. Die Deutung von Karls Ksm. als des von den Römern durch Wahl auf die Franken übertragenen Imperium Romanum ist zunächst kaum rezipiert worden. →Regino v. Prüm meinte um 900, das Röm. Reich sei untergegangen. →Widukind v. Corvey spricht von einem seit Heinrich I. bei den Sachsen weilenden Imperium Francorum, ohne aber den Vorgang von 919 explizit mit T. I. Francorum zu umschreiben, wie es →Hrotsvit v. Gandersheim in den »Gesta Oddonis« tat. Die mit Otto II. einsetzende Forcierung der Ansicht, das gegenwärtige Reich sei das fortdauernde Imperium Romanum, warf zugleich die Frage auf, wie das Volk zu benennen sei, das dieses Reich jetzt innehabe. →Adam v. Bremen war um 1075 der erste, der erklärte, die »summa imperii Romani« weile nunmehr bei den populi Teutonum (I, 10). Um 1100 wird das mit der T. I. verknüpfte Vier-Reiche-Schema in der Chronik →Frutolfs v. Michelsberg systemat. ausgestaltet. Das seit Ks. Konstantin bei den Griechen weilende Imperium Romanorum geht unter Karl d. Gr. auf die Kg.e der Franken über, danach wird es auf die Sachsen übertragen. Eine weitere T. I. wird nicht erwähnt. Die (lat.) Ks.chronik spricht um 1115 von einer coniunctio des Imperium Romanum mit dem →Regnum Teutonicum, das hier ident. ist mit dem Regnum Francorum. Die auch in anderen Q. bezeugte Gleichsetzung von Teutonici und Franci wird um 1150 von →Otto v. Freising problematisiert, aber aufrechterhalten: Manche begriffen Heinrichs I. Aufstieg zum Kgtm. als Beginn des Regnum Teutonicorum, er aber war der Meinung, dieses sei nur ein (auch anders benannter) Teil des Regnum Francorum (Chron. VI, 17). In einer Friedrich Barbarossa zugeschriebenen Rede an die Römer wird von Otto der Heerkaisergedanke ausgebreitet: Franken oder Deutsche verdanken das Ksm. dem Schwert (Gesta Frederici II, 3 2).

Die Entstehung der kurialen T. I.-Theorie (GOEZ) wurde vorbereitet durch die Aufnahme des »Constitutum Constantini« ins →Decretum Gratiani (um 1140). Um 1160 begegnet eine Frühform dieser Lehre in einem auf den Namen Papst Hadrians IV. gefälschten Schreiben an Ebf. Hillin v. Trier. Ausgestaltet und präzisiert erscheint sie unter Papst Innozenz III., der sie 1199/1203 nutzte, um sein Eingreifen in den Thronstreit zu rechtfertigen. 1202 stellte er in einem Brief an Hzg. →Berthold V. v. Zähringen (Venerabilem) fest, daß der Apostol. Stuhl das Röm. Imperium auf die Deutschen (in Germanos) in Gestalt Karls d. Gr. übertragen habe. U. a. auch auf diese dann ins Kirchenrecht übernommene Lehre stützten die Päpste fortan ihren Anspruch auf Approbation von Person und Wahl des von den Deutschen erhobenen röm. Kg.s und später auf das Recht, beim Fehlen eines approbierten Kg.s als Vikare über das Reich verfügen zu können. Der direkt attackierte Philipp v. Schwaben begegnete ihr 1206 mit dem Verweis auf Dan 2, 21: »Es ist Gott, der die Reiche transferiert«. Rudolf I. (1279), Albrecht I. (1303) und Karl IV. (1346) haben die kuriale Theorie als rechtens anerkannt. Die in ihr enthaltene Möglichkeit, der Papst könne das Imperium auf ein anderes Volk übertragen, wurde zwar gelegentl. erwogen, aber nie realisiert. Seit der Mitte des 13. Jh. gehörten Bekämpfung oder Rechtfertigung der kurialen Lehre sowie des damit verflochtenen »Constitutum Constantini« zu den Standardthemen vieler Traktate: →Alexander v. Roes, →Lupold v. Bebenburg, →Konrad v. Megenberg, →Nikolaus v. Kues und andere haben sich damit befaßt. Ihre Durchschlagskraft verlor sie seit den Tagen Ludwigs d. Bayern weniger durch die Fragwürdigkeit ihrer hist. Basis als vielmehr durch die theoret. Erörterung der Grundlagen weltl. und geistl. Herrschaft sowie mit den 1356 in der →Goldenen Bulle stillschweigend gezogenen Konsequenzen aus dem →Rhenser Kurverein (Weistum) der Kfs.en und dem 'Licet iuris' Ludwigs d. Bayern (1338), wonach die Wahl durch die Mehrheit der Kfs.en ausreiche, die Herrschaft des röm. Kg.s zu begründen.
H. Thomas

Lit.: W. GOEZ, T. I., 1958 – E. E. STENGEL, Der Heerks. (DERS., Abh. und Unters.en zur Gesch. des Ks.gedankens im MA, 1965), 1–169 – Gesch.sschreibung und Gesch.sbewußtsein im SpätMA, hg. H. PATZE, 1987 [Register: s.v. T. I.] – H. THOMAS, Julius Caesar und die Deutschen (Die Salier und das Reich, hg. ST. WEINFURTER, III, 1991), 245–278.

**Translatio studii,** Vorstellung, daß im Laufe der Gesch. das große Zentrum des →'studium' (der Gelehrsamkeit, Kultur und höheren Bildung) bei vermeintl. substantieller Identität von einem Ort zum anderen »gewandert« sei. Schon in der klass. Antike präsent, wurde diese Idee im beginnenden MA von →Cassiodor und →Isidor v. Sevilla stärker ausgeformt und von Autoren der Karolingerzeit, bes. →Notker Balbulus (»Gesta Karoli magni«), akzentuiert. Einige Gelehrte betonten nachdrücklich die t. s. von Athen nach Rom (→Romidee) und von da aus ins Frankenreich (→Bildungsreform Karls d. Gr.); andere »christianisierten« diesen Vorstellungskomplex, indem sie auf altägypt. und bibl.-alttestamentl. Ursprünge abhoben (Abraham, Baum der Erkenntnis im Irdischen Paradies). Bei allen unterschiedl. Ausprägungen des Deutungsschemas war die Idee der t. s. verbunden mit der parallelen Vorstellung der →Translatio Imperii, wobei Wissenserwerb und Förderung der Gelehrsamkeit als notwendiges Korrektiv der polit. Macht und des Herrschertums betrachtet wurden (→Fürstenspiegel).

Manche frz. Autoren des MA wiesen dem hl. →Dionysius eine zentrale Rolle bei der t. s. zu; in erster Linie wurde diese jedoch →Karl dem Gr. in seiner Eigenschaft als Erneuerer des Reiches und Prototyp des der Bildung zugetanen chr. Herrschers zugeschrieben. Diese Grundidee wurde in der Folgezeit variiert, so von Denkern des 12. Jh., insbes. →Otto v. Freising im Sinne der stauf. Kaiseridee und zugunsten →Friedrich Barbarossas. Die stärkste Wirkung entfaltete die Idee der t. s. jedoch in Frankreich und wurde hier bis weit ins 15. Jh. propagiert. Seit der Zeit →Philipps II. Augustus und →Ludwigs IX. d. Hl.n ermöglichte sie, das Image des Kg.s v. Frankreich, des »allerchristlichsten Kg.s« und »Ks.s in seinem Kgr.e«, um die Dimension der Gelehrsamkeit zu bereichern und die Vorrangstellung der Univ. Paris (→Paris, D), des Sitzes des 'studium' in unmittelbarer Nachfolge von Athen und Rom, gebührend zu feiern. Damit gewann die Pariser Univ. einen unerreichbaren Vorsprung vor allen anderen kirchl. Bildungsinstitutionen und konnte ihre selbstbewußte Rolle als »natürl. Ratgeberin« des kapet. Kgtm.s, die als »älteste Tochter« besonderen Königsschutz genoß, in vollem Maße entfalten.

Der Gedanke der t. s. nimmt in Texten aus dem Bereich der Univ. Paris (bis hin zu den Sermones des →Johannes Carlerius de Gerson im frühen 15. Jh.) einen gewichtigen Platz ein, ebenso in den Schriften aus dem engeren Umfeld der kapet. Monarchie und Ideologie, so im »Speculum historiale« des →Vinzenz v. Beauvais (1254), den »Grandes →Chroniques de France« aus →St-Denis sowie der Traktat- und Übersetzungslit. der Zeit Karls V. (Nikolaus v. →Oresme). Im Idealbild →Karls V. (1364–80), des 'roi sage', der stets den klugen Rat seiner Universität aufmerksam anhörte, verschmolzen Geist und Macht in vorbildhafter Weise und zur höheren Ehre ('gloire') des chr. Glaubens. J. Verger

Lit.: A. G. JONGKEES, T. s.: les avatars d'un thème médiéval (Misc. med. J. F. NIERMEYER, 1967), 41–51 – A. PATSCHOVSKY, Der hl. Dionysius, die Univ. Paris und der frz. Staat, 1978, 9–31.

**Translation** (von Reliquien)
I. Terminologie – II. Historische Entwicklung.

I. TERMINOLOGIE: Der Terminus T. beinhaltet die Übertragung des Körpers eines Hl.n oder sonstiger →Reliquien; im weiteren Sinn kann der Begriff alle rituell-liturg. Vorgänge im Zusammenhang mit Auffindung (inventio, revelatio) und Erhebung (elevatio), Überführung (translatio, advectio, illatio, processio), Empfang (receptio, adventus) und Niederlegung (depositio) solcher Reliquien oder Hl.nkörper beinhalten. Die gen. Begriffe, jeweils auch zur Bezeichnung entsprechender Kirchenfeste herangezogen, wurden gleichzeitig auch als Gattungstitel der lit. Beschreibung der erwähnten Vorgänge verwendet (T.sberichte). Im engen Zusammenhang mit T.en sind die rituellen und liturg. Formen zu sehen, die beim Adventus von Herrschern und Bf.en, bei →Prozessionen und insbes. bei der →Kirchweihe zur Anwendung kamen.

II. HISTORISCHE ENTWICKLUNG: Bis zum 4. Jh. stand der Märtyrerkult in engstem Zusammenhang mit dem Totenkult, der durch röm. Sakralrecht reglementiert war, das die Störung von Gräbern verhinderte. Eine Weiterentwicklung der Hl.nverehrung in der chr. Gesellschaft des röm. Reiches ermöglichten v. a. theol. Positionen, die sich aus der nicän. Definition vom Wesen Christi, v. a. der Klärung seiner 'Mittlerschaft', ergaben (aus der das Sühneopfer, die Messe, die Verdienste der Märtyrer und Hl.n, ihre Anrufung und ihr Kult resultierten [MÜLLER, 154f., nach J. H. NEWMAN]). Die Zuordnung von Reliquien zu Altären schien Offb 6, 9 nahezulegen, wonach die Seelen der Märtyrer (zu denen bald die übrigen Gerechten und Hl.n hinzutraten) ihren Platz am Fuß des himml. Altares hatten. Selbst wenn mit gelegentl. T.en in der ersten Hälfte des 4. Jh. zu rechnen ist, fanden die ersten eindeutig bezeugten Überführungen nach 350 statt, häufig unter Anteilnahme der Ks.: 354 ließ der Cäsar Gallus die Gebeine des Märtyrers und Bf.s v. Antiochien Babylas nach Daphne überführen, um den dortigen Apollokult zu verdrängen (Rückführung 362 durch Julian Apostata, 381 erneute T. nach Antiochien). Charakterist. ist die Einholung der Leiber der Apostel Timotheus, Andreas und Lukas nach Konstantinopel durch Constantius II. (356 und 357), nachdem sich dessen Vater Konstantin d. Gr. für seine letzte Ruhestätte noch mit Kenotaphien der zwölf Apostel begnügt hatte. Für den systemat. Zusammenhang von T.en mit Kirchweihe und eucharist. Kult bedeutungsvoll sind die Vorgänge bei der Auffindung und T. der Gebeine der Märtyrer Gervasius und Protasius von 368 in Mailand durch Bf. →Ambrosius; die weitere Verbreitung der Blutreliquien dieses Märtyrers durch T.en noch im 4. Jh. illustriert das »De laude sanctorum« des Bf.s →Victricius v. Rouen. Bes. Aufsehen erregten auch die Inventio (im Zusammenhang mit einer Vision) und T. (nach Jerusalem) der Gebeine des Erzmärtyrers →Stephanus i. J. 415, die eine reiche Lit. anregten und Aufnahme in prakt. alle Festverzeichnisse fanden. Im →Martyrologium Hieronymianum (ca. 600) finden sich daneben nur noch sechs weitere spezif. Einträge zu T.en im außergall. Bereich (T.en von Aposteln und Märtyrern), während die gleiche Q. fast 20 T.sfeste zu gall. Märtyrern und Bekennern anführt, unter denen die T.en →Martins v. Tours (8.–11. Nov. 397: von Candes nach Tours; 4. Juli 470: Umbettung bei der Weihe der Perpetuus-Basilika), des →Saturninus v. Toulouse (30. Okt., um 400) und des →Germanus v. Auxerre (adventus et exceptio corporis ab Italia: 22. Sept. 448) vorbildhaft gewirkt haben; überhaupt dürfte Auxerre mit acht T.sfesten und seinen Prozessionsordnungen vom Ende des 6. und 7. Jh. (»Institutio de rogationibus« von Bf. →Aunacharius) die weitere Entwicklung in Gallien entscheidend beeinflußt haben. Die Schrr. →Gregors v. Tours belegen, daß in merow. Zeit T.en ein zentrales Instrument sowohl für die systemat. Verbreitung von traditionellen Hl.n in Form von Teilreliquien gewesen sind (Ausbau der Christianisierung, Ausstattung von Altären der Kirchen auf dem Land) als auch für die Kanonisierung zeitgenöss. Hl.r durch den Episkopat im Zusammenhang mit der Propagierung entsprechender chr.-sozialer Wertvorstellungen. Im 8. Jh. lag der Schwerpunkt der T.en auf der Einführung von röm. Märtyrerreliquien, was sowohl auf einen Wandel der röm. consuetudo bezügl. der Teilung und Entnahme von Reliquien zurückging als auf die von den Karolingern angeregten polit. Beziehungen mit dem Papsttum; die bes. Gewichtung solcher röm. Märtyrerreliquien ist auch im Zusammenhang mit einem mehr auf Rom bezogenen, stärker institutionellen ekklesiolog. Weltbild zu sehen. Zusehends sind es die Kl., die sich nun mit Reliquien reich ausstatten. Gleichzeitig läßt sich eine erhebl. Ausweitung der – auch das feierl. Umhertragen von Reliquien betreffenden – Prozessionsliturgie anhand der aus dem 8./9. Jh. erhaltenen Ordines feststellen, die z. T. in monast. Consuetudines eingeflossen sind. Bes. Stellenwert erhielten T.en aus der Zeit Ludwigs d. Fr., wobei v. a. die in den Reichsannalen erwähnten Überführungen des hl. →Sebastian von Rom nach St-Médard v. Soissons (826) und der Hl.n Marcellinus und Petrus nach Michelstadt (827) zu nennen sind: die erstere wegen der Bedeutung der Reliquien und ihres Urhebers, des Erzkaplans →Hilduin (v. St-Denis), die zweite wegen der lit. Gestaltung des T.sberichts durch →Einhard, die speziell den Typus der T. als 'frommer Diebstahl' (furtum sacrum) ähnl. stark beeinflußt hat wie der Bericht über die Überführung des Ordensgründers Benedikt (und dessen Schwester Scholastica) von Montecassino nach Fleury-sur-Loire durch →Adrevald. Die seit dem 9. Jh. als selbständige Schrr. erscheinenden Berichte lassen den Einsatz von T.en für den Ausbau der chr. Institutionen (Versorgung ganzer Territorien mit hl. →Patronen) erkennen; entsprechend bringen sächs. Autoren in ihren Berichten über die T.en der Hl.n Vitus von St-Denis nach Corvey

(836), Liborius von Le Mans nach Paderborn (836), Alexander von Rom nach Wildeshausen (851), Pusinna von Binson nach Herford (860), Marsus nach Essen (864), Gorgonius nach Minden (Mitte 10. Jh.) usw. ein deutlich entstehendes sächs. 'Nationalgefühl' zum Ausdruck. Häufige Anlässe für T.en gaben im 9. Jh. die Einfälle der →Normannen, vor denen die Reliquien in Sicherheit gebracht werden mußten. Die weitere Entwicklung ist gekennzeichnet von der Vervielfältigung der Hl.nfeste und damit der Gelegenheiten, die vorhandenen Reliquien zu erheben, auszustellen und prozessionell umherzuführen; zusätzl. wurden seit dem 11. Jh. Ostensionsfeste eingeführt und Reliquienprozessionen auch außerhalb der eigtl. Hl.nfeste durchgeführt (*quêtes itinérantes*). Seit dem 13. Jh. übernahm der Hl. Stuhl zusehends die Kontrolle über das Abhalten von T.en. M. Heinzelmann

*Lit.:* →Reliquien, I – S. BENZ, Zur Gesch. der röm. Kirchweihe nach den Texten des 6.-7. Jh. [6.-9. Jh.] (Enkaia. Ges. Arbeiten zum 800jährigen Weihegedächtnis der Abteikirche Maria Laach, 1956), 62-109 – M. SOT, Organisation de l'espace et historiographie épiscopale dans quelques cités de la Gaule carolingienne (Le métier d'historien au MA, hg. B. GUENÉE, 1977), 31-43 – Le culte et les reliques de saint Benoît et de sainte Scholastique, 1979 – M. HEINZELMANN, T.sberichte und andere Q. des Reliquienkultes, 1979 [Lit. bis 1979] – Translatio sancti Viti martyris, bearb. und übers. I. SCHMALE-OTT, 1979 – R. MICHALOWSKI, Le don d'amitié dans la société carolingienne et les »Translationes sanctorum« (Hagiographie. Cultures et sociétés IVᵉ-XIIᵉ s., 1981), 399-416 – Y. DUVAL, Loca sanctorum Africae, 1982 – H. GUILLOTEL, L'exode du clergé breton devant les invasions scandinaves, Mém. de la Soc. d'hist. et d'archéol. de Bretagne 59, 1982, 269-315 – M. MCCORMICK, The Liturgy of War in the Early MA, Viator 15, 1984, 1-23 – DERS., Analyzing imperial ceremonies, JÖB 35, 1985, 1-20 – Sacrae reliquiae (Ornamenta christiana. Ausst.-Kat. des Schnütgen-Mus., hg. A. LEGNER, III, 1985), 19-184 – H. FROS, Liste des t.s et inventions de l'époque carolingienne, AnalBoll 104, 1986, 427-429 – M. MCCORMICK, Eternal Victory, 1986 – G. L. MÜLLER, Gemeinschaft und Verehrung der Hl.n, 1986 – Y. DUVAL, Auprès des saints, corps et âme. L'inhumation »ad sanctos« dans la chrétienté d'Orient et d'Occident du IIIᵉ au VIIᵉ s., 1988 – P. SAINT-ROCH, L'utilisation liturgique de l'espace urbain et suburbain (Actes du XIᵉ Congrès internat. d'Archéol. chrétienne, 2, 1989), 1105-1115 – Santi e demoni nell'alto medioevo occidentale (sec. V-XI), 2 Bde, 1989 – P. DINZELBACHER, Die 'Realpräsenz' der Hl.n in ihren Reliquiaren und Gräbern nach ma. Q. (Hl.nverehrung in Gesch. und Gegenwart, hg. DERS.-D. R. BAUER, 1990), 115-174 – WATTENBACH-LEVISON-LÖWE, H. VI, 1990 – J. DUBOIS-J.-L. LEMAÎTRE, Sources et méthodes de l'hagiographie médiévale, 1993, 280-292 – A. ANGENENDT, Hl. und Reliquien, 1994 [Lit.] – P. DUFRAIGNE, Adventus Augusti, Adventus Christi, 1994 – S. HAARLÄNDER, Die Reliquien der Bf.e, Hagiographica 1, 1994, 117-158 – Politik und Hl.nverehrung im HochMA, hg. J. PETERSOHN, 1994 – A. DIERKENS, Réflexions sur le miracle au haut MA (Miracles, prodiges et merveilles au MA, 1995), 9-30.

**Transmund** ('v. Clairvaux'), →Notar der päpstl. Kanzlei, † 1186/87, ist an der Kurie 1185-86 als →Vizekanzler in Vertretung des abwesenden Kanzlers bezeugt. Er wird seit dem frühen 13. Jh. in Hss. – wahrscheinl. unzutreffenderweise – als Mönch v. →Clairvaux bezeichnet. Von T. stammt die Urfassung einer noch nicht edierten →Ars dictandi, die im 13. Jh. in Clairvaux und anderswo mehrmals überarbeitet und erweitert wurde, wobei insbes. Briefmuster und später die (zu Unrecht T. zugeschriebene) Albanuslegende hinzukamen. Als Darstellung der kurialen Stillehre übte das Werk erhebl. Einfluß aus, bes. hinsichtl. des →Cursus. J. Prelog

*Lit.:* M. PLEZIA, T.us (Kultura średniowieczna i staropolska, 1991), 163-169 – Rep. der Artes dictandi des MA, hg. F. J. WORSTBROCK, I, 1992, 99-111 [Lit.].

**Transmutation.** Die 'transmutatio metallorum', die Umwandlung von 'unedlen' Metallen (z. B. Blei, Quecksilber) in 'Edelmetalle' (Gold, Silber), beruht auf der Annahme einer andauernden Schöpfung und Vervollkommnung auch der 'leblosen' Stoffe, ein langsamer 'Reifungsprozess', den der Alchemist sich als Beschleunigung vorstellt. Die T. als ein Hauptziel der →Alchemie wird auch als Läuterung, Erlösung der unvollkommenen, 'kranken' Materie verstanden, ein Vorgang, dem sich der Laborant auch selbst unterzieht und damit die Verbindung zu Religion und auch zur Heilkunde herstellt (Gewinnung der →Panacee, des →Elixirs). Letzteres in den alchem. Verfahrensstufen zu gewinnen, ist zunächst das Hauptziel, denn dies Elixir, die →Tinctura, der →»Stein der Weisen«, ermöglicht erst die T. (→Magisterium; Opus magnum), indem die vorbereitete Materie damit tingiert wird (auch Projektion oder Insemination gen.). Die Materie wird erst zur →Materia prima zurückgeführt, um dann ihre 'edlere' Entelechie zu erhalten. Der Gedanke der T. ist somit Teil aristotel.-scholast. Naturphilosophie (beeinflußt von Neuplatonismus, Gnosis und islam. Hermetik), entwickelt aus Elementenlehre (→Elemente) und Dualitäts-, später Triasprinzip (→Paracelsus). Wie kein anderer naturkundl. Gedanke hat die T. die Lit. und Ikonographie des MA und der beginnenden NZ, v.a. in der Allegorese, befruchtet. G. Jüttner

*Lit.:* →Alchemie; s.a. Lit. zu Einzelartikeln – H. BIEDERMANN, Handlex. der Mag. Künste, 1968 – C. G. JUNG, Psychologie und Alchemie, 1944 – H. GEBELEIN, Alchemie, 1991 – A. ROOB, Das Hermet. Museum. Alchemie und Mystik, 1996 [Abb.].

**Transportmittel** → Fuhrwesen, →Verkehr

**Transsilvanien** → Siebenbürgen

**Transsubstantiation**, Wesensverwandlung, theol. Terminus, den zum ersten Mal Orlando Bandinelli (→Alexander III.) um 1140/42 benutzte (Sentenzen, hg. A. GIETL, 1891, 231) und der rasch zum Schlüsselbegriff jener Lehre avancierte, nach der in der Feier der →Eucharistie aus Brot und Wein Leib und Blut Christi werden. Die Lehre von der T. rekurriert auf die urkirchl. Erfahrung der Gegenwart Christi beim Herrenmahl (vgl. 1 Kor 10; 1 Kor 11; Mk 14,45; Joh 6), setzt den Glauben an die Realpräsenz voraus und sucht – im Sinne der scholast. 'fides quaerens intellectum' und geformt vom aristotel. Seinsverständnis – das eucharist. Wandlungsgeschehen zu reflektieren und zu formulieren. Unmittelbarer Anlaß der T.slehre war der Abendmahlsstreit (→Abendmahl) des 11. Jh., der mit Hilfe differenzierter Schullogik jene Debatte aus dem 9. Jh. aufgriff, die über das rechte Verständnis des in der Messe vom Priester über das eucharist. Brot gesprochene Wort »Dies ist mein Leib« geführt wurde. Paschasius Radbertus hatte den Sakramentsrealismus des →Ambrosius v. Mailand (De sacramentis, ed. Fontes Christiani III, 75-203; De mysteriis, ebd., 205-255) zur Identitätslehre umgestaltet. Wein und Brot waren ihm nicht sakramentales Zeichen und Abbild, sondern »wahrhaft dasselbe Fleisch, das von Maria geboren, das gekreuzigt und begraben wurde« (De corpore et sanguine Domini IV, 3; MPL 120, 1279). Gegen diese Totalidentifizierung des eucharist. mit dem hist. Leib Christi hatten zeitgenöss. Theologen wie →Hrabanus Maurus, →Gottschalk v. Orbais, →Johannes Scotus (Eriugena), bes. aber →Ratramnus v. Corbie protestiert. Nach Ratramnus empfangen die Gläubigen in den eucharist. Gaben den Leib des Herrn nicht 'in veritate', sondern 'in figura, in mysterio, in virtute' (De corpore et sanguine Domini, cap. 88; MPL 121, 164f.). Im 11. Jh. prononcierte →Berengar v. Tours die spiritualist.-intellektuale Eucharistieauffassung. Seine Hauptargumente entstammten der Logik und Grammatik. Er negierte die Möglichkeit, daß das Brot »der Substanz nach« Leib

Christi werde, die Erscheinungsformen (Akzidentien) des Brotes aber blieben. Er betonte die Identität des Subjekts der bibl. Einsetzungsworte für die Dauer des Satzes (Rescriptum, hg. HUYGENS, RCL, 65, 1070/71), schenkte aber der Kopula 'est' kaum Beachtung. →Lanfranc und die übrigen Gegner Berengars reagierten scharf. Es ging um das wahre Verständnis der realen Gegenwart des 'corpus Domini' im Hier und Jetzt der sakramentalen Feier. →Guitmund v. Aversa bezeichnete das Wandlungsgeschehen als eine »substantielle Umwandlung« (substantialiter transmutata). Das »Wesen der Dinge wird gewandelt« (substantia mutari), »aber der frühere Geschmack, Farbe und die übrigen sinnenfälligen Akzidentien bleiben« (De corpore et sanguine Domini 18, MPL 150, 430). Zu den Frühformen der T.slehre gehört auch das von Gregor VII. Berengar vorgelegte Bekenntnis v. 1079. Hier ist ebenfalls von einer substanzhaften Wandlung (substantialiter converti) der eucharist. Gaben »in das wahre (veram), eigene (propriam) und lebendigmachende (vivificatricem) Fleisch und Blut unseres Herrn Jesus Christus« die Rede (DENZINGER–SCHÖNMETZER, 700). Obwohl die Eucharistielehre noch zu sehr von der Alternative Symbol oder Wirklichkeit bestimmt war, betonte →Petrus Pictaviensis (57. P.), daß es keinen besseren Ausdruck gebe als 'transsubstantiari', um den gemeinten Sachverhalt zu Wort zu bringen (Sentenzen V 12, MPL 211, 1247 B). Das IV. Laterankonzil v. 1215 (DENZINGER–SCHÖNMETZER, 802) betonte gegenüber den →Albigensern, daß Leib und Blut Christi unter den Gestalten von Brot und Wein wahrhaft gegenwärtig sind: aufgrund der durch die Kraft Gottes bewirkten T. des Brotes in den Leib und des Weines in das Blut Christi (speciebus… transsubstantiatis). In der Hochscholastik wurde die T.slehre begriffl. kritischer reflektiert und theol. so definiert, daß die Realpräsenz Christi deutl. als tragende Vermittlerin zw. den sakramentalen Zeichen und der erstrebten Christusverbundenheit wahrgenommen wurde. →Thomas v. Aquin ging vom Glaubensargument aus. Aus der realen Gegenwart Jesu folgerte er, »daß die Substanz des Brotes nach der Konsekration nicht fortbestehen kann«. Das Wort Jesu »Dies ist mein Leib« würde unwahr, »wenn die Substanz des Brotes dort verbliebe; denn nie ist Brotsubstanz der Leib Christi« (S. th. III, 75, 2). Der gesamte Vorgang kann »mit dem Eigennamen *transsubstantiatio* benannt werden« (ebd., 75, 4). Für Thomas bezeichnete Substanz im Kontext aristotel. Seinsmetaphysik den akthaften Ursprung und das Gehaltensein des konkreten, aus Form und Materie bestehenden Dinges. Er suchte die eucharist. T. als Wandlung des aktuellen Ursprungs des Gehaltenseins von Brot und Wein im Dasein durch den Schöpfer-Gott selbst zu verstehen. Brot und Wein erfahren keine physikal. Transformation, werden aber durch die Konsekration ihres immanenten Eigenstandes enthoben. Der Schöpfer erwählt sich diese Zeichen. Durch sie vermittelt er die Gemeinschaft mit dem inkarnierten →Logos (S. th. III q. 73–83; S. c. g. IV, c. 61–69). →Bonaventura betonte, daß nach der T. in jedem der beiden sakramentalen Zeichen die leibl. Gegenwart Christi enthalten ist (Brevil. 6, 9). In Anknüpfung an Ps 34, 9 (»Kostet und seht, wie süß der Herr ist«) entwickelte er eine Eucharistiemystik (Sent. IV d 10 p 1 a 1 q 1), die im 14./15. Jh. u.a. von →Rudolf v. Biberach (De septem itineribus VI, 6), →Dorothea v. Montau (Septililium tr. 3, c. 7–8); Heinrich →Seuse (Horologium sap. II c. 4) im →Malogranatum (3, 1, 24) und in der →Devotio moderna (→Imitatio Christi IV) rezipiert wurde. Da →Johannes Duns Scotus die ontolog. Struktur (Substanz und Akzidentien) eines Dings (→res) in Frage stellte, wurde für

ihn auch die Lehre von der T. fragwürdig. Er akzeptierte sie »vor allem wegen der Autorität der Kirche« (Rep. IV d. 11, 3 n 13). In der wachsenden Kritik an der Eucharistielehre sah →Johannes Quidort den Antichrist am Werk (de antichristo, Oxford, Bodl. Libr. Can. Pat. Lat. 19, fol. 26r). Ohne die T.slehre aufgeben zu wollen, reflektierte er die Konsubstantiation (de modo existendi, ed. PATTIN, 1977, 190–206), von der in Anwendung des Ökonomieprinzips →Wilhelm v. Ockham meinte, sie sei vernünftiger und einfacher zu lehren als die T. (Opera theol. IX, 450). Das Zusammensein beider Substanzen würden auch →Marsilius v. Inghen und Pierre d'→Ailly lehren, falls sie nicht der kirchl. Doktrin widerspräche. Im Gegensatz zu John →Wyclif (DENZINGER–SCHÖNMETZER, 1151–1155) erhob Johannes →Hus keine Einwände gegen die T.slehre. Martin Luther sprach sich zur Erklärung der Realpräsenz gegen die T.slehre und für das Konsubstantiationsmodell aus. Er verglich das seinshafte Miteinander von Brot und Leib Christi mit der →hypostat. Union. Das Konzil v. Trient sah sich veranlaßt, erneut die T. zu definieren (DENZINGER–SCHÖNMETZER, 1651f.). M. Gerwing

Lit.: J.-R. GEISELMANN, Die Eucharistie der Vorscholastik, 1926 – F. HOLBÖCK, Der eucharist. und der myst. Leib Christi, 1941 – N. M. HÄRING, Berengar's Definitions of Sacramentum and their Influence on Mediaeval Sacramentology, MSt 10, 1948, 109–146 – J.-H. FAHEY, The Eucharistic Teaching of Ratramn of Corbie, Mundelein (Ill.), 1951 – B. NEUNHEUSER, Eucharistie in MA und NZ, 1963 – L. HÖDL, Der T.sbegriff in der scholast. Theol. des 12. Jh., RTh 31, 1964, 230–259 – H. JORISSEN, Die Entfaltung der T.slehre bis zu Beginn der Hochscholastik, 1965 – F. PRATZNER, Messe und Kreuzesopfer, 1970 – A. GERKEN, Theol. der Eucharistie, 1973 – L. SCHEFFCZYK, Die Heilszeichen von Brot und Wein, 1973 – J. WOHLMUTH, Realpräsenz und T. im Konzil v. Trient, 2 Bde, 1975 – G. MACY, The Theologies of the Eucharist in Early Scholastic Period, 1984 – E. KELLER, Eucharistie und Parusie, 1988 – H. JORISSEN, Wandlungen des philos. Kontextes als Hintergrund der frühma. Eucharistiestreitigkeiten (Streit um das Bild, hg. J. WOHLMUTH, 1989), 97–111 – R. MESSNER, Die Meßreform Martin Luthers und die Eucharistie der Alten Kirche, 1989 – L. HÖDL, Die theol. Auseinandersetzung mit Berengar v. Tours im frühscholast. Eucharistietraktat 'de Corpore Domini' (Auctoritas und Ratio. Stud. zu Berengar v. Tours, hg. P. GANZ, R. B. C. HUYGENS, F. NIEWÖHNER, 1990), 69–88 – P. BROWE, Die Verehrung der Eucharistie im MA, 1990³ – H. DE LUBAC, Corpus mysticum, 1995².

**Transsumpt.** Das T. (→Insert, →Beglaubigung, →Vidimus) ist eine Urk., in die zum Zweck der Bestätigung oder Vervielfältigung eine andere Urk. im Wortlaut aufgenommen wurde und die den übernommenen Text kenntl. macht (Transsumierung); es geht über die stillschweigende Aufnahme von mehr oder weniger umfangreichen Teilen einer →Vorurkunde weit hinaus. Die Anfänge können in Italien im 9. Jh. belegt werden, wo man in über Gerichtsurteile ausgestellten Urkk. die im Lauf der Verhandlungen vorgelegten Urkk. einrückte (→Placitum). Durch die Berührung mit dem it. Urkundenwesen drang die Transsumierung in die →Ks.- und Kg.surkunden ein. 1072 kann das Verfahren, noch unvollständig ausgebildet, in einer Urk. Ks. Heinrichs IV. nachgewiesen werden. Seit dem 12. Jh. gewann das T. an Bedeutung und setzte sich im 13. Jh. endgültig durch. Unter Ks. Friedrich II. ist es, wohl unter dem Einfluß it., genauer siz., →Notare, häufig belegbar. Hier enthält in der Regel die →Narratio der Bestätigungsurk. den vollen Wortlaut der vorgelegten Urk., einschließl. →Protokoll und →Eschatokoll, woran sich in der →Dispositio die Bestätigung anschließt. Erweiterungen oder Beschränkungen der eingerückten Urk. wurden in der Dispositio ausdrückl. aufgeführt. Seit Rudolf v. Habsburg stellt das Verfahren die übliche Form der Bestätigung älterer Urkk. dar. In der Papstkanzlei ist das T. im 12. und 13. Jh. oft angewandt worden. Hier wurden

Beschädigungen der im T. aufzunehmenden Urk., soweit eindeutig ergänzbar, mit bes. Buchstaben dargestellt (litterae tonsae), ansonsten Lücken gelassen. Man verwahrte sich ausdrückl. davor, daß der Empfänger des T.s mit diesem neues Recht erlange. Die Transsumierung durch Ebf.e und Bf.e kann in Dtl. seit dem 13. Jh. belegt werden. Auch städt. Behörden wandten das Verfahren an. Im 14. Jh. erlangte in Dtl. die Transsumierung durch öffentl. Notare immer größere Bedeutung. J. Spiegel

Lit.: BRESSLAU I, 90ff.; II, 310ff. – K. A. KEHR, Norm. Kg.surkk., 1902, 125 – O. REDLICH, Einl. (W. ERBEN, Ks.- und Kg.surkk. des MA, 1907), 35 – TH. FRENZ, Papsturkk., 1968, §§ 127, 141 – W. KOCH, Reichskanzlei in den Jahren 1167 bis 1174, 1973, 63ff. – J. SPIEGEL, Besiegelungstechnik, ADipl 41, 1995.

**Transzendentalien.** [1] *Terminologie und Quellen:* Die im 13. Jh. herausgebildete Lehre von den transcendentia handelt von den Bestimmungen, welche die aristotel. →Kategorien übersteigen. Solcherart sind »Seiendes«, »Eins«, »Wahres« und »Gutes«, weil sie allen Dingen gemeinsam sind. Das erste Auftreten des Terminus transcendentia ist unsicher. H. KNITTERMEYER (Der Terminus, 16) betrachtet Albert d. Gr. als dessen Urheber. Der Terminus wird erst im Scotismus geläufig; im 13. Jh. werden meistens die Ausdrücke communissima und prima verwendet. Die Bezeichnung transcendentalia ist nicht im MA belegt. Die unterschiedl. Semantik hängt mit den Q. der Lehre von den T. zusammen. Aristoteles' Ausführungen über das Seiende und das Eine (Metaph. IV, 2) wurden zum Ausgangspunkt der ma. Doktrin. Seine Kritik an Platons Idee des Guten (Nicom. Ethik I, 4) wurde als ein Hinweis auf die Transzendentalität des Guten gedeutet. Kern der Kritik ist, daß es keine Idee des Guten geben könne, da das Gute sich in allen Kategorien findet. Eine zweite wichtige Q. ist Avicenna, insbes. dessen Lehre von den ersten Konzepten »Sciendes«, »Ding« (res) und »Notwendiges«; sie werden nicht mehr von bekannteren Begriffen her erworben (Metaph. I, 5).

[2] *Anfang:* Die »Summa de bono« →Philipps des Kanzlers, ca. 1225–28 verfaßt, enthält die erste Formulierung der T.lehre. Im Prolog bemerkt er: »Allgemeinst (communissima) sind diese: ens, unum, verum, bonum« (ed. WICKI, 4). Philipp befaßt sich in den elf einführenden Quästionen v. a. mit zwei Problemen: die Frage nach der Identität und Differenz der communissima (q. 1–3) und die nach ihrem Verhältnis zu demjenigen, was Gott eigen (proprium) ist. Seine Lösung der ersten Frage wurde für die ma. Lehre grundlegend. Die »Allgemeinsten« sind gemäß ihren supposita ident., gemäß ihren Begriffen jedoch verschieden. Die übrigen T. fügen, wie das Eine bei Aristoteles, dem Seienden eine Negation hinzu, eine Ungeteiltheit (indivisio): verum ist die Ungeteiltheit von esse und id quod est, bonum die von Akt und Potenz. Die Allgemeinheit des Begriffs »gut« ist eine Gemeinsamkeit secundum prius und posterius, die von späteren Denkern durch »Analogie« ausgedrückt worden ist. »Gut« wird primär von Gott ausgesagt, von den Geschöpfen in Beziehung zu ihm. Philipps Darstellung hat im 13. Jh. eine starke Nachwirkung (z. B. in Alberts d. Gr. Frühschrift »De bono«).

[3] *Weiterentwicklung:* Die →Alexander v. Hales zugeschriebene Summa theologica (I, tract. 3) enthält eine ausführl. Darlegung der T., die als metaphys. Grundlage für die Behandlung »der göttl. Einheit, Wahrheit und Gutheit« dient (ed. QUARACCHI I, 112–200). Die Eigenart der T.lehre Bonaventuras zeigt sich in der Auflösung (resolutio) unserer Begriffsinhalte in ein Erstes. Die Rückführung auf »Seiendes« ist unvollständig, da Seiendes als unvollkommen oder vollkommen, abhängig oder absolut gedacht werden kann. Privationen und Defekte sind nur durch die positiven Bestimmungen erkennbar. Eine vollständige Erkenntnisanalyse ergibt, daß das ersterkannte Sein das göttl. Sein ist (Itinerarium III, 3 und V). →Albertus M. bezieht als erster die Lehre von den T. in die Diskussion über den Gegenstand (subiectum) der Metaphysik ein. In seinem Kommentar zur Metaphysik argumentiert er, daß die Erste Philos. von den prima und transcendentia handelt (I, tr. 1, c. 3). →Thomas v. Aquin bietet eine systemat. Ableitung der T. in De veritate 1.1. Neben den traditionellen Bestimmungen »Seiendes«, »Eins«, »Wahres« und »Gutes« führt er auch res und aliquid, die →Avicenna entnommen sind, auf. »Seiendes« ist das Erste in der Ordnung der T. Die übrigen T. drücken eine Seinsweise aus, die jedem Seienden entweder in sich zukommt, wie res und unum, oder in dessen Hinordnung auf ein anderes. Diese Hinordnung kann zweifach geschehen. Erstens gemäß der Teilung des einem vom anderen; das drückt »etwas« (aliquid) aus. Zweitens gemäß der Übereinstimmung (convenientia) eines Seienden mit einem anderen. Dasjenige, was mit jedem Seienden übereinstimmen kann, ist die Seele. Verum drückt das Übereinstimmen mit dem Verstand, bonum mit dem Strebevermögen aus. Die Erneuerung des Thomas besteht darin, daß er die Bestimmungen »wahr« und »gut« in Beziehung zum Menschen versteht, der durch sein geistiges Vermögen eine Offenheit für alles besitzt. Die Neuheit der Lehre des →Heinrich v. Gent besteht in der Zentralstellung des Begriffs res. Dieses »Allgemeinste« teilt sich in die nur denkbare Realität und die Realität, welche geeignet ist, auch wirkl. zu existieren (Quodl. VII, qq. 1 und 2, ed. G. A. WILSON, 1991, 26f.). Meister →Eckharts »Opus tripartitum« erhält seine philos. Grundlegung in der »T.-Metaphysik« (J. KOCH) des ersten Werkes, des »Opus propositionum«. Eckhart beabsichtigte, in den ersten vier Traktaten des Thesenwerkes von »Seienden«, »Einen«, »Wahren« und »Guten« zu handeln. Eigentüml. für seine Lehre ist es, daß er die T. mit Gott identifiziert.

[4] *Neufassung:* →Joh. Duns Scotus versteht Metaphysik als scientia transcendens (In Metaph., prol.), faßt die Lehre jedoch auf eine neue Weise. Er erweitert den Bereich der T., da es für ihren Sinngehalt nicht wesentl. sei, daß sie mit den communissima ident. sind, sondern daß sie außerhalb jeder Gattung sind und dem Seienden zukommen, insofern es hinsichtl. des Endlichen und Unendlichen indifferent ist (Ordinatio I, d. 8, p. 1, q. 1). Scotus unterscheidet vier Schichten der T.: (a) Seiendes; (b) die mit Seiendem konvertiblen T.: das Eine, Wahre und Gute; (c) die disjunktiven T., die nur paarweise dem Seienden zukommen, z. B. endlich oder unendlich (der wichtigste Bereich für Scotus); (d) reine Vollkommenheiten, z. B. »Weisheit«, die ihrer Natur nach nicht begrenzt sind. »Seiendes« ist ein schlechthin einfacher Begriff, der deshalb nicht analog, sondern univoce von →Substanz und Akzidenz, von Gott und Kreatur ausgesagt wird. Die Eindeutigkeit des »Seienden« besteht in der Widerspruchslosigkeit: »dasjenige, was dem Sein nicht widerstreitet« (Ordin. IV, 8, 1, 2). Die Auslegung des Seienden geschieht durch die modi, die immer mit Seiendem verbunden sind, d. h. die disjunktiven T. Sie ermöglichen dem Menschen den Weg zur philos. Gotteserkenntnis. →Wilhelm v. Ockham deutet das Verhältnis zw. den T. mit Hilfe der Suppositionstheorie (→Logik, III). Wenn die T. personale Supposition haben, sind sie identisch; besitzen sie dagegen suppositio simplex, dann stehen sie für distinkte Begriffe, weil das Eine, Wahre und Gute etwas anderes konnotieren. Verum

konnotiert den Akt des Erkennens, bonum den Akt des Wollens (Summa logicae I, 10).

Die Transzendentalwiss. des Joh. Duns Scotus war maßgebl. für die Entwicklung von der ma. zur nz. Metaphysik. Die wichtigste Station der Vermittlung waren die (1597 veröffentlichten) Disputationes metaphysicae des Suárez, deren qq. 2–11 von den T. handeln. J. A. Aertsen

Lit.: H. KNITTERMEYER, Der Terminus transzendental in seiner hist. Entwicklung bis zu Kant, 1920 – H. KÜHLE, Die Lehre Alberts d. Gr. von den T. (Philosophia Perennis, Festg. J. GEYSER, I, 1930), 131–147 – H. POUILLON, Le premier traité des propriétés transcendantales, la 'Summa de bono' du Chancelier Philippe, Rev. néoscolastique de philosophie 42, 1939, 40–77 – A. B. WOLTERS, The Transcendentals and their Function in the Metaphysics of Duns Scotus, 1946 – B. HALCOUR, Tractatus de transcendentalibus entis conditionibus (Assisi, Bibl. com. Cod. 186), FSt 41, 1959, 41–106 – K. BÄRTHLEIN, Die T.lehre der alten Ontologie, I: Die T.lehre im Corpus Aristotelicum, 1972 – K. ALBERT, Meister Eckharts These vom Sein, 1976, 109–189 – J. A. AERTSEN, Ockham ein Transzendentalphilosoph?, hg. E. P. BOS–H. A. KROP, 1987, 3–13 – L. HONNEFELDER, Scientia transcendens. Die formale Bestimmung der Seiendheit und Realität in der Metaphysik des MA und der NZ (Duns Scotus–Suárez–Wolff–Kant–Peirce), 1990 – J. A. AERTSEN, The Medieval Doctrine of the Transcendentals, Bull. de philos. médiév. 33, 1991, 130–147 [Lit.] – DERS., Medieval Philos. and the Transcendentals, The Case of Thomas Aquinas, 1996.

**Transzendenz.** Das vom spätlat. transcendentia (das [Hin-]Übersteigen; selten belegt) erst Mitte des 17. Jh. gebildete Fremdwort bezeichnet in spezif. Verwendung verschiedene Sachverhalte, die zum einen schon Reflexionsgegenstand antiker Philos. waren, zum anderen zu den zentralen Aussagen christl. Offenbarung und Theologie gehörten: (1) ontolog. dasjenige, was jenseits der erfahrbaren Welt (meta-physica) liegt (z. B. Ideen); (2) gnoseolog. den Akt des Übergangs von einem niederen zu einem höheren Erkenntnisvermögen, den Erkenntnisüberstieg (transcensus); (3) theologisch das durch Offenbarung Vermittelte, das Übernatürliche, Absolute: Gott, das Jenseitige (→Immanenz); (4) in heilsgeschichtl. Dimension das Eingehen in die ewige Seligkeit. – In der lat. Tradition wird die transzendierende (Erkenntnis-)Bewegung meist durch verba movendi wie transgredi, transire, transilire, aber auch mit trans(s)cendere, die T. des Objekts mit excedere, superare u. ä. beschrieben.

Mit ihrer Metaphysik hatte die Antike der Sache nach ein T.-Verständnis entwickelt und dem MA unter einem Doppelaspekt hinterlassen: der Frage nach einem Seiendes übersteigenden Sein einerseits, der nach dessen Ursacheprinzip andererseits. Die platon. Zweibereichslehre mit der Welt des Werdens und der diese bestimmenden Welt der Ideen, v. a. der Idee des Guten, die alle Ideen an Kraft und Mächtigkeit überragt und somit über das Sein (die Ideen) hinausragt (ἐπέκεινα τῆς οὐσίας ... ὑπερέχοντος, Staat VI, 509b9), und die Vorstellung des überseienden Einen plotin. Prägung (Enn. VI 9, 3, 39f.; 9, 6, 1ff.) haben philos. T.-Vorstellungen begünstigt, theol. geradezu herausgefordert. Mit dem Versuch, den χωρισμός, die Kluft zw. den beiden Welten, durch →Teilhabe zu überbrücken, hatte der Platonismus ein Vorstellungsschema bereitgehalten, nach dem T. mit Immanenz und vice versa zusammengedacht werden konnte. Nicht zuletzt förderte das aristotel. Konzept eines ersten, unbewegten →Bewegers (Met. 1012b31, 1072a25, 1074a37) das ma. T.-Denken, das dann diesen und die Idee des Guten mit Gott zu identifizieren vermochte. Für das MA wurde Augustinus rezeptions- und überlieferungsgeschichtlich wichtig. Er tradierte: Weil Gott, der alles (In Ioh. evang. tract. II, 2), auch das menschl. Erkenntnisvermögen (De ordine II, IX, 27), übersteigt, unkörperhaft ist, transzendierten schon die Platoniker bei ihrer Gottsuche alles Körperhafte, Seelische und veränderl. Geistige (De civ. dei VIII 6; →Petrus Lombardus, Sent. I d. 3 c. 1 n. 3). Er selbst lehrte den stufenweisen Erkenntnisaufstieg (gradibus ascendere, Conf. X, VIII, 12) zu Gott über Sinne, Körperwelt und Himmelsgrenze hinaus ins Innere des Menschen, um dann aus der Innenschau in unseren Geist zu gelangen, auch diesen dann zu überschreiten, um schließlich die Region der Weisheit zu berühren, die alles erschafft (ascendere internus, venire in mentes nostras, transcendere eas; ebd. IX, IX, 24). Ähnlich bestimmten im 12. Jh. →Hugo v. St-Victor (De vanitate mundi II, MPL 176, 715B), Meister Eckhart im 14. Jh. (Sermo LIV, 2 n. 532) den Aufstieg zu Gott als einen auf Selbsttranszendieren gerichteten Verinnerlichungsprozeß. Letzterer verwendet dafür mhd. *durchgân* und *übergân*, z. B. Predigt 10 u. 80. Der gnoseol. Aspekt der T. wurde bei Augustinus durch einen anthropolog.-heilsgeschichtl. (die Zeit, d. h. das Zeitliche überschreiten, um mit Gottes Hilfe zeitlose Existenz zu gewinnen: Ut ergo et tu sis, transcende tempus, In Ioh. ev. tr. XXXVIII 10) ergänzt und bei →Johannes Scotus Eriugena durch einen anthropo-christologischen T.-Aspekt reflektiert: die in Christus mit der Gottheit vereinte, in sie verwandelte Menschheit transzendiert alles (De div. nat. V 25). Seligwerden ist ein T.-Prozeß, das Überschreiten von Raum, Zeit und Grenzen der menschl. Natur (ebd. I 40). – Ps.-→Dionysius Areopagita sprach, wie später →Nikolaus v. Kues, v. a. von der Sprach-T. und den sich aus der T. Gottes ergebenden Konsequenzen für theol. Redeweisen (De theol. myst., Kap. 3).

Mit der lat. Übers. (12. Jh.) des anonym arab. überlieferten →Liber de causis (ed. PATTIN II 19f.; IV 37f.; V [VI] 57; X [XI] 100) wurde die schon von Ps.-Dionysius aufgenommene neuplaton. T.-Theologie des Proklos weiter verbreitet, nicht zuletzt durch Kommentierungen wie die von →Albertus Magnus, →Roger Bacon und →Thomas v. Aquin, der – gnoseolog. – als T.-Prinzip das Erkenntnisprinzip des Menschen bestimmte, weil es die Materie überschreitet (S. th. I q. 118 a. 2 c.) und – epistemolog. – das wegen seiner Erhabenheit den Verstand Überschreitende (Super Boetium De trin., q. 6 a. 2, resp.; ed. Leon., tom. L, 165, 117 sqq.), zuhöchst Transzendente als Gegenstand der Theologie benannte (S. th. I q. 1 a. 5). Wenn →Joh. Duns Scotus Metaphysik erstmals (HONNEFELDER, 403ff.) eine T.-Wiss. (scientia transcendens; In Met., Prolog.) nannte, dann nicht deshalb, weil sie vorzugsweise über T. handelte, vielmehr darum, weil ihr Objektbereich die transcendent(al)ia seien, die Meister Eckhart dagegen in seiner T.-Lehre behandelte, weil die kategorienüberschreitenden termini transcendentes, sonst prädikativ benutzt, für ihn proprie und substantiv nur von Gott im Sinn einer Identitätsaussage ausgesagt werden können (Opus tripartium. Prol. in opus propositionum, n. 25). – →Nominalismus und →Konzeptualismus bestritten den 'T.'-Charakter der Transzendentalien, nicht die metaphys. T. schlechthin.

Die bei →Petrarca (De suiipsius et multorum ignorantia) und Heinrich Cornelius Agrippa v. Nettesheim (De incertitudine et vanitate scientiarum ...) ins völlig Unerkenn- und Unsagbare gesteigerte T. Gottes unterlief regressiv jede T.-Philos. und T.-Theol. An deren Stelle traten kompensatorisch das skeptizist. Lob der stultitia praedicationis (1 Kor 1, 21) und fundamentalist.-fideistisch eine dem Evangelium immanente transzendente Wahrheit und Ethik. Durch Nikolaus v. Kues erhielt die T.-Philos. eine neue Kolorierung und Dimension: Seine hochgesteigerte T.-Theol. (De docta ign. I 3) provozierte einen method. geleiteten doppelten Erkenntnistranszens (ebd. I 12; De ven. sap. 10 n. 89) und die transzendierende Methode der →Docta ignorantia (»das Unbegreifliche in nicht begreifender Weise in belehrter Unwissenheit zu erfassen im Übersteigen der unveränderl. Wahrheiten«, D. ign. III n. 263) um einer T.-Erkenntnis mit transzendierendem Symbol- und Begriffsgebrauch (transcendenter uti) willen, in der alles, auch das Gegensätzliche, koinzidiert (→Coincidentia oppositorum).

H. G. Senger

Lit.: HPhG III, 1540–1556 [E. Simons] – RGG VI, 989–997 [H. Blumenberg] – J. B. Lotz, Immanenz und T., Schol 13, 1938, 1–21 – R. Gumppenberg, Bewußtsein der T., 1974 – H. G. Senger, Die Sprache der Metaphysik (Nikolaus von Kues, hg. K. Jacobi, 1979), 74–100 – K. Riesenhuber, Die Selbstt. des Denkens zum Sein. Intentionalitätsanalyse als Gottesbeweis in »Proslogion«, Kap. 2 (Philos. im MA, hg. J. P. Beckmann u. a., 1987), 39–59 – L. Honnefelder, Scientia transcendens, 1990 – A. de Libera, Uno, unione, e unità: dall'uno trascendentale all'Uno trascendente (AA. VV., L'uno e i molti, hg. V. Melchiorre, 1990), 249–282 – T. Zu einem Grundwort der klass. Metaphysik, hg. L. Honnefelder–W. Schüssler, 1992 [F. Riecken, bes. 75–92; J. Stallmach, 183–192] – S. a. →Transzendentalien.

**Trapeza**, griech. Wort (τράπεζα von τετράπους, 'Vierfuß') für Tisch, Eßtisch, aber auch Bank im modernen Sinn; im chr. Bereich Altartisch und (pars pro toto) →Refektorium in Kl. gemeinschaften. Seine Lage innerhalb des Kl. zeigt stets eine bes. Beziehung zum Katholikon, der Hauptkirche der Gemeinschaft, da das gemeinsame Mahl der Mönche (→Typikon) mit der Liturgie und den Stundengebeten gekoppelt war. Seine architekton. Grundform ist die einer rechteckigen Halle. Dazu können eine Apsidiole (als Platz des Hēgumenos) oder querschiffartige Erweiterungsräume (Kl. bei Herakleia am Latmos) treten, die T. Kreuzform (Athos, Megistē Lavra) geben. Die Eindeckung erfolgt in der Regel durch einen offenen Dachstuhl oder eine Holzdecke; Einwölbung ist eher selten. Die Speisetische, für kleinere Gruppen auch sigmaförmig oder lang und schmal, können in der Mitte oder, samt den dazugehörigen Bänken, auch entlang der Längsseiten angeordnet sein. Neben Holz ist auch Stein bzw. Mauerwerk bevorzugtes Material dafür. Zur Ausstattung gehört in der Regel auch ein Lesepult für die beim sonst schweigend eingenommenen Mahl zu hörenden Lesungen. Ausstattung mit Wandmalereien ist häufig, wobei nicht nur der Raum, sondern auch Tische samt Bänken aus dem anstehenden Fels gearbeitet wurden (Kappadokien, Georgien u. a.).

M. Restle

Lit.: A. K. Orlandos, Monasteriake Architektonike, 1958 – P. M. Mylonas, La t. de la Grande Lavra au Mont Athos, Cah. Arch 35, 1987, 143, 157 – RByzK, s. v. Kl. architektur.

**Trapezunt** (gr. ἡ Τραπεζοῦς, Trapezus; türk. Trabzon), Stadt in der nö. Türkei, an der Südostküste des →Schwarzen Meeres; 1204–1461 Sitz des byz. Teilreiches der 'Großkomnenen' (→Komnenen).

I. Antike und ältere byzantinische Zeit – II. Das Reich von Trapezunt – III. Frühe osmanische Zeit.

I. Antike und ältere byzantinische Zeit: Gegr. von Griechen aus dem pont. →Sinope (wohl 7. Jh. v. Chr.), wurde T. in hellenist. Zeit dem Pont. Reich eingegliedert, 64 n. Chr. vom Röm. Reich annektiert; wichtiger Kriegs- und Handelshafen seit Ks. Hadrian. Um 257 erlitt T. einen Überfall der nordpont. Boranen und →Goten, wurde aber rasch wiederaufgebaut. T. war seit dem 3. Jh. Bm., Metropolie und Ebm. des Patriarchats v. →Konstantinopel seit dem 9. Jh. Stadtpatron war ein Märtyrer der diokletian. Christenverfolgung, der hl. Eugenios (spätes 3. Jh.), dessen Bild noch auf den Münzen der Großkomnenen v. T. (13.–15. Jh.) erscheint.

Bis ins 6. Jh. gehörte T. zur Prov. Pontos Polemoniakos, dann zur Prov. Armenia I. Die Stadt war ein bedeutender byz. Militär- und Flottenstützpunkt (→Byz. Reich, H. II) in den Kriegen mit →Persien (6.–7. Jh.). In der Zeit Ks. →Justinians I. wurden die Mauern der Zitadelle neu befestigt und ein Aquädukt errichtet. T. war seit dem 9. Jh. Sitz des Themas →Chaldia. Nachdem die Stadt schon in frühbyz. Zeit neben →Tarsos eine nicht unbedeutende Rolle als Handelsort und Zollstelle an der byz. Ostgrenze ('Seidenstraße'; →Handel, B. II) gespielt hatte, fungierte sie im 9.–10. Jh. als eines der Handelszentren zw. Byzanz und der oriental. Welt, den Ländern des Kaukasus und der →Krim. In T. wurden Jahrmärkte abgehalten, es bestand ein eigenes Zollamt. 1071 wurde T. von den →Selǧuqen erobert. Diese wurden aber bereits 1075 vertrieben von Theodoros Gabras, dem Dux des Themas, der sich auf das örtl. Heeresaufgebot stützte und die bis 1140 regierende halbunabhängige Fs. endynastie v. Chaldia, die Gabraden, begründete.

II. Das Reich von Trapezunt: Kräfte eines regionalen Separatismus, der durch die Gabraden-Herrschaft gestärkt worden war, nutzten die Eroberung Konstantinopels durch die Kreuzfahrer (1204) zur Schaffung eines selbständigen pont. Staates aus, des Reiches v. T. (1204–1461). Die Gründer waren Enkel des Ks.s →Andronikos I. Komnenos († 1185), Alexios und →David († 1214), die den Titel 'Großkomnen' angenommen hatten und starke militär. sowie polit. Unterstützung der mächtigen Kgn. v. →Georgien, →Thamar, genossen. Dennoch waren die Großkomnenen v. T. zur erhofften Restauration des Byz. Reiches nicht imstande; nach Niederlagen (1205–14) gegen die Selǧuqen und den erfolgreicheren Ks. v. →Nikaia, →Theodor I. Laskaris, gingen ihnen Sinope, das den Selǧuqen überlassen wurde, und die Städte v. Paphlagonien, die an Nikaia fielen, verloren. Kerngebiet des Reiches v. T. war die Küste Nordanatoliens von der Mündung des Flusses Çoruh bis Amisos (→Samsun); in der 1. Hälfte des 13. Jh. unterstand dem Reich v. T. auch die Südküste der Krim mit →Chersonesos. Die konkurrierenden Ansprüche der Rum-Selǧuqen wurden hier durch den Sieg Ks. Andronikos' I. v. T. (1223) zurückgewiesen. T. erkannte die Oberhoheit der nach Kleinasien vordringenden →Mongolen (Tataren) an (1243) und eroberte (wohl mit mongol. Hilfe) für kurze Zeit Sinope zurück (1254–65).

Seit 1260–80 setzte eine Annäherung der Großkomnenen an das von Nikaia restaurierte Byz. Reich ein. Der Patriarch v. Konstantinopel anerkannte gewisse Sonderrechte des Metropoliten v. T. (1261); Ks. Johannes II. v. T. verzichtete zugunsten der Annahme des →Despotentitels offiziell auf seine byz. Thronansprüche und vermählte sich (1281/82) mit der Tochter von Ks. →Michael VIII. Palaiologos. Aber im 14. Jh. kehrten die Großkomnenen zum Gebrauch eines (regional begrenzten) Ks. titels zurück.

Nach der Entstehung des Großreiches der mongol. →Ilchāne (1256) und der Verlegung der Orienthandelsroute von →Bagdad nach →Tābrīz und T. wurde T. seit 1270/80 zum wohl bedeutendsten Zentrum der abendländ. Kaufleute im Fernhandel mit →Persien, Mittelasien und →China (→Levantehandel). Nach 1280 entstanden hier genues., 1319 ven. Faktoreien. Das Reich v. T. entfaltete eine ertragreiche Agrarproduktion (Wein, Rosinen [→'Südfrüchte'], Öl, Oliven, Honig, Wachs, Haselnüsse). Neben Viehhaltung wurde auch Getreideanbau betrieben (u.a. in den südl. Gebieten, die aber bereits in der 2. Hälfte des 13. Jh. von den →Türken besetzt wurden); Brotgetreide war knapp und mußte (wie Salz und Fisch: →Stör) großenteils aus den westl. und nördl. Schwarzmeergebieten importiert werden. Als Kaufleute spielten Italiener und Angehörige der lokalen gr. Bevölkerung eine dominierende Rolle. Hohe Beamte und große Grundbesitzer nahmen am Handel zwar nicht unmittelbar teil, partizipierten aber stark an den reichen Fiskaleinnahmen des →Kommerkion. Haupttyp des Grundeigentums waren kleine und mittlere Erbgüter (sowohl weltl., als auch klösterl.). Die größeren Besitzungen standen zumeist im Besitz des Ks.s und einiger mächtiger Aristokratenfamilien (Kabasitai, Tzanichitai, Scholarioi u.a.). Krisenfaktoren wie die ungünstige Landverteilung, die Störungen des Handels um die Mitte des 14. Jh. und die Einfälle von →Turkmenen führten 1340–55 zur zeitweiligen Schwächung der Ks.gewalt, zu Aufständen der Aristokratie und Bürgerkriegen. Eine Wiederherstellung der zentralen Regierungs- und Verwaltungsstrukturen vollzog sich durch die Konsolidierung der ksl. Domäne unter Alexios III. (1349–90), der auch die Reichsgrenze festigte und dynast. Bündnisse mit turkmen. Emiren schloß. Zu Anfang des 15. Jh. erkannte das Reich v. T. die Oberhoheit →Timurs an und unterhielt seitdem enge dynast. Beziehungen mit den →Aq-Qoyunlu. Seit Mitte des 15. Jh. war T. jedoch der wachsenden Bedrohung durch das →Osman. Reich ausgesetzt. Versuche, mit westeurop. Staaten und regionalen Gewalten (Aq-Qoyunlu, anatol. Emirate, georg. Fsm.er) eine antiosman. Koalition zu bilden, blieben erfolglos. 1461 ergab sich das von den Truppen →Mehmeds II. belagerte T.; das Reich v. T. war gefallen. T. wurde zum Sitz eines Vilayets des Osman. Reiches.

S. P. Karpov

*Q.:* →Panaretos, Michael – A. Papadopulos-Kerameus, Fontes hist. imp. Trapezuntini, 1897 [Neudr. 1965] – *Lit.:* Dict. of the MA XII, 1989, 168–170 – Oxford Dict. of Byz., 1991, 2112f. – J. Fallmerayer, Gesch. des Ksm.s v. T., 1827 – W. Miller, Trebizond, the Last Greek Empire, L., 1926 – Chrysanthos, Ἡ Ἐκκλησία Τραπεζοῦντος, 1933 – A. A. Vasiliev, The Foundation of the Empire of Trebizond, Speculum 11, 1936, 3–37 – E. Janssens, Trébizonde en Colchide, 1969 – A. Bryer, The Empire of Trebizond and the Pontos, 1980 – Ders.-D. Winfield, The Byz. Monuments and Topography of the Pontos, T. 1–2, 1985 – S. P. Karpov, L'Impero di Trebisonda, Venezia, Genova e Roma 1204–1461, 1986 – G. Prinzing, Das byz. Ksm. im Umbruch (Legitimation und Funktion des Herrschers, hg. R. Gundlach-H. Weber, 1992), 171–176 – P. Schreiner, Neue höf. Zentren im Byz. Reich (Höf. Kultur in Südosteuropa. AAG, Phil.-hist. Kl., 3. F., Nr. 203, 1994), 43–47.

III. Frühe osmanische Zeit: Trabzon wurde in der Folge einer koordinierten See- und Landoperation unter Leitung von →Meḥmed II. erobert. Die Aussagen von Zeitzeugen (→Dursun Beg, Mihailović) über die Einnahme der Stadt sind widersprüchlich. →Kritobulos will von einer 26tägigen Belagerung wissen. Der Ks. und seine Familie erhielten freies Geleit. Die überwiegende Mehrzahl der griech., armen. und jüd. Einw. blieb am Ort. Das Verhältnis zw. der einheim. Bevölkerung und den weitgehend durch Deportationen (*sürgün*) aus Inneranatolien angesiedelten Muslime lag 1486 bei ca. 4:1. Die Zahl der Christen ging erst Mitte des 16. Jh. merklich zurück. Das Hinterland v. T. behielt dagegen seinen christl. und griech. Charakter fast vollständig, was am Beispiel des *bandon* v. Matzouka gezeigt werden konnte.   K. Kreiser

*Lit.:* H. W. Lowry, Trabzon Şehrinin islâmlaşma ve Türkleşmesi 1461–1583. Trabzon Örneğinde Osmanlı Tahrir Defterinin Şehirleşme Demografik Tarihi için Kaynak Olarak Kullanılması, 1981 – Continuity and Change in Late Byz. and Early Ottoman Society, hg. A. Bryer–H. Lowry, 1986 – C. Imber, The Ottoman Empire 1300–1481, 1990.

**Trappe, La** (Trappa Domus Dei), Notre-Dame de, Abtei in Nordfrankreich, Perche (dép. Orne, comm. Soligny-La T.), wurde 1122 von Rotrou II., Gf.en des →Perche, mit Mönchen aus der zur Kongregation v. →Savigny gehörenden Abtei Breuil-Benat gestiftet, zum Gedächtnis an die auf der →Blanche-nef (25. Nov. 1120) umgekommene Frau und den Schwager des Gf.en. Der Sohn Rotrou III. vermehrte die väterl. Schenkungen und förderte die Errichtung von Gebäuden. 1147 wurde die Abtei, die eine Bulle Eugens III. erwirkt hatte, →Cluny affiliert. Sie erfreute sich der Gunst Kg. →Heinrichs II. v. England, mehrerer Päpste des 13. Jh. (Innozenz III., Honorius III., Alexander IV., Martin IV., Bonifatius VIII.) und Kg. →Philipps des Schönen v. Frankreich, dessen Gemahlin →Johanna hier eine Stiftung machte. Nach wiederholten engl. Angriffen im →Hundertjährigen Krieg wurde die verfallene Abtei zweimal von ihren Mönchen aufgegeben (1360, 1381) und konnte im späten 14. Jh. die Abgaben an den Papst nicht mehr aufbringen, was ihr prompt die Exkommunikation eintrug. Seit dem 15. Jh. →Kommende, fristetete La T. ein dürftiges Dasein, um erst durch eine Reform (1662) neuen Auftrieb zu erhalten.   G. Devailly

*Q. und Lit.:* Charceney, Cart. de l'abbaye N. D. de la T., 1899 – Hist. de la Grande T., 2 Bde, 1911 – L. Aubry, L'abbaye de la T., 1979.

**Trasignies** → Trazegnies, Gilles de

**Trastámara.** Der Beginn der span. Dynastie der T. ist mit dem Sieg *Heinrichs II.* (20. H., 1369–79), des Gf.en v. T. (Galizien), dem illegitimen Sohn Alfons' XI. und der →Leonor de Guzmán, im Bürgerkrieg gegen Peter I. v. Kastilien gleichzusetzen. Dank der Unterstützung des Adels und Frankreichs (Vertrag v. →Toledo, 1368) gelang es Heinrich vor 1373 mit Aragón und Portugal Frieden zu schließen und ein breites polit. Programm aufzustellen, das die Förderung der hochadligen Verwandten des Kg.s ebenso einschloß, wie die Übertragung von Hofämtern und Herrschaften an andere Adlige, die Entwicklung neuer Verfassungsinstitutionen (→Consejo Real, Audiencia, Rechnungskammer) und die Zusammenarbeit mit den Städten in den →Cortes zur Durchführung von Münzreformen und zur Erhöhung der Steuerlasten. Ihm folgte sein Sohn, →*Johann I.* (6. J., 1379–90), dessen Mutter, →Johanna Manuel, in direkter legitimer Linie von Ferdinand III. abstammte. Johann setzte das Bündnis mit Frankreich fort, bekannte sich zur Avignoneser Obödienz und wollte die Thronansprüche seiner Gattin →Beatrix (einzige Tochter Ferdinands I. v. Portugal) auf den ptg. Thron geltend machen, eine Absicht, die er jedoch nach dem Aufstand →Johanns (12. J.), des Großmeisters des Ordens v. Avís (Sieg bei →Aljubarrota, 15. Aug. 1385) fallen lassen mußte. Infolgedessen kam es zum Einfall des Portugiesen und seines Verbündeten →John of Gaunt, Duke of Lancaster (∞ Konstanze, Tochter Peters I.), in Kastilien. Erst die Heirat des Thronerben →*Heinrich* (III., 21. H., 1390–1406) mit →Katharina v. Lancaster (Tochter Johns of Gaunt) beendete den Krieg. Bestehen blieben aber starke polit. Spannungen: Aufstände hoher Adliger (Alfonso →Enríquez [1. E.]), drückende Steuerlasten und Geldentwertungen, die die Cortes nur gegen eine größere Beteiligung am kgl. Regierungsapparat akzeptierten. Heinrich III. gelang es aber seit 1394, mit seinen hochadligen Verwandten fertigzuwerden und das Aufkommen eines neuen Hochadels zu fördern (u.a. →Mendoza, →Stúñiga, →Pimentel, →Velasco, →Manrique, Enríquez). Gleichzeitig konsolidierte er die Verfassungs-,

Steuer- und Münzreformen und festigte durch eine Stärkung der kgl. Machtbefugnisse seine Herrschaft, deren große Linien unter den Kath. Kg.en wieder zum Tragen kamen. So befahl er u. a. die Wiederaufnahme des Krieges zur Eroberung →Granadas, um eine Ausrichtung aller Kräfte und Mittel auf seine Person hin zu erreichen: Nutznießer dieser Politik war sein Bruder →Ferdinand (1. F.), der gemeinsam mit Katharina v. Lancaster die Vormundschaft über seinen Sohn →Johann II. (7. J., 1406–54) innehatte und den für 1407 vorgesehenen Kriegszug anführte. Ferdinand war gegen Granada siegreich (1410 Eroberung v. Antequera), stützte sich auf den Hochadel, um seine Söhne – Alfons, Johann, Heinrich und Sancho – an dessen Spitze zu setzen, bestieg 1412 den Thron v. Aragón und verheiratete seine Tochter Maria mit Johann II., so daß bei seinem Tod (1416) die polit. Macht in den Händen seiner Söhne, der Infanten v. Aragón, und des Hochadels lag. Die Zeit Johanns II. und seines Sohnes →Heinrichs IV. (22. H., 1454–74) war eine Zeit wirtschaftl. und demograph. Wachstums, der Konsolidierung der sozialen und polit. Vorherrschaft des Adels und der verfassungsrechtl. Entwicklung des monarch. Staates. Dabei wechselten Perioden, in denen Parteigänger einer größeren kgl. Macht (Alvaro de →Luna, Günstling Johanns II.) herrschten, mit solchen ab, in denen verschiedene Adelsgruppen die Oberhand gewannen (Juan →Pacheco, Marqués v. Villena, unter Heinrich IV.). Der Krieg gegen Granada wurde 1430–39 und erneut 1455–62 wiederaufgenommen. Nach dem Bürgerkrieg 1465–68, der Anerkennung →Isabellas d. Kath. (7. I., Schwester Heinrichs IV.) als Thronerbin und ihrer Heirat mit ihrem Vetter →Ferdinand (2. F., Sohn Johanns II. v. Aragón) wurde mit der Eroberung Granadas (1482–92) ein langgehegter Plan verwirklicht, jedoch trat Kastilien nun in das Bündnissystem Aragóns ein: Rekuperation des Roussillon (1493), Neapolitan. Kriege (1495, 1501), dynast. Verbindungen mit England, Portugal und Flandern. Mit der letzten Vertreterin der T.-Dynastie, Isabellas Erbtochter, →Johanna 'la Loca' (5. J., 1470–55), der Gemahlin Ehzg. →Philipps d. Schönen v. Habsburg und Burgund und Mutter von Ks. Karl V., gingen die span. Länder an das Haus →Habsburg über.          M. A. Ladero Quesada

Lit.: R. MENÉNDEZ PIDAL–J. M. JOVER ZAMORA, Hist. de España, Bd. XIV, XV, XVIII, 1964ff. – L. VONES, Gesch. der Iber. Halbinsel im MA, 1993.

**Traù** → Trogir

**Trauer, -bräuche** → Tod

**Traufe** → Dach

**Traufenrecht** ist im MA eine städt. Gebäudedienstbarkeit. Es ist bereits dem röm. Recht als das Recht (lat. [N.] ius), entweder den fremden Tropfenfall (lat. [N.] stillicidium) auf das eigene Grundstück abzuwenden oder den eigenen Tropfenfall in das fremde Grundstück einzuleiten, bekannt. Bei dem T. geht es also um eine nachbarrechtl. Frage, welche nur bei dichter Bebauung unmittelbar an der Grundstücksgrenze auftritt. Das geltende Recht beschreibt dabei bereits →Eike v. Repgow im →Sachsenspiegel mit den Worten: »Niemand soll seine Dachtraufe (mnd. *ovese*) in den Hof eines anderen hängen lassen« (Ssp. Landrecht II 49 § 1, S. 1). Hiervon kann aber durch besondere Vereinbarung abgewichen werden. In der Folge wird der erforderl. Bauabstand meist öffentlichrechtl. durch Baurecht festgelegt. Belegt ist das Wort T. anscheinend erst seit dem 19. Jh.          G. Köbler

Lit.: HRG III, 818 – HEUMANN-SECKEL, 1907⁹, 555a – R. HÜBNER, Grundzüge des dt. Privatrechts, 1930⁵ – GRIMM, DWB XXI, 1935 – H. MITTEIS–H. LIEBERICH, Dt. Privatrecht, 1981⁹, §33 I – W. DEHNER, Nachbarrecht im Bundesgebiet, 1991⁷.

**Traum,** ahd. mhd *troum,* gr. ὄναρ, ὄνειρος, ἐνύπνιον, lat. insomnium, seel. Vorgang im →Schlaf mit lebendigphantast. Wirklichkeitscharakter, oft verbunden mit Angst- oder Wunschvorstellungen (Alpt. →Incubus). T.e an geheiligten Stätten vermitteln Heilung (Inkubation). Der Volksglaube aller Zeiten, so auch die Bibel, schreiben dem T. prophet. oder hellseher. Kräfte zu.

[1] T.deutung läßt sich weit in die antiken Hochkulturen zurückverfolgen. Sie findet im europ. MA ihren lit. Niederschlag in alphabet. oder sachl. geordneten T.büchern, die auf spätantike bzw. byz. oder arab. Vorlagen zurückgehen. Deren Höhepunkt, die ὀνειροκριτικά des Artemidoros v. Ephesus (Daldis, 2. Jh. n.Chr.) wurden als Ganzes zwar erst 1538 mit der lat. Übers. durch Janus Cornarius rezipiert, beeinflußten aber nachhaltig die T.buchlit. des MA, so um 1165 den »Liber Thesauri occulti« des Paschalis Romanus (gekürzte dt. Übers. Hans Lobenzweig um 1450). Hier finden sich auch bereits T.interpretationen aus dem ὀνειροκριτικόν eines Aḥmad b. Sīrīn bzw. Apomasar (→Abū Maʿšar?), das 1175/76 von →Leo Tuscus erstmals vom Gr. ins Lat. übers. wurde (nach späterer Übers. gedr. Frankfurt 1577). Bei den volkstüml. T.büchern sind ferner die alphabet. »Somnialia Danielis« (Dn 2, 1–15), die durch Losverfahren ermittelnden »Somnialia Joseph« (Gen 37, 1–12), die laienastrolog. T.lunare (→Lunar) sowie am »Liber ad Almansorem« (II 24) des →Rhazes orientierte T.deutungen (z.B. bei →Konrad v. Megenberg) zu unterscheiden. T.mantik fand kirchl. Kritik, so durch →Johannes v. Salisbury (Policrat. II, 17).

[2] T.theorien beschäftigen sich seit der Antike v.a. mit dem Wahrheitsgehalt von T.en. →Platon hält im »Timaios« (71 E) T.prophetie für möglich, →Aristoteles (»De insomniis«, »De divinatione per somnum« PN 458b–464b 15) gibt eine rein psychobiolog. Erklärung des T.es: Im →Schlaf strömt das Blut zum →Herzen, dem Sitz des Gemeinsinns, zurück und mit ihm die darin enthaltenen Impulse (αἱ ἐνοῦσαι κινήσεις) der Sinnesorgane, die als Spuren früherer wirkl. Wahrnehmung sich hier vermengen und Erinnerungsbilder und T.gesichte (φαντάσματα) hervorrufen. Den scheinbar prophet. Charakter mancher T.e führt Aristoteles auf Zufall, auf eine mögliche Erwartungshaltung des Schläfers oder dessen erhöhte Sensibilität für feinste innerkörperl. Befindlichkeiten zurück, wie sie z.B. Krankheiten, Genesung oder Tod ankündigen. →Cicero (De divinatione 2) lehnt eine Deutung von T.en ab, während die gr. Ärzte, wie schon der Autor der [ps]hippokr. Schr. »De diaeta« (Lib. IV) oder →Galen im T. sowohl rein humorale und diagnost. verwertbare Ursachen (z.B. Galen »De dignatione ex insomniis liber«, K. VI, 832–835) als auch das Heilwirken des Asklepios für möglich halten. In diesem Sinne entwickelt sich eine Klassifikation der T.e vom wertlosen, körperl. bedingten T. bis zum »wahren« Offenbarungst., so bei Artemidoros, →Porphyrius, Philo, →Calcidius und →Macrobius, dessen für das MA wirkungsmächtige T.theorie im Komm. zu Ciceros »Somnium Scipionis« fünf aufsteigende T.arten kennt: insomnium, visum, somnium, visio, oraculum. In der Patristik, bei →Augustinus (De genesi XII), →Tertullian (De anima 43–49) und →Gregor d. Gr. (Dialogi IV, 50) kommt in die Gliederung eine chr.-moral. Dichotomie von dämon. und göttl. T.en. Nach →Hildegard v. Bingen erkennt die ja aus Gott stammende Seele trotz leibl. Verflochtenheit im T. bisweilen Zukünftiges (H. SCHIPPERGES, 1992, 153f.). Auch der jüd. →Talmud und die islam. Tradition des →Ḥadīt kennen wahre, von

Engeln stammende u. irreführende T.e der Dämonen. Arab. Philosophen, wie →al-Kindī, →al-Fārābī, →Avicenna oder →Averroës suchen Islam und hellenist. Philosophie zu vereinbaren: Im prophet. T. wirkt die Emanation göttl. Intelligenzen. Die psycholog.-physiolog. Erklärungen des T.vorgangs stützen sich dagegen auf Aristoteles und Galen (z. B. Avicenna in De anima und Canon I, 2,3,3; III, 1, 1, 6; →Haly Abbas bzw. →Constantinus Africanus Pantechne, lib. theor. X, 2). Unter Einfluß des →Arabismus treten auch im lat. W peripatet.-neuplaton. Interpretationen des T.geschehens hervor, so bei →Albertus Magnus, der bei Deutung von T.gesichten verschiedene Modifikationen astraler Influenz unterscheidet (»De somno et vigilia« III) oder bei →Vinzenz v. Beauvais (Spec. nat. XXVII, 52–61). V. a. ein Wilhelm v. Aragón in seinen Expositiones visionum, quae fiunt in somniis... (gedr. Lyon 1520, 1532, Basel 1585 mit den Opera des →Arnald v. Villanova) bringt T.e und astrolog. Konstellationen in diagnost. Zusammenhang.

[3] *T. in der Literatur:* In der christl.-doktrinalen und weltl. Lit. bekommen T.e seit dem 12. Jh. zunehmend eine formale, Aussage und Verlauf der Handlung konstituierende Funktion. Dabei lassen sich antik-frühchristl. Vorbilder und Spuren zeitgenöss. T.theorien überall nachweisen, so bei →Alanus ab Insulis (»De planctu naturae«), im →Roman de la Rose, in den Liebest.en des Jean →Froissart, den allegorisierenden T.fiktionen des →Guillaume de Machaut, den frommen Pèlerinages des →Guillaume de Deguilleville. Von Frankreich aus wirken Impulse auf das übrige Europa, nach England auf →Chaucer (Legend of Good Woman, House of Fame), →Langland (Vision of Piers Plowman), auf die moralisierenden T.episoden des →Pearl-Dichters oder nach Italien auf →Dante Alighieri und →Boccaccio. S. a. →Visio(n).    H. H. Lauer

Q. und Lit.: Dict. MA XII, 475–478 [Lit.] – Enc. of Religion IV, 482–486 – Enc. of Religion and Ethics V, 28–40 – EJud (engl.) VI, 208–212 – HWDA [Ind.] – JL IV/2, 1039–1041 – RE s.v. Traumdeutung – RGG VI, 1001–1005 – THORNDIKE II, 290–302 – Verf.-Lex² IX, 1014–1028 [Lit.] – M. STEINSCHNEIDER, Das T.buch Daniels und die oneirokrit. Lit. des MA, Serapeum 24, 1863, 193–201, 209–216 – P. DIEPGEN, T. und T.deutung als med. naturwiss. Problem im MA, 1912 – J. H. WASZINK, Die sog. Fünfteilung der T.e bei Chalcidius und ihre Q., Mnemosyne 3. Ser. 9, 1941, 65–85 – J. JACOBI, T.bücher, Ciba Zs. 9, 1945, 3567–3580 – W. v. SIEBENTHAL, Die Wiss. vom T., 1953 – H. GÄTJE, Philos. T.lehren im Islam, ZDMG 109, NF 34, 1959, 258–285 – W. C. CURRY, Chaucer and the Ma. Sciences, 1960² – CH. DAHLBERG, Macrobius and the Unity of the Roman de la Rose, StP 58, 1961, 573–582 – Artemidorus Daldianus, Onirocriticum libri V, übers. F. S. KRAUSS, hg. R. A. PACK, 1963 – W. SCHMITT, Ein dt. T.büchlein aus dem späten MA, StN 37, 1965, 96–99 – DERS., Das T.buch des Hans Lobenzweig, AK 48, 1966, 181–218 – J. HOFFMEISTER, Rasis' T.lehre. T.bücher des SpätMA, AKu 51, 1969, 137–159 – H. GÄTJE, Stud. zur Überlieferung der aristotel. Psychologie im Islam, 1971 – J. S. HANSON, Dreams and Visions in the Graeco-Roman World and Early Christianity (Aufstieg und Niedergang der röm. Welt, II: Prinicipat, ed. W. HAASE, 23/2, 1980), 1395–1427 – N. H. STENEK, Albert on the Psychology of Sense Perception (Albertus Magnus and the Sciences, hg. A. WEISHEIPL, 1980), 263–290 – ST. M. OBERHELMAN, Galen, On Diagnosis from Dreams, JHM 38, 1983, 36–47 – C. H. L. BODENHAM, The Nature of the Dream in Late Ma. French Lit., MAe 54, 1985, 74–86 – A. M. PEDEN, Macrobius and Medieval Dream Lit., MAe 54, 1985, 59–73 – ST. M. OBERHELMAN, The Diagnostic Dream in Ancient Medical Theory and Practice, BHM 61, 1987, 47–60 – Il Sogno in Grecia, hg. G. GUIDORIZZI, 1988 – D. GALLOP, Aristotle on Sleep, Dreams, and Final Causes, Boston Area Coll. in Ancient. Philos. 4, 1988, 257–290 – T.e im MA. Ikonolog. Studien, hg. A. PARAVICINI BAGLIANI – G. STABILE, 1989 – S. MACALISTER, Aristotle and the Dreams: A Twelfth-Cent. Romance Revival, Byzantion 60, 1990, 195 – Hildegard v. Bingen, Heilkunde, übers. und erl. H. SCHIPPERGES, 1992 – ST. F. KRUGER, Dreaming in the MA, 1992 [Lit.] – Aristoteles, De insomniis, De divinatione per somnum. Übers. und erl. PH. J. VAN DER EIJK (W. in dt. Übers. hg. H. FLASHAR 14.3, 1994) [Lit.] – P. C. MILLER, Dreams in Late Antiquity, 1994 [Lit.].

**Traumbücher** → Lunar

**Traumgesicht vom Kreuz** → »Dream of the Rood«

**Traversari**, oberit. Familie byz. dukaler Tradition, die im späten 9. Jh. das Kastell (mit Taufkirche) Traversara zw. Ravenna und Forlì zum Mittelpunkt ihrer dukalen (und später comitalen) Herrschaft machte und unter dem örtl. Adel hervorzutreten begann. Das frühe Abhängigkeitsverhältnis von der Herrschaft der Ebf.e und Äbte v. Klöstern der alten Hauptstadt des →Exarchats führte die T. notwendigerweise dazu, sich in Ravenna festzusetzen, obgleich sie Streubesitz und Rechte von anderer Art in den ländl. Teilen der Romagna und außerhalb besaßen (Gebiet v. Ferrara, Gebiet v. Forlì, Forlimpopoli, Cesena, Sarsina und Rimini). Vom 10. zum 12. Jh. wuchs ihre Machtstellung in →Ravenna und in der Region derartig an, daß sie über die Kirchen der Stadt bestimmen konnten und zahlreiche ihrer Güter und Rechte usurpierten. V. a. machten sie sich die wiederholten Krisen der örtl. kirchl. Institutionen und der Macht der Metropoliten v. Ravenna zunutze. In einem dieser Momente, während und nach dem Schisma Wiberts (Gegenpapst →Clemens III.) zeichnete sich ein *Petrus T.* in Ravenna als capitaneus und valvassor vermutl. der örtl. Kirche aus. Einige Jahrzehnte danach, 1115, begegnet ein vielleicht gleichnamiger Nachkomme bereits als Consul der aufstrebenden Kommune Ravenna.

Der höhere Aufstieg der T. in der städt. Gesellschaft, als ihn die anderen Familienzweige (*Deusdedit, Onesti* etc.) der Sippe der »ex genere ducum« erreichten, wurde durch eine auf Dynastien germ. Herkunft gerichtete Heiratspolitik gefördert, wie die Verbindung mit den Gf.en Guidi aus dem Zweig v. Dovadola (forlives. Apennin); außerdem wurden enge verwandtschaftl. Beziehungen mit den Adelardi von Ferrara und den →Malatesti von Rimini geknüpft. Ein anderer *Pietro T.* (vielleicht der Enkel des oben genannten) betrieb, zusammen mit anderen Vertretern der städt. Führungsschicht, eine ks.freundl. Politik unter den Staufern Friedrich I. und Heinrich VI. sowie unter Otto IV.; von 1187 bis 1270 wiederholt Podestà in der Kommune Ravenna, erlangte er derartige Autorität, daß er als »dominus civitatis« anerkannt wurde. Als sein Sohn *Paolo*, der seinem Vater als Podestà nachgefolgt war, 1238 die ks.freundl. Politik aufgab und zu der bolognes.-faentin. guelf. Gruppierung überging, geriet die Familie in eine krit. Phase, die sich später als irreversibel erwies. Als nach Paolos Tod 1240 Ravenna von Friedrich II. belagert und erobert wurde, mußten die übrigen T. (zusammen mit anderen Familien der Stadt, die die stauf. Sache verraten hatten) für mehrere Jahre nach Apulien ins Exil gehen. Nach ihrer Rückkehr fanden die T. keinen polit. Raum mehr in der Kommune, um an ihre glanzvolle Tradition anzuknüpfen, und spürten immer stärker die Konkurrenz der einst im Exil mit ihnen solidar. Familie →Da Polenta, die nun die Signorie in Ravenna übernahm. Die Mitglieder der »domus Traversariorum« versuchten vergebl., zu einem neuen Aufstieg zu gelangen, indem sie den Versuch des Ghibellinen Gf. Guido v. →Montefeltro unterstützten, sich 1275–83 von Forlì aus der päpstl. Romagna zu bemächtigen. Mehrmals bemühten sie sich danach hartnäckig, ihre Stellung in Ravenna wiederzugewinnen, blieben jedoch isoliert und wurden stets aus der guelf. Stadt vertrieben. Bereits Anfang des 14. Jh. war ihr Abstieg nicht mehr aufzuhalten.    A. Vasina

Q. und Lit.: P. CANTINELLI, Chronicon, RIS², 1902, 38–39 – J. LARNER, The Lords of Romagna, 1965, passim – Salimbene de Adam, Cronica,

1966, 534 – A. Torre, I Polentani, 1966, 3, 9f., 13, 44, 63, 84 – A. Vasina, I Romagnoli, 1964, 8, 12, 46ff. – Ders., Dai T. ai Da Polenta (Storia di Ravenna, III, 1993), 555–603.

**Traversari, Ambrogio** → Ambrosius Traversari (4. A.)

**Travunien**, Herrschaftsgebiet an der Adriaostküste zw. Dubrovnik (→Ragusa) und →Kotor; wichtigster Ort Trebinje (ca. 15 km nördl. v. Dubrovnik). Der Name T. ist wahrscheinl. illyr. Herkunft; jedoch auch slav. Etymologien werden angeboten. Das Land der 'Terbouniotes' wird bei →Konstantin Porphyrogennetos (De adm. imp. 34) als eine der slav. Herrschaftsbildungen (→Südslaven) an der Adriaostküste, südwestl. von →Hum, nordöstl. von Duklja (→Zeta), erwähnt. Nach »De adm. imp.« war dem Land die →župa der Kanaliten, der später zu Dubrovnik gehörige Küstenstreifen Konavli, als eigenes Gebiet untergeordnet. Seit dem Anfang des 11. Jh. war T. politisch mit Hum verbunden und gelangte am Ende des 12. Jh. unter die Herrschaft der Nemanjiden (→Nemanja). In der Intitulatio der serb. Herrscher ist T. als eines der 'Küstenländer' aufgeführt. Durch die Gewinnung von T. erhielt →Tvrtko I. v. Bosnien 1377 Zugang zur Bucht v. Kotor. Das westkirchl. Bm. T. gehörte nach kurzfristigen Ansprüchen von →Bar zur Provinz Dubrovnik. Wegen des Konfliktes zw. Dubrovnik und →Uroš I. mußte Bf. Salvius (1250–76) seine Residenz nach Dubrovnik verlegen; seine Nachfolger waren 'vicarii' des Ebf.s v. Dubrovnik. Im zunehmend orthodox geprägten Hinterland bewahrte das westkirchl. Bm. Kotor, gestützt auf den Schutz der Nemanjiden, bis ins 14. Jh. einzelne Rechte. Insbes. im Gebiet um Trebinje konzentrieren sich Fundorte spätma. kyrill. →Inschriften. L. Steindorff

Lit.: Jireček, I–III – V. J. Korać, Trebinje, I, 1966 – E. Turk Santiago, Probleme der Herrschaftsbildung im ma. Serbien, 1984 – J. Leśny, Studia nad początkami serbskiej monarchii Nemaniczów (połowa XI-koniec XII wieku), 1989.

**Trazegnies** (Trasignies), **Gilles de**, gen. 'le Brun', * 1199, † 1276, Ratgeber Kg. →Ludwigs IX. d. Hl.n v. Frankreich, →Connétable de France; entstammte als 2. Sohn von Gilles de T., Herrn v. T., dem Adel des →Hennegau; Vasall der Gfn. →Margarete, die er gegen das Haus →Dampierre unterstützte. T. nahm am →Kreuzzug v. 1248 teil, auf dem ihn Ludwig d. Hl. wegen seiner Rechtlichkeit, Frömmigkeit und Tapferkeit nach dem Tode Humberts v. →Beaujeu († Mai 1250) zum Connétable ernannte. Als enger Ratgeber des Kg.s empfing T. ein kgl. Lehen. 1266 befehligte T. das von seinem Sohn des Gf.en v. Flandern nach →Sizilien entsandte Truppenkontingent und zeichnete sich in der Schlacht v. →Benevent (1266) aus. T. nahm 1267 nochmals das Kreuz, konnte aber aus Altersgründen am Kreuzzug Ludwigs d. Hl.n nach →Tunis nicht teilnehmen. André Du Chesne hat irrtümlich angenommen, daß T. mit Simonette, Schwester von →Joinville, vermählt gewesen sei. J. Richard

Lit.: BNB XXV, 577–581 [E. Poncelet] – J. Richard, Saint Louis, 1983.

**Tre Fontane**, Abtei am Stadtrand von Rom an der Via Laurentina. Sie umfaßt folgende Gebäude: Die Kirchen S. Paolo alle T. F. und S. Maria Scala Coeli sowie Kl. SS. Vincenzo et Anastasio ad Aquas Salvias. Infolge der kult. Bedeutung des Ortes (Enthauptung des hl. Paulus) war die Abtei ein wichtiges Wallfahrtsziel, die Pauluskirche und das Kl. S. Anastasio sind bereits im 7. Jh. erwähnt. Die Randlage und die ungünstige klimat. Situation (Sumpfgebiet) behinderten teilweise die Entfaltung des Ortes, der mehrfach aufgegeben wurde. Die Pauluskirche geht mindestens auf das 6. Jh. zurück und umschließt drei Quellen, die entsprungen sein sollen, als das abgeschlagene Haupt des Apostels dreimal auf der Erde aufschlug. Die nach einer Vision des hl. →Bernhard benannte Kirche S. Maria Scala Coeli erhebt sich auf einem frühchristl. Friedhof und wird erstmals in der Vita Papst →Leos III. erwähnt. Das Kl. S. Anastasio wurde während der ersten Hälfte des 7. Jh. gegründet und war von griech. Mönchen besiedelt. 772 von →Hadrian I. wieder aufgebaut und von Karl d. Gr. und vielen Päpsten des 9. Jh. mit Schenkungen ausgestattet, war es Ende des 10. Jh. bereits aufgegeben, als es dem hl. →Nilus geschenkt wurde, der sich jedoch dort nicht niederlassen wollte. 1081 gehörte die noch immer aufgegebene Abtei zu S. Paolo fuori le mura OSB. Sie wurde von den →Zisterziensern (erster Abt seit 1141 Bernardo Paganelli [→Eugen III.]) besiedelt und war Aufenthaltsort des hl. Bernhard v. Clairvaux. Anfang des 14. Jh. lebten in dem Kl. 15 Mönche und der Abt; seit 1419 war die Abtei Kommende. Sie besaß relativ umfangreiche Besitzungen v. a. in einigen »Castelli« rund um Rom und an der Küste der Maremmen. T. di Carpegna Falconieri

Lit.: Il regesto del monastero di S. Anastasio ad Aquas Salvias, ed. I. Giorgi, ASRSP 1, 1878, 49–77 – M. Armellini, Le chiese di Roma dal sec. IV al XIX, neu hg. C. Cecchelli, 1942, 2, 1166–1172 – Monasticon Italiae, I, hg. F. Caraffa, 1981, 84f. – A. M. Romanini, La storia architettonica dell'abbazia delle T. F. a Roma. La fondazione cistercense (Fschr. A. Dimier, 1992), 653–695 – Ratio fecit diversum. San Bernardo e le arti, Arte Medievale 8, 1994, I, Nr. 1 – G. Belardi u. a., Abbazia delle T. F., 1995.

**Treason**, in England Verrat eines Lehnsherrn durch seinen Vasallen, erscheint im späten 9. Jh. als ein bes. Vergehen in den Gesetzen →Alfreds d. Gr., die den T. als das einzige Verbrechen bezeichnen, das nicht durch eine Bußzahlung gesühnt werden konnte. Die bes. Rechtsnatur eines Verrats des Kg.s als Lehnsherrn wird bereits von →Glanvill anerkannt und zuerst bei den polit. Gerichtsverfahren gegen zwei Feinde Eduards I. behauptet, so bei dem walis. Fs.en Dafydd 1284 und bei dem schott. Aufständischen William →Wallace 1305. Diejenigen, die man dieses bes. Verbrechens überführte, wurden dazu verurteilt, am Schweif von Pferden zum Hinrichtungsplatz geschleift zu werden. Dort wurden sie zur Abschreckung für andere Rebellen gehängt, ausgeweidet und geviertelt. Um 1290 unterscheidet Britton zw. dem »großen« und dem »kleinen« T. Der »große« oder »Hochverrat« erhielt 1352 eine dauerhafte gesetzl. Definition (25 Ed. III, stat. 5, c. 2) in ein Verschwörungsvergehen, um den Kg., seine Gemahlin oder den Thronerben zu töten; um die Gemahlin des Kg.s oder des vorgesehenen Erben oder die älteste unverheiratete Tochter des Kg.s zu notzüchtigen; um gegen den Kg. gerichtete Kriege innerhalb des Kgr.es zu führen oder Feinden des Kg.s Hilfe zu leisten; um den Kanzler oder die Richter während der Ausübung ihrer Ämter zu töten. In den folgenden Jahrhunderten haben die Gerichtshöfe viele Formen der polit. Opposition gegen die Krone, die nach den Definitionen von 1352 keinen konstruktiven Verrat darstellten, als 'constructive T.s' betrachtet. Als »kleiner« T. galt bezeichnenderweise die Ermordung eines Herrn durch seinen Diener und eines Ehemanns (dem »natürl. Herrn«) durch seine Frau. A. Harding

Q. und Lit.: Liebermann I, 45–47 – F. M. Nichols, Britton, 1865, I, 40f. – J. G. Bellamy, The Law of T. in England in the Later MA, 1970.

**Treasurer**, Schatzmeister in England. Die ersten bekannten Inhaber des T.-Amtes im →Exchequer waren Neffen von →Roger, Bf. v. Salisbury: Nigel (Bf. v. Ely 1133–69) um 1126 und Adelelm um 1136. Nigels Sohn, →Richard v. Ely (15. R.), war T. Heinrichs II. und gilt als Verfasser des

→»Dialogus de Scaccario«. Mit der Abschaffung des →Justitiar-Amtes 1234 wurde der T. der vorsitzende Beamte des Exchequer. Die meisten ernannten T.s stammten aber nicht aus dem Kreis der ständigen Mitglieder des Exchequer. Drei der T.s Kg. Heinrichs III. waren Äbte oder Prioren. William Haverhill (1240–52), am längsten in diesem Amt, war Keeper of the →Wardrobe, und Walter →Langton, T. unter Kg. Eduard I., war der erste, der auch nach seiner Bf.sweihe T. (1295–1307) blieb. Eine lange Amtsdauer war im 14. Jh. jedoch die Ausnahme, obwohl der T. jetzt als zweites großes Staatsamt betrachtet werden konnte. Die Mehrzahl der T.s erhielt nun die Bf.swürde, einige hatten vorher das Amt des →chancellor inne, wie William →Edington, der Eduard III. am längsten als T. diente (1344–56). Nach 1403 waren die meisten T.s →knights oder lords, von denen Ralph Lord →Cromwell (1433–43) und Henry →Bourchier, Earl of Essex (1455–56, 1461–62, 1471–83), das Amt am längsten besaßen. Es ist unwahrscheinl., daß die T.s viel Zeit im Exchequer verbrachten. Sie nahmen regelmäßig am kgl. Rat teil, während die T.s Heinrichs V. bei seinen Frankreichfeldzügen mitkämpften. Im 15. Jh. vertraten die Inhaber des bereits lange existierenden Schreiberamtes des T. ihre abwesenden Vorgesetzten und erhielten den Titel *Under-T.* des Exchequer. R. L. Storey

Lit.: HBC, 101–107 – J. L. Kirby, The Rise of the Under-T. of the Exchequer, EHR 72, 1957, 666–677 – W. L. Warren, The Governance of Norman and Angevin England 1086–1272, 1987 – A. L. Brown, The Governance of Late Medieval England 1272–1461, 1989.

**Trebnitz** (poln. Trzebnica), OCist Abtei, von Hzg. Heinrich I. v. Schlesien auf Bitten seiner Frau →Hedwig v. Andechs i. J. 1202 am Katzengebirge (20 km n. Breslau) gestiftetes sowie mit urbarem Altland und waldigem Rodeland reich ausgestattetes ältestes und bedeutendstes Frauenkl. →Schlesiens, dessen erhaltene monumentale dreischiffige Basilika mit Krypta um 1240 vollendet wurde. Die ersten Nonnen kamen aus der Abtei St. Theodor in Bamberg (OSB), die erste Äbt. Petrissa aus Kitzingen (OSB). 1218 erfolgte die Aufnahme von T. in den Zisterzienserorden. Der sich in der Folge aus dem schles. Adel und Bürgertum rekrutierende Nonnenkonvent hatte im MA Äbt.nen aus dem Piastenhaus. 1250 erhielt der in kolonialer Gitterform neugestaltete Markt T. dt. Stadtrecht und bildete den Mittelpunkt des weitläufigen Kl.besitzes. Nach dem Tod Heinrichs I. († 1238) lebte Hedwig als Witwe im Kl. T., wo sie 1243 starb, beigesetzt und – 1267 heiliggesprochen – als schles. Landespatronin verehrt wurde. Das einzige Hl.ngrab im ma. Schlesien entwickelte sich schnell zu einem vielbesuchten Wallfahrtsort mit weiter Ausstrahlung. T.er Tochtergründungen sind Ołobok bei Kalisch 1213, Oslavan bei Brünn 1225, Owińsk bei Posen und vielleicht Kulm an der Weichsel 1267. J. J. Menzel

Lit.: H. Grüger, T., Zisterzienserinnenabtei, Jb. der Schles. Friedr.-Wilh.-Univ. 23, 1982, 55–83 [Q. und Lit.].

**Trebunien** → Travunien

**Tredici comuni**, Territorium in der Prov. Verona (Veneto, Oberitalien) im mittleren Abschnitt der Monti Lessini, das die folgenden 13 Gemeinden umfaßt: Azzarino (heute Ortsteil von Velo Veronese), Bosco mit Frizzolana (heute Boscochiesanuova), Camposilvano (Ortsteil von Velo Veronese), Cerro, Erbezzo, Roverè di Velo (heute Roverè Veronese), Saline (heute S. Mauro di Saline), S. Bartolomeo delle Montagne (Ortsteil von Selva di Progno), Selva di Progno, Sprea mit Progno (heute Badia Calavena), Tavernole (Ortsteil von S. Mauro di Saline), Velo, Valdiporro (Ortsteil von Boscochiesanuova). Seit der 2. Hälfte des 13. Jh. wurde das Gebiet in zunehmendem Maße – gefördert durch Privilegien (seit 1287) der jeweiligen Territorialherren, der Bf. e v. →Verona, der Familie →Della Scala, der →Visconti und der Republik →Venedig – von dt.sprachigen →Walsern aus der Nachbarprovinz Vicenza besiedelt, die in der Gegend 'Cimbri' genannt wurden (von *Zimberer*, 'Zimmerer, Holzarbeiter'). Ihre Zahl betrug Anfang des 17. Jh. etwa 5000 Personen, sank aber in der Folge stark ab (ca. 1000 i. J. 1882, rund 150 i. J. 1968/69). Die Reste der alten 'cimbrischen' Traditionen werden heute gepflegt und wissenschaftl. erforscht (zwei Zeitschriften, Ethnograph. Museum). M. Pozza

Lit.: C. Cipolla, Le popolazioni dei XIII comuni veronesi, 1882, 53–179 – G. Volpato, Civiltà cimbra. La cultura dei Cimbri dei tr. C. Veronesi, 1983 – 700 anni di storia cimbra veronese, hg. G. Volpato, 1988.

**Tréguier** (ma. Namen: Lan-Dreger, Lantregu[i]er), nördlichste Stadt der Bretagne, Bm. Wie andere bret. Städte geht T. zurück auf ein frühma. Kl. (Val-Trécor), das nach der Überlieferung vom hl. →Tu(g)dual (wohl 6. Jh.) gegr. wurde (vermutl. Klosterbm. kelt. Typs). Im 9. Jh. wurde das Kl. von →Normannen verwüstet. Das Bm., dessen Anfänge als Diözesanbm. (nach der Mitte des 11. Jh. verfaßten Chronik v. Nantes) bereits unter →Nominoë (831–851) liegen sollen, ist erst seit dem 10. Jh. faßbar (Gründung wie →St-Brieuc im Zuge der Reorganisation der →Bretagne unter Hzg. Alain Barbetorte, 936–952?). Die Gesch. des kleinen, 101 Pfarreien umfassenden Bm.s, das lediglich bescheidene grundherrl. Ressourcen bot, kann im übrigen nur auf lückenhafter Quellengrundlage rekonstruiert werden (Verluste durch Brand des Archivs, 1632). Als Zentrum bret. Frömmigkeit bildete T. eine wichtige Station der großen Bretagne-Wallfahrt ('Tro-Breiz'); verehrt wurde hier neben Tugdual der hl. →Ivo (Yves Hélory, 1253–1303).

Im Schatten der Kathedrale blieb die Stadt T. (unter 3000 Einw.) stets von bescheidener Größenordnung und hatte im 14. Jh. unter dem Bret. Erbfolgekrieg zu leiden (1346: Profanation der Kathedrale durch engl. Belagerer, 1375 Angriff Jeans IV.). Städt. Rechte lassen sich nur anhand später Ratsprotokolle (ab 1507) rekonstruieren.

Zentrales Bauwerk war die mächtige, im 14.–15. Jh. in got. Stil umgebaute Kathedrale mit ihrem originellen Kreuzgang. Die städt. Topographie umfaßte neben einem Hospital Handwerker- und Gewerbegassen (Leder- und Tuchverarbeitung) sowie den lebhaften, dank Zollprivilegien (1450–53) der geistl. Grundherren aufblühenden Hafen am Jaudy (Wein und Salzhandel). T. hatte drei Jahrmärkte und trieb Handel auch mit entfernteren Regionen (England, La Rochelle, Bordeaux, Normandie, Paris: Ochsenhandel); für Studenten aus Stadt und Bm. T. bestand in Paris seit 1315 ein eigenes Kolleg. Seit 1484 Druckort (→Buchdruck, B. IV); 1499 Druck des »Catholicon«, eines Glossars, das neben lat. und frz. auch bret. Vokabeln einbezog. J.-P. Leguay

Lit.: P. Chaou, Une cité médiévale, Lantreguer au XV$^c$ s. (Univ. de Rennes, masch., 1969) – G. Minois, Culte des saints et vie religieuse dans le dioc. de T. au XV$^c$ s., Annales de Bretagne et des Pays de l'Ouest 87, 1980 – J.-P. Leguay, Un résau urbain au MA, les villes du duché de Bretagne aux XIV$^c$ et XV$^c$ s., 1981 – J. M. H. Smith, Province and Empire: Brittany and the Carolingians, 1992, 154–161.

**Treibarbeit.** Als eines der wichtigsten und künstler. fruchtbarsten Felder der →Goldschmiedekunst, ist T. zu definieren als Technik der Metallbearbeitung auf kaltem Wege, im Wechsel von Treiben und Punzieren durch Hämmern und Meißeln von hinten bzw. vorn. Grundvoraussetzung ist die Dehnbarkeit des Metalls, weshalb Gold und Silber bevorzugt, aber auch Kupfer, Bronze und (v. a. im NachMA) Eisen verwendet werden können. Die techn. Vorgänge wie auch die Werkzeuge bei T. haben sich seit der Antike kaum verändert. Die Arbeit mit Treib- und Ziselierhammer geschieht über harter Unterlage oder einem Block aus sog. Treibpech, einer Mischung aus Pechmasse mit Ziegelmehl (Tenax), oder auch über einem Holzkern, der als Model dienen kann. Zum Glätten metallener Flächen wird der Planierhammer gebraucht. Spröde gewordenes Metall wird durch zwischenzeitl. Erhitzen für die Bearbeitung erneut elast. gemacht. Der bedeutende Anteil von T.en an Werken der Goldschmiedekunst ist nicht zuletzt bedingt durch Kombination mit vielen anderen Techniken (Punzierung, Ziselierung, Granulation, Gravierung, Emaillierung, Einlagen).

Künstler.-epochale Schwerpunkte der T. sind in der antiken und spätantiken Toreutik anzutreffen, weitergeführt in frühchristl. und byz. Zeit. Im ma. Abendland begegnet sie, in hohem qualitativem Standard, schon am liturg. Gerät karol. Zeit (→Einhardsbogen, →Goldaltar, Werke der Hofschule Karls d. Kahlen u.a. m.), in der otton. Goldschmiedekunst u. a. mit goldenen Sitzfiguren über Holzkern (Goldene Madonnen in Essen, Hildesheim, Paderborn). Aufschlußreich ist der erhaltene Wachskern für eine der getriebenen Figuren des Basler Antependiums im Musée Cluny zu Paris, zugleich als einzigartiges Beispiel frühma. Keroplastik (München Bayer. Nat. Mus.). Bes. Höhepunkte erreicht die Pflege der T. in der Goldschmiedekunst des Rhein-Maas-Gebietes im 12.(–13.) Jh. (→Nikolaus v. Verdun). In den »Diversarum Artium Schedula« handelt →Theophilus Presbyter (→Roger v. Helmarshausen) ausführl. 'De opere ductili'. Für die Zeit der Gotik sind Statuetten, Büsten u.a. plast. Werke als bevorzugte T.en charakteristisch, fast immer in Verbindung mit verschiedenen dekorativen Techniken.

V. H. Elbern

Lit.: s.a. →Goldschmiedekunst – Lex. d. Kunst VII, 399f. – W. Theobald, Technik des Kunsthandwerks im 12. Jh. Des Theophilus Presbyter Diversarum Artium Schedula, 1933 [Nachdr. 1984], v.a. Kap. XIII, LVIIIf., LXXIII, LXXVII – Gesch. der Kunst und der künstler. Techniken, hg. H. H. Hofstätter, 1967², 95–100 – J. Wolters, Zur Gesch. der Goldschmiedetechniken, 1, 1985 – V. H. Elbern, Die Goldschmiedekunst im frühen MA, 1988, passim.

**Treiben**, allg. für die von Helfern (Treibern) und Hunden ausgeübte Tätigkeit, Wild aufzuscheuchen und mehr oder weniger schnell in Richtung auf eine Falle, eine Fangeinrichtung bzw. einen Schützen zu bewegen. Speziell ist T. die Bewegungsjagd von Wild in aufgestellte Netze hinein, in Fallgruben oder in Hecken. Ab dem 9. Jh. spielte im Rahmen der großen Hof- oder Kg.sjagden (vgl. Karl d. Gr., Alfred d. Gr.) die Treibjagd mit Netzen auf Rot-, Dam- und Rehwild in Dtl. und England eine bedeutende Rolle. Aus ihr entwickelte sich als typ. dt. Jagdart das »Eingestellte Jagen«. Bes. im nordeurop. Raum finden wir zum Schutz vor großem Haarraubwild T. auf Wölfe und Bären, bei denen der Teilnahme als Treiber gesetzl. vorgeschrieben war, etwa im Jüngeren →Westgötalagh.

S. Schwenk

**Trelleborg**, wikingerzeitl. Burganlage auf Seeland (Dänemark), eine der vier heute bekannten dän. →Rundburgen mit geometr. Grundriß, die als *trelleborge* ('Trelleburgen') bezeichnet werden. Die anderen Anlagen sind →Aggersborg, →Fyrkat (beide Jütland) sowie Nonnebakken (auf Fünen). Alle weisen die gleichen Grundrißprinzipien auf, weichen aber untereinander in der Größe und in verschiedenen Details ab; nur die T. verfügt über eine Vorburg. Baumaterialien waren Holz, Torf und Erde. Alle Anlagen wurden um 980 (nach dendrochronolog. und archäolog. Datierung) errichtet, d. h. gegen Ende des Regierungszeit Kg. →Harald Blauzahns; Holzteile aus der T. wurden auf 980/981 datiert. Alle Anlagen sind nur über einen kürzeren Zeitraum genutzt worden. Eine Rundburg in T. (Schonen/heute Schweden) ist möglicherweise zeitgenöss., gehört aber nicht zur engeren Gruppe der Trelleburgen.

Die Burg T. (1934–43 ausgegraben) liegt auf einer Landzunge, die durch zwei ineinandermündende Flußläufe gebildet wird. Um Platz zu gewinnen, wurde eine ältere Siedlung niedergelegt und Gelände aufgefüllt. Der genau kreisförmige Wall war 19 m breit, mit Holz verkleidet und mit inneren Holzverstärkungen versehen; der Graben war 18 m breit. Der Innenbereich der Anlage (Durchmesser: 136 m) war durch die Verbindungswege zw. den vier nach den Himmelsrichtungen angelegten Toren in vier gleichgroße Sektoren eingeteilt. In jedem Viertel befanden sich vier gleichgroße, zu einem Viereck zusammengestellte Holzhäuser mit konvex gekrümmten Wänden (Länge: 29,4 m; nur die Pfostenlöcher sind erhalten). Die Vorburg der T. war durch einen flachen, zum Hauptwall konzentr. verlaufenden Wall geschützt und bot Raum für 15 ebenfalls konvexwandige Häuser (Länge: 26,3 m), 13 davon lagen radial um Mittelpunkt der Burg. In einem Knick des Walles lag der Begräbnisplatz der Burg (und vermutl. auch der älteren Siedlung) mit rund 135 Erdbestattungsplätzen für etwa 150 Personen. Ein Grab (vermutl. ein Kriegergrab) enthielt 10 Skelette, zwei andere Gräber 5 Skelette. Die Mehrzahl der Bestattungen bildeten Männergräber, es konnten aber auch Frauen- und Kindergräber nachgewiesen werden.

Es wird allg. angenommen, daß die 'Trelleburgen' kgl. Ursprungs waren und daß sie als die ältesten kgl. Burganlagen gelten können. Zweck und Funktion der Burgen sind stark umstritten. Nach neueren Ansichten waren sie entweder Verteidigungsstützpunkte gegen äußere Feinde, v.a. gegen Flotten aus dem skand. Raum, oder Zwingburgen in Verbindung mit der dän. Reichseinigung oder Machtzentren, um Unruhen zu verhindern, die im Aufstand →Svend Gabelbarts gegen Harald Blauzahn und in dessen Tod ca. 987 kulminierten.

E. Roesdahl

Lit.: Hoops² X, s.v. Fyrkat [E. Roesdahl; im Dr.] – P. Nørlund, T., 1948 – H. Schmidt, The T. House Reconsidered, Medieval Archaeology 17, 1973, 52–77 – J. A. Trimpe-Burger, The Geometrical Fortress of Oost-Souburg (Zeeland), Château-Gaillard 7, 1975, 215–219 – O. Olsen, Die geometr. dän. Wikingerburgen (Burgen aus Holz und Stein, hg. M.-L. Heyer-Boscardin, 1979), 81–94 – N. Bonde-K. Christensen, T.s Alder. Dendrokronologisk datering (Aarbøger for nord. Oldkyndighed og Hist., 1982), 111–152 – T. E. Christiansen, T.s Alder, Arkæologisk Datering (ebd., 1982), 84–110 – E. Roesdahl, Viking Age Denmark, 1982, 147–155 – Dies., The Danish Geometrical Viking Fortresses and their Context, Anglo-Norman Stud. 9, 1987, 108–126 – K. Christensen-N. Bonde, Dateringen af T. – en kommentar (Aarbøger for nord. Oldkyndighed og Hist., 1991), 231–236 – H. Schmidt, Building Customs in Viking Age Denmark, 1994.

**Trémaugon, Évrart de,** frz. Autor, † 1386, gilt mit Sicherheit als Verfasser des →»Songe du Vergier«. Über seine frühen Jahre ist wenig bekannt. T. entstammte einer bret. Kleinadelsfamilie, studierte (dank der Förderung durch seinen Bruder Yon de T., *capitaine* unter Bertrand →Du Guesclin) ziviles und kanon. Recht in →Bologna bei Johannes v. Legnano (→Lignano). Als Dr. utr. jur. durchlief T. seit ca. 1363 eine kirchl. Karriere, lehrte seit 1369 in Paris kanon. Recht und wurde am 16. Mai 1374 von Kg. →Karl V. zum Rat und →Maître des Requêtes ernannt; seine eigtl. Aufgabe war jedoch die Abfassung des vom

Kg. nachdrücklich geförderten großen Traktats. T. beschloß seine Tage als Bf. v. →Dol. – Drei von T. zu Paris gehaltene 'lectiones'/'leçons' (1371, 1372, 1373) sind bekannt (Paris, Bibl. Nat. lat. 12461). Die erste und insbes. die dritte enthalten Passagen, die in der lat. wie frz. Fassung des »Songe du Vergier« wiederkehren. Auch belegen die zahlreichen Entlehnungen aus den Schriften des Johannes v. Legnano, v. a. aber Beginn und Titel des Werks, die Urheberschaft T.s.   M. Schnerb-Lièvre

Lit.: →Songe du Vergier.

**Tremessen** (poln. Trzemeszno; in ma. Q.: Sciremusine, Cheremesen), ehem. Abtei CanA, 20 km nordöstl. von →Gnesen, um 1130 gegr. von Hzg. →Bolesław Krzywousty zusammen mit seiner Ehefrau Salome v. Berg. Eine Gründungsurk. ist nicht vorhanden; die Bestätigungsurk. des klösterl. Besitzes durch Bolesławs Sohn →Mieszko III. Stary von (angebl.) 1145 ist eine Zusammenstellung der 13. Jh. anhand der Eintragungen in das Traditionsbuch. Bald nach der Gründung erbauten die Chorherren eine roman. dreischiffige Basilika mit Transsept (▭ →Adalbert [15. A.], später auch Maria) unter spürbar schwäb. bzw. westfäl. Einfluß (Umbauten Ende des 18. Jh.). Die Abtei entwickelte sich zu einem der berühmtesten Kl. Nordpolens (Skriptorium, Schule, Bibl. mit kostbaren Hss., Kelche), doch wurden ihre Schätze nach der preuß. Säkularisation im 18. Jh. vielfach zerstreut.

Nach der späteren Adalbertslegende (»Tempore illo«, 12. bzw. 13. Jh.) soll der Körper des Märtyrers ztw. in T. deponiert und nachher nach Gnesen transferiert worden sein. Diese Nachricht gab Anlaß zur Vermutung, daß in T. i. J. 997 eine Kirche existierte, was durch den Hinweis der passio s. Adalberti aus Tegernsee gestützt wurde, daß der Prager Bf. auf seiner Missionsreise von Sachsen nach Polen und Preußen ein Kl. »ad mestris locum« gründete und mit Mönchen sowie dem Abt Astrik besetzte. Man vermutete dieses Kl. in Polen entweder in →Meseritz oder in T. (WOJCIECHOWSKI), wo archäolog. Grabungen (seit 1949) die Fundamente der Basilika zutage brachten und die Rekonstruktion einer einschiffigen Kirche (JÓZEFOWICZÓWNA) erlaubten. Allerdings wird das Kl. »ad mestris locum« jetzt mit dem ung. Kl. →Pécsvárad identifiziert, und in T. durchgeführte Kontrollgrabungen stellten die Existenz einer Vorkirche vom Ende des 10. Jh. in Frage (CHUDZIAKOWA). Demnach wurde, wie es die glaubwürdige »Passio« überliefert, Adalberts Leichnam direkt nach Gnesen gebracht, und auch die Hypothese der Existenz eines Kl. OSB in T. erwies sich als falsch.   G. Labuda

Lit.: H. G. VOIGT, Adalbert v. Prag, 1898 [Q.] – T. WOJCIECHOWSKI, Szkice histor. XI wieku, 1904, 1970⁴, 84ff. – Sztuka polska przedromańska i romańska do schyłku XIII wieku, red. M. WALICKI, 1971, I/2, 769–771 – K. JÓZEFOWICZÓWNA, Trzemeszno klasztor św. Wojciecha, 1978, 3ff. – J. CHUDZIAKOWA, Z problematyki badań archeologicznych zespołu poklasztornego w Trzemesznie (Acta Univ. Nicolai Copernici, Archeologia, 1992), 9–20 – B. KÜRBIS, Na progach historii, 1994, 225ff.

**Tremissis** → Triens; →Münze, A

**Trémoille, La** → La Trémoille

**Trencavel**, großes Fs.enhaus (Vicomtes) im Languedoc, besaß (unter Lehnshoheit der Gf.en v. →Toulouse) bis ins frühe 13. Jh. die Vizgft.en →Albi, →Nîmes, →Agde, →Béziers, →Carcassonne und →Razès; belegt seit 942 (*Hatto/Aton*, der den 'Castelvielh' zu Albi innehatte), verdankt die Familie ihre Bezeichnung 'T.' dem (wohl die Kampfkraft seines Trägers rühmenden) Beinamen des Vizgf.en *Raimond Bernard Aton, gen. Trencavel* (um 1074).

Der Sohn von Raimond Bernard T. und Cécile, einer Tochter des Gf.en v. →Provence, *Raimond T.* (* vor 1100, † 15. Okt. 1167), erbte 1129 Béziers, 1150 Carcassonne und Albi. Seine 2. Gemahlin, Saura, war von gfl. Rang. Raimond ließ zwar einen neuen Palast in Béziers errichten, residierte aber bevorzugt in Carcassonne. Der Kampf zw. den konkurrierenden Häusern →Barcelona und Toulouse bestimmte seine Strategie: Vor 1140 war er mit den Gf.en v. Toulouse verbündet; nach der Rückkehr vom 2. →Kreuzzug trat Raimond aber in eine Allianz mit dem Gf.en v. Barcelona ein. Nach einer Gefangenschaft (Okt. 1153 bis vor Juni 1155) in Toulouse nahm Raimond als Verbündeter Kg. →Heinrichs II. Plantagenêt und Gf. →Raimunds Berenger IV. an der Belagerung v. Toulouse teil (1159), das nur durch Eingreifen des frz. Kg.s →Ludwig VII. gerettet wurde (Friedensschluß Mai 1161). An der Seite des Gf.en v. Barcelona beteiligte sich Raimond T. 1162 auch am 3. Krieg gegen das Haus →Baux. Im Juni 1163 schloß Raimond erneut Frieden mit dem Gf.en v. Toulouse unter Anerkennung der Autorität des Kg.s v. Frankreich. Am 15. Okt. 1167 erlag er während der Sonntagsmesse in Béziers einem (nach zeitgenöss. Chronisten von einem 'Bürger' verübten) Assassinat.

Sohn von Raimond T. und Saura war *Roger v. Béziers* (* 1149, † vor Aug. 1194), altprov. 'Roilaret de Besiers'. Die Gf.en v. Toulouse und →Foix griffen nach dem Erbe des jungen Fs.en, dieser aber erreichte mit Hilfe →Alfons' II. v. Aragón die Einsetzung in seine Besitzungen (1168) und zog unter dem Schutz katal.-aragones. Söldner in Béziers ein, um Rache an seinen Gegnern zu nehmen. Roger baute die Verwaltungsinstitutionen aus und umgab sich mit Juristen und (auch jüd.) Intellektuellen. Unterpfand seines fragilen Friedens mit Toulouse war die Vermählung (1171) mit Adalais († 1199), Tochter Gf. Raimunds V. (der berühmten 'Comtesse de Burlats' der →Troubadoure). Das Fürstenpaar wurde von päpstl. Seite als Beschützer der 1179 durch das Laterankonzil verurteilten Häretiker (→'Albigenser', →Katharer) angegriffen (1178 bzw. 1181 vom päpstl. Legaten →Heinrich v. Marcy eingeleitete Kriegszüge gegen →Castres und den Kathareort Lavaur). Nach Beilegung interner Konflikte (um den Besitz v. Albi, 1190) schlossen Roger T. und Raimund V. v. Toulouse 1191 einen Beistandspakt. Im März 1194, kurz vor seinem Tode, unterstellte Roger seinen Sohn Raimund Roger dem Schutz des Gf.en v. Toulouse und vertraute die 'garde' seiner Territorien seinem (ebenfalls der Häresie verdächtigten) Getreuen Bertrand de Saissac an.

Der Sohn *Raimond Roger* (* 1186/87, † 10. Nov. 1209) heiratete 1203 Agnès, die Tochter von Wilhelm VIII. v. Montpellier; beider Sohn *Raimond T.* wurde 1207 geboren. Durch den Frieden, der 1198 zw. dem Kg. v. →Aragón und dem Gf.en v. Toulouse geschlossen wurde, geriet der junge T. in polit. Isolation. Im Verlauf des von Simon de →Montfort geführten *Albigenserkreuzzuges* (→Albigenser, II) zog sich Raimond Roger aus Béziers, das von den Kreuzfahrern erstürmt wurde (22.–25. Juli 1209), nach Carcassonne zurück, das Montfort vor dem 15. Aug. aber ebenfalls einnahm. Der in einem Befestigungsturm gefangengehaltene Vicomte starb am 10. Nov. (nach zeitgenöss. Gerüchten durch Gift). Am 20. Nov. leistete seine Witwe Güterverzicht zugunsten des Siegers, der die eroberten Gebiete dem Kg. v. Frankreich übergab. Der Sohn *Raimond T.*, welcher der Vormundschaft des Gf.en v. Foix anvertraut worden war, unternahm nach Erreichen des Mannesalters noch den (gescheiterten) Versuch einer Wiedereroberung seines Erbes

(1240). Die Länder seiner Vorfahren gehörten fortan zur →Krondomäne. C. Amado

Lit.: L. NOGUIER, Les vicomtes de Béziers: extinction de l'albigéisme, 1894 – J.-L. BIGET, Hist. d'Albi, 1983, 33–63 – Hist. de Carcassonne, hg. J. GUILAINE–D. FABRE, 1984, 43–60 [J.-M. CARBASSE] – Hist. de Béziers, hg. J. SAGNES, 1986, 1–94 [C. DUHAMEL-AMADO]; 95–111 [M. BOURIN].

**Trense,** einfachste Form des Pferdegebisses, seit Beginn der Reiterei in der Steppenkultur bekannt, anfangs aus Holz oder Bein, später aus Metall hergestellt. Das Herausrutschen aus dem Pferdemaul verhinderten beidseitige Knebel (Psalien), bald auch Ringe. Die T. konnte eine »einfache T.« aus einem Stück oder eine »gebrochene T.« mit Gelenk in der Mitte sein. An den Enden der T. war der T.-Zügel befestigt. O. Gamber

**Trenta,** Kaufmannsfamilie aus →Lucca, die ihr Vermögen im frühen 15. Jh. im internationalen Handel (Tuche, Häute, Goldschmiedearbeiten, Preziosen) zu →Paris und →Brügge machte. Sie stand in enger Beziehung zu den Höfen v. →Frankreich und →Burgund, aber auch zum heim. Signore Paolo →Guinigi (1400–30, †1432). Bedeutende Geschäftsleute waren *Federico T.* und seine Söhne: *Lorenzo* († 1439), *Silvano, Matteo* und *Galvano*. Letzterer war vermählt mit einer Tochter aus dem florent. Hause der →Bardi und trat als großer Kreditgeber des Hofes v. →Navarra sowie als Hüter der Preziosen Hzg. Johanns (→Jean sans Peur) v. Burgund hervor. Lorenzo war Hoffaktor und Korrespondent Paolo Guinigis; sein Ruhm als →Mäzen beruht auf dem marmornen *T.-Altar* in S. Frediano/Lucca (Kapelle S. Riccardo), den in seinem Auftrag Jacopo della →Quercia unter Mitarbeit von Giovanni di Imola 1413–22 schuf. E. Lalou

Q. und Lit.: EncIt, s.v. – L. FUMI–E. LAZZARESCHI, Carteggio di Paolo Guinigi, 1925 – L. MIROT–E. LAZZARESCHI, Lettere di mercanti lucchesi da Bruges e da Parigi (1407–21), Boll. storico lucchese, 1929.

**Trentschin** (Trenčín), Burg und Stadt an der Waag in der W-Slowakei. Aus der röm. Siedlung (Inschrift von 179 n. Chr.) Laugaritio (gr. Leukaristos?) hervorgegangen, war T. spätestens dem 9. Jh. ein regionales Zentrum, das erst im letzten Drittel des 10. Jh. von den Ungarn erobert wurde. Zw. 1002/03 und 1017/18 stand T. unter der Herrschaft Fs. →Bolesławs I. Chrobry v. Polen, der die dortige Burg mit der »provincia Wag« dem Fs.en Prokuj verlieh, der von seinem Neffen, dem ung. Kg. Stephan I., aus Siebenbürgen vertrieben worden war. Seit dem 11. Jh. war die Burg T. eine wichtige Festung und Sitz eines großen Grenzkomitats an der Grenze nach Böhmen (Mähren). Aus dem ursprgl. Sprengel der Großpfarre entstand das Archidiakonat T., das zum Bm. →Nitra/Neutra gehörte. Seit dem Ende des 13. Jh. unterstanden Burg und Herrschaft T. der Sippe →Csák, deren wichtigstes Mitglied Matthäus III. v. T. († 1321), der mächtigste Oligarch im Kgr. Ungarn, war. Im Aug. 1335 trafen sich in T. der ung. Kg. Karl I. Robert, der böhm. Kg. Johann v. Luxemburg und sein Sohn, der mähr. Mgf. Karl, sowie Vertreter des poln. Kg.s Kasimir III., um den Streit zw. Böhmen und Polen um →Schlesien zu lösen. Die provisor. T.er Vereinbarung vom 24. Aug. 1335 sollte beim Treffen der drei Herrscher in →Visegrád im Nov. 1335 bestätigt werden, doch wurde das T.er Abkommen, dessen Zustandsbeschreibung fakt. über vier Jahrhunderte gültig blieb, erst am 9. Febr. 1339 von dem poln. Kg. Kasimir in Krakau ratifiziert. R. Marsina

Lit.: O. BAUER, Poznámky k mírovým smlouvám českopolským z r. 1335 (Sborník prací věnovaných prof. Dru Gustavu Friedrichovi k šedesátým narozeninám 1871–1931, 1931), 11–22 – T., 1993, 47–58.

**Trepča,** Bergwerk und Bergbaustadt in →Serbien bei Stari Trg in der Nähe von Kosovska Mitrovica, erwähnt seit 1303; gefördert wurden Silber, Blei und Kupfer. Die Gemeinde der Sachsen (→Sasi) wurde durch Kaufleute und Unternehmer aus →Kotor und →Ragusa verstärkt, so daß der Markt zwei kath. Kirchen hatte (ŏ Maria, ŏ Petrus). Nach der Vertreibung von Vuk Branković (1396; →Brankovići) und der Einnahme der benachbarten Festung Zvečan setzten sich die Türken in T. fest. Sie hatten Anteil an den Zechen, eine eigene Münzstätte und strebten nach der Kontrolle der Silberausfuhr. Etwa 2 km von der ursprgl. Siedlung entfernt entstand das türk. T. (Triepza Turcha). T. gehörte zum Territorium der Brankovići, die dort über den Zoll und die Münze verfügten. Oberhaupt der Gemeinde war der *knez* (comes). T. war Sitz des *kefalija*, des Statthalters für das umliegende Gebiet. Als T. 1455 vollständig in türk. Hände fiel, lähmte dies den →Bergbau für Jahrzehnte. S. Ćirković

Lit.: M. DINIĆ, T. u srednjem veku, Prilozi KJIF 33, 1967, 3–10 [= DERS., Srpske zemlje u srednjem veku, 1978, 400–409] – N. BELDICEANU, Les actes des premiers sultans, II, 1964.

**Treppe,** in bescheidener Form Stiege genannt, dient der Verbindung von zwei verschieden hohen Ebenen, im Unterschied zur Rampe und Leiter mit Stufen; im Gelände als Freit., an Wänden als Außent. und im Innern eines Gebäudes als Innent. oder an der Mauer als Mauert., aus Holz oder Stein; Podeste unterbrechen den T.nlauf, entweder als gerade ein- oder mehrarmige T. oder gebrochene T., deren Läufe, zumeist an den Podesten, Richtungswechsel vollziehen (zwei- oder mehrarmige T.). Im MA hat die T. zunächst geringe Bedeutung. Im Profanbau allgemein als Außent. aus Holz (Burg Münzenberg 1160/65); Innent.n in Stein kommen erst langsam im 12. Jh. auf (engl. Donjons), einläufige T. im Palas der Wartburg um 1160, einläufige und gewendelte T. in der Pfalz Gelnhausen 1160/70, zuvor im Kirchenbau als Wendelt. (Münster in Aachen um 780/790) oder mit flacher Neigung (auch als Rampe) in Kirchtürmen (sog. Eselst., vermutl. zum Materialtransport für Tiere, Regensburger Dom um 1400). Erst in der Spätgotik erfuhr die Wendelt. als fassadengestaltendes Element in durchbrochenen T.ntürmen eine reichere Gestaltung (Wendelstein der Albrechtsburg in Meißen durch Arnold v. Westfalen 1471/81), Vorläufer sind runde oder polygonale Türme mit Wendelt. (Burg Babenhausen im Odenwald Anfang 13. Jh.). G. Binding

Lit.: Glossarium Artis. Fasz. 5. s.v. T., 1973 – F. MIELKE, Die Gesch. der dt. T., 1966 – F. MIELKE, Hdb. der T.nkunde, 1993 [Bibliogr.] – G. BECKER, Die Raumverbindungen in den dt. Wohnbauten des MA und der Renaissance [Diss. masch. Berlin 1941] – D. PARSONS, The Romanesque Vices at Canterbury (Medieval Art and Architecture at Canterbury, 1982), 39–45 – F. MIELKE, Die T. der Wartburg als kulturgesch. Zeugnis (Burgen und Schlösser, 1989), 35–39.

**Tresekammer** (von lat. thesaurus, camera) bezeichnet eine fsl., später auch städt. Schatzkammer; seit dem 13. Jh. verengte sich der Begriff zur Bezeichnung eines Verwahrungsortes besonderer Schätze, der →Handfesten, insbes. der städt. Verwaltung, und wurde synonym für →Archiv gebraucht, wogegen die Trese (auch für T. verwendet) ursprgl. ein Kasten, Schrank oder truheförmiges Behältnis zur Verwahrung von Geld, Wertsachen oder Schriftstücken (so Hamburg 1293) war. Die T. befand sich im →Rathaus (Magdeburg 1456) oder in Kirchen, so Bremen (Unser Lieben Frauen 1221?) und Lübeck (Marienkirche 1298); dort bis 1909, hier bis heute als Urkk.archiv in Gebrauch, gesichert durch zwei eiserne, mit Kupferblech beschlagene Türen mit ursprgl. vier Schlüsseln. Seit dem

15. Jh. kann die →Sakristei, eine Schreibstube, ja sogar eine Abstellkammer T. genannt werden. A. Graßmann

Lit.: GRIMM, DWB XI, Abt. 1, T. 2, 163–165 – A. GRASSMANN, Von der Trese, der Schatzkammer des Lübecker Rats, Zs. des Ver. für lüb. Gesch. und Altertumskunde 54, 1971, 87–93.

**Trésor royal**, Schatzamt für die Einkünfte des Kg.s v. Frankreich (→Finanzwesen, B. I, IIII). Im 11. und 12. Jh. fungierte der T., unter der Leitung des →Chambrier (cubicularius), nicht nur als zentrales Schatzamt, in dem die von den →Prévôts, den kgl. Domänenverwaltern, erwirtschafteten Einnahmen zusammenflossen, sondern auch als Aufbewahrungsort der Kleider, Juwelen, des Tafelgeschirrs und der Archive des Kg.s. Erst langsam gewann die kgl. Kasse im engeren Sinne Eigenständigkeit. Über ihre Funktionsweise ist nichts Näheres bekannt, mit Ausnahme der Ernennung eines Beauftragten für das Ausgabenwesen ('despensier') unter →Philipp I. (1060–1108).

Unter →Ludwig VII. (1137–80) treten Wechsler ('changeurs') und Schatzmeister ('trésoriers') hervor. Unter diesem Kg. wurde der T. auch aus dem 'Palais de la Cité' in den 'Temple', den Pariser Sitz des →Templerordens, verlegt. Der Orden (bzw. der Ordensschatzmeister) verwaltete fortan für den Kg. den wie eine Bank geführten T.

Die Verwaltung des T. im Temple ließ neue Typen von Quellenreihen entstehen: 'Ordinaire du T.', ein Verzeichnis der zu bestimmten Terminen vorzunehmenden Zahlungsgeschäfte; 'Extrait du T.', aufgrund von Auszügen aus dem 'Journal du T.' angefertigte Notizen zur Orientierung über den augenblickl. Stand; 'compte du T.', eine Art Rechnungsbuch, in dem Soll und Haben verzeichnet waren.

Der T. verblieb im Temple, bis ihn →Philipp d. Schöne 1295 in den Louvre überführen ließ. Doch wies der Kg. 1303 erneut alle Einnehmer (→Receveurs) an, ihre Zahlungen an den (nun von kgl. Schatzmeistern verwalteten) Temple, der aber noch als sicherer Aufbewahrungsort der Geldbestände diente, zu leisten. Auch nach der Verhaftung der Templer (1307) verblieb der T. im Temple. Das von Enguerran de →Marigny eingerichtete System mit zwei Kassen endete mit dem Sturz Marignys (1315). Seit 1315 war der T. im Louvre untergebracht. Er wurde verwaltet von 'Trésoriers' (zwei oder drei am Ende des 13. Jh.), denen 'clercs du t.' und ein 'changeur' zur Seite standen. Das Amt des Trésorier nahm bes. in der 1. Hälfte des 14. Jh. beträchtlich an Gewicht zu (u. a. Durchführung gerichtl. Untersuchungen: *enquêtes*, Inspektionen). Die seit 1356–57 als außerordentl. Steuern erhobenen →Aides wurden aber von anderen Fiskalbeauftragten ('généraux', 'élus') verwaltet, so daß sich die Trésoriers im wesentl. auf die Verwaltung der kgl. Domanialeinkünfte (→Krondomäne) beschränkten. Die Trésoriers legten über die von ihnen getätigten Transfers und ihre Kontrollaufgaben vor der →Chambre des Comptes Rechenschaft ab. War die Aufgabenverteilung der Trésoriers untereinander bis ins 15. Jh. fallweise und nach Bedarf geregelt, so wurden ab 1443–45 feste regionale Ressorts geschaffen: Langue d'Oïl (mit Sitz in →Tours), Langue d'Oc (→Montpellier), Pays-sur-et-Outre-Seine-et-Yonne (→Paris), Normandie (→Rouen), später Guyenne, Burgund, Picardie-Artois. – Bestimmte Trésoriers fungierten auch als Richter an der gegen Ende des 14. Jh. geschaffenen →Chambre (bzw. Cour) du T., dem Gerichtshof für Prozesse der domanialen Finanzverwaltung.

Der Kg. prüfte über seinen Rat (→Conseil) den Stand der Finanzen und der von den Trésoriers bereitgestellten Etatmittel. Die Entscheidung über die Ausgaben lag beim Kg. bzw. seinen Vertrauten (z. B. Enguerran de Marigny unter Philipp IV.; Miles de →Noyers, Henry de →Sully und Renard de Lor unter →Philipp V.). Die Trésoriers dagegen hatten nur die kgl. Einnahmen zu verwalten.

Die Entwicklung der Einnahmen sowie v. a. die Unterscheidung, die seit dem 14. Jh. zunehmend zw. der 'Privatperson' und der 'öffentl. Person' des kgl. Souveräns getroffen wurde, ließen eine Situation entstehen, die unter der Regierung →Karls V. (1364–80) zur Herausbildung von drei T.s (anstelle des ursprgl. einzigen) führten. Der »traditionelle«, von den Trésoriers geleitete T. umfaßte im wesentl. die (infolge der polit. Krise verminderten) Domanialeinkünfte. Der Ertrag der Aides floß dagegen einem anderen T. zu, der unter Karl V. bes. Bedeutung gewann. Ein dritter T. wurde gebildet vom 'persönl.' Schatz des Kg.s, den sog. 'coffres' (Truhen, Schatullen), die in den wichtigsten Residenzen (Louvre, →Vincennes, →Melun usw.) wohlgesichert aufbewahrt wurden, gehütet von kgl. Familiaren (→Valet de Chambre). Dieser als Reserve dienende T. enthielt neben Gold- und Silbermünzen auch Juwelen, Goldschmiedearbeiten und kostbare Handschriften im geschätzten Wert von über 400000 Goldfranken (1368). Doch die Kriegskosten leerten rasch die 'coffres', wenn auch der Kg. von 1370 bis zu seinem Tode (1380) bestrebt war, sich seine Privatschatulle neu aufzubauen, die (ohne die 3906 im kgl. Inventar verzeichneten kostbaren Objekte) schließlich noch einen Wert von über 200000 Goldfranken repräsentierte und im Testament des Kg.s für die Bezahlung bestimmter Schulden reserviert war.

Die 1315 konstituierte, zum →Hôtel du Roi gehörende →Argenterie verwaltete die Bestände des Kg.s an Kleidern, Juwelen, kostbarem Tafelzeug und edlen Kunstobjekten. Sie hatte sich – wie der T., aber wesentlich später – aus der kgl. Chambre herausgeschält.

Am 18. März 1523 richtete Franz I. das Amt der 'Épargne' als zentrales Schatzamt ein (»trésorier de l'Epargne et receveur général des parties casuelles et inopinées des finances«). Die Épargne existierte seit dem 14. Jh., ist 1388 belegt und war eine aus dem T. und den Aides gespeiste Kasse, die große Summen für diplomat. und polit. Missionen, Reisen des Kg.s, Feste sowie Darlehen und Zuwendungen (→Pension) an hochgestellte Persönlichkeiten bereitzustellen hatte. Bereits für Karl V. ist bekannt, daß er Geldbestände aus der 'Espergne' unmittelbar in die 'coffres' überführen ließ.

Die kgl. Ordonnanz vom 28. Dez. 1523 bestimmte jedoch, daß mit Wirkung vom 1. Jan. 1524 alle Einnahmen des Kgr.es an die Épargne zu gehen hatten. Den Trésoriers und Généraux wurde die selbständige Weisungsbefugnis entzogen; sie behielten nur mehr ihre Inspektionsaufgaben. Ihre finanzrechtl. Befugnisse gingen an den →Conseil royal über. – Zu England: →Treasurer, →Exchequer. E. Lalou

Q.: L. DELISLE, Mém. sur les opérations financières des Templiers, Mém. Institut de France, Acad. des Inscr. et belles lettres 33, 2ᵉ partie, 1889 – J. VIARD, Les journaux du t. de Philippe VI de Valois, 1899 – DERS., Les journaux du t. de Charles IV, 1917 – R. FAWTIER, Comptes du T., hg. CH.-V. LANGLOIS, 1930 – J. VIARD, Les journaux du T. de Philippe IV, 1940 – Lit.: BORELLI DE SERRES, Recherches sur divers services publics, III, 1895, 1–90 – F. LOT–R. FAWTIER, Hist. des institutions françaises au MA, II: Institutions royales, 1958, 73–74, 142, 274 – M. REY, Le Domaine du roi et les finances extraordinaires (1388–1413), 1965 – DERS., Les finances royales sous Charles VI. Les causes du déficit (1388–1413), 1965 – R. CAZELLES, L'argenterie de Jean le Bon et ses comptes, Bull. soc. nat. des antiqu.

de France, 1966, 51–62 – PH. HENWOOD, Le t. royal sous le règne de Charles VI, 1978, 91–98 – R. CAZELLES, Les t.s of Charles V, Comptes rendus de l'Acad. des inscr., 1980, 214–225.

**Trespass,** Klage im Engl. Recht, eingeleitet bei dem Tatbestand des persönl. Angriffs oder der Beschädigung des Eigentums. Vor ca. 1200 wurden solche Schadensfälle wie Kapitalverbrechen unter Berufung auf →*felony* verfolgt und durch den gerichtl. →Zweikampf zw. den Opfern (oder ihren überlebenden Verwandten) und dem Angeklagten entschieden. Aber in der 1. Hälfte des 13. Jh. begannen die Richter des Kg.s, Geschworenengerichte bei Klagen einzuberufen, die Schadensfälle betrafen, die nicht als felony bezeichnet wurden, aber angebl. mit Gewalt und Waffen (»cum vi et armis«) begangen worden waren und deshalb T.es gegen den Frieden des Kg.s darstellten (»transgressiones contra pacem domini regis«). Diese Behauptungen wurden schnell Fiktionen, mit denen eine unbegrenzte neue Kategorie von rechtswidrigen Handlungen (*torts*) vor den Gerichtshöfen verhandelt werden konnte. Anders als die Anklagen wegen felony, die zur Hinrichtung der überführten Verbrecher führten, oder die Grundbesitzprozesse, die die Wiederherstellung des bestrittenen Besitzes zum Ziel hatten, erkannten die T.-Prozesse den erfolgreichen Klägern Schadenersatz zu und verurteilten die unterlegenen Parteien zu Geldbußen an den Kg. Seit der 2. Hälfte des 13. Jh. wurden bes. Unterkategorien von torts wie z. B. Schädigung durch Betrug, Fahrlässigkeit und Vertragsbruch mit *writs of t., t. on the case* und *assumpsit* definiert. Zur gleichen Zeit bestimmte die Ernennung der →*Justices of the Peace* mit der Gewalt, T.es im Namen des Kg.s zu ahnden, aber nicht über den Schadenersatz zu befinden, eine Kategorie von Verbrechen unterhalb der felony, die später *misdemeanours* ('mindere Delikte') genannt wurden. A. Harding

Lit.: S. F. C. MILSOM, T. from Henry III to Edward III, LQR, 1958 – A. HARDING, Roll of the Shropshire Eyre of 1256, Selden Society, 1981.

**Tretmühle.** T.n wurden im Gegensatz zu anderen →Mühlen über ein Tretrad oder eine Tretscheibe durch Menschen oder Tiere (Hunde, Esel, Pferde, Ochsen) mit den Füßen bewegt. Der Antrieb fand in Getreidemühlen Verwendung (bildl. Darstellungen des gefangenen Samson in der T.) und vornehml. seit dem 13. Jh. auch für →Kräne auf Baustellen und in Häfen, wo T.n den einfachen Flaschenzügen, Wippen, Heberollen und Winden Konkurrenz machten. Weiterhin wurden Treträder für Stampfen und Schiffe (China) genutzt. Die wichtigste der drei Hauptformen des Antriebs waren Trettrommeln für innen laufende Menschen oder Tiere. Spätestens seit dem 15. Jh. gab es daneben von außen bewegte Sprossentreträder sowie die horizontal und schräg gelagerten Tretscheiben. In den Maschinenbüchern des 16. Jh. finden sich Verbesserungsvorschläge, unter denen sich das Sprossentretrad wegen seines optimalen Kraftansatzpunktes durchsetzte. H.-L. Dienel

Lit.: W. RUCKDESCHEL, Faszination Hebetechnik, 1991 – H.-L. DIENEL–W. MEIGHÖRNER, Der Tretradkran, 1995 – →Kran.

**Treue.** Das sehr alte Rechtswort T. geht auf einen germ. Wortstamm zurück, der von Anfang an mit der Bedeutung 'Vertrag, Waffenstillstand' verknüpft ist. Im →langobard. Recht heißt *treuwa* ein Vertrag, der die →Fehde beendet und das Versprechen enthält, Buße zu leisten, wenn die Reinigung von dem erhobenen Schuldvorwurf mißlingt (Liutprand c. 42). Offenbar handelt es sich um denselben Vertrag, den die →Lex Salica (c. 50) als fides facta bezeichnet. Im HochMA heißt die vereinbarte Waffenruhe treuwa, und bei den →Gottesfrieden spricht man von *trewa Dei*, bis sich die daneben aufkommende lat. Form treuga durchsetzt und behauptet. Aber auch für den bloßen Schuldvertrag bleibt das Wort gebräuchl.; von dem »in trüwen geloven« kommt die heutige Formel von »Treu und Glauben« her. Wie es scheint, war die treuwa ein Formalvertrag – durch Eidschwur oder zumindest durch Handschlag ('Handt.') begründet.

Das Interesse der Forsch. galt freilich weniger dieser Vorstellung von T., sondern vielmehr einer anderen, nämlich der T.bindung einer Person an eine andere. Diese Bedeutung war dem Wort T. in den as. und ahd. Evangeliendichtungen zugewachsen. Im →Heliand, bei →Otfrid v. Weißenburg und im ahd. →Tatian – überall ist *triuwa,* treuwa die Lehnübers. von lat. fides. Dieses Wort wiederum hat in der lat. Bibel nur noch ausnahmsweise den ursprgl. antiken Sinn der Verläßlichkeit, sondern meint als Übers. von griech. *pistis* das Vertrauen auf Gott, den Glauben an Gott. Die bekannte karol. Formel von den »fideles Dei et regis« (→Fidelis) legt die Vermutung nahe, daß dieses christl. Vorbild nicht nur in den sog. Untertaneneiden, sondern auch in der fidelitas frk. Antrustionen (→Antrustio) und ma. Lehnsleute (→Lehen, -swesen; Lehnrecht) nachwirkt. Gerade die dt. Forsch. des 19. und 20. Jh. wollte hier freilich überall germ. T.vorstellungen finden. Sie stand im Banne des Topos von der 'dt. T.', der mit dem dt. Nationalgefühl von Anfang an verbunden scheint. Er läßt sich schon um 1500 im Kreis der oberrhein. Humanisten (→Humanismus, B) erkennen und entstammt offenbar dem Germanenbild, das diese sich mit Hilfe des →Tacitus und anderer antiker Autoren gemacht haben. Die Verfassungs- und Rechtsgesch. hat die Vorstellung von der 'dt. T.' im 19. Jh. rezipiert. Bei G. WAITZ, O. GIERKE u. a. erscheint die T. als ein Wesenszug des dt. Rechts – von der T. des Gefolgsmanns (→Gefolgschaft), des Verwandten und des Schwurfreundes bis hin zur Vertragst. In unserem Jh. zunächst zu einem germ. Rechtsmysterium übersteigert (CL. FRHR. V. SCHWERIN, W. MERK), wurde die Lehre von der 'germ. T.' in der 1959 durch F. GRAUS ausgelösten Kontroverse schließlich überwunden. In der neueren Lit. wirkt sie nur noch gelegentl. nach. K. Kroeschell

Lit.: HOOPS² IX, 3f. – HRG V, 320–338 – F. GRAUS, Verfassungsgesch. des MA, HZ 243, 1986, 529–589 – K. KROESCHELL, Stud. zum frühen und ma. dt. Recht, 1995, 157–181 [DERS., Die T. in der dt. Rechtsgesch., 1969]; 183–207 [DERS., Führer, Gefolgschaft und T., 1995].

**Treuga Dei** → Gottesfriede

**Treuhand,** eine der Institutionen, die die dt. Rechtsgesch. in ihrem Bild vom ma. Recht verwendet. Im wesentl. daran anknüpfend, versteht das geltende dt. Zivilrecht unter dem T.er eine Person, der ein anderer (der Treugeber) einen Gegenstand oder ein Recht mit der Verpflichtung zuwendet, diesen oder dieses zugunsten des Treugebers oder eines Dritten zu verwalten. Mit einem dieser Definition entsprechenden, allerdings nicht immer gleichen Bedeutungsgehalt wurden die Begriffe »T.er« und »T.« in Anlehnung an ma. Q.ausdrücke (*manufidelis, triuwehender*) seit der Mitte des 19. Jh. (G. BESELER, 1835) von der dt. rechtsgeschichtl. Lit. verwendet, allerdings noch neben der inzwischen in den Mittelpunkt gestellten Figur des →Salmanns. Erst gegen Ende des 19. Jh. ist die T. zum rechtsgermanist. Institut geworden (A. SCHULTZE, 1895).

Die unter T. eingeordneten Geschäftsformen sind früher oder später in weiten Teilen des ma. Europa anzutreffen. Hierher gehören nicht nur die v. a. in den Urkk. seit dem 8. Jh. auftretenden Spielarten des Letztwillensvollstreckers, sondern auch Rechtsverhältnisse, die mit spätantiken Rechtswörtern wie commendare, commendatio umschrieben werden, und die auch außerhalb der Letztwillensvollstreckung anzutreffen sind (z. B. Anvertrauen einer Sache zur Aufbewahrung oder zum Verkauf). Eindeutig spätantiken Ursprungs dürfte das ein besitzloses Pfand begründende scriptum fiduciationis sein, das nicht nur in einem Kapitular v. 880 vorkommt (MGH Cap. II nr. 236), sondern auch später noch in Südfrankreich anzutreffen ist.

Seit dem 12. und 13. Jh. hat sich der Anwendungsbereich der T. erhebl. ausgeweitet. Sie kommt insbes. im Lehnrecht (→Lehen) – hier wird der T. er u. a. als Lehnsträger (gardien) bezeichnet – und im Privatrecht vor. Da das Lehnrecht nur für einen bestimmten Personenkreis galt (→Heerschildordnung), hat man, wenn etwa ein Lehnsgut einer nichtlehnsfähigen Person zugewandt werden sollte, einen lehnsfähigen Träger eingeschaltet, wie bei der Vergabe an Geistliche, Ritterorden, Kl., Spitäler (dort stand ein kirchl. Treueidverbot im Wege) oder an Städte, Frauenstifte, Minderjährige, Juden, Bürger und Bauern. Der Lehnsträger konnte auch die Funktion eines Vormunds (→Vormundschaft) bekleiden. Ein analoger Anwendungsbereich der T. findet sich im Grundstücksrecht, wenn der Erwerber eines städt. Grundstücks kein Bürgerrecht (→Bürger) hatte. Hier tritt ein Bürger, oft Salmann gen., im süddt.-alem. Bereich →Träger, als Erwerber auf. Ähnliches gilt auch für das bäuerl. Recht. In all diesen Fällen ist die T. ein Instrument gewesen, um ständerechtl. Beschränkungen im Interesse eines erweiterten Rechts- und Wirtschaftsverkehrs zu überwinden. Eine ähnl. Funktion und ein vergleichbarer Anwendungsbereich kamen dem engl. Institut use (trust) zu, das freilich eben wegen jenes »Umgehungscharakters« später erhebl. Einschränkungen durch den Gesetzgeber hinnehmen mußte.

Daneben wurde die T. vielfältig als Mittel eingesetzt, um zeitweilige Ungewißheiten im Hinblick auf eine Rechtsinhaberschaft zu überbrücken, und – nach wie vor – im Rahmen der Letztwillensvollstreckung verwendet. Eine bes. Form ist der Salmann als regelmäßiger Zwischenmann bei Eigentumsübertragungen. Mit der schon im MA einsetzenden Rezeption des gelehrten röm. Rechts sind auch in den Fällen der T. Umbildungen eingetreten.

K. O. Scherner

Lit.: HRG V, 342f. – G. BESELER, Die Lehre von den Erbverträgen, Erster Theil: Die Vergabungen von Todes wegen, 1835 – A. SCHULTZE, Die langob. T. und ihre Umbildung zur Testamentsvollstreckung, 1895 [Neudr. 1973] – K. BEYERLE, Das Salmannenrecht, I, 1900 – F. BEYERLE, Die T. im Grundriß des dt. Privatrechts, 1932 – P. OURLIAC–J. DE MALAFOSSE, Hist. du Droit privé, I, 1957; II, 1961 – P. S. LEICHT, Diritto privato, II: Diritti reali, 1960²; III: Le obbligazioni, 1948² – G. CHEVRIER, A propos du wadiator dans le pagus Matisconensis et de l'execution posthume du don pro anima (Album J. BALON, 1968), 79–94 – J. H. BAKER, An Introduction to English Legal Hist., 1971 – K. O. SCHERNER, Salmannschaft, Servusgeschäft und venditio iusta, 1971 – C. SCHOTT, Der Träger als T.form, 1975 – →Lehen.

**Trevet(h), Nicholas** OP, engl. Theologe und Humanist, * um 1258, † um 1334 in London; Sohn eines Ritters aus Somerset, Lehrer in Oxford, bevor er sich an die Univ. v. Paris begab. 1314 nahm er seine Lehrtätigkeit in Oxford wieder auf. T. ging dann nach London, wo er 1324 Lektor im Dominikanerkl. wurde. T. verfügte über Kontakte zum engl. Kg.shof und zu Dominikanern in ganz Europa, was sicherl. dazu beitrug, daß seine Schriften in weiten Kreisen bekannt wurden. T.s Textkomm.e behandeln eine große Zahl von kirchl. und klass. Themen (→Kommentar, III). Sein bedeutendster Beitrag lag wahrscheinl. in seinen Komm.en zu den Klassikern. Dank des Einflusses seines Mitdominikaners Nicholas de Prato wurde T. von Papst Johannes XXII. beauftragt, den ersten bekannten Komm. zu →Livius zu schreiben. Sein Werk auf dem Gebiet der klass. Komm.e muß als ein wichtiges Element innerhalb der spätma. Wiederbelebung des Interesses an der Antike gesehen werden (→Ovid, V; →Seneca, I; →Boethius, II,1). T.s chronist. Werk entwickelte sich teilweise in Zusammenhang mit seinem Interesse für die klass. Antike. Seine »Historia ab orbe condito« handelt von der Schöpfung bis zur Geburt Christi und war Hugo, dem päpstl. Nuntius, gewidmet, der ihn beauftragt hatte, eine Gesch. der vorchristl. Zeit zu erstellen. Die »Historia« scheint sich auf dem europ. Kontinent größerer Beliebtheit erfreut zu haben als in England. Die anderen hist. Schriften T.s wurden durch seine Kontakte am engl. Hof angeregt. Die »Chronicles«, eine Art Universalgesch. in anglo-norm. Sprache, wurden für Margarete v. Woodstock (∞ →Johann II., Hzg. v. Brabant [20. J.]; Tochter Eduards I.) verfaßt. Sie sind in mehreren Kopien erhalten, wurden ins Me. übersetzt und von →Chaucer in den »Canterbury Tales« für seine »The Man of Law's Tale« benutzt. T.s »Annales sex regum Angliae« stellen einen Bericht über die Kg.e v. England von Stephan v. Blois bis zu Eduard I. dar. Obwohl es sich bei den »Annales« in erster Linie um eine patriot. hist. Darstellung handelt, zeigt seine Erzählung doch einen europ. Hintergrund. Sein wissenschaftl. Interesse wird in diesem Werk deutl., das ihn zusammen mit seinen Universalgeschichten in die besten Chronisten seiner Zeit einreiht. →Chronik, G.II, III.

J. Taylor

Ed. und Lit.: A. B. EMDEN, A Bibliogr. Register of the Univ. of Oxford to A. D. 1500, III, 1959, 1902f. – B. SMALLEY, English Friars and Antiquity in the Early Fourteenth Century, 1960, 58–65, 88–92 – A. GRANSDEN, Hist. Writing in England, I, 1974, 501–507 – R. DEAN, N. T., Historian (Medieval Learning and Lit. Essays pres. to R. W. HUNT, ed. J. J. G. ALEXANDER–M. T. GIBSON, 1976).

**Trevisa, John,** engl. Übersetzer, * ca. 1342 in Trevessa (St. Enoder [?]), Cornwall, † 1402. Ab 1362 Studium am Exeter College in Oxford, 1369 Mag. artium, im selben Jahr Fellow am Queen's College, 8. Juni 1370 Priesterweihe. 1378/79 mit der Südfraktion von der Univ. vertrieben, jedoch ist mehrmaliger späterer Aufenthalt dokumentiert; Auslandsreisen nach Dtl. und Savoyen (vor 1385?), nach Italien ([?]; 1390 oder später). Vielleicht ab ca. 1374 (sicher ab ca. 1385) Vikar bei Thomas IV. Lord →Berkeley in Gloucestershire, zu dessen Familie er wohl schon in Cornwall Verbindungen hatte und in dessen Auftrag er Ranulph →Higdens »Polychronicon« (abgeschlossen 18. April 1387) und die Enzyklopädie »De proprietatibus rerum« des →Bartholomaeus Anglicus (abgeschlossen 6. Febr. 1398) übersetzte. Der mit Ergänzungen T.s versehenen Chronik sind ein Widmungsbrief und ein Dialog vorangestellt, in denen übersetzungstheoret. Fragen erörtert werden. Die Chronologie der übrigen Werke, Aegidius Romanus' »De regimine principum«, Richard FitzRalphs »Defensio curatorum«, Ps.-Wilhelms v. Ockham »Dialogus inter militem et clericum« und das »Evangelium des Nicodemus«, ist unsicher. – Beteiligung an der Bibelübers. ist nicht nachgewiesen.

K. Bitterling

Bibliogr.: →Enzyklopädie, III, 2 – →Higden – ManualME 3.VII, 1972, 40 [Ps.-Ockham]; 8.XXI, 1989, 21 [Polychr.] – Ed.: RS 41 [Polychr.] – A. J. PERRY, EETS OS, 167, 1925 [Dial., FitzRalph; Methodius] – H. E. CHILDS [Diss. Univ. of Washington 1932] [Aeg.] – H. D. KIM [Diss. Univ. of Washington 1963] [Nic.] – M. C. SEYMOUR u.a., On the Properties of Things ..., I–III, 1975, 1988 – DIES., Bartholomaeus Anglicus and his Encyclopedia, 1992 [Q.] – R. WALDRON, T.'s Original Prefaces on Transl. (Medieval English Sts. Pres. to G. KANE, ed. E. D. KENNEDY u.a., 1988), 285–299 – Lit.: R. HANNA III, Sir Thomas Berkeley and His Patronage, Speculum 64, 1989, 878–916 –

R. WALDRON, J. T. and the Use of English, PBA 74, 1988 [1989], 171–202 – D. C. FOWLER, J. T., 1993.

**Treviso,** Stadt in Oberitalien (Veneto). [1] *Stadt:* Das röm. Municipium Tarvisium war infolge seiner geogr. Lage den Invasionen der germ. Völkerschaften bes. ausgesetzt und hatte eine beachtl. militär. Bedeutung in den Gotenkriegen: Sieg der Goten 541 über die Byzantiner, Ausrufung →Totilas zum Kg. Nach der langob. Landnahme wurde T. Sitz eines Hzg.s (erster Beleg 602) und fungierte als Vorposten gegen die Byzantiner. Nach der Eroberung des Zentrums der byz. Herrschaft in »Venetia« Oderzo (638–639) durch die Langobarden erstreckte sich die Autorität des Hzg.s v. T. bis zum Fluß Livenza an der Grenze zum Hzm. →Friaul. In karol. Zeit sind T. und sein Territorium als Gft. bezeugt (829); in der folgenden Krisenzeit kam es an der Wende vom 9. zum 10. Jh. in die Einflußsphäre von →Berengar I., Mgf. v. Friaul und später Kg. und Ks. In diesen Jahren wurden die Grundlagen für die polit. Macht der Bf.skirche v. T. gelegt (Urk. Berengars I. für Bf. Adalbert 905 und 926). Seit der Mitte des 10. Jh. gehörten T. und sein Territorium zur Verones. Mark (trug seit dem 12./13. Jh. den Namen Trevisan. Mark). Seit 958 ist Rambaldus belegt, von 972 an Gf. des Komitats T., der Spitzenahn einer gfl. Dynastie, die im SpätMA Collalto genannt wurde. Im Laufe des 11. und in der ersten Hälfte des 12. Jh. erwarben örtl. und auswärtige kirchl. Einrichtungen (die Bf.skirchen von T., →Feltre und Belluno sowie →Freising) und Adelsfamilien (→Camino, da →Romano, da Camposampiero, Gf.en v. T., und Avvocati) allmähl. eine Reihe von Herrschaftsrechten im Distrikt von T. Während des →Investiturstreits im 11./12. Jh. vertraten die Bf.e von T. beständig eine kaiserfreundl. Politik. Auch in der Mitte des 12. Jh. blieb die Stadt kaisertreu, bis sich die Kommune konstituierte (seit 1162 sind Konsuln bezeugt); 1167 trat sie der →Lombard. Liga bei, deren Geschicke sie in den folgenden Jahren teilte. Nach dem Frieden v. →Konstanz (1183) führte die Kommune T. – die sich inzwischen in konstitutioneller Hinsicht konsolidiert hatte (Übergang vom Konsulat zum Podestariat; Abfassung von Statuten seit ca. 1207, mehrere Bearb.) und von den wichtigsten Adelsfamilien geleitet wurde – eine Reihe von Kriegen mit den Nachbarstädten, v. a. mit Belluno, und festigte ihre Autorität im Distrikt auf Kosten des Bf.s, der zusehends an polit. Einfluß verlor.

In den ersten Jahrzehnten des 13. Jh. blieb die wirtschaftl. und polit. Bedeutung des *Popolo* gering. Die Übermacht des Adels mündete schließlich in die Signorie des Alberico da Romano (1239–59), der eine gegen →Friedrich II. gerichtete guelf. Politik betrieb. Nach der Niederlage und der Ermordung Albericos und seines Bruders →Ezzelino III. (1259) wurde die kommunale Ordnung wieder eingeführt und hielt sich bis 1283. Die Außenpolitik prägte das Bündnis mit der guelf. Kommune →Padua. Die andauernde soziale und wirtschaftl. Hegemonie des hohen Adels führte dann zur Signorie des Gerardo und Rizzardo da Camino (1283–1312), die im wesentl. von einem Konsens der Bevölkerung getragen wurde (v. a. galt Gerardo als 'aequus tyrannus'). Die da Camino wurden von →Heinrich VII. als Reichsvikare anerkannt. 1313 kehrte die Stadt wieder zur kommunalen Verfassung zurück und geriet bis 1328 in die Kämpfe zw. der Kommune Padua, den Scaligern von →Verona (→Della Scala), →Friedrich d. Schönen (3. F.) und den Gf.en v. Görz um die Vorherrschaft im Territorium der Mark T. verwickelt und schließlich von Cangrande I. Della Scala erobert, der in T. starb (Juli 1329). T. verlor nun endgültig seine polit. Unabhängigkeit: 1329–38 wurde es der Herrschaft der Scaliger eingegliedert und war dann die erste Stadt der Terraferma, die seit dem Frieden v. Venedig 1339, der den Krieg zw. →Venedig, Florenz und den Scaligern beendete, der Serenissima unterstand. Die ven. Herrschaft dauerte mit kurzen Unterbrechungen (1381–84 Herrschaft Leopolds v. Habsburg, 1384–88 Signorie der da →Carrara v. Padua) bis zum Ende des 18. Jh. Im 14. und 15. Jh. wuchs in T. und in seinem Distrikt (in dem verschiedene Herrschaftsrechte erhalten blieben) die wirtschaftl. Abhängigkeit von Venedig, v. a. als Folge der Aufkäufe von Großgrundbesitz durch die ven. Patrizier.

[2] *Diözese:* Im Früh- und HochMA fanden in der Diöz. T. verschiedene territoriale Umschichtungen statt als Folge der tiefgreifenden Veränderungen innerhalb des Städtenetzes in der östl. 'Venetia': das Bm. gliederte im 7. Jh. einen Teil der Gebiete ein, die den Bf.en von Altino und Oderzo unterstanden, welche sich in die ven. Lagune geflüchtet hatten, büßte jedoch den nö. Teil an die Diözese Cèneda ein; im 10. Jh. gehörte auch ein Teil des Gebiets der Diöz. Asolo zum Territorium des Bm.s T. Die kirchl. Einteilung des Gebiets, das in Pfarrsprengel (→Taufkirchen) unterteilt war, die auch die Grundlage für die Einteilung des zivilen Verwaltungsbezirks darstellten, kann aufgrund einer Bulle →Eugens III. (1152) genau rekonstruiert werden. Die Bf.e, im 10. bis 12. Jh. häufig dt. Herkunft, wurden bis zum 13. Jh. vom Ortsklerus gewählt. Während der Herrschaft der da Camino (1283–1312) und Venedigs (seit 1339) nahmen die polit. Gewalten dauernden Einfluß auf ihre Designierung.

G. M. Varanini

*Lit.:* G. DEL TORRE, Il Trevigiano nei sec. XV e XVI. L'assetto amministrativo e il sistema fiscale, 1990 – Storia di T., II: Il medioevo, hg. D. RANDO–G. M. VARANINI, 1991.

**Tria regna** → Materia medica, II

**Triaden,** walis.-ir. Gattung von Merksprüchen. Sie nennen je drei Elemente (Personen, Ereignisse, Örtlichkeiten usw.), die sich durch ein gemeinsames Merkmal in denkwürdiger Weise auszeichnen, z. B. die drei schnellsten Pferde von Britannien, die drei Eroberungen Britanniens, die drei (wichtigsten) Seen v. Irland. Die Merksprüche sind offenbar bestimmt für die Schüler der Dichterakademien, die sich so das traditionelle Wissen um die eigene Gesch. und Sage einprägen. Die Erzähler verweisen auf die T. in der stereotypen Form: »Vorliegendes war das dritte Element mit diesem Merkmal«, z. B. heißt es von Manawyddan im Zusammenhang mit seiner Kunst als Schuster: »Deshalb hieß er der dritte Goldschuster« (Pedeir Keinc y Mabinogi 54, 18), vgl. die Triade Nr. 67: »Drei Goldschuster von Britannien – Caswallawn ... Manawyddan und Llew Llawgyffes«. So spricht auch der engl. Dichter Laȝamon (fl. 1190) (→Laȝamon's Brut) von Arthurs Schlacht gegen die Römer (in Anspielung auf eine verlorene Triade): »So wie es jene Schriften sagen, die weise Männer dichteten: Das war die drittgrößte Schlacht, die je hier geschlagen wurde« (III, 95).

Die ir. T. werden in vorliegender Form aufgrund sprachl. Kriterien ins 9. Jh. datiert, die walis. sind in Hss. des 13. und 14. Jh. überliefert. Davor liegen vermutlich mehrere Jahrhunderte mündlicher Überlieferung (→Mündl. Lit.tradition, V, VI). Jüngere T. gehen über den Rahmen des traditionellen Wissens hinaus und sind eher witzig gemeint, z. B. »Drei Dinge hat man ungern zuhause – ein Keifweib, ein plärrendes Kind, einen qualmenden Schornstein«.

H. Pilch

*Ed. und Lit.:* Laȝamon's Brut, ed. F. MADDEN, 3 Bde, 1847 – The Triads of Ireland [krit. Text mit Übers., Anm., Glossar], ed. K.

MEYER, 1906 (Royal Irish Acad.) – Pedeir Keinc y Mabinogi, ed. I. WILLIAMS, 1930 – Trioedd Ynys Prydain [krit. Text mit Übers. und Komm.], ed. R. BROMWICH, 1961.

**Tribal Hidage,** ein undatiertes Verzeichnis von 35 selbständigen Stammesverbänden, die im ags. England s. des Humber siedelten. Wie ein Bericht eines Tributeinnehmers verfaßt, diente es einer Kopfsteuererhebung, die die Bevölkerung einem gesellschaftl. Verband und nicht einem Gebiet zuordnet. Es verzeichnet für jeden Stammesverband eine runde Anzahl von *hides* (→Hufe), insgesamt 244 100. Da das Verzeichnis mit dem Volk v. →Mercien beginnt, ist es sehr wahrscheinl., daß es z. Zt. einer merc. Oberherrschaft angelegt wurde. Aufgrund von überzeugenden Argumenten darf man auf die Einbeziehung des Volkes v. Elmet schließen, daß das Verzeichnis wohl zw. 670–690 entstanden ist, möglicherweise während der Regierungszeit von →Wulfhere (657–674). →Steuer, G.
A. J. Kettle

Lit.: C. HART, The T. H. (Transactions Royal Historical Society, 5th ser., 21, 1971), 133–157 – W. DAVIES–H. VIERCK, The Contexts of T. H., FMASt 8, 1974, 223–293.

**Tribonian,** byz. Staatsmann und Jurist, † 542, leitete als →Quaestor sacri palatii das Justiz- und 'Propaganda'-Ressort →Justinians I. 529–532 und 535–542, hatte also in der Zeit der Kompilation der Digesta und Institutiones die entscheidende Stellung inne (→Corpus iuris civilis, Abschn. I). Über den Verlauf seiner Karriere wissen wir nur wenig. Belegt ist seine Herkunft aus Pamphylien und seine allumfassende hohe Bildung. Vor seiner Berufung in die Zentralverwaltung durch Justinian wirkte er als Anwalt am Gericht des Praefectus praetorio per Orientem (→Praefectus). Er wird daher vermutl. in →Beirut Iura studiert haben. Als Anwalt an einem der höchsten hauptstädt. Gerichte hat er wohl die Aufmerksamkeit des Ks.s auf sich gezogen, der ihn im Zuge des Revirements v. 529 mit der Palastquaestur betraute. Daß nach Fertigstellung des Codex die Kompilationsarbeit auf das Juristenrecht ausgedehnt wurde, steht mit der Ernennung T.s sicherlich in direktem Zusammenhang; vielen Gelehrten gilt T. selbst als Urheber des Digestenplans. Unter seiner weitgehend eigenverantwortl. Leitung wurde das Digestenprojekt zügig verwirklicht. Unterbrochen hat die Karriere T.s lediglich der →Nika-Aufstand (532), der zur zeitweiligen Abberufung der leitenden Männer Justinians führte. Dennoch vollendete er Digesta und Institutiones, deren Promulgationskonstitutionen die Merkmale von T.s Stil tragen. Schon vor seiner formellen Wiedereinsetzung in die Quaestur 535 fungierte er im Amt des →Magister officiorum als 'spiritus rector' bei Erstellung des 2. Codex und sodann bei der reformator. Novellengesetzgebung Justinians (→Novellen). Mit seinem Tode erlahmt diese daher in signifikanter Weise. T.s Bedeutung liegt v. a. in seiner führenden Stellung bei der Verwirklichung der Digesten, durch welche er die europ. Rechtswissenschaft bleibend geprägt hat. Seinen Ruf verdunkelt freilich der Vorwurf →Prokops, demzufolge er zur →Korruption geneigt habe; den überragenden Ruhm seines Werkes vermag persönl. Unzulänglichkeit freilich nicht zu schmälern. P. E. Pieler

Lit.: RE VI A, 2419–2426 [B. KÜBLER] – T. HONORÉ, T., 1978 – →Byz. Recht.

**Tribunal de la Corte,** kgl. Gerichtshof in Kastilien-León, der, hervorgegangen aus dem bisher an der →Curia Regia angesiedelten kgl. Hofgericht, 1274 auf den Cortes v. Zamora durch Alfons X. v. Kastilien institutionalisiert wurde. Der T. bestand aus Richtern, die beständig unter Vorsitz des Kg.s tagten (*jueces, alcaldes*). Alfons X. setzte einen *Sobrejuez* (auch: *Adelantado Mayor de la Corte*) ein, der die Stellvertretung des Monarchen wahrnahm und die Ermächtigung hatte, an seiner Stelle zu urteilen, selbst bei Appellationen (*alzadas*) gegen Richtsprüche des T. oder gegen andere Gerichte des Reiches. Für Ordnung am Gerichtshof und die notwendigen Arretierungen war der *Justicia Mayor* (auch: *Alguacil*) zuständig. Auf den →Cortes v. Zamora wurde 1274 ein *Ordenamiento* verabschiedet, aufgrund dessen sich der T. jeden Montag, Mittwoch und Freitag zu versammeln hatte, aus 23 Richtern bzw. *Alcaldes de Corte* zur Beurteilung der dem Kg.sgericht vorbehaltenen *Casos de Corte* bestehen sollte (9 aus Kastilien, 8 für León, darunter ein Experte für den →Fuero Juzgo, 6 für die Estremadura), von denen ein Teil immer den Kg. begleiten mußte, um die Rechtsprechung sicherzustellen. Zudem sollten drei erfahrene Richter als *Alcaldes de las Alzadas* die Appellationen gegen die Urteile des T. behandeln. Unter Sancho IV. v. Kastilien hörte der T. auf zu bestehen, wurde aber 1312 wieder eingesetzt. Im Laufe des SpätMA enwickelte sich die Zusammensetzung des T. (seit 1312 je vier aus Kastilien, León und der Estremadura; Probleme des Anteils der *fijosdalgo* und der Mitwirkung von Geistlichen) zu einem Streitpunkt zw. Kgtm. und Adel, bis sich die Institution im Zuge der Neuordnung der Rechtsprechung auf den Cortes v. Toro 1371 zur kgl. Audiencia mit ihren sieben *Oidores* (drei Prälaten, vier Juristen; später Erhöhung der Gesamtzahl auf zehn bzw. sechzehn) in Parallelentwicklung zur Chancillería (→Kanzlei, A. VI) als oberste Gerichtsinstanz der Krone wandelte, um im 15. Jh. ihren Namen zusätzl. anzunehmen (*Audiencia y Chancillería*).
L. Vones

Lit.: A. IGLESIA FERREIRÓS, Las Cortes de Zamora de 1274 y los casos de corte, AHDE 41, 1971, 945–971 – L. GARCÍA DE VALDEAVELLANO, Curso de Hist. de las instituciones españolas, 1975⁴, 561ff. – M. A. PÉREZ DE LA CANAL, La justicia de la Corte en Castilla durante los siglos XIII al XV, Hist. Instituciones. Documentos, 2, 1975, 383–481 – E. S. PROCTER, Curia and Cortes in León and Castile, 1072–1295, 1980, 137f., 249–253 – J. SÁNCHEZ-ARCILLA BERNAL, La administración de justicia real en Castilla y León en la Baja Edad Media (1252–1504), 1980 – D. TORRES SANZ, La administración central castellana en la baja Edad Media, 1982 – J. F. O'CALLAGHAN, The Cortes of Castile-León, 1188–1350, 1989, 158–161 – DERS., The Learned King: The Reign of Alfonso X of Castile, 1993, 42–45 – J. M. NIETO SORIA, Iglesia y Génesis del Estado Moderno en Castilla (1369–1480), 1993, 172ff. – C. GARRIGA, La Audiencia y las Chancillerías Castellanas (1371–1525), 1994.

**Tribur** (heute Trebur), am rechten Ufer des Rheins bei Groß-Gerau (Hessen) gelegener Ort einer ehemals bedeutenden Kg.spfalz.

[1] *Pfalz:* Der inmitten eines ausgedehnten Kg.sgutsbezirks gelegene Ort wird erstmals 829 in einer Urk. Ludwigs d. Frommen (RI I², Nr. 872) erwähnt. Ausgangspunkt für die Pfalz war ein bereits um die Mitte des 8. Jh. bestehender karol. Wirtschaftshof, von dem aus auch der spätere Reichsforst Dreieich verwaltet wurde. Seinen Aufstieg zu einer der meistbesuchten Kg.spfalzen im Rhein-Main-Gebiet verdankte T. der ihm von dem ostfrk. Herrscher Ludwig d. Dt. zugedachten Funktion einer Stärkung der kgl. Position im Frankfurter Raum. Unter Ludwig d. Dt. dürfte die an der Stelle der heutigen Pfarrkirche (St. Laurentius) zu lokalisierende Pfalz mit repräsentativen Gebäuden (palatium) und wohl auch mit einer größeren Kirche (basilica) ausgestattet worden sein. Zu einem deutl. Rückgang kgl. Aufenthalte kam es in otton. Zeit, nachdem Otto d. Gr. T. neben anderen Gütern seiner zweiten Gemahlin →Adelheid als Wittum übertragen hatte. Otto III. schenkte die curtis T. 985 seiner Tante, der Äbt. →Mathilde v. Quedlinburg (DO. III. 8), doch dürfte sie nach deren Tod wieder an das Reich zurückgefallen

sein. Jedenfalls nahmen unter den Saliern die Aufenthalte in T. wieder zu, um unter Heinrich IV. einen Höhepunkt zu erreichen. Nach 1077 brechen die Besuche in T. jedoch abrupt ab. Dennoch blieb T. bis zum Ende der Stauferzeit in der Verfügung des Reiches. 1249 wurde die Pfalz vom Gegenkg. Wilhelm v. Holland an die Gf.en v. →Katzenelnbogen verpfändet.

[2] *Reichsversammlungen und Synoden:* Die herausragende Stellung T.s ist aus der Zahl bedeutender polit. und kirchl. Versammlungen ersichtl., die hier abgehalten wurden. Auf einem von Karl III. für Nov. 887 nach T. einberufenen Reichstag setzte auf die Nachricht vom Nahen Arnulfs v. Kärnten der Abfall unter den ostfrk. Großen ein, der zur Abdankung des Ks. und zur Herrschaftsübernahme durch den letzten handlungsfähigen Angehörigen des karol. Hauses führte. Im Mai 895 berief Arnulf selbst eine Reichsversammlung und Synode nach T. ein. Unter dem Vorsitz der Ebf.e →Hatto I. v. Mainz, →Hermann I. v. Köln und →Radbod v. Trier wurden hier Beschlüsse zum Rechtsschutz der Kirche, zur Stärkung der bfl. Autorität wie zur Festigung der kirchl. Disziplin gefaßt. Unter dem Vorsitz Konrads II., der bereits nach Abschluß seines Umritts (1025) einen Hoftag in T. abgehalten hatte, fand im Mai 1036 eine allg. Synode statt, an der neben einer stattl. Zahl von Bf.en auch der Vertreter der lothring. Reform, →Poppo v. Stablo, teilnahm. Auf einer Reichsversammlung Ende Okt./Anfang Nov. 1053 erreichte Heinrich III. von den anwesenden Fs.en die Wahl seines damals dreijährigen Sohnes (Heinrich IV.) zum Kg., verbunden mit der – freilich unter Vorbehalt erteilten – Zusage, denselben als Nachfolger anzuerkennen. Durch dieses Zugeständnis konnte der Bestand sal. Herrschaft als gesichert gelten. Weniger glückl. verliefen für Heinrich IV. die Versammlungen zu T. Zwar konnte er hier im Sommer 1066 seine Vermählung mit Bertha v. Turin feierl. begehen. Doch mußte er sich auf einer im Jan. dieses Jahres abgehaltenen Reichsversammlung auf fsl. Druck zur Entlassung seines wichtigsten Ratgebers und Vertrauten Ebf. →Adalberts v. Hamburg-Bremen bereitfinden. Im Zuge der im Okt. 1076 mit der fsl. Opposition zu T. geführten Verhandlungen, bei denen Heinrich IV. selbst auf der gegenüberliegenden Seite des Rheins bei Oppenheim lagerte, mußte sich der Kg. zur Wahrung seiner Herrschaft den gemeinsam von Fs.en und päpstl. Legaten gestellten Bedingungen beugen: Er mußte sich zur Preisgabe der kg.streuen Stadt Worms sowie zur Entlassung seiner gebannten Räte bereiterklären und Gregor VII. Gehorsam geloben, Genugtuung leisten und angemessene Buße in Aussicht stellen. Das bedeutete fakt. die Zurücknahme der Beschlüsse der Wormser Synode vom 24. Jan. 1076. Eine kg.sfeindl. gesonnene Fs.engruppe kam jedoch insgeheim überein, eine Neuwahl vorzunehmen, wenn Heinrich nicht binnen Jahresfrist vom Bann gelöst sei, und forderte Gregor VII. auf, zur Schlichtung des Streits nach Dtl. zu kommen. Dies war der Anlaß für Heinrichs spektakulären Zug nach →Canossa. Die für den 24. Juni 1119 vorgesehene Reichsversammlung, auf welcher eine Verständigung Heinrichs V. mit den Fs.en erfolgen sollte, fand nicht in T. selbst, sondern wohl eher auf einer zw. Mainmündung und Rhein gelegenen Insel statt. Bei dieser Gelegenheit wurde nicht nur ein für das gesamte Reich gültiger Frieden vereinbart, sondern auch die Beilegung des Streits zw. Ks. und röm. Kirche (→Investiturstreit) in Aussicht gestellt.

T. Struve

Q. und Lit.: *zu [1]:* Hist. Stätten Dtl. 4, 1976³, 432f. – LThK² X, 336f. – W. DIEFENBACH, Die Ks.pfalz zu T., o. J. [1934] – M. GOCKEL, Die Bedeutung T.s als Kgl.ort (Dt. Kg.spfalzen 3, 1979), 86–110 [Lit.] – *zu [2]:* DÜMMLER² 3, 287f., 395–400 – JDG K. II. Bd. 2, 161f. – JDG H. III. Bd. 2, 227f. – JDG H. IV. und H. V. Bd. 1, 489, 526; Bd. 2, 729–735; Bd. 7, 103f. – RI I², 724f. Nr. 1765 b; 767f. Nr. 1905 b; III/1, 114f. Nr. 237a; III/2, 6f. Nr. 13 – HEFELE-LECLERCQ IV/2, 697–707; V/1, 178–183; 574f. – C. ERDMANN, T. und Rom, DA 1, 1937, 361–388 – F. BAETHGEN, Zur T.-Frage, DA 4, 1941, 394–411 – H. BEUMANN, T., Rom und Canossa (Investiturstreit... [VuF 17], 1973), 33–60 – E. HLAWITSCHKA, Zw. T. und Canossa, HJb 94, 1974, 25–45.

## Tribut

I. Spätantike – II. Byzanz – III. Hoch- und Spätmittelalter.

I. SPÄTANTIKE: T., Bezeichnung für Leistungen, die zw. dem röm. Imperium und Bundesgenossen vertragl. und in bestimmter, von Fall zu Fall wechselnder Form erbracht wurden. Sie sind für beide Seiten möglich, nicht nur für die socii (tributarii), obzwar solche für die Republik (φόροι) die Mehrzahl ausmachen (vgl. Tac. ann. 4, 72, 1) und abgeleitet davon das tributum als Terminus generell die Steuern (→Steuer, L. I) der Prov.en umschreibt. In der Ks.zeit, bes. bei Berührung mit barbar., polit. unentwickelten Partnern dienen T.e von seiten Roms vorwiegend der Stabilisierung von Herrschern und sozialen Verhältnissen, so daß sie gleichsam den Charakter von Subvention und »Entwicklungshilfe« im modernen Sinne gewinnen und in Verbindung mit Friedensschlüssen als unabdingbare Notwendigkeit immer wieder akut werden. Klagen über damit verbundene Abhängigkeit des Reiches führen daher in die Irre. T.zahlungen werden denn an fast alle Bundesgenossen erwähnt, auch →Armenien und →Persien. Im allg. hängen Loyalität und Existenz der Klientelreiche von solchen Zahlungen ab, abgegolten z. T. auch durch Truppenstellung, ab ca. 442 vielleicht auch Getreidelieferung durch →Geiserich aus Afrika. Im 5. Jh. erzwangen die →Hunnen eine drast. T.erhöhung (Verdreifachung unter →Attila zw. 435 und 447); Aufkündigung durch →Markianos war zweifellos ein Anlaß zum hunn. Gallienzug 451. Bei der Rettung des Sāsāniden Pērōz I. 482 durch röm. Gelder könnte es sich um eine außerordentl. Leistung in diesem Rahmen handeln.

G. Wirth

Lit.: TH. MOMMSEN, Röm. Staatsrecht, III, 1887³, 682 – J. KLOSE, Roms Klientelstaaten an Rhein und Donau, 1934, passim – D. C. BRAUND, Rome and the Friendly King, 1984, 63.

II. BYZANZ: Die Institution des T.s, sowohl von anderen Staaten als auch an andere Staaten, ist als röm. Erbe die gesamte byz. Zeit über zu beobachten. Allerdings fehlen terminolog. und interpretator. Einzeluntersuchungen, so daß an dieser Stelle nur sehr allg. Feststellungen getroffen werden können. In frühmittelbyz. Zeit verbietet es die Staatsdoktrin, erzwungene Zahlungen an Feinde als solche zu bezeichnen; sie werden vielmehr in der Q. und in der öffentl. Meinung als »Geschenke« betrachtet, um Freiwilligkeit der Leistung und polit. Unabhängigkeit vorzutäuschen. In spätbyz. Zeit, bes. in der Auseinandersetzung mit den →Osmanen, wird allerdings offen über T.e gesprochen, die nun nicht nur Geldforderungen, sondern Waffen- und Truppenhilfe beinhalten. T.leistungen erscheinen einzeln betrachtet sehr hoch (z.B. mehrere Tonnen Gold an die →Awaren im 6. Jh.), machen jedoch, nach den Überlegungen von TREADGOLD, nur einen geringen Teil des Staatsbudgets aus. T.e werden überwiegend in (Gold-)nomismata (→Nomisma) geleistet, die von den Feinden oft umgeschmolzen wurden und daher nur in geringem Umfang wieder dem Handel zuflossen.

P. Schreiner

Lit.: K.-P. MATSCHKE, Die Schlacht bei Ankara und das Schicksal von Byzanz, 1981, 64–75 – W. TREADGOLD, Byzantium and its Army 284–1081, 1995, 193–197.

III. Hoch- und Spätmittelalter: Vielfältige Formen des T.s, im eingegrenzten Sinne einer (einmaligen oder period.) Natural- oder Geldleistung an einen militär. stärkeren Kriegsgegner (und insofern abzuheben von der herrschaftl.-staatl. →Steuer), sind auch aus dem westl. und östl. Hoch- und SpätMA bekannt (bei oft verstreuter Q.überlieferung und geringer vergleichender Erforschung); sie treten v.a. im Zuge krieger. Auseinandersetzungen mit außerhalb eines Reichsverbandes stehenden, meist 'heidn.' oder 'barbar.' Völkern in Erscheinung (im 9.–11. Jh. z. B. →Wikinger/→Normannen, →Slaven, →Ungarn; im 10.–15. Jh., bes. im östl. Europa, z. B. →Kumanen, →Pečenegen, →Mongolen/→Tataren). Ein aus der Reichsgesch. des frühen 10. Jh. bekanntes Beispiel ist der von →Heinrich I. 926 mit hohem jährl. T. an die *Ungarn* erkaufte, vom Kg. jedoch zu aktiven Verteidigungsmaßnahmen genutzte Waffenstillstand (sog. →Burgenbauordnung; Errichtung bzw. Wiederherstellung einer T.herrschaft des Reiches über die im östl. Vorfeld Sachsens, dem »Aufmarschgebiet« der Ungarn, ansässigen Stämme der →*Elb- und Ostseeslaven*); die demonstrative Verweigerung des Ungarnt.s durch Heinrich I. (932) provozierte sogleich einen neuen (mit dem sächs. Sieg bei →'Riade' aber erstmals erfolgreich zurückgeschlagenen) Ungarneinfall (→Deutschland, B. II, 4). Diese heroische Episode wird auch in der nationalen Gesch.sschreibung des 19. Jh. gern angeführt, da die (an sich schimpfl.) T.leistung des Reiches an einen fremden Eindringling hier als Bestandteil einer überlegenen polit. Strategie ihre glänzende Rechtfertigung fand. – Über die an Verbände der *Wikinger* von →Angelsachsen, aber auch von West- und Ostfranken geleisteten T.e, die im →England des 11. Jh. in eine Frühform der Steuer einmündeten, handelt der Beitrag →Danegeld. – Anders stellt sich die Situation auf der *Iber. Halbinsel* am Vorabend chr. →Reconquista dar, als mächtig gewordene chr. Kgr.e wie →Kastilien-León, →Navarra und →Aragón den geschwächten muslim. Taifenreichen feste T.e (→Parias) als »Schutzgelder« abverlangten. – Im *östl. Europa* errichteten krieger. Nomadenverbände (→Nomaden), die in der Regel keine festere staatl. Herrschaft über die unterworfene Bevölkerung aufzubauen vermochten, drückende T.herrschaften; wichtigstes Beispiel ist in der →Rus' die von der →Goldenen Horde erhobene →Tatarensteuer (13.–15. Jh.). In den dünnbesiedelten Randzonen *Nord- und Nordosteuropas* spielte die einträgl. Eintreibung von Naturalt.en (bes. →Pelzen) bei einheim. Stammesgruppen (etwa den Lappen/→Samen) durch die Kg.e von →Norwegen und ihre Gefolgsleute (jährl. *Lappenfahrten* ), aber auch durch bewaffnete Verbände aus →Novgorod (von →Karelien aus) eine nicht unerhebl. Rolle. – Die in den Kriegen des europ. SpätMA und der NZ verbreitete Erhebung bzw. Erpressung von 'Kontributionen' (Natural- und Geldabgaben) bei der Bevölkerung des Kriegsgebietes, eine von der →Prise (Requisition) und dem Lösegeld ('Ranzion') der →Kriegsgefangenen nicht immer klar zu scheidende Praxis, weist schon durch ihre Bezeichnung auf Zusammenhänge mit der alten Institution des T.s hin. U. Mattejiet

Lit.: s. unter den angegebenen Stichwörtern.

**Trichotomie, Trichotomismus,** wörtl. 'Dreiteilung' oder 'Lehre von der Dreiteilung', bezieht sich im engeren Sinne auf eine an Platon, Aristoteles und Plotin orientierte Anthropologie, die den Menschen oder die menschl. Seele in 3 Teile (Geist / Seele / Leib bzw. Geist / Sinnlichkeit / Leben) gliedert (vgl. 1 Thess 5, 23). Der Trichotomismus beeinflußte die Kirchenväter der Spätantike (Irenäus, Tertullian, Origenes, Viktor v. Karthago); im MA finden sich Formen der T. im lat. Averroismus (Siger v. Brabant), bei Petrus Johannes Olivi und bei Wilhelm v. Ockham. Siger v. Brabant lehrt in den »Quaestiones in tertium de anima« unter Berufung auf Aristoteles die seinsmäßige Trennung des Intellekts von der sinnl. bzw. vegetativen Seele, die er als einzige Form des Körpers ansieht. Dagegen argumentiert Thomas v. Aquin in »De unitate intellectus contra Averroistas«. Die in der T. prinzipiell enthaltene Frage nach der Einheit der Seele stellt sich auch in bezug auf Petrus Johannis Olivi. Dieser spricht zwar in der »Summa quaestionum« von einer einzigen Seele, die jedoch nur in ihren sensitiven und vegetativen Teilen, nicht aber als anima intellectiva unmittelbare Form des Körpers sein kann. Die T. findet sich bei Wilhelm v. Ockham in Form einer Unterscheidung der anima intellectiva, der anima sensitiva und der anima als forma corporeitatis, wobei er bes. den unüberbrückbaren Gegensatz zw. Intellekt und Sinnen hervorhebt. Der Trichotomismus wurde wegen seiner anthropol. und christolog. Konsequenzen mehrfach verurteilt, so im Konzil v. Vienne 1311–12.

H. J. Werner

Lit.: Th. Schneider, Die Einheit des Menschen: die anthropolog. Formel »anima forma corporis« im sog. Korrektorienstreit und bei Petrus Johannes Olivi, 1988² – E. H. Weber, La personne humaine au XIII$^e$ s., 1991.

**Triduum sacrum** → Ostern

**Trie,** große frz. Adelsfamilie, ging hervor aus dem kleineren Feudaladel des →Vexin, Stammgüter ebd. und in der Francia/Île-de-France (v. a. westl. und östl. des Unterlaufs der Oise); die Häupter des Hauses treten u. a. als Wohltäter der Abteien Gomerfontaine und Froidmont hervor und stützten sich auf die beiden →Seigneurien T. (bei Gisors) und Mouchy-le-Châtel (bei Noailles). Der Aufstieg begann mit *Jean I.*, Seigneur de T., Mouchy und Vaumain († 1237), ⚭ Alix v. Dammartin, Schwester v. →Renaud de Dammartin, Gf.en v. Boulogne. Um 1259 folgte *Mathieu I.* v. T. seiner leibl. Kusine als Gf. v. Dammartin-Goële nach, durch Entscheid Kg. →Ludwigs IX. und gemäß dem Wunsch der Gfn. Drei Generationen lang hatte die jüngere Linie der Nachkommen Mathieus I. die Seigneurien T., Mouchy und Dammartin inne. *Mathieu IV.*, Seigneur de Mouchy, einer der führenden adligen Reformer unter Kg. →Jean le Bon, gehörte diesem Zweig an. Die berühmtesten Vertreter des Hauses entstammten dagegen einer wesentl. jüngeren Linie, den Seigneurs v. Fontenay-lès-Louvres und Vaumain.

Die T. stellten im 14. Jh. zahlreiche hohe Amtsträger der frz. Monarchie: *Mathieu*, Seigneur v. Fontenay-lès-Louvres und Pleinville († nach 1315), war Grand →Chambellan; *Renaud*, Seigneur v. Le Plessis-Gassot († 1324), und *Mathieu*, Seigneur v. Vaumain († 1344), waren Marschälle v. Frankreich (→Maréchal); *Jean*, Seigneur de Mouchy († 1325), fungierte als →Seneschall v. Toulouse; *Guillaume* († 1334) war Ebf. v. →Reims und salbte Kg. Philipp VI. v. Valois; *Renaud*, Seigneur de Sérifontaine († 1406), wirkte als Admiral (→Amiral de France). Die T., deren Devise »Aiguillon« war, verdankten ihren Aufstieg in erster Linie der kgl. Gunst, aber auch dem engen Zusammenhalt der verschiedenen Linien, trotz mehrerer Prozesse vor dem →Parlement. Dank ihrer nie aufgegebenen Verwurzelung im regionalen Bereich übten die T. auch im engeren norm.-nordfrz. Umfeld einen gewissen polit. Einfluß aus, mit *Renaud*, gen. Patrouillart, der 1356 der 'navarres. Kommission' (im Zusammenhang mit den Umtrieben →Karls 'd. Bösen' v. Navarra) angehörte, und *Charles II.*

v. T., Gf. v. Dammartin († 1400), der 1356 bei →Poitiers in Gefangenschaft geriet und später einer der Taufpaten Kg. →Karls VI. war.

Die literarhist. Bedeutung der T. beruht auf zwei afrz. Lyrikern des 13. Jh.: *Jean* und *Renaud* de T. Jean, dem zwei Chansons (eines wohl der Gfn. Maria v. Blois gewidmet) zugeschrieben werden, ist vielleicht ident. mit Jean II. v. T., gen. Billebaut, † 1302; Renaud wohl mit Renaud I. v. T., Seigneur v. Vaumain und Fontenay, Teilnehmer der Schlacht v. →Bouvines (1214). Th. Claerr

*Lit.:* I. DELISLE, Recherches sur les comtes de Dammartin au XIII$^e$ s., 1869 – H. PETERSEN DYGGVE, Trouvères et protecteurs de trouvères dans les cours seigneuriales de France, Annales Acad. Scient. Fennicae 50, 1942, 136–197 – R. CAZELLES, Société politique, noblesse et couronne sous Jean le Bon et Charles V, 1982.

**Triens** (Tremissis), spätröm. und völkerwanderungszeitl. Goldmünze im Wert eines 1/3 →Solidus, somit im Gewicht von 1,52 g. Ursprgl. in Nachahmung spätröm. und byz. Trienten war der T. eine der Hauptmünzen der Völkerwanderungszeit, beginnend bei den Vandalen und Ostgoten, im Typ deutl. verändert bei den Westgoten, Sueben und Langobarden, ganz bes. bei den Franken z. Zt. der Merowinger, deren Trienten sich im Bild allmähl. völlig von den spätröm. Vorbildern absetzten. In der Regel wurde der T. zu 8 Siliquen (→Siliqua) gerechnet, wie auch auf den Münzen angegeben. Im Lauf des 7. Jh. sanken Gewicht und →Feingehalt der Trienten deutlich ab. In der Münzstätte →Dorestad läßt sich der Übergang vom goldenen zum silbernen T. nachvollziehen. Über den Fernhandel sind merow. Trienten bis nach England, Friesland und Jütland gelangt. P. Berghaus

*Lit.:* F. V. SCHROETTER, Wb. der Münzkunde, 1930, 702–704 – P. GRIERSON–M. BLACKBURN, Coins of Medieval Europe, I, 1991, 8f., 227.

**Trient** (it. Trento), Bm. und Stadt in Norditalien. [1] Das *Bistum* umfaßte das Etschtal von Ala im S bis vor Meran im N sowie die dazugehörigen Seitentäler (Fleimstal, Eisacktal bis vor Klausen, Sarntal, Nonsberg). Im röm. municipium Tridentum ist seit ca. 350 ein Bf. nachweisbar. Die christl. Missionierung erreichte um 400 unter Bf. Vigilius, dem späteren Bm. spatron, einen gewissen Abschluß. Seit dem 6. Jh. gehörte die Diöz. zum Metropolitanverband von Aquileia. Z. Zt. des gut bezeugten Bf.s Agnellus (ca. 577–591) schrieb Abt Secundus v. T. ein Geschichtswerk, das nur in Auszügen bei →Paulus Diaconus erhalten blieb. Über die Bf. e des 7.–9. Jh. liegen kaum Q. vor. Erst die Italienpolitik der Ottonen ließ aufgrund der geogr. Situation des Etschtales (»vallis Tridentina«) die Bf. e v. T. im Rahmen des sog. Reichskirchensystems (→Reichskirche) wesentl. polit. Bedeutung erlangen. Kg. Heinrich II. übertrug 1004 der Kirche v. T. die Gft. T.; Ks. Konrad II. erweiterte 1027 die Schenkung um die Gft. en Vinschgau und Bozen. Damit verfügten die Bf. e über die maßgebl. öffentl.-rechtl. Gewalt im oberen Etschtal. Im →Investiturstreit standen die Oberhirten zumeist auf der Seite des Ks.s. Die kirchl. Reformideen fanden mit Bf. Altmann (1124–49) Eingang, der das Chorherrenstift S. Michele all'Adige (vor 1145) und das Kl. S. Lorenzo (OSB) bei T. (1146) gründete. Bf. Adelpret II. (1156–72) wurde von Vasallen seiner Kirche ermordet (später als Seliger verehrt). Bf. →Friedrich v. Wangen (1207–18 [49. F.]), der auch als Reichslegat in Italien tätig war, begann den Neubau des spätroman. Domes. Wohl v. a. aus strateg. Gründen verbot Ks. Friedrich II. 1236 Bf. Alderich die Ausübung aller weltl. Befugnisse und setzte ksl. Statthalter in T. ein. Eine entscheidende Wende brachte dann Gf. →Meinhard II. v. Tirol (1259–95), der – aufbauend auf die bereits seit ca. 1150 von seinen Vorfahren wahrgenommene Vogtei über T. – den Oberhirten Einkünfte und Rechte in großem Umfang entriß, so daß sich das allmähl. ausbildende Territorium der Bf. e auf den s. Teil des Bm.s beschränkte. Die Mündung des Avisio in die Etsch (ca. 5 km n. von T.) bildete seit ca. 1300 die Grenze zw. dem zum →Regnum Teutonicum zählenden Hochstift T. und der Gft. →Tirol. Zudem nahmen die Tiroler Landesfs. en, v. a. die seit 1363 auch in Tirol regierenden →Habsburger, massiven Einfluß auf die Besetzung des Bf.sstuhles und sicherten sich durch vertragl. Abmachungen (sog. Kompaktaten) die maßgebl. militär. Gewalt im Gebiet des Hochstifts, das auch im S durch die Skaliger (→Della Scala) und dann durch Venedig bedroht wurde. Die Venezianer besetzten seit Beginn des 15. Jh. u. a. Rovereto und Riva. Unter Bf. Johannes Hinderbach (1465–86) erregte der angebl. Ritualmord an Simon v. T. (→Ritualmordbeschuldigung) größtes Aufsehen.

[2] Die *Stadt* T. besaß bereits in der Spätantike als Bollwerk gegen Invasionen aus dem N Bedeutung. Seit 569 residierten hier langob. Hzg. e, die mit den benachbarten Bajuwaren und Franken teils in Konflikte verwickelt waren, teils freundschaftl. Kontakte unterhielten. Ein wirtschaftl. Aufschwung setzte seit dem 12. Jh. ein (Zunahme des Handels und Verkehrs entlang der Etsch, Silberbergbau, Münzwesen). 1221 (?) ließen sich Franziskaner, 1229 Klarissen und 1235 Dominikaner in T. nieder. Seit 1250 entstand Buonconsiglio als wehrhafte bfl. Residenz am Rande der Stadt. Anfänge einer kommunalen Autonomie wurden durch Ks. Friedrich I. zugunsten des Bf. s unterbunden, dessen Oberhoheit auch später nie ernsthaft gefährdet war. Im 15. Jh., als die Stadt eine beträchtl. dt. Minderheit beherbergte, war T. auch fallweise auf den Tiroler Landtagen vertreten. J. Riedmann

*Q.:* Cod. Wangianus, hg. R. KINK (FontrerAustr II/5, 1852) – *Lit.:* J. KÖGL, La sovranità dei vescovi di Trento e di Bressanone, 1964 – I. ROGGER, Cronotassi dei vescovi di Trento fino al 1336... (Collana di monogr., ed. dalla Soc. per gli Studi Trentini di Scienze Storiche 38/1, 1983), 33–99 – La Regione Trentino-Alto Adige nel Medio Evo, 2 Bde (Atti della Accad. Roveretana degli Agiati, ser. VI, Bd. 25, 26, 1985/86) – Il principe vescovo Johannes Hinderbach (1465–1486) fra tardo Medioevo e Umanesimo (Pubbl. dell'Istituto di scienze religiose in Trento. Ser. maior 3, 1992) – K. BRANDSTÄTTER, Vescovi, città e signori (Collana... 51, 1995).

**Trienter Bergrecht,** zusammenfassend für abschriftl. überlieferte Dokumente von 1185–1214, die das Silbererzrevier Monte Calisio nö. Trients betreffen. Sie enthalten Modalitäten der sog. Bergbaufreiheit, des Erbstollenbaus, weitere techn., soziale, rechtl. Innovationen sowie die älteste europ. Bergordnung v. 1208. K.-H. Ludwig

*Ed.:* D. HÄGERMANN–K.-H. LUDWIG, Europ. Montanwesen im HochMA. Das T. B. 1185–1214, 1986 – *Lit.:* R. PALME, Die Entstehung des Tiroler Bergrechts 1185–1214, MIÖG, 1984, 317–340 – SAT, Sez. di Cognola, Il Monte Calisio, 1992.

**Trienter Codices,** eine Hss.gruppe mit den Signaturen Trient, Castello del Buonconsiglio 87, 88, 89, 90, 91, 92 und Biblioteca Capitolare, 93. Sie spiegeln das mehrstimmige Repertoire von Kirchen und Hofkapellen in Süddeutschland und Norditalien (evtl. auch des ksl. Hofes) von ca. 1400–75 wider. Sätze von →Dufay, →Binchois, →Ockeghem, it. (Zaccara da Teramo), engl. Komponisten (→Dunstable, Power) und dt. Werke sind enthalten, ein Großteil davon anonym. Mutmaßlich nicht als Gebrauchshss. (das kleine Format ca. 30×20 cm, die bunte Mischung von Gattungen etc. sprechen dagegen), sondern als Ergebnis humanist. Sammeleifers wurde das Repertoire evtl. für den Bf. Johann v. Hinderbach von

Trient kompiliert. Zu unterscheiden ist eine ältere (cod. 87 und 92) und eine jüngere Gruppe. Die beiden älteren sind ca. 1430/35 bis 1445/50 wohl in Oberitalien entstanden (Kompilator und Hauptschreiber ist Johannes Lupi), andere Teile beider Codices verweisen in die Region Basel-Savoyen und NO-Frankreich bzw. die Niederlande. Von den übrigen ist cod. 93 (ca. 1450–56) der älteste. Große Teile des cod. 90 sind eine Abschrift aus cod. 93. Der Kopist Johannes Wiser (aus München, Rektor der Trienter Domschule) ist auch Hauptschreiber der codd. 90, 88, 89 und 91 (in der Reihenfolge, ca. 1452–1473).   B. Schmid

*Ed.:* Denkmäler der Tonkunst in Österreich [Auswahl], Bde 14/15, 22, 38, 53, 61, 76, 120 – *Faks.:* (Vivarelli & Gulla), 1970 – *Lit.:* MGG [ältere Lit.] – I Codd. Musicali Trentini. Atti Conv. Laurence Feininger, hg. N. PIROTTA–D. CURTI, 1986 [Lit. bis 1985 in Fußnoten] – S. MEYER-ELLER, Musikal. Satz und Überl. von Messensätzen des 15. Jh. Die Ordinariumsvertonungen der Hss. Aosta 15 und Trient 87/92, 1989 – R. J. MITCHELL, The Paleography and Repertory of Trent Codd. 89 and 91, together with Analyses and Editions of Six Mass Cycles by Franco-Flemish Composers from Trent Codex 89 [Diss. Exeter 1989] – A. P. LEVERETT, A Paleographical and Repertorial Study of the Ms. Trento, Castello del Buonconsiglio, 91 (1378) [Diss. Princeton 1990] – N. BRIDGMAN, Mss. de musique polyphonique. XV$^e$ et XVI$^e$ s. Italie (Rép. internat. d. Sources Mus. BIV/5), 1991, 461–547 [Incipitkat. und Lit.].

**Trier,** Stadt an der Mosel (Rheinland-Pfalz) und Ebm.
**A. Stadt – B. Erzbistum**
**A. Stadt**
I. Antike – II. Mittelalter.

I. ANTIKE: Die geogr. Lage an der Mosel sowie an alten, teilweise noch in vorröm. Zeit zurückreichenden S-N- und W-O-Fernrouten und inmitten der einzigen größeren Talweite an der Mosel auf einer Länge von rund 240 km bot günstige Voraussetzungen für den raschen Aufstieg T.s zum Verwaltungs-, Kult- und Wirtschaftszentrum in der röm. Ks.zeit. Eine Siedlung entstand im Zusammenhang mit dem Eindringen der Römer ins Moselgebiet in den ersten Jahrzehnten des 1. Jh. v.Chr. Eine stadtartige Anlage mit rechtwinkligem Straßensystem ist allerdings erst unter Claudius (41–54 n.Chr.) nachweisbar, als der Ort mit dem Namen Colonia Augusta Treverorum zur röm. Kolonie erhoben wurde. Der Einfall germ. Chauken 173/174 gab den Anlaß zur Errichtung einer Stadtmauer, die ein Siedlungsareal von mehr als 285 ha umfaßte. Damals (um 180) entstand die Porta Nigra. Die oft gen. Zahl von 80000 Einw. in der Ks.zeit ist nach der Ansicht SCHINDLERS auf ein reichl. Viertel zu reduzieren. Im 3. Jh. errang T. erstmals weltgeschichtl. Bedeutung: Nachdem durch die Usurpation des Postumus (260) ein »Gallisches Sonderreich« entstanden war, verlegte der Sonderks. Victorinus 269 seine Residenz hierher, doch wurde die Entwicklung zur Metropole durch das Ende des Gall. Reiches (274) zunächst unterbrochen. Der eigtl. Aufstieg begann mit der durch Diokletian geschaffenen Tetrarchie. Nachdem T. bereits 286–293 Hauptresidenz des Caesars Maximianus gewesen war, diente es 293–316 als Sitz des Caesars bzw. Augustus Constantius I. und – seit 306 – seines Sohnes Konstantin d. Gr. Um 318 wurde die Stadt Standort der gall. Präfektur und war bis 326 zeitweilig Residenz des Crispus. Von 328 bis 340 regierte Constantius II. von T. aus, das seit seiner Erhebung zur Ks.stadt als Treveri oder Treveris bezeichnet wurde. Germaneneinfälle in der Jahrhundertmitte beendeten die erste Blüte, wobei es 355 bis ca. 366 zu einer Unterbrechung der Münzprägung kam. Während Julianus bei seinem Aufenthalt in einem abseits gelegenen palatiolum (heute T.-Pfalzel) gewohnt zu haben scheint, begann mit Valentinian I. ein neuer Aufstieg T.s, das von Okt. 367 an wieder Ks.residenz war. Seit 367 weilte →Ausonius in der Stadt, der Erzieher und Berater von Gratianus war und 378/379 außerdem die gall. Präfektur innehatte. Nach dem Tod des Gratianus 383 fungierte die Stadt bis 387 als Residenz des Usurpators →Maximus Magnus. Ein denkbarer Versuch Theodosius' I., T.s Rolle noch einmal hervorzuheben (394), war zum Scheitern verurteilt, zumal in der Zeit nach seinem Tod (395) die gall. Präfektur nach →Arles verlegt wurde. In der 1. Hälfte des 5. Jh. hatte die Stadt nach der Aussage von →Salvianus vier Eroberungen durch die Franken zu erdulden. Obwohl ihr Römertum noch um 475 durch den comes →Arbogast bewahrt werden konnte, fiel sie bald danach endgültig in frk. Hand.   M. Schottky

*Lit.:* RE II, 2347f.; VI A, 2320–2353 – W. REUSCH, Augusta Treverorum, 1961 – E. M. WIGHTMAN, Roman T. and the Treveri, 1971 – Kölner Römer-Illustrierte 2, 1975, 165–179 [Beitr.: R. SCHINDLER, H. CÜPPERS, E. ZAHN, W. BINSFELD, TH. K. KEMPF, J. G. DECKERS] – H. v. PETRIKOVITS, Die Rheinlande in röm. Zeit, 1980 – T. Ks.residenz und Bf.ssitz, 1984 [Einf. Aufs.: I. KÖNIG, H. HEINEN, L. SCHWINDEN, K.-J. GILLES, W. BINSFELD, H. CÜPPERS; Lit.; Zeittafel] – H. HEINEN, T. und das Trevererland in röm. Zeit, 1988² – DERS., Zum Christentum im spätantiken T., T.er Zs. 52, 1989, 391–413 – P. BECKER, Das frühe T.er Mönchtum... (Beitr. zur Gesch. und Struktur der ma. Germania sacra, hg. I. CRUSIUS, 1989), 9–44 – A. TRAEGER, Ein Vergleich von spätantiker und frühfrk. Besiedlung in Nordgallien, Klio 71, 1989, 516–524.

II. MITTELALTER: [1] *Topographie:* Zu Beginn des 6. Jh. wurde T. in das Großreich der Merowinger eingegliedert. Die Bevölkerung des 6. und 7. Jh. dürfte nur noch einige tausend Personen umfaßt haben, die vornehml. um die innerstädt. sowie die im Bereich der antiken Gräberfelder gelegenen christl. Kultstätten siedelten; auf das 4. Jh. gehen innerhalb der ehemals röm. Stadt die Doppelkathedralanlage (St. Peter und Liebfrauen mit Baptisterium) sowie möglicherweise St. Laurentius bei der Palastaula und St. Gervasius-Protasius in den Ks.thermen zurück; ferner auf dem n. Gräberfeld St. Maximin (Johannes Evangelist) und St. Paulin (St. Maria), auf dem s. Friedhof St. Eucharius, St. Matthias sowie auch die spätere Pfarrkirche St. Medard. Im 6./7. Jh. kamen hinzu n. der Stadtmauer: St. Maria ad Martyres, St. Remigius, St. Symphorian, St. Martin sowie im NO St. Martin auf dem Berge; im Stadtbereich: St. Irminen-Oeren, St. Paulus, St. Maria ad pontem; s. der Stadtmauer: St. Germanus ad undas und im SO Heiligkreuz sowie auf dem w. Moselufer St. Isidor und St. Victor. Im 9. Jh. gab es zu T. etwa 20 Kirchen und Oratorien. Während einige Abteien (St. Eucharius, St. Martin, St. Maria ad Martyres) und Stifte (St. Paulin) dem Bf. unterstanden, sind die in der 1. Hälfte des 9. Jh. die Benediktinerregel annehmenden Monasterien St. Maximin und St. Irminen-Oeren als Kg.skl. anzusprechen (letzteres geriet um 1000 an das Erzstift). Um das Jahr 1000 umfaßte die Sakralausstattung T.s u.a. vier Benediktinerabteien (St. Maximin, St. Eucharius, St. Maria ad Martyres, St. Martin), ein Benediktinerinnenkl. (St. Irminen-Oeren) und zwei Männerstifte (Domkapitel, St. Paulin), zu denen um 1040 das bei dem röm. N-Tor gelegene Stift St. Simeon hinzukam. Seit dem 12. Jh. ließen sich an jüngeren Orden in T. u.a. nieder: Templer (vor 1180), Dominikaner (1223 oder 1227), Dominikanerinnen (1235/36), Franziskaner (1228/38), Zisterzienserinnen (1232), Sackbrüder (vor 1242), Deutschorden (vor 1250), Augustiner-Eremiten (vor 1271), Karmeliter (vor 1284), Johanniter (vor 1298) und Kartäuser (1332). Erstmalige Erwähnung einer Begine 1228; im 14. Jh. sind mehrere Beginenkonvente bezeugt.

Während des FrühMA ist mit einer etwa 10–15%igen Weiternutzung antiker Bausubstanz durch eine roman. und frk. Bevölkerung zu rechnen. Im 8. und 9. Jh. umfassen die Bezeichnungen civitas bzw. urbs noch das gesamte von der antiken Mauer umschlossene Areal. Nach dem Normanneneinfall von 882 und den damit verbundenen Zerstörungen wurde die Doppelbasilika (Dom, Liebfrauen) unter Wahrung ihres spätantiken Kerns Zentrum der ma. Stadt mit dem davorgelegenen Markt (rechtl. Fixierung durch das Marktkreuz Ebf. →Heinrichs I. von 958) sowie der neuen, das röm. Straßennetz durchschneidenden Verbindung zur weiterhin intakten steinernen Römerbrücke über die Mosel wie auch jener zum Hafen. Um das Jahr 1000 wurde die wohl noch spätantike Befestigung des Dombezirks, die etwa 7,2 ha umfaßte, erneuert.

Am Markt lag auch die T.er Judensiedlung, die wohl bis in das 10. Jh. zurückreicht (1066 erste Erwähnung der Gemeinde; 1096 Pogrom). Im 13. Jh. sind dort das Gemeindehaus, die Synagoge, die Frauensynagoge, die Mikwe, ein Warmbad und ein Hospital bezeugt. Um 1338 lebten hier auf 0,7 ha mehr als 300 Juden. Die topograph. Nähe zum Markt verweist auf Tätigkeit im Fernhandel, während Geldleihegeschäfte erst seit dem frühen 14. Jh. bezeugt sind (1262 hingegen schon ebfl. Ansiedlungsprivileg für Lombarden). Nach dem verheerenden Pogrom v. 1349 siedelten nur noch wenige Juden in T.; 1418 erfolgte ihre Ausweisung aus dem Erzstift.

T. blieb lange Zeit eine »offene Stadt«, bis im 12. und 13. Jh. in mehreren Schüben der vom ebfl. Stadtherrn und der Stadtgemeinde gemeinsam getragene Bau einer neuen Stadtmauer vorangetrieben wurde. Diese Befestigung folgte im N und W der antiken Ummauerung, blieb aber im O und v. a. S erhebl. hinter der antiken Ausdehnung zurück, so daß das ummauerte Siedlungsareal von ehemals 285 auf 138 ha verringert wurde. Im N und S T.s entstanden ausgedehnte Kl.suburbia (St. Maximin, St. Paulin, St. Eucharius/St. Matthias). Erst jetzt verschwanden große Teile der antiken Bausubstanz, die im wesentl. auf das heute sichtbaren Bestand reduziert wurde. Der hochma. Bevölkerungsanstieg führte zur Bebauung zahlreicher im Stadtbereich gelegener agrar. Nutzflächen. Während der 1. Hälfte des 14. Jh. lebten in T. etwa 10 000 Einwohner.

[2] *Früh- und Hochmittelalter:* Im Verlauf des 6. Jh. hatten die Bf.e durch die Inbesitznahme großer Güterkomplexe und die Wahrnehmung administrativer sowie seelsorgerischer Aufgaben die Rechtsnachfolge des röm. Staates angetreten und einen durchaus noch der Spätantike verhafteten Bf.sstaat etabliert. In die Amtszeit von Bf. →Nicetius (525/526–566) fallen u. a. die Baumaßnahmen an St. Maximin und die Wiederherstellung der N-Basilika, des späteren Domes. Nach einer zeitweiligen Einschränkung der bfl. Machtposition durch die Einsetzung eines Gf.en von seiten des merow. Kgtm.s war es wohl Kg. Dagobert I., für den 624/625 ein Aufenthalt in T. bezeugt ist, der die Grundlagen einer abermaligen bfl. Stadtherrschaft legte. Bf. Weomad (762–791) wurde die bfl. Herrschaft in T. und der näheren Umgebung durch Karl d. Gr. entzogen, der sie einer neu etablierten Gft. zuschlug. Damit einher ging offenbar auch der Verlust von Münz-, Zoll- und möglicherweise auch Marktrechten. Erst 902 erfolgte die Restitution der Rechte und Einnahmen durch Kg. Ludwig d. Kind an Ebf. →Radbod. Damit wurde eine wesentl. Grundlage für die bfl. Stadtherrschaft im MA geschaffen.

Stark in Mitleidenschaft gezogen wurde die Stadt 1008, als es im Zuge der Auseinandersetzungen um das Amt des T.er Oberhirten zw. Adalbero aus dem Hause der Luxemburger Gf.en und dem von Kg. Heinrich II. unterstützten Kandidaten Megingaud zur viermonatigen Belagerung des in der Bf.sburg (Basilika) verschanzten Luxemburgers durch seinen kgl. Verwandten kam. Unter Megingauds Nachfolger →Poppo (1016–47) setzte eine wirtschaftl. Konsolidierung der Moselregion ein, die in T. in der Realisierung großer Bauprojekte zum Ausdruck kam (Stift St. Simeon mit dazugehöriger Doppelkirchenanlage im antiken N-Tor, W-Abschluß des Domes). In die Amtszeit Ebf. →Alberos v. Montreuil (1131–52) fiel die Übertragung der bedeutenden Reichsabtei St. Maximin 1139 durch Kg. Konrad III. an das Erzstift. In einer anderen ebfl. Vorstadtabtei – St. Eucharius – fand man im Zuge der Bauarbeiten für eine neue Kl.kirche 1127 angebl. die Gebeine des hl. →Matthias. Die Bedeutung der rasch einsetzenden Wallfahrt zu diesem einzigen Apostelgrab n. der Alpen belegt ein Bruderschaftsbuch mit Einträgen von der Mitte des 12. bis zum Beginn des 13. Jh., die 4670 Namen umfassen. Dort sind u. a. Pilger aus Flandern, Brabant, dem Niederrhein, Lothringen, dem Elsaß sowie aus S- und SW-Dtl. verzeichnet.

Seit der 2. Hälfte des 11. Jh. treten ebfl. Ministeriale als eigenständig handelnde Gruppe innerhalb der städt. Bevölkerung zunehmend in Erscheinung (1066 Ermordung des vom Kölner Ebf. →Anno II. zum T.er Ebf. ernannten Konrad v. Pfullingen durch Ministeriale unter Führung des T.er Bgf.en Theoderich). Die um 1100 im ebfl. Umfeld entstandene Bm.schronik (»Gesta Treverorum«) enthält mehrere – teilweise sagenhafte – Episoden, die das Selbstbewußtsein und den Führungsanspruch dieser Gruppe zum Ausdruck bringen. Schwureinigungen (→coniuratio) v. 1131 gegen die Wahl Alberos v. Montreuil zum Ebf. bzw. v. 1157/61 zur – vom T.er Stiftsvogt mitgetragenen – Durchsetzung rechtl. Interessen wurden vornehml. von Teilen der ebfl. Dienstmannschaft getragen. Zusammen mit dem in den 40er Jahren des 12. Jh. einsetzenden Mauerbau und einer von den »Treverenses« 1149 ausgestellten Urk., die Zölle und Abgaben T.er Kaufleute in Köln regelte, welche mit dem wohl 1147 auf ebfl. Initiative angefertigten T.er Stadtsiegel – dem ältesten in Europa – beglaubigt worden war, werden diese Eidgemeinschaften gemeinhin als erste Anzeichen einer sich allmähl. herausbildenden Stadtgemeinde angesehen. Doch spiegeln diese Ereignisse keine geradlinige Entwicklung. Ferner ist zu beachten, daß das Siegel auf stadtherrl. Veranlassung zurückgeht und folgl. kein Ausdruck 'bürgerl.' Autonomiestrebens ist. Aus der ebfl. Dienstmannschaft gingen auch die Mitglieder des Schöffenkollegs hervor (1169 Schöffen erstmals erwähnt), das – nachweisl. seit 1172 – das Stadtsiegel führte. Mit der – wohl i. J. 1197 erfolgten – Resignation der pfgfl. Stiftsvogtei nach dem Tod Konrads v. Staufen durch seinen Schwiegersohn, den Welfen Heinrich, erlangte Ebf. →Johann I. (1189–1212) die uneingeschränkte weltl. Herrschaft über die Stadt T. und das Erzstift. Im Verlauf des 13. Jh. entwickelte sich das aus 14 Mitgliedern bestehende und unter Vorsitz eines »magister scabinorum« amtierende Schöffenkolleg zu einer genossenschaftl. Körperschaft, die zunehmend als Verwaltungs- und Repräsentationsorgan der Stadtgemeinde auftrat. Häufig waren die Inhaber eines Schöffenstuhls, die neben den ebfl. auch anderen geistl. Institutionen dienstrechtl. verbunden sein konnten, zugleich Mitglieder der auf 30 Personen beschränkten, ebfl. autorisierten Wechslerhausgenossenschaft (1236 Bestätigung der Privilegien), die den lukrativen Münzwechsel in der Stadt organisierte.

[3] *Spätmittelalter:* Zu Beginn des 14. Jh. wurde im Zuge komplexer innerstädt. Auseinandersetzungen das Machtmonopol der führenden Schöffenfamilien in Frage gestellt. Ein 1303 zw. Ebf. →Dieter v. Nassau und der

Stadtgemeinde geschlossener Vertrag sah dann ein neues, zum Rat erweitertes städt. Führungsgremium vor, dem neben den 14 Schöffen 14 weitere Mitglieder angehören sollten, die sich aus neun Vertretern der Gewerbe (zwei Webern sowie jeweils einem Repräsentanten der Metzger, Gerber, Bäcker, Kürschner, Krämer, Schmiede/Steinmetzen sowie Zimmerleute/Faßbinder) und fünf Abgeordneten der Gemeinde zusammensetzten. Zwar mußte die Stadtgemeinde 1309 gegenüber Ebf. →Balduin v. Luxemburg (1307–54) erneut den alleinigen Führungsanspruch der alten Schöffengeschlechter anerkennen, doch war die Mitbeteiligung der Zünfte auch unter Balduin nicht mehr zu umgehen (seit 1344 wieder Zunftvertreter im Rat bezeugt). Seit 1365 bestand ein – im Vergleich zu 1303 – geänderter Verteilungsschlüssel innerhalb des Ratsgremiums. Neben vier Vertretern der St. Jakobsbruderschaft (u. a. Träger des städt. St. Jakobshospitals), in der kurze Zeit zuvor das Repräsentationsorgan der Gemeinde, die Bürgerbruderschaft, aufgegangen war, setzten sich die Zunftvertreter nun aus vier Webern, zwei Metzgern, zwei Bäckern und zwei Gerbern zusammen. Diesen in der Folgezeit als »große Ämter« bezeichneten Gewerben gelang somit eine Abgrenzung von den übrigen »kleinen Ämtern«, deren Beteiligung zurückgedrängt wurde. 1396 schlossen sich die vier großen und neun kleinen Ämter zur Wahrung der Interessen ihrer Mitglieder zusammen. Während des 15. Jh. lassen sich auch führende Angehörige der neun kleinen Zünfte als Inhaber städt. Ämter nachweisen. Im Zuge der Manderscheider Fehde (→Manderscheid, Gf.en v.) kam es schließlich 1432 zu einer Verfassungsänderung, worauf der an der Spitze der Stadtverwaltung stehende Schöffenmeister durch zwei Bürgermeister, genauer einen Schöffen- und einen Zunftbürgermeister, ersetzt wurde und somit die dem gestiegenen ökonom. Einfluß der potenten Zunftfamilien erwachsenen Machtansprüche ihren endgültigen institutionellen Niederschlag fanden. Die Dominanz des Textilgewerbes im städt. Rat erlitt erst eine empfindl. Einbuße, als Mitglieder der Weberzunft, daneben aber auch Schneider und Schmiede, den Reformationsversuch Kaspar Olevians i. J. 1559 unterstützten und nach dessen Scheitern die Stadt verlassen mußten.

In der 2. Hälfte des 15. Jh. führte die Stadtgemeinde zahlreiche neue Bauvorhaben durch, wie die Errichtung der Steipe – Repräsentationsbau der T.er Führungsschicht am Hauptmarkt –, die Ausführung der städt. Mühlenanlage an der Mosel sowie die städt. Brauhauses in der Mergenburg. Schließlich sei auf die Eröffnung der T.er Universität i. J. 1473 unter starker Beteiligung der Stadtgemeinde hingewiesen.

[4] *Wirtschaft:* Hinweise zur T.er Wirtschaft des FrühMA sind spärlich. Für die späte Merowingerzeit sind Töpfereien im Altbachtal bezeugt. Einem bei →Gregor v. Tours überlieferten Mirakel sind das Fortleben des antiken T.er Hafens sowie ein aus dem lothring. Seillegebiet über die Mosel nach T. reichender Salzhandel im 6. Jh. zu entnehmen. Eine in das beginnende 9. Jh. zu datierende Notiz in der »Vita Maximini« belegt Kontakte zum fries. Fernhandel. Seit dem endenden 6. Jh. sind bis zum Ausgang der Merowingerzeit zehn oder elf Monetarprägungen überliefert, die auf einen Geldbedarf v. a. im Fernhandel verweisen. Wie die jeweilige Nennung zweier Monetare als »monetarius constitutus« zeigt, sind derartige private Münzmeister von der »civitas« öffentl. bestellt worden. Unter Kg. Pippin setzte in T. eine Denarprägung unter kgl. Aufsicht ein.

Vereinzelte hochma. Nachrichten bezeugen T.er Kaufleute in der Provence (St-Gilles) sowie auf den →Champagnemessen. Dennoch machten derartige überregionale Handelskontakte einen vergleichsweise bescheidenen Anteil an der Gesamtwirtschaft T.s aus. Enge wirtschaftl. Beziehungen bestanden zw. den Kathedralstädten T. und →Köln. Markttermine, an denen auswärtige Kaufleute vornehml. T. besuchten, waren die Heiligenfeste am Peter- und Paulstag (29. Juni), am Maximinstag (29. Mai) sowie am Paulinstag (31. Aug.). Die Moselstadt konnte sich im Verlaufe des MA dennoch nie zu einem überregional bedeutsamen Messeplatz entwickeln. Wichtigstes Exportgut war spätestens seit dem HochMA der hauptsächl. über Köln verhandelte →Wein, daneben spielten Honig und in bescheidenerem Umfang Moselnüsse eine Rolle. Seit der 2. Hälfte des 12. bis in die Mitte des 13. Jh. kam es zu einem für T. bes. gut dokumentierten Ausbau der bereits bestehenden Weinberglagen mittels Rodung und Neuanpflanzung, wobei die größte Ausdehnung in der 1. Hälfte des 14. Jh. erreicht wurde. Für diesen Zeitraum sind 49 Keltern – darunter mächtige Bannpressen – in der T.er Talweite nachgewiesen (13. Jh.: 43). Träger der marktorientierten Weinproduktion waren ansässige geistl. Institutionen und die durch Stadt- und Wirtschaftshöfe vertretenen Zisterziensierniederlassungen. Darüber hinaus besaßen prakt. alle bedeutenden Schöffengeschlechter des 13. und 14. Jh. ein wesentl. wirtschaftl. Fundament in der Weinwirtschaft. Seit dem ausgehenden 14. Jh. führten verschlechterte ökonom. und demograph. Rahmenbedingungen (Mißernten, Seuchen) zu einer Umorientierung innerhalb der stadtnahen Agrarwirtschaft und einem damit verbundenen Rückgang der Rebflächen, die häufig durch Nuß- und Obstkulturen ersetzt wurden. Obwohl seit der 2. Hälfte des 15. Jh. Intensivierungstendenzen in der Weinproduktion, u. a. durch die Einführung neuer Rebsorten (Riesling, Rotweinreben), zu beobachten sind, fand die dominante Rolle des hochma. Weinmarktes keine Fortsetzung: der spätma. Weinumschlagplatz T. hatte – trotz der Installierung eines Landkranes i. J. 1413 – nur regionale Bedeutung. Einziges bedeutsames Exportgewerbe im SpätMA war die Wolltuchproduktion, die sich in der polit. Bedeutung der Wollenweberzunft spiegelt, auch wenn gelegentl. Nachrichten auf einen von T. ausgehenden überregionalen Handel mit Vieh, Lederwaren, Pelzen und Sonderkulturen (Öl, Nüssen) verweisen. Die Absatzrichtungen T.er Textilien führten vornehml. über die Lampartische Straße bis ins Elsaß (Straßburg, Hagenau, Zabern) sowie über das Messezentrum Frankfurt, von wo sie bis nach Darmstadt und Basel gelangten. Frankfurt a. M. dürfte auch für die über Magdeburg nach Breslau verhandelten sowie in Konstanz und Eberbach bezeugten T.er Tuche als Umschlagort fungiert haben. Insgesamt läßt sich die Moselstadt im SpätMA am ehesten als Konsumentenstadt und Zwischenhandelsplatz klassifizieren.

Im »T.er Stadtrecht« v. ca. 1190 sind Vorsteher einzelner Gewerbe (Metzger, Schuster, Weber) genannt, was auf einen gewissen Grad genossenschaftl. Organisationsformen schließen läßt. Daneben gab es die um 1215 erstmals erwähnte Gruppe der ebfl. Kammerhandwerker (Kürschner, Schuhmacher, Schmiede, Metzger), die allerdings nur einen geringen Teil der in T. arbeitenden Personen jener Gewerbe ausmachte. Neben den seit Anfang des 14. Jh. als polit. Zünfte hervortretenden genossenschaftl. Organisationsformen hat es weitere »fraternitates« wie etwa jene der T.er Eisenwarenhändler gegeben (Statuten 1285 bestätigt). Der hohe Differenzierungsgrad – auch nichtzünftiger – T.er Gewerbe wird aus der ersten überlieferten städt. Vermögenssteuerliste v. 1363/64 ersichtl., die 2470 Personen, darunter 1050 mit einer Berufsbezeichnung, aufführt (Textilgewerbe 159 Nennungen, Weinproduktion und -vertrieb 137, leder- und fellverarbeitende Berufe 147, Nahrungsmittelgewerbe 100, Bauhandwerker 87, metallverarbeitende Berufe 79, Transportwesen 52, Handel 48, »Fahrendes Volk« 16). – Die städt. Sozialstruktur wurde wie in Köln durch die Geistlichkeit mitgeprägt, deren →Privilegien häufig zu Konflikten mit den Bürgern führten. L. Clemens

Q.: G. KENTENICH, T.er Stadtrechnungen des MA, 1908 – F. RUDOLPH, Q. zur Rechts- und Wirtschaftsgesch. der Rhein. Städte, 1. T., 1915 –
Lit.: G. KENTENICH, Gesch. der Stadt T. von der Gründung bis zur Gegenwart, 1915 – K. SCHULZ, Ministerialität und Bürgertum in T., 1968 – M. MATHEUS, T. am Ende des MA, 1984 – L. CLEMENS, T. – Eine Weinstadt im MA, 1993 – T. im MA, hg. H. H. ANTON – A. HAVERKAMP (2000 Jahre T., Bd. 2, 1996). Vgl. Lit., Abschnitt B.

## B. Erzbistum
I. Erzbischöfe – II. Kirchenprovinz, Primat – III. Innere Organisation – IV. Domkapitel, Offizialat – V. Territorium und weltliche Verwaltung.

I. ERZBISCHÖFE: Anfänge einer christl. Gemeinde sind für das 2. Jh. anzunehmen. Die Bf.sliste, die als einzige im heutigen Dtl. in vorkonstantin. Zeit zurückreicht, setzt mit Eucharius, Valerius und Maternus in der 2. Hälfte des 3. Jh. ein. Der T.er Stuhl ist auf dem Konzil zu Arles 314 mit Bf. Agricius erstmals urkundl. belegt. Ihm wurde einer ma. Tradition zufolge (»Vita St. Agricii et Helenae«) von →Helena ein Palast übertragen, aus dem der T.er Dom hervorging. Die hier zum Ausdruck kommende Nähe zum Ks.haus sollte für das Selbstverständnis der ma. Bf.e wichtig werden (Helena-/Ks.tradition). In den Auseinandersetzungen des 4. Jh. erlangte die Sedes Vorbildcharakter für die orthodoxe Glaubenspartei im röm. Gesamtreich. Mit der Stellung der T.er Bf.e im Episkopat sind die in ihrer Historizität umstrittenen, von Bf. Maximinus (330–347) präsidierte Kölner Synode 346 wie auch die ma. Zeugnisse für eine über die röm. Provinzgrenzen ausgreifende Landmission an der Untermosel vereinbar. Läßt sich bei Bf. Paulinus (347–358, 353 verbannt) eine Emanzipation von den weltl. Autoritäten erkennen, so gab es in den vormals bes. Beziehungen zu den kirchl. (Martin v. Tours, Ambrosius, Papst) im Zuge der Auseinandersetzungen um den Priscillianismus eine Entfremdung. Als →Priscillian 385 in T. hingerichtet worden war, kam es zum Schisma, das nur durch Bf. Felix' Resignation (398) beendet werden konnte. In den Umwälzungen des 5. Jh. sind im kirchl. Leben außergewöhnl. Belege von Kontinuität hervorzuheben: Die Sukzession der Bf.e blieb ungebrochen; das Ansehen der Sedes unbeschädigt (→Auspicius v. Toul). Es verwundert nicht, daß die Restaurationen des 6. Jh. (missionar. Erfassung des Mittelrheins [»Vita Goaris«]; Wiederbegründung des Bm.s →Köln) von T. bedeutsame Impulse erhielten. Die selbstbewußte Nähe zu den merow. Herrschern verband noch Bf. →Nicetius (525/526–566) mit universalkirchl. Aktion und Geltung. Unter ihm wie unter dem ersten Träger eines germ. Namens auf der T.er Kathedra, Magnerich (566–586?), fand die bfl. Autorität auch weltl. Ausdruck (Niceciusburg) – beide sind als »Reichsbf.e« zu apostrophieren. Seit Bf. Modoalds (nach 614–vor 646/647) Kl.gründung St. Symphorian und Bf. Numerians (646/647–vor 697/698) Hinwendung zum Luxeuiler Mönchtum ist der bfl. Bezug zur monast. Ausprägung ma. Kirchenlebens im T.er Sprengel greifbar. Eine Feudalisierung des Bf.samtes war mit der engen Anlehnung der »Bf.sdynastie« Basin, Liutwin, Milo an die Frühkaroling. verbunden. Bf. →Milo (722/723–761/762) wurde gegen →Bonifatius zum Exponenten des reformfeindl. frk. Episkopats. Die von Karl d. Gr. erzwungene Konzentration der bfl. Befugnisse auf kirchl. Belange korrespondierte einer autochthonen Traditionsbildung, die die älteste im Rheinland verfaßte Bf.svita (»Maximini I«) hervorbrachte. Von Ebf. Hetti (814–847) an wurden die T.er Ebf.e wieder mit weltl.-polit. Aufgaben betraut. Der Nachfolger →Thietgaud (847–868) stand im Ehestreit Kg. Lothars II. auf seiten des Kg.s und wurde 863 von Papst Nikolaus I. seines Amtes enthoben. Bedeutsam sollte für das Ebm. seine Lage an der Nahtstelle zw. dem ostfrk. und dem westfrk. Reich werden. Die Kirchenprovinz wurde durch die polit. Teilungen v. 870 (Vertrag v. →Meerssen) und 880 (Vertrag v. →Ribémont) zerschnitten, der metropolitane Vorrang bestritten. Im 895 begründeten »regnum Lotharicum« Kg. →Zwentibolds bekleidete Ebf. →Radbod (883–915) die Stellung des Erzkanzlers. Die »lothering. Phase« wurde nach der Normannenkatastrophe v. 882 wesentl. für den Wiederaufstieg und die ma. Entwicklung des Ebm.s. Die Anbindung Lothringiens an das ostfrk. Reich (923/925) trug Ebf. →Ruotger (915–931) entscheidend mit. Die otton. Herrscher bestätigten und forcierten die angelegten Tendenzen des durchweg von engen Vertrauten geleiteten Ebm.s. Erwies sich Ebf. Ludolf (993–1008) noch als Stütze des auch in Lothringen umstrittenen Kg.s Heinrich II., so führte die des Kg.s Interessen ignorierende Wahl Adalberos v. Luxemburg zur verheerenden »großen T.er Bm.sfehde« (1008–17), an deren Ende die Reorganisationen Ebf. →Poppos (1016–47) standen. Diesem gelang, gestützt auf die Schenkung der Kg.spfalz Koblenz 1018, die Festigung der ebfl. Stellung gegenüber dem in der Moselfehde erstarkten Adel. Sieht man von Ebf. →Egilbert (1079–1101) ab, so waren die Ebf.e der Zeit der kirchl. Reform und des →Investiturstreites geachtete Vermittler mit eigenem Profil. Die besonderen Beziehungen zum Papsttum zeigten sich 1049, als Ebf. →Eberhard (1047–66) zum Berichterstatter über den Fortgang der Reform erhoben wurde. Sie fanden 1120 mit der Exemtion von der Autorität aller nicht a latere gesandten →Legaten durch Papst Gelasius II. ihre Bestätigung, was auch eine Befreiung von Eingriffsmöglichkeiten des Mainzer Ebf.s bedeutete. Auf seiten des Kgtm.s verdeutlicht die Bestellung Ebf. →Brunos v. Lauffen (1101–24) zum »vicedomnus regiae curiae« unter Heinrich V. den Einfluß der T.er Kathedra. Preis der Verpflichtung auf Reichs- und Kirchenpolitik war für das Ebm. eine erstarkte Stellung »partikularer« Gewalten (Bgf./Luxemburger) und Ambitionen »äußerer« Mächte (Ebf. →Anno II. v. Köln/Pfgf.). Ebf. →Albero (1131–52) gelang es, diese Entwicklung umzukehren. Die Erhebung des T.er Pontifex zum Legaten für die Kirchenprovinzen T., Köln, Mainz, Magdeburg, Salzburg und Bremen 1137 bestätigte auch für den kirchl. Bereich das wieder gefestigte Ansehen. Albero bewies noch einmal mit der Wahl Konrads III. 1138 unter seiner Ägide reichspolit. Gewicht, bevor T. unter den Staufern hinter Köln und →Mainz zurücktrat. Als sich Ebf. Hillin (1152–69) 1165 dem Gegenpapst Paschalis III. zuwandte, wurde der T.er Stuhl an die stauf. Kirchenpolitik gebunden. Im Bm.sstreit 1183–89 stand er schließlich im Focus der Auseinandersetzung zw. Ks. und Papst. Erst Ebf. →Johann I. (1189–1212) gelang in Ansätzen eine Emanzipation und Reorganisation, die jedoch noch nicht aus dem Schatten der reichspolit. Antagonisten herausführen konnten. Ebf. →Arnold II. v. Isenburg (1242–59) wandte sich von der stauf. Partei ab. Die schwere Krise, die für das Erzstift mit dem Kampf Ebf.

→Dieters v. Nassau (1300–07) gegen Kg. Albrecht I. heraufzog, brachte strukturelle Änderungen hervor, die für die innere Entwicklung bestimmend bleiben sollten. Mit Ebf. →Balduin (1307–54) erlangte das Erzstift in der Reichspolitik wieder gestalter. Kraft. Im 15. Jh. begannen mit Ebf. Otto v. Ziegenhain (1418–30) kirchl. Reformen (unter Johannes Rode [† 1439]; 1422 Generalversammlung der Benediktiner der Kirchenprov.en T. und Köln). Der Versuch einer Reform des Domkapitels (Provinzialsynode v. 1423) scheiterte vorerst. Die das Erzstift wirtschaftl. erschöpfende Manderscheider Fehde (→Manderscheid, Gf.en v.) änderte zwar die Rahmenbedingungen ebfl. Politik, doch gelang es →Jakob I. v. Sierck (1439–56) und Johann II. v. Baden (1456–1503), die ebfl. Autorität zu konsolidieren. Jakob I. bereitete die Gründung der Univ. (Privileg Papst Nikolaus' V. 1454) vor. Seine äußere Politik spiegelt den Niedergang der zentralen Gewalt. Der Gefahr der →Armagnaken begegnete er durch Verhandlungen, die in ein förml. Bündnis mit Kg. Karl VII. v. Frankreich (1444) mündeten. Seit 1441 Kanzler Ks. Friedrichs III., ging er, die Neutralität im Papstschisma (1439) brechend, 1445 zum Gegenpapst Felix V. über und trug zur Verlängerung der Spaltung bei. Johann II. erwies sich mit der Univ.gründung 1473 und der z. T. mit Gewalt fortgeführten Reform als tatkräftiger Landes- und Kirchenherr.

II. KIRCHENPROVINZ, PRIMAT: Schon Bf. Paulinus (347–358) wurde »Metropolit v. Gallien« (→Athanasius) genannt, doch scheint damit zunächst nur ein persönl. Ansehen bezeichnet worden zu sein. Die Bestätigung der Metropolitanverfassung für Gallien (Turin 398) hatte wohl auch eine rechtl. Überordnung der T.er Sedes zur Folge, bezeichnete doch Auspicius v. Toul im unruhigen 5. Jh. Bf. Jamblychus als »papa noster«. Unzweifelhaft ist der Metropolitanvorrang T.s im 6. Jh. bei den Bf.en Nicetius und Magnerich (archiepiscopus; pontificum caput) belegt. Unter der »Bf.sdynastie« erlosch die synodale Tätigkeit. Zwar wurde der Metropolitanverband mit den Suffraganbm.ern →Metz, →Toul und Verdun ca. 780 unter Bf. Weomad von Karl d. Gr. wiederhergestellt, doch blieben die metropolitanen Rechte von 794 bis zum Pontifikat Ebf. Hettis wegen Parallelübertragungen an Metz suspendiert. Auch Ebf. Bertulf (870–883), dem Papst Johannes VIII. 873 das Pallium übersandt hatte, war mit einer Parallelverleihung aus polit. Rücksicht an Bf. Wala v. Metz (878) konfrontiert, der er, päpstl. Vermittlung zurückweisend, entgegentrat. Nachdem sich 880 (Vertrag v. →Ribémont) die polit. Konstellation verändert hatte, unterwarf sich Bf. Wala endgültig dem T.er Anspruch. Die Kirchenprovinz bestand mit Metz, Toul und Verdun bis zum Ende des 18. Jh. Bereits Nicetius hatte einen Vorrang vor →Reims behauptet (Provinzialsynode Toul 550). Ebf. Thietgaud beanspruchte 853 und 863 unter Berufung auf die pseudo-isidor. Primatvorstellungen den Titel »Galliae Belgicae Primas«, der in hinkmarscher Interpretation (Gleichrangigkeit mit Reims; →Hinkmar v. Reims) anerkannt wurde. Im »Reimser Streit« sieht man den Vorrang realisiert. 969 verlieh Papst Johannes XIII. Ebf. Theoderich I. (965–977) den Primat über Gallien und Germanien ad sedem. Damit war dem Anspruch Rechnung getragen, der mit der apostol. Gründungstradition, dem Verweis auf ksl. Privilegierung in der Spätantike (beide Traditionen faßbar ab 8./9. Jh.) sowie den pseudoisidor. →Dekretalen und dem »Silvesterdiplom« (→Silvester I.) vertreten wurde. Die Bestätigung 975 durch Papst Benedikt VII. bietet zugleich einen Beleg für ein bestehendes lokales Kardinalat am Dom. Höchsten Ausdruck fand der T.er Primat mit der Verlesung der Rechte in der Peterskirche in Rom 1049. 1120 deutet die Exemtion von der Gewalt aller nicht a latere gesandten Legaten darauf hin, daß die Ansprüche T.s zu reinen Ehrenrechten ohne kirchl. bzw. polit. Perspektiven reduziert waren. Die Bestätigung 1137 für Ebf. Albero blieb Episode ohne rechtl. Konsequenz. Von Reims, Mainz und Köln bekämpft, erloschen die T.er Ansprüche im 12. Jh.

III. INNERE ORGANISATION: Züge spätantiken Erbes trägt auch die Pfarrorganisation. In frk. Zeit bauten die Bf.e Nicetius und Magnerich die Landseelsorge systemat. aus. Siedlung und Pfarrsystem entfalteten sich parallel. Ansätze einer planvollen inneren Entwicklung (Abgaben, Pfarrzwang) sind in der Karolingerzeit zu beobachten. Der wesentl. vom Kgtm. protegierte Auf- und Ausbau von Großpfarreien im 9. und 10. Jh. erlebte in den folgenden Jahrhunderten eine Aufgliederung, indem den Filialkirchen Pfarrechte übertragen wurden. Schon an der Wende vom 11. zum 12. Jh. war das Pfarrsystem im Ebm. im wesentl. geschlossen. In der Stadt T. sind zu dieser Zeit mindestens fünf Sprengel wahrscheinl.: St. Gangolf, St. Gervasius, St. Laurentius, St. Maria ad pontem und St. Paulus. 16 ältere und sechs jüngere Kollegiatstifte trugen Seelsorge und Verwaltung mit. Von den Abteien sind St. Maximin und St. Eucharius/St. Matthias (seit 1127 Verehrung des einzigen Apostelgrabes n. der Alpen) hervorzuheben.

Hatten →Chorbf.e 863, als sie nach der Absetzung Ebf. Thietgauds das Ebm. leiteten, noch eine bes. Position inne, so ging nach dem Normannensturm 882 im Zuge der Reorganisation durch Ebf. Radbod ihre Zeit zu Ende. Die unter Ebf. Ruotger belegte, doch schon für etwa 900 vermutete Archidiakonatsverfassung hat sicher Aufgaben der Chorbf.e absorbiert, auch wenn die Annahme einer förml. Ersetzung Spekulation bleibt. Von fünf Archidiakonatsbezirken (Dom, Longuyon, Tholey, Karden, Dietkirchen) sind bereits 924 vier bezeugt. Ob sich die Archidiakonate an die Amtsbezirke der Chorbf.e oder die Stiftsbezirke anlehnten, ist umstritten. Sicher ist, daß T. hier westfrk./frz. Einflüsse in das Reich vermittelte. Seit dem 11./12. Jh. ist die Durchsetzung der Amtssprengel mit exemten Gebieten bzw. Kleinarchidiakonaten zu beobachten. Die bfl. Verfügungsgewalt über die Archidiakonenwürde blieb unberührt, doch ist bis zum 13. Jh. eine Verselbständigung der wohl schon seit dem 10. Jh. aus dem Domkapitel stammenden Archidiakone festzustellen. Ebf. Balduin begegnete dieser mit einer Stärkung der bfl. Jurisdiktionsgewalt (Provinzialsynode v. 1310; Offizialat), einer Belebung der Kirchenvisitationen und bfl. Reversen (erstmals 1329). Erst 1456 kam es zu einer erneuten Entfremdung, die in die endgültige Anbindung an die Ebf.e zu Beginn des 16. Jh. mündete. Auch die Einrichtung der Landdekanate wird, als unter westfrk. (Reimser) Einfluß vollzogen, zu Beginn des 10. Jh. vermutet. Zwar erst für das frühe 12. Jh. sicher bezeugt, sind sie unter quellenkrit. Vorbehalt für das 10. Jh. belegbar. Die Landdekane blieben während des MA den Archidiakonen untergeordnet. Die fünf Archidiakonate waren während des gesamten MA in 23 Dekanate aufgeteilt.

IV. DOMKAPITEL, OFFIZIALAT: Erste Anzeichen einer organisierten Klerikergemeinschaft am Dom sind unter Bf. Nicetius festzustellen. Die Gründung des Domkapitels wird auf die Mensenteilung unter Ebf. Hetti zurückgeführt. Seit dem 13. Jh. in der Zusammensetzung auf den Adel beschränkt, verselbständigte sich das →Kapitel, auch wenn es in T., anders als etwa in Köln, keine »archidiaconi nati« gab. Am Anfang stand dabei die Ausformung und Monopolisierung eines – zunächst auf kirchl. Belange beschränkten – Konsensrechtes. Seit 1257 ist ein Ausgreifen des Kapitels auf weltl. Kompetenzen zu beobachten. Wahlkapitulationen, seit 1286 bezeugt, sind für die Ebf.e Balduin, →Boemund II. (1354–62), →Kuno II. (1362–88) und →Werner (1388–1418) nicht überliefert. In Zeiten einer Sedisvakanz oblag den Kapitularen die Leitung des Erzstifts. 1456 führten die landesherrl. Ambitionen des Domkapitels zu einer Art Nebenregierung. Eine innere Grenze der Entfremdung von der ursprgl. Aufgabenstellung lag in den widerstreitenden Interessen des im Domkapitel vertretenen Adels. Die Entfaltung kapitularer Macht erreichte im 16. Jh. ihren Höhepunkt und Abschluß.

Das →Offizialat fand im 12. Jh. Eingang (1195 frühester Beleg). Ein eigenes Amtssiegel (1246) und die Bezeichnung »curia« (1247) bestätigen die Institutionalisierung für eine Zeit, in der es, vom Domkapitel dominiert, keine prävalente Stellung gegenüber den archidiakonalen Offizialen behaupten konnte. 1299 richtete Ebf. Boemund I. neben der »Officialitas Treverensis« eine zweite Kurie »Officialitas Confluentina« ein, deren Grenze sich mit der zw. dem späteren Nieder- und Oberstift deckte. Erst Balduin nutzte erfolgreich das nunmehr eng an den Ebf. gebundene Offizialat zur Begrenzung archidiakonaler Macht.

V. TERRITORIUM UND WELTLICHE VERWALTUNG: Die Burg des Bf.s Nicetius und die sicher bald folgende kgl. Immunität bestätigten die Übernahme weltl. Herrschaft durch die Bf.e im Zuge des Niedergangs des röm. Imperiums. Nach Steigerung zu voller, delegierter Gf.engewalt mündete sie kurz vor bzw. unter der »Bf.sdynastie« in einen T.er Bf.sstaat. Karl d. Gr. revidierte diese Entwicklung um 772 mit der Gründung einer Gft. auf Kosten des Episcopiums. Die Fundamente der späteren territorialen Entwicklung wurden in der »lotharing. Phase« gelegt. Der 897 Ebf. Radbod von Kg. Zwentibold geschenkte Bannforst im Hunsrück wird als »Grundstock des späteren Territorialstaates« verstanden. 898 und 902 wurde das Episcopium mit wesentl. Rechten einer Gft. ausgestattet. 947 bestätigte Otto I. die Immunität der T.er Kirche zusammen mit Gf.enrechten für den Ebf. War die Zuordnung zu Oberlothringen 959 geeignet, eine W-Orientierung zu betonen, so hat die erhebl. Erweiterung des Episcopiums durch die 973 erfolgte Schenkung eines kgl. Bannforstes in der Eifel das Eigengewicht erhebl. gestärkt. Das stadtherrl. Selbstverständnis der Ebf.e fand in der 958 von Ebf. →Heinrich I. erfolgten Verlegung des Marktes vor den Dom und der um 1000 ausgeführten Ummauerung des Domberings Ausdruck. Als Antagonisten der ebfl. Bestrebungen erscheinen in dieser Zeit die reichsunmittelbaren Abteien, die ihre Stellung zunächst behaupten konnten. Kg. Heinrichs II. Schenkung der Kg.spfalz →Koblenz 1018 präjudizierte die Entwicklung auf einen »Moselstaat« hin. Ebf. Albero gelang es, 1135 Bgf. Ludwig und den Vogt der Reichsabtei St. Maximin, Gf. Heinrich v. Luxemburg, als Folge von deren Übereignung 1139 durch Kg. Konrad III., zurückzudrängen. Erscheint im 12. Jh. (1158 Bergregal, 1161 Verbot einer »coniuratio«, 1197 Erhalt der Obervogtei) der Ks. noch als Mentor der bfl. Stellung, so setzt ab Beginn des 13. Jh. (»Liber annalium iurium archiepiscopi et ecclesie Treverensis«) eine Verselbständigung der Entwicklung ein. Das 13. Jh. war von verstärkten Bemühungen um die »Landessicherung« gekennzeichnet. Die Städte T. und Koblenz wurden ummauert, die Besitzungen im Westerwald durch die Burg Montabaur (1227), der Bannforst in der Eifel durch Kyllburg (1239) abgesichert, die ebfl. Stellung an Mittelrhein und Mosel durch Burgenbau bzw. -erwerb konsolidiert. Mit dem Pontifikat Dieters v. Nassau geriet die territoriale Entwicklung des Erzstiftes in eine schwere Krise. 1302 erhob sich die Koblenzer und T.er Bürgerschaft, T. schloß einen Schirmvertrag mit Gf. Heinrich v. Luxemburg (später Ks.). Zwar wurde der landesherrl. Vorrang der Ebf.e formal immer wieder bestätigt (Schiedsspruch Ks. Karls IV. 1364), doch fakt. gelang es den Nachfolgern nicht, die bürgerl. Bestrebungen nach Einschränkung der ebfl. Stellung zu überwinden. Der Adel blieb zunächst auf seine Repräsentanz im Domkapitel beschränkt. Zu einem organisator. Ausbau des Erzstiftes kam es unter Ebf. Balduin. Die Organisation des Finanzwesens mit Hilfe der Juden erlaubte es ihm, als Gläubiger Ks. Heinrichs VII. bzw. Ludwigs d. Bayern →Boppard und Oberwesel samt Rheinzoll (1312) an das Erzstift zu binden. Zw. 1320 und 1340 wurde eine dauerhafte Ämterverfassung geschaffen. Balduins Versuch jedoch, die großen territorialen Widersacher 1350/51 durch Oberamtmannstellen einzubinden, mißlang und führte nicht zu Zwischeninstanzen in der Verwaltungsorganisation. Aus der Sammelverleihung des Frankfurter Stadtrechts an 30 (1332) bzw. 15 (1346) Amtsorte und Flecken erwuchs keine Perspektive, die städt. Emanzipationsbestrebungen zu unterlaufen. Die Einteilung in Ober- (Hauptort T.) und Niederstift (Hauptort Koblenz) war dagegen von Dauer. Mit den um 1330 entstandenen »Balduineen« tat Balduin einen weiteren Schritt auf dem Weg zur Institutionalisierung der Landesherrschaft. Die volle Gerichtshoheit wurde mit den Privilegia »de non evocando« (1314) und »de non appellando« (1356) erreicht. Boemund II. und Kuno v. Falkenstein gelang es zunächst noch, die Stellung des Erzstifts zu behaupten. Doch waren auch sie schon trotz bedeutsamer Erfolge gegenüber der Bürgerschaft und den Bestrebungen des Adels auf eine reaktive Politik festgelegt, die mit empfindl. Einschnitten in die landesherrl. Rechte einherging. Mit Werner v. Falkenstein setzte ein Niedergang ein, der, in der Manderscheider Fehde gipfelnd, die Autorität der Ebf.e paralysierte. Die partikularen Gewalten erwiesen sich zwar als unübergehbare Größen, doch ohne eigene integrative Gestaltungskraft, so daß es Jakob I. v. Sierck gelang, die landesherrl. Gewalt wieder zu stabilisieren. Die Verwirklichung weitreichender Ansprüche des Domkapitels auf Mitregierung 1456 sollte eine den Ausgang des MA bestimmende Episode bleiben.  Ch. Schieffer

Q.: GP X, 1992 [Lit.] – Lit.: H. BASTGEN, Die Gesch. des T.er Domkapitels im MA, 1910 – A. HEINTZ, Die Anfänge des Landdekanats im Rahmen einer kirchl. Verfassungsgesch. des Ebm.s T., 1951 – F. MICHEL, Zur Gesch. der geistl. Gerichtsbarkeit und Verwaltung der T.er Ebf.e im MA, 1953 – E. EWIG, T. im Merowingerreich, 1954 [Neudr. 1973] – F. PAULY, Aus der Gesch. des Bm.s T., I–II, 1969 – R. LAUFNER, Die Ausbildung des Territorialstaates der Kfs.en v. T. (Der dt. Territorialstaat im 14. Jh., hg. H. PATZE, 1971), 127–147 – W. SEIBRICH, Siedlung und Pfarrorganisation im alten Ebm. T., Archiv für mittelrhein. Kirchengesch. 28, 1976, 9–21 – H.-W. HERRMANN, Das Kfsm. T. (Geschichtl. LK des Saarlandes, II, hg. K. HOPPSTÄDTER–H. W. HERRMANN, 1977), 123–164 – H. J. KRÜGER, Die Anfänge des Offizialats in T., Archiv für mittelrhein. Kirchengesch. 29, 1977, 39–74 – N. GAUTHIER, L'évangélisation des pays de la Moselle, 1980 – R. HOLBACH, Stiftsgeistlichkeit im Spannungsfeld von Kirche und Welt, 2 Bde, 1982 – M. NIKOLAY-PANTER, Terra und Territorium in T. an der Wende vom Hoch- zum SpätMA, RhVjbll 47, 1983, 67–123 – Balduin v. Luxemburg (Fschr. aus Anlaß des 700. Geburtsjahres, hg. F.-J. HEYEN, 1985) – H. H. ANTON, T. im frühen MA, 1987 [Lit.] – F.-R. ERKENS, Die Bm.sorganisation in den Diöz.en T. und Köln – ein Vergleich (Die Salier und das Reich, II, hg. ST. WEINFURTER, 1992), 267–302 – E. BOSHOF, T., Oberlothringen und das Papsttum im 10./11. Jh. (L'Église de France et la Papauté [X–XIII s.], hg. R. GROSSE, 1993),

365–391 – F.-J. HEYEN, Das bfl. Kollegiatstift außerhalb der Bf.sstadt im frühen und hohen MA am Beispiel der Erzdiözese T. (Studien zum weltl. Kollegiatstift in Dtl., hg. I. CRUSIUS, 1995), 35–64 – H. H. ANTON, Die T.er Bf.e und Ebf.e vornehml. in ihrem Verhältnis zum Reich in frk. und ostfrk.-frühdt. Zeit (T. Die Gesch. des Bm.s, 2: Das MA, 1996). Vgl. Lit., Abschnitt A.

**Triest** (it. Trieste, lat. Tergeste, Tergestum), Hafenstadt in Friaul–Julisch Venetien. Wie bei vielen anderen Städten läßt sich die Gesch. T.s in der Spätantike und im frühen MA an den Bf.slisten ablesen (Kathedrale S. Giusto); sie teilt das Schicksal des dichten Netzes von Diözesen, die das östl. Venetien und Istrien umfassen: Bildung der Kirchenprovinz →Aquileia, →Dreikapitelstreit (Teilnahme des Bf.s v. T. an der schismat. Synode v. Grado d. J. 579, 602 Rückkehr zur röm. Orthodoxie), Eingliederung in das Regnum Italiae. Die Bf.e, seit der Schenkung Lothars II. an Bf. Johannes 948 Nutznießer der kgl. Rechte auf die Stadt, waren zur Zeit der Ottonen und Salier zumeist dt. Herkunft (mindestens in zwei Fällen kamen sie aus dem Eichstätter Domkapitel). Sie unterstanden in polit. wie territorialer Hinsicht dem Patriarchat Aquileia (DH IV. 338, a. 1081). Spätestens 1139 organisierte sich ein Teil der Bürgerschaft zur Kommune, die das öffentl. Vermögen verwaltete, das Gebiet zw. Lòngera, Sistiana und dem Meer als kommunales Territorium beanspruchte und mit seiner Vertretung einen *gastaldio* und ein Kollegium von *iudices* betraute. 1202 beschworen diese Autoritäten einen Fidelitas-Vertrag mit →Venedig, der von ca. 350 Familienoberhäuptern unterschrieben wurde (was auf eine Bevölkerung von etwa 1500 Vollbürgern schließen läßt). Gleichzeitig mit dieser partiellen Anerkennung der Vorherrschaft Venedigs über →Istrien erwarb die Kommune in einem allmähl. Prozeß die Jurisdiktionsrechte der Bf.e (Strafjustiz, Appellationsgericht, das Recht, Statuten zu erlassen und Abgaben zu erheben) und bildete ein dualist. Stadtregiment aus (polit. Spitze – Großer Rat). Beide Prozesse fanden nicht vor dem Ende des 13. Jh. ihren Abschluß. Nach der nur Episode bleibenden Signorie der Familie Ranfi konsolidierte sich Anfang des 14. Jh. die Struktur der Institutionen potestas – consilium (letzteres bestand aus 180 Mitgliedern), die bereits in den meisten Kommunen der Poebene und Mittelitaliens seit rund einem Jahrhundert der Normalfall war. Es sind weder Stadtchroniken noch Beschlüsse des Consiglio erhalten; umfangreiche Statutarrechte (1315–1319) und seit der Mitte des 14. Jh. eine Reihe von Notariatsurkunden (deren öffentl. Registrierung das Stadtregiment mit ungewöhnl. Strenge anordnete) sowie Rechnungsbücher der Finanzverwaltung und Sammlungen von Gerichtsakten beleuchten jedoch anschaulich die sozialen Verhältnisse der Stadt. T. hatte zu dieser Zeit innerhalb des – noch teilweise erkennbaren – Mauerrings zw. dem heutigen Corso d'Italia und der Via San Michele etwa 5000 bis 6000 Einw. Die Bevölkerung gehörte vorwiegend der ladino-friulan. Sprachgruppe an, daneben waren dt. und v. a. slav. (großteils sloven.) Komponenten vorhanden (erste slav. Niederlassungen im 6./7. Jh. bezeugt, in karol. Zeit wurden sie als Slovenen bezeichnet). Der sloven. Bevölkerungsanteil erreichte in der Stadt eine beachtl. Höhe; in einem guten Teil der Dörfer des Territoriums stellten die Slovenen, zumeist Eigentümer von kleinen und mittelgroßen Landgütern und Weinbergen, sogar die Mehrheit. Für die städt. Bevölkerung boten Wein-, Öl- und Salzhandel, die vorwiegend von dem »tergestin.« Teil ausgeübt wurden, die besten wirtschaftl. Perspektiven; die aus weiten Teilen Italiens (Süditalien, Marken, Ligurien, Alpenraum und Poebene, Toskana) in stetigem Fluß zuwandernden Bevölkerungsgruppen waren vorwiegend als Kaufleute und Handwerker tätig, die Toskaner wie üblich im Geldgeschäft. – Das Stadtregiment betrieb eine Schaukelpolitik zw. Venedig, dem Patriarchat Aquileia und den Dynastien der Herren v. Duino und der Gf.en v. →Görz. Nach dem →Chioggiakrieg verzichtete Venedig formell auf seine Herrschaftsansprüche auf T. Die Stadt unterstellte sich 1382 Hzg. →Leopold III. v. Österreich, der mehr als andere Fs.en den Erhalt der jurisdiktionellen Souveränität, die die Kommune seit etwa einem Jahrhundert errungen hatte, zu garantieren schien, was sich in der Tat bewahrheitete (Neufassungen der städt. Statuten). Die neue Dialektik zw. Fs. und Stadt hat in T. wie in vielen anderen Gebieten Europas offenbar die Konsolidierung eines städt. Patriziats begünstigt, das sich in dreizehn Familien (»casade«) gruppierte. Seit 1469 unterstand T. noch unmittelbarer der Habsburgerherrschaft, seine polit.-wirtschaftl. Führungsschicht war im »Consiglio dei patrizi« organisiert. In der NZ nahm T. aus den verschiedenen Regionen Italiens und Europas neue Elemente auf, die in das streng oligarch. Regime integriert wurden.

P. Cammarosano

*Lit.*: →Istrien – →Aquileia – D. BLOISE u. a., Le magistrature cittadine di T. nel sec. XIV, 1982 – F. ANTONI, Il documento privato triestino dall' XI al XIII s., Clio 27, 1991, 197–217.

**Trifels**, eine der frühesten Höhenburgen an der Haardt (bei Annweiler, Krs. Südl. Weinstraße), erstmals 1081 erwähnt in Zusammenhang mit dem Eintritt Diemars de Triveils, der möglicherweise Lehnsmann der →Salier war, in das Kl. →Hirsau. Die Burg gehörte damals zu den Positionen der Gregorianer. Vielleicht hängt Diemars Weggang mit dem regionalen Gegensatz zw. Reformpartei und dem ks. treuen Bf. Huzmann v. Speyer zusammen. Die Burg war später in der Hand des Ebf.s →Adalbert I. v. Mainz und der Gf.en v. →Saarbrücken, mußte dann 1113 an Ks. Heinrich V. ausgeliefert werden. In stauf. Zeit ausgebaut, diente sie oftmals als Staatsgefängnis, Ks. Heinrich VI. hielt hier Kg. Richard Löwenherz v. England und eine Reihe von siz. Großen gefangen. Der T. war von 1125–1298 mit Unterbrechungen Aufbewahrungsort der →Reichsinsignien (Verzeichnis 1246), auch Hort des Normannenschatzes und vieler Lösegelder in Heinrichs VI. Zeit. Nach wechselvollem Schicksal seit dem Thronstreit 1198/1218 verpfändete Ks. Ludwig d. Bayer die Burg mit umfängl. Reichsgut an die Kurpfalz, von der sie 1410 an die Linie →Zweibrücken bis zum Ende des Alten Reiches kam. – Kapellenturm und Palas wurden Ende des 12. oder Anfang des 13. Jh. erbaut. Baumaßnahmen sind 1309/10, 1359, 1366 und nach 1525 bekannt. 1602 großenteils verbrannt, wurde die Burg bis Mitte des 19. Jh. weitgehend abgebrochen.

A. Gerlich

*Q. und Lit.*: G. BIUNDO, Reg. der Reichsfeste T., 1940 [als Ms. gedr.] – H. WERLE, Der T. als Dynastenburg, Mitt. d. hist. Vereins der Pfalz 52, 1954, 111–132 – G. STEIN, Befestigungen des MA (Pfalzatlas, hg. W. ALTER, Textbd. 1, 1964), 316f. – A. DOLL, Vögte und Vogtei im Hochstift Speyer im HochMA, ZGO 117, 1969, 245–273, bes. 263 [Anm. 127] – F. SPRATER-G. STEIN, Der T., 1971[9] [Lit.] – H. BERNHARD-D. BARZ, Frühe Burgen in der Pfalz (Burgen in der Salierzeit, 2, hg. H. W. BÖHME, 1991), 153ff. [mit Grundriß] – J. KEDDIGKEIT, Grundrisse von Burgen und Schlössern (Pfalzatlas, hg. W. ALTER, Textbd. 4, 1994), 2132f.

**Triforium** (erstmals bei Gervasius v. Canterbury 1185 belegt: *supra quem murum via erat quae triforium appellatur*), ein in der Mauerdicke ausgesparter Laufgang zw. den Arkaden oder der Empore und der Fensterzone einer Basilika in Höhe der Seitenschiffpultdächer, zum Mittelschiff in Arkaden oder Maßwerk geöffnet. Der Laufgang kann auch entfallen, die Arkaden sind dann nur der Mauer vorgeblendet (Blend-T.) Das echte T. kann in verschiedener Weise konstruiert sein: 1. Zw. Rückwand und Arkaden entsteht ein Laufgang unter einem von Dienst zu Dienst gespannten Mauerbogen; der Gang durchbricht nicht die Gewölbedienste; jeder Abschnitt ist vom Dachboden des Seitenschiffs aus zugänglich. – 2. Statt des konzentr. Bogens ist der Laufgang mit Steinplatten oder einer Längstonne gedeckt, und die Gewölbedienste werden von dem Laufgang durchbrochen. – 3. Die Rückwand des T.s steht nicht mehr auf der Mauer über den Arkaden, sondern ruht auf den Seitenschiffgewölben bzw. auf einem der Mauer über den Seitenschiffen vorgelegten Entlastungsbogen, als Kasten-T. bezeichnet. – 4. Die Rückwand des T.s wird durchfenstert (durchlichtetes T.), so daß die Fensterzone bis auf die Seitenschiffgewölbe heruntergezogen scheint (möglich durch Abwalmung der Seitenschiffdächer), seit etwa 1230 (Beauvais, Chelles, Saint-Denis, Troyes, Straßburg Langhaus).

In der Ansicht sind zu unterscheiden das in Burgund aus antiken Motiven entwickelte Reihen-T., das immer von Dienst zu Dienst reicht, und das in der Normandie ausgebildete Gruppen-T., bei dem die zumeist unter Blendbogen gekuppelten Zwillings- oder Drillingsarkaden in die Mauer eingeschnitten sind. Beginnend mit Saint-Denis ab 1231 werden die Maßwerkstäbe der Fenster bis auf die Sohlbank des T.s heruntergezogen. Das T. kann im Langhaus, im Querschiff und auch im Chor auftreten und findet sich vornehmlich in Frankreich und im Raum von Köln und Basel in der Zeit zw. 1100 und 1260 mit nur wenigen Ausstrahlungen nach Westfalen, Holland, Nürnberg, Assisi und Roskilde. Es ist vorbereitet in Nischengliederungen der Wandzone über den Arkaden des 11. Jh. im Rheinland, in rechteckigen, radförmigen oder Arkaden-Öffnungen zum Dachraum in der Île de France und im Rhein-Maas-Gebiet erste Hälfte 12. Jh., und in Blendgliederungen in der Normandie und in Burgund um 1100. Im Rheinland findet sich das echte T. erst im 13. Jh. (Limburg a. d. Lahn 1200/1205), während das Blend-T. seit 1150 auftritt. G. Binding

Lit.: H. E. KUBACH, Rhein. Triforienkirchen der Stauferzeit, 1934 – DERS., Das T., ZK 5, 1936, 275–288 – A. WOLFF, Cluny und Chartres (Vom Bauen, Bilden und Bewahren [Fschr. W. WEYRES, 1963]), 199–218 – V. JANSEN, Superposed Wall Passages and the T. Elevation of St. Werburg's, Chester, Journ. Society of Architectural Historians 38, 1979, 223–243.

**Trift, -recht.** Die T., auch Wildflößerei, dient dem Massentransport von Brennholz auf kürzere Entfernungen. Die Verhüttung von Erz und das Sieden von Salz verbrauchten ungeheure Mengen an Brennholz. Im Gegensatz z. B. zu den wasserreichen Flüssen Skandinaviens erforderten die kleineren Flüsse und Bäche der Alpen die Errichtung von T.klausen aus Erde, Holz oder Mauerwerk zum Aufstauen von Bächen oder Seen (Seeklausen). Das Holz wurde in Form von Scheitern oder kurzen Stämmen (Drehlingen) von max. 2,5 m Länge (Hallholz für die Salinen 1,2 m) unterhalb der Klausen eingeworfen. Mit der Länge der Stämme wuchs die Gefahr von Verklausungen. Im Schwarzwald wurden bei der T. ganze Dörfer aufgeboten, um anlandendes Holz vom Ufer abzustoßen. Zum Auffangen des T.holzes waren große T.rechen aus Holz erforderl., mit teilweise aufwendiger Technik, um Holz oder Flöße (mit Floßgassen; →Flößerei) durchzulassen. Derartige T.rechen gab es bei großen Salinen (→Hallein, →Reichenhall), bisweilen entstanden an ihnen auch große Verhüttungsanlagen für Eisen (Hieflau und Großreifling a. d. Enns) und Edelmetall (Lend a. d. Salzach).

Erste Nachrichten über den Bau von Klausen liegen im 13. Jh. aus Tirol vor. Seit dem 15./16. Jh. wurden mit der Anlage von aufwendigen Schwemmkanälen und Wasserriesen (»Gefludern«) auch Wasserscheiden bei der T. überwunden. Der Höhepunkt der T. lag im Frühjahr, da am meisten Wasser zur Verfügung stand und kaltes Wasser besser trägt. Mit dem Aufschwung des →Bergbaus gewann das T.recht zunehmend an Bedeutung. V. a. in Saalforsten, die zu bestimmten Salinen gewidmet waren, gab es genaue Regelungen für die T. H. Dopsch

Lit.: E. NEWEKLOWSKY, Die Schiffahrt und Flößerei im Raume der oberen Donau, Bd. 3, T. II: Die T., 1964, 527–593 – E. KOLLER, Die Holzt. im Salzkammergut (Schriftenreihe des Inst.s für LK von Oberösterreich 8, 1965) – F. HAFNER, Bau und Verwendung von T.klausen in Österreich, Bll. für Technikgesch. 39/40, 1977/78, 47–64 – C. J. v. SAZENHOFEN, Handwerksfibel Flößerei und T., 1980 – F. HAFNER, Die Holzt. mit bes. Berücksichtigung ihrer Ausübung in der Steiermark (Fschr. F. POSCH, 1981), 579–598.

**Trigonometrie** entstand als eine Rechentechnik der →Astronomie. Bei den Griechen beruhte die T. auf der Sehne im Kreis: Die Kreisbögen, die man für astronom. Berechnungen braucht, werden mit Hilfe der entsprechenden Sehnen berechnet. In der ebenen T. wurden allgemeine Dreiecke mit Hilfe des Lots in rechtwinklige Teildreiecke zerlegt. Für sphär. Berechnungen benutzte man (zumindest in →Ptolemaeus' →»Almagest«) den Transversalensatz (»Satz des Menelaos«), d. h. zusammengesetzte Verhältnisse zw. 6 Sehnen von Bögen in einem vollständigen Viereck.

Die T. der Inder basierte nicht auf der zu einem Bogen gehörenden Sehne, sondern auf der zum doppelten Bogen gehörenden Halbsehne, d. h. auf dem das Rechnen in vielen Fällen vereinfachenden 'Sinus' (lat. Übersetzung von arab. ǧaib ['Busen'], mit denselben Konsonanten geschrieben wie ind. jīva ['Sehne', 'Halbsehne']). Neben dem Sinus kannten die Inder auch den *sinus versus* (Komplement des Cosinus) und den Tangens (Schattenwurf des Stabs); sie fanden zahlreiche Regeln für Rechnungen auf der Kugel, von denen viele mit Hilfe ähnl. Dreiecke bewiesen werden können.

Die Araber übernahmen im 9. Jh. sowohl ind. als auch gr. Ideen in der T., wobei →al-Ḫwārizmī für sein astronom. Handbuch (Zīǧ) hauptsächl. ind. Verfahren, →al-Battānī v. a. gr. Wissen anwandte. Einige Autoren (z. B. →Ḥabaš al-Ḥāsib) zogen auch graph. Methoden für die Lösung trigonometr. Probleme heran; derartige Verfahren findet man in mechan. Form auch bei astronom. →Instrumenten (z. B. Sonnenquadrant). Allg. trigonometr. Probleme wurden auch mit Hilfe eines sog. Sinusquadranten mechan. oder geometr. gelöst. Neben den grundlegenden →Tafeln für die Sinus- und Tangenswerte wurden auch solche von Hilfsfunktionen erstellt, die in astronom. Handbücher Eingang fanden und für die Lösung unterschiedl. astronom. und geogr. Probleme (z. B. Berechnung der Qibla) genutzt wurden.

Um 1000 vereinfachte eine Gruppe von Mathematikern (u. a. →Abū l-Wafā', Abū Naṣr ibn ʿIrāq) das Rechnen auf der Kugel, indem sie eine Reihe von Lehrsätzen über das Dreieck (anstelle des Vierecks des Menelaos) herleiteten. Diese Sätze basieren auf der sog. »Regel der vier Größen«. Die wesentl. Schritte des Beweises der »regula quattuor quantitatum« finden sich bereits im 9. Jh. bei →Thābit ibn Qurra. Aus dieser Regel entstand als erster Lehrsatz über Dreiecke der sphär. Sinussatz; analog zur »Regel der vier Größen« wurden auch Sätze entwickelt, die mit der Schattenlänge zusammenhängen (»Tangentensatz«, »Schattenregel«). Eine frühe Gesamtdarstellung dieses Wissens findet sich im 11. Jh. im »Qānūn al-Mas'ūdī« des →al-Bīrūnī. Später wurden die Verfahren verfeinert und kompliziertere Instrumente zur Lösung trigonometr. Probleme entwickelt. Wertvolle hist. Informationen über die arab. T. liefern die Schriften von al-Bīrūnī und →Naṣiraddīn.

Dank der Übersetzungstätigkeit im 12. Jh. wurden die wichtigsten arab. trigonometr. Erkenntnisse im W bekannt. Bes. einflußreich war die Übersetzung von →Ǧābir ibn Aflaḥs Kommentar zum »Almagest« durch →Gerhard v. Cremona, welche die ebene und sphär. T. in Form von Lehrsätzen auf die Berechnung von Dreiecken zurückführt. Diese Schrift bildete zusammen mit ihren lat. Kommentaren die Grundlage der T. im W. Die Kenntnis der Schattenfunktionen und des *sinus versus* stammt jedoch nicht aus Ǧābirs Schrift, sondern aus Bearbeitungen von al-Ḫwārizmīs Werk und anderen auf ind. Quellen zurückgehenden Arbeiten. Daneben, z. T. gleichzeitig mit den 'neuen' Sätzen des Ǧābir, wurde auch noch der »Satz des Menelaos« benutzt (z. B. →Richard v. Wallingford, →Simon Bredon). Besonders verbreitet waren die »Canones tabularum primi mobilis« des →Johannes de Lineriis.

Eine grundlegende Darstellung des trigonometr. Wissens findet sich in der Schrift »De triangulis omnimodis libri quinque« des →Regiomontanus (entstanden kurz nach 1460, Druck 1533), die u. a. auf den Ergebnissen von Ǧābir und al-Battānī beruht. Regiomontanus berechnete auch Sinus- und Tangenstafeln nach Verfahren, die vor ihm z. B. →Johannes v. Gmunden und →Peuerbach benutzt hatten. In derselben Tradition wie Regiomontanus steht auch →Kopernikus, dessen trigonometr. Schrift 1541 separat und 1543 als Teil von »De revolutionibus« erschien. M. Folkerts/R. Lorch

*Ed. und Lit.:* Traité du quadrilatère attribué à Nassiruddin-el-Toussy, trad. A. PACHA CARATHÉODORY, 1891 – A. v. BRAUNMÜHL, Vorlesungen über Gesch. der T., 2 Bde, 1900–03 – M. CURTZE, Urkk. zur Gesch. der T. im chr. MA, Bibl. math., 3. Folge, 1, 1900, 321–416 – J. D. BOND, The Development of Trigonometrical Methods down to the Close of the XVth Cent., Isis 4, 1921, 295–323 – A. BJÖRNBO, Thabits Werk über den Transversalensatz (liber de figura sectore) ..., hg. H. BÜRGER-K. KOHL, 1924 – M. C. ZELLER, The Development of Trigonometry from Regiomontanus to Pitiscus [Diss. Univ. of Michigan 1944] – Regiomontanus on Triangles, transl. B. HUGHES, 1967 – N. G. HAIRETDINOVA, On the Oriental Sources of the Regiomontanus Trigonometrical Treatise, AIHS 23, 1970, 61–66 – C. JENSEN, Abū Naṣr Manṣūr's Approach to Spherical Astronomy as Developed in His Treatise 'The Table of Minutes', Centaurus, 16, 1972, 1–19 – J. D. NORTH, Richard of Wallingford, 3 Bde, 1976 – M. V. VILLUENDAS, La trigonometría europea en el siglo XI. Estudio de la obra de Ibn Muʿād, El Kitāb maŷhūlāt, 1979 – Al-Bīrūnī, Kitāb maqālīd ʿilm al-hay'a, La Trigonométrie sphérique chez les Arabes de l'Est à la fin du X$^e$ s. Ed. et traduction M.-Th. DEBARNOT, 1985 – N. G. HAIRETDINOVA, On Spherical Trigonometry in the Medieval Near East and in Europe, HM 13, 1986, 136–146 – *verschiedene Beiträge von* D. KING *in:* Islamic Mathematical Astronomy, 1986; Islamic Astronomical Instruments, 1987; Astronomy in the Service of Islam, 1993 – R. LORCH, Jābir ibn Aflaḥ and the Establishment of Trigonometry in the West (Arabic Mathematical Sciences, 1995).

**Trikala,** Stadt an der Stelle des antiken Trikke (Trikka) im NW der westthessal. Ebene, bedeutsam durch die Lage an Verkehrsrouten (→Thessalien von Epirus (→Ep[e]iros) im W und Makedonien in N, seit dem 4. Jh. als Bm. (Suffragan der Metropolis →Laris[s]a) nachweisbar. Bei Hierokles als Trikai unter den thessal. Städten angeführt, wurden laut Prokop unter Justinian I. die Stadtmauern erneuert. Im 10. Jh. ist Trike als Stadt der Eparchie Thessalia unter dem Thema Makedonia (?) genannt. 1066 waren an einer Revolte von Bulgaren und Vlachen auch 'Trikalitai' beteiligt. 1082/83 besetzten die Normannen T. für kurze Zeit. Ab dem 11. Jh. ist die Namensform 'T.' geläufig, 'Trikke' hielt sich in der kirchl. Nomenklatur. 1258 von →Johannes Palaiologos (11. J.) erobert, wurde T. nach dem Tod des Stephanos Gabrielopulos (1333) von Johannes →Orsini v. Epiros übernommen, vor März 1336 von Ks. Andronikos III. Ab 1348 ist T. – mit kurzen Unterbrechungen – Residenz serb. Teilherrscher (Preljub, Symeon Uroš, Johannes Uroš [Förderer der nahen →Meteora-Kl.]); von etwa 1379 bis 1393 (türk. Eroberung) Herrschaft des Alexios Angelos Philanthropenos bzw. seines Sohnes Manuel unter Anerkennung der byz. Oberhoheit. P. Soustal

*Lit.:* Oxford Dict. of Byzantium, 1991, 2115f. – A. ABRAMEA, Byz. Thessalia mechri 1204, 1974 – B. FERJANČIĆ, Tesalija u XIII i XIV v., 1974 – J. KODER-F. HILD, Hellas und Thessalia, 1976, 277f.

**Triklinios, Demetrios,** byz. Philologe, Autor und Inhaber eines Skriptoriums, * um 1280 in Thessalonike, † um 1340 ebd., lehrte in seiner Heimatstadt. Er war wahrscheinl. ein Schüler des →Thomas Magistros und mit dem Kreis des →Planudes verbunden. Sein Interesse für die altgriech. Lit. konzentrierte sich bald auf die Dichtung; beachtl. metr. Kenntnisse gestatteten ihm eine eigenständige Analyse der Q. Es ist nicht sicher, daß er sich mit der →Anthologie des Planudes beschäftigt hat, hingegen gehen auf ihn die Eingriffe in der ältesten ma. Hs. der Fabeln des Babrios zurück (Brit. Mus., Add. 22087). Seine Hesioded. (Autograph, Marc. gr. 464) ist mit Kommentaren und Textemendationen (metri causa) versehen; in den Scholien der Pindared. verbindet T. eigene metr. Beobachtung mit den Erkenntnissen von Th. Magistros und →Moschopulos sowie antiker Scholiasten. Gleiches gilt für die Ed. der Aristophaneskomödien »Plutos«, »Wolken« und »Frösche« (Autograph, Paris suppl. gr. 463). T. beschränkte sich jedoch nicht auf die traditionelle byz. Schulauswahl: seine der Ed. pr. bei A. →Manutius (1498) zugrundegelegte Aristophaneseed. enthält andere Komödien des Corpus (ausgenommen »Thesmophoriazusen«, »Ekklesiazusen« und »Lysistrata«); seine Aischylosed. (Autograph, Neapel II F 31) umfaßt neben »Prometheus«, »Sieben gegen Theben«, »Perser« auch »Agamemnon« und »Eumeniden«. Er stellte eine krit., kommentierte Sophokles-Gesamtausg. her (Par. gr. 2711 und Marc. gr. 470) und beschäftigte sich zw. 1310 und 1325 mehrmals mit Euripides (Cod. Laur. 32, 2). M. Cortesi

*Ed.:* L. MASSA POSITANO, Demetrii Triclinii in Aeschyli Persas scholia, 1963$^2$ – N. WILSON, Scholia Tricliniana in Aristophanis Equites, 1969 – *Lit.:* R. AUBRETON, Démétrius Triclinius et les recensions médiévales de Sophocle, 1949 – HUNGER, Profane Lit., II, passim – N. WILSON, Filologi biz., 1990, 375–383 – PLP 12, 1994, Nr. 29317 [Lit.] – A. TESSIER, Tradizione metr. di Pindaro, 1995, 55–87.

**Trikonchos** → Dreikonchenbau

**Trinacria** → Sizilien

**Trinci,** Signorenfamilie in →Foligno, die in der 1. Hälfte des 13. Jh. aufstieg (1226 erstmalige urkdl. Nennung von *Trincia* und *Rodolfo*, Söhne des Berardo, Enkel des Rodolfo). *Trincia* war Anhänger Friedrichs II., Konrads IV. und Manfreds. Das von ihm mit Zustimmung Manfreds »verräterischerweise« erworbene Patrimonium wurde nach seinem Tod von Bonifaz VIII. legalisiert (1296). Seine Söhne Corrado, Alvardo, Ugolino und Nallo (Ranaldo) trugen als Nachkommen eines »miles« den Adelstitel »domicellus«, mit dem sich auch ihre Nachkommen schmückten, die die Signorie über Foligno innehatten. *Nallo* († 1321) herrschte (als erster guelf.) →Capitano del Popolo und →Gonfaloniere della giustizia über die Kommune Foligno. 1321 folgte ihm als Anführer der guelf. Faktion und als Gonfaloniere sein Bruder *Ugolino* nach.

Dessen Nachfolger und Enkel *Ugolino Novello* (seit 1338, †1353) versuchte 1350 in den »Statuti del popolo«, die kommunalen Institutionen und die Signorie in Einklang zu bringen. Sein Sohn *Trincia* übte anfangs wie seine Vorgänger über Foligno und das Umland eine Signorie sine titulo aus, wurde aber 1367 von Urban V. als vicarius generalis in temporalibus legitimiert. 1371 erhielten Trincia und sein Bruder *Corrado* das Bürgerrecht v. Florenz. 1377 stellte sich Trincia jedoch gegen Florenz und fiel einem Volksaufstand zum Opfer. Sein Bruder *Corrado* († 1386) und sein Sohn *Ugolino* († 1415) übernahmen als päpstl. Vikare die Macht und näherten sich Florenz wieder an. Ugolino versuchte durch freundschaftl. Beziehungen zu vielen Kommunen Mittelitaliens sowie zu einigen Fs.enhäusern und Signorenfamilien Oberitaliens, die Voraussetzungen für ein Fsm. zu schaffen, das jedoch weder er noch seine Nachfolger realisieren konnten. In Foligno begann er große öffentl. Bauvorhaben und förderte Handwerk und Wirtschaft. Abbild seiner Machtfülle war der Palazzo T., den Ugolino 1407 erweitern und im Geiste des Humanismus umbauen ließ (Saal der antiken Helden, »Trojanerabkunft« der T., Foligno als neues Rom). Auf den humanist. interessierten Sohn Ugolinos, *Niccolò* († 1421) folgte, dessen Bruder *Corrado*, 1433 von Kg. Siegmund zum Pfg.en erhoben, der die Herrschaft reorganisierte und Münzen schlagen ließ. Unter ihm erlebte Foligno eine wirtschaftl. Blüte. Sein Territorium, das er als päpstl. Vikar beherrschte, erstreckte sich von den Monti Martani zum Apennin und von Assisi bis Piediluco. Mit ihrem Reichtum förderten die T. seit Ugolino in großem Stile Künstler und Humanisten; ihr dadurch erzieltes polit. Prestige war jedoch nur von kurzer Dauer. Nach einem Aufstand gegen den Papst nahm Kard. →Vitelleschi 1349 nach monatelanger Belagerung Foligno ein; Corrado und seine Söhne *Ugolino* und *Niccolò* wurden am 15. Juni 1441 in der Festung Soriano bei Viterbo hingerichtet. Das Haus T. starb 1462 mit Ugolinos Bruder *Rinaldo*, Gegenbf. v. Foligno, aus.

Die T. stellten von 1326 bis 1439 eine Reihe von Bf.en v. Foligno sowie Ordensleute und gründeten und förderten Kl. Der sel. Laienbruder *Paolo* (Paoluccio) T. († 1398), ein Vetter des Signore Trincia, gründete in der Einsiedelei Brugliano bei Foligno die Bewegung der Franziskanerobservanten. M. Sensi

Lit.: M. FALOCI PULIGNANI, Le arti e le lettere alla corte dei T., GSLI I, 1883, 189–229 – G. DEGLI AZZI VITELLESCHI, Le relazioni fra la Republica di Firenze e l'Umbria, I, 1904 – M. V. PROSPERI VALENTI, Corrado T. ultimo signore di Foligno, 1959 – G. LAZZARONI, I T. di Foligno dalla signoria al vicariato apostolico, 1969 – M. SENSI, Una società commerciale tra i T. ed i Varano agli inizi del sec. XV, Atti e Mem. Dep. storia patr. Marche 83, 1978, 179–192 – Il convento di Montefortino, I – J.-C. MAIRE VIGEUR, Comuni e signorie in Umbria, Marche e Lazio, 1987 – Signorie in Umbria tra Medioevo e Rinascimento: l'esperienza dei T., 1989 – M. SENSI, Nella Foligno tardomediev.: umanisti it. e tipografi tedeschi (Pagine di Dante, 1989), 25–48 – DERS., Dal movimento eremitico alla regolare osservanza francescana, l'opera di fra Paoluccio T., 1992.

**Trinini salientes** (Salii, Paulini, Tripodantes, Reciproci), dreifach gereimter Hexameter (→Vers, Strophenbau) mit Reim auf der 2. und 4. Hebung: Urbs Redonis spoliata bonis viduata colonis; oft paarweise durch Endreim gebunden. (Die Verse »de contemptu mundi« des →Bernhard v. Morlas sind tripertiti dactylici.) G. Bernt

Lit.: W. MEYER, Ges. Abh. zur mlat. Rythmik, I, 1905, 85f. – P. KLOPSCH, Einf. in die mlat. Verslehre, 1972, 77f.

**Trinitarier, -innen.** Der Orden der T. wurde Ende des 12. Jh. von dem hl. Johannes v. Matha († 1213) als religiöse Bruderschaft von Klerikern und Laien gegr., die in Keuschheit, Gehorsam und ohne persönl. Besitz lebten. Das erste Haus der T. wurde in Cerfroid (Dép. de l'Aisne) auf einem von Margarete v. Blois, der späteren Gfn. v. Burgund, übertragenen Grundbesitz errichtet. Von Anfang an widmeten sich die T. bes. dem Mysterium der hl. Dreieinigkeit, was ein wesentl. Element ihres Ordenslebens darstellte, dessen Anfänge tief in den →Kreuzzügen wurzelten. Nach der Intention des Gründers (»propositum«) war der Loskauf der von den Ungläubigen gefangenen Christen eine Folge der Kreuzzüge. Der Orden und seine Regel wurden von Innozenz III. am 17. Dez. 1198 approbiert. In den folgenden Jahrhunderten hat die Regel mehrere Revisionen erhalten und ist durch Statuten und Konstitutionen ergänzt worden. Bald nach der päpstl. Approbation wurde die Sorge für die Befreiung der Gefangenen in die Ordensbezeichnung aufgenommen: »Ordo Sanctae Trinitatis et Captivorum«. Kennzeichen des Ordens wurde das rot-blaue Kreuz. In Zusammenhang mit den Kreuzzügen entstanden, widmete sich der Orden den barmherzigen Werken: »inter arma caritas«. Neben der Auslösung chr. Gefangener erfüllten die jeweiligen T.gemeinschaften (domus) auch andere Aufgaben: das Hospizwesen, die Sorge für Arme und Kranke, die Arbeit im kirchl. Bereich, die Erziehung und schließl. die Evangelisation. Von den anfängl. drei Gründungen (Cerfroid, Planels, Bourg-la-Reine) breitete sich der Orden rasch aus, und es entstand ein umfangreiches Netz von Häusern. So zählte die erste Generation der T. etwa 50 Gründungen. Die Anhäufung des Vermögens und wirtschaftl. Kenntnisse wurden für das Ordensleben immer bedeutender. Ein wesentl. Merkmal des Ordens war die Forderung der Regel, den dritten Teil (tertia pars) aller Einkünfte für Lösegeldzahlungen für chr. Gefangene zu reservieren. Eine bedeutende Ausnahme bildete jedoch die 1259 auf Betreiben Kg. Ludwigs IX. v. Frankreich erfolgte Gründung in Fontainebleau, die ausschließl. dem Gedächtnis des Kg.s und seiner Familie sowie der Armen- und Krankenfürsorge im Umkreis des Kl. diente. Das Vermögen der T. wuchs sowohl durch Bettel und Ablässe als auch durch Pachtzinsen. Bereits in der Frühzeit des Ordens erfolgten Gründungen in den Hafenstädten Marseille, Genua und Barcelona als Ausgangsbasen (bzw. Ankunftsorte) für die Auslösung chr. Gefangener in Nordafrika. Der Hauptsitz des Ordens entstand schließl. in der Nähe der Sorbonne in Paris, im Haus St. Mathurin. Dieses in der 1. Hälfte des 13. Jh. gegr. Haus bestand bis zur Frz. Revolution. Am Ende des MA gab es 12 Provinzen der T. mit insgesamt 150 Häusern in w. Europa.

Die *Trinitarierinnen* bildeten fast seit der Anfangszeit einen Teil des Ordens. Einige lebten im Kl. als Nonnen (z. B. in Avingaña/Spanien 1236), andere waren aktive Schwestern, die zusammen mit ihren T.brüdern arbeiteten. 1290 dienten T.schwestern gemeinsam mit den T.brüdern in dem Hospital in Meaux (Frankreich). Päpstl. Briefe von 1411 zeigen, daß Schwestern und Brüder für Arme und Pilger in Thelsford (England) sorgten. Schwestern arbeiteten gemeinsam mit den Brüdern in der Gründung von Knaresborough (England). Aber es gab auch Frauen, die getrennt von den Brüdern lebten, sie wurden allg. als »Beatae« bezeichnet. Eine Regel für diese »Beatae« erschien im »Reformatorium Fratrum O.SS.T.« der Provinz Aragón (Barcelona, 1563). Die Kongregationen der T.schwestern entwickelten sich erst in der NZ.

J. J. Gross

Q.: ANTONINO DE LA ASUNCION, Synopsis bullarii OSST medii aevi, 1921 – DERS., Ministrorum generalium OSST ser., 1936 – J. J. GROSS, The Trinitarians' Rule of Life: Texts of the Six Principal Ed.s, 1983 –

*Lit.:* DIP IV, 1280–1284 – DSAM XV, 1259–1274 [Lit.] – P. Deslandres, L'Ordre des Trinitaires, 1903 – R. v. Kralik, Gesch. des T.ordens, 1918 – J. J. Gross, The Trinitarian Order's Apostolate of the Ransom of Christian Captives and Works of Mercy during the First Centuries of its Hist. in Captivis Libertas, 1982 – J. Pujana, La Orden de la SS. Trinidad, 1993 – G. Llona, Fundador y Redentor, 1994.

## Trinität

I. Biblische Grundlagen. Die ersten Jahrhunderte. Ostkirche –
II. Westen.

I. Biblische Grundlagen. Die ersten Jahrhunderte. Ostkirche: Das Christentum ist, im Gegensatz zu Judentum und Islam, keine rein monotheist. Religion, sondern verkündet Gott als Einheit und Mehrheit zugleich: Er ist Drei, und Sie sind Einer. Grundlage für diesen Glauben ist die apostol. überlieferte Selbstoffenbarung Jesu Christi als ewiger Logos und Sohn des Vaters (Jo 1,1; 17,5) sowie die Sendung (Apg 2) des aus dem Vater hervorgehenden Geistes (Jo 15,26) als zweiter göttl. Paraklet gleich dem Sohn (Jo 14,16). Steht so zu Beginn der T.slehre die Erfahrung der göttl. Dreiheit (Mt 28,19; 2 Kor 13,13), so mußte eine Hauptaufgabe christl. Theologie in dem Bedenken der drängenden Frage nach ihrer Vereinbarkeit mit dem überkommenen israelit.-jüd. Monotheismus sein. Lösungsversuchen, die letztl. auf eine Preisgabe der göttl. Trias hinausliefen, war zu widerstehen. Sie reichten vom Modalismus, der nur eine Dreiheit von wechselnden Erscheinungsweisen des einen Gottes gelten lassen wollte, bis hin zur Behauptung der Geschöpflichkeit – und damit der Leugnung eigentl. Göttlichkeit – des Logos (→Arius, Arianer) und des Geistes (→Pneumatomachen). Die Notwendigkeit ihrer Abwehr führte zur terminolog. Klärung der kirchl. T.slehre durch die großen griech. Theologen des 4. Jh. wie →Athanasios v. Alexandreia und die Kappadokier →Basileios v. Kaisareia und →Gregorios v. Nazianz. Ihre Arbeit, die in der Formel von den drei Hypostasen (Personen) mit der verschiedenen Eigenschaften der Ungezeugtheit (Vater), der Gezeugtheit (Sohn) und des Hervorgehens (Geist) in der einen göttl. Wesenheit (οὐσία) gipfelte, galt der Verteidigung des Konzils v. →Nikaia (325), das die Gleichwesentlichkeit (ὁμοούσιος) des Sohnes mit dem Vater dogmatisiert hatte, und bereitete das Konzil v. →Konstantinopel (381) vor, das dem Geist gleiche Anbetung und Ehre mit dem Vater und dem Sohn zusprach. Hauptträger des so normativ formulierten und fortan unbestrittenen trinitar. Dogmas der Kirche die Jahrhunderte hindurch wurde deren liturg. Leben.

Auf diesem Hintergrund tragen die innerorthodoxen trinitar. Problemstellungen des eigentl. MA eher marginalen oder ephemeren Charakter. Ob etwa der Philosoph →Johannes Philoponos mit seiner Formel von den drei μερικαὶ οὐσίαι ἤτοι φύσεις ἤγουν ὑποστάσεις (MPG 94, 748) wirkl. einen Tritheismus propagieren wollte, hängt davon ab, ob er diese Begriffe in abstraktem Sinn verstand, was eher unwahrscheinl. ist. Und als Soterichos Panteugenos 1156 und 1157 vor Synoden in Konstantinopel (MPG 140, 148–153, 177–201) darauf bestand, der Vater allein sei es, der das Selbstopfer Christi entgegennimmt, nicht die göttl. T. insgesamt, mußte er seine Verkennung der innertrinitar. Perichorese (vgl. Jo 14,10) mit der Zurücknahme seiner Ernennung zum Patriarchen v. Antiocheia bezahlen. Die wenig später entfachte Kontroverse über die rechte Auslegung des Ausspruchs Christi »Mein Vater ist größer als ich« (Jo 14,28) gehört nur insofern zur Gesch. des T.sdogmas, als die beiden konstantinopolitan. Synoden, die sich 1166 und 1170 mit ihr befaßten, auch der Auslegung τοῦ αἰτίου, die die Schriftstelle von der ewigen Zeugung des Logos aus dem Vater her versteht, die Rechtgläubigkeit bescheinigte, ohne sie freilich zu favorisieren.

Zu bleibendem Zerwürfnis zw. Ost und West führte dagegen die Zufügung des →Filioque zur Passage über das Ausgehen des Hl. Geistes aus dem Vater (Jo 15,26) in der lat. Fassung des Symbolums von Nikaia–Konstantinopel. Sie sprengte das innere Gefüge des seit dem 5./6. Jh. als liturg. Glaubensnorm rezipierten Textes, das, den großen Kappadokiern folgend, den Vater als die eine Quelle der Gottheit begreift, die Zeugung des Sohnes durch ihn wie das Ausgehen des Geistes von ihm als zwei verschiedene, nicht näher zu definierende, ewige »Zustände« versteht und in dieser bleibenden Rückgebundenheit von Logos und Geist an ihren einen Ursprung den Grund für die Einheit Gottes in seiner Dreiheit erkennt. Dementsprechend besteht Patriarch →Photios (†891) in seinem grundlegenden Werk »Über die Mystagogie des Hl. Geistes« (MPG 102, 279–392) auf dem Hervorgehen des Geistes aus dem Vater allein (ἐκ μόνου τοῦ πατρός). Um zugleich der bibl. Aussage von der Sendung des Geistes durch den Sohn (Jo 15,26; 16,7) gerecht zu werden, unterscheidet der von Patriarch →Gregorios II. Kyprios verfaßte Tomos der Blachernen-Synode von 1285 (MPG 142, 233–246) zw. dem Hervorgehen des Geistes aus dem Vater als seinem alleinigen Ursprung (αἰτία) und seiner Manifestation (φανέρωσις) nach außen durch den Sohn.

P. Plank

*Lit.:* A. M. Ritter, Dogma und Lehre der Alten Kirche (HDG I, 99–283) – M. Jugie, Theologia dogmatica christianorum orientalium, II, 1933, 221–419 – St. N. Sakkos, Ὁ πατήρ μου μείζων μού ἐστιν, 2 Bde, 1968 – A. Papadakis, Crisis in Byzantium: the Filioque Controversy in the Patriarchate of Gregory of Cyprus (1283–1289), 1986² – P. Plank, Patriarch Nikephoros II. v. Jerusalem (vor 1166–1173/76) und die konstantinopolitan. Synoden seiner Zeit, Orth. Forum 9, 1995, 19–31.

II. Westen: [1] *Kernbekenntnis:* Unterscheidendes chr. Credo ist der Glaube an den dreieinen Gott. In dessen Namen werden Sakramente gespendet, Gebete begonnen und beschlossen. Das sich so äußernde T.bekenntnis folgt bibl. Zeugnis sowie dessen lehrmäßiger Konsolidierung durch die alten Konzilien. Dieser Tradition weiß sich wie der Osten so auch die lat. Theologie des MA (Früh-, Hoch- und Spätscholastik) konstitutiv verpflichtet. Neben dem Christusglauben und den Sakramenten ist die T. *das* Thema ma. Theologie. Man möchte dem trinitar. Gottesglauben so viel an Wissen und Weisheit abgewinnen wie möglich. Zur Selbstbeschränkung mahnen dabei: die Unendlichkeit des dreieinen Gottes, die nur geschöpfl. Erkenntniskraft des Menschen sowie dessen erbsündl. Verwundung (→Erbsünde). Doch ist für die Scholastik rationale T.stheologie unabweisbar: 1. weil der Verkündigungsauftrag Rechenschaft über den Inhalt des T.sbekenntnisses verlangt; 2. weil Einwände auf eine gedankl. Verteidigung dringen; 3. weil die eigene Glaubensaneignung vertieft aufzunehmen sucht, was im Bekenntnis bejaht wird. Theol. Sinnerschließung des T.sglaubens will nach ma. Verständnis nicht über das Dogma hinausgehen und zu einer höheren Einsicht gelangen; sie möchte eine, soweit dem geschöpfl. Menschen möglich, annähernde Auslegung dieses zentralen Glaubensgeheimnisses bieten. Scholast. T.lehre ist keine aprior. Deduktion und Konstruktion, sondern der Offenbarung folgende krit.-erschließende Analyse kirchl. Glaubens. Diese Linien geben Raum für Positionen und Schulen. Ihnen weisen bes. drei Theologen des ausgehenden Altertums den Weg: →Boethius, →Dionysius Areopagita, →Augustinus.

[2] *Wegweiser:* Wie richtunggebend Boethius wirkt, ist daran ablesbar, daß sich immer wieder angesehene Theologen auf seine T.slehre beziehen und sie kommentieren: →Alkuin, →Remigius v. Auxerre (umstritten), die Porretaner →Gilbert v. Poitiers, →Thierry v. Chartres, →Clarembald v. Arras und schließlich →Thomas v. Aquin mit der Schrift 'In Boethium de Trinitate', in der er sich v. a. um eine verantwortl. theol. Erkenntnislehre bemüht. Bes. beeinflußt Boethius die Hermeneutik der ma. T.slehre. Von ihm übernimmt sie aristotel. Begrifflichkeit (Person) und Logik; wie er bleibt sie aber bis zur Hochscholastik platon. Denkform verpflichtet. Beide Traditionen verhelfen zu einer T.slehre, die einerseits method. fortschreitendes Beweisverfahren kennt sowie vorgebrachte Einwände aufzugreifen versteht und die andererseits um ihre Grenzen weiß.

Ähnlich findet Dionysius Areopagita angesehene Übersetzer und Kommentatoren; unter ihnen Thomas v. Aquin (Super Dionysium De div. Nom.). Mehr als der Osten ist das lat. MA fasziniert von seinem dialekt. Gottesbild; es umschließt Einheit und Vielheit in unauflösbarer Spannung. Gott ist der namenlose und vielnamige zugleich. Weil sie jede geschöpfl. Einheitsvorstellung übersteigt, wird seine Gottesvorstellung gegenüber dem Vernunftoptimismus der scholast. T.slehre als korrigierend empfunden.

V. a. ist Augustinus prägende Autorität; keiner im chr. Altertum hat wie er die scholast. T.stheologie geformt. Ihm folgend, setzt sie bei der Einheit des göttl. Wesens an und vermittelt von hier die Dreiheit der Personen. Das geschieht durch Vergleiche mit dem menschl. Geistesleben; dieses existiert nach Augustin in dreifacher Äußerung: als memoria, intelligentia, voluntas, als mens, notitia, amor. Unter den vielen geschöpfl. Abbildern und Analogien des dreieinen Gottes ist der geistbegabte innere Mensch das authentischste. Zur seinshaften Verdeutlichung dieses Denkweges kommen die Relationenlehre und der von Augustin selber nur behutsam eingebrachte Personbegriff. Rezipiert werden vom MA ferner sein Verständnis vom Vater als principium trinitatis, vom Sohn als seinem Abbild und Urbild der Schöpfung, vom Hl. Geist als donum und vinculum trinitatis sowie Augustins Impulse für eine trinitar. Geschichtstheologie. Diese Elemente bestimmen die ma. T.slehre weithin, auch bei zunehmendem aristotel. Einfluß. Spezifizierend wirkt dagegen die Übernahme seiner trinitar. Geschichtstheologie u. a. bei Rupert v. Deutz. Die neuplaton. Denkform Augustins verleiht der T.sauffassung bei →Richard v. St. Victor, →Wilhelm v. Auxerre sowie der frühen →Franziskanerschule einen dynam. Charakter und läßt Heilsgeschichte und Erlösungsglauben bewußt einbeziehen.

[3] *Gestalten und Schulen:* Indem →Anselm v. Canterbury weitreichend rationales Denken in die Glaubensvermittlung einbezieht, wird er auch für die T.sgeschichte zu einem Kristallisationspunkt. Er ist wie kaum einer vor und nach ihm Erbe Augustins; dessen psycholog. T.slehre gibt er metaphys. Akzente und baut die Relationenlehre aus. Bei →Abaelard, der Schule v. →Chartres sowie den Porretanern ist ein deutlich erkenntnistheoret. Anliegen leitend. Für die Schule v. →Laôn dagegen bleiben spekulative Fragen ausgeklammert; der intellektuelle Optimismus Anselms v. Canterbury tritt zugunsten eines bibl.-traditionsbezogenen Ansatzes zurück; das bedingt den stärker heilsgeschichtl. Akzent dieser Schule. Ähnliches gilt für die →Viktoriner, deren T.slehre eine deutlich soteriol. Perspektive besitzt, bes. ausgeprägt bei Hugo v. St. Victor und Richard v. St. Victor; zudem verbindet dieser die augustin. Relationenlehre mit dem von seinem substanzhaften Hintergrund befreiten Personbegriff des Boethius. Das geschichtstheol. Erbe Augustins aktualisieren: Rupert v. Deutz, →Gerhoh v. Reichersberg und →Joachim v. Fiore. Für sie ist die gesamte Geschichte von Anfang der Schöpfung bis zu ihrer Vollendung durch den dreieinen Gott geformt. Anders als die abstrakte Verengung der hermeneut. Diskussion in den Schulen v. Chartres und Poitiers haben sie die T. als geschichtsmächtige Heilswahrheit interpretiert. Zugleich drängt bes. die Sicht Joachims, deutlicher die immanente T. zu betonen, damit die Heilsgeschichte wirklich dreifach gestufte Einheit und zielgerichtete Gottesgeschichte ist. In der Hochscholastik erscheint die T.slehre bei Thomas v. Aquin und Bonaventura bes. systematisch ausgeprägt; beide kennzeichnet weniger Originalität als synthet. Kraft, die das augustin. Erbe mit seiner spekulativen Dynamik voll entfaltet. Für beide ist die Glaubensauslegung insgesamt trinitar. Theologie. Deutlicher als Thomas gibt Bonaventura seiner T.sauslegung religiös-spirituelle Züge und macht das Mysterium für das Frömmigkeitsleben fruchtbar. Spätma. Entwürfe kennzeichnen wieder verstärkt erkenntnistheoret. und log. Interesse.

[4] *Spezifische Themen:* In dem Maße wie ma. T.slehre von der Einheit des göttl. Wesens ausgeht, um von hier die Dreipersonalität zu vermitteln, umschließt sie zwei immanente Gefahren, Tritheismus und Modalismus (→Sabellianismus). Faßt der eine die numer. Einzigkeit und seinshafte Einheit Gottes zu wenig grundsätzlich wie →Roscelin und Joachim v. Fiore, so mißlingt es dem anderen, den drei göttl. Namen, Vater, Sohn und Geist, ihren je unvertauschbaren Eigenstand zu geben, wie es Abaelard vorgeworfen wurde. Zwischen beiden Polen sucht ma. T.slehre ihren Weg. Zur Frage steht jetzt weniger wie in der Alten Kirche die Gottheit Christi und die des Hl. Geistes. Einzigkeit und Einheit Gottes als Grundaussage vorausgesetzt, ist der in der bibl. Offenbarung aufscheinende Eigenstand von Vater, Sohn und Hl. Geist zu profilieren. Dabei trifft die ma. T.sauffassung der Einwurf, trotz des Personbegriffs, der Relationenlehre und der psycholog. Analogien Augustins nicht zu einem hinreichenden Verständnis der trinitar. Personen gekommen zu sein, da eine letztlich stat. Einheitssicht Gottes leitend sei. Dieser Einwand greift bei jenen Entwürfen nicht, die ausgehen von Gott als summum bonum (Anselm v. Canterbury, Richard v. St. Victor, Wilhelm v. Auxerre, Thomas v. Aquin, Bonaventura) und als summa caritas (Richard v. St. Victor, Wilhelm v. Auxerre) oder gar wie Bonaventura von der primitas des Vaters sprechen; hier nähert sich das lat. MA behutsam östl. T.sauffassung mit ihrer größeren Dynamik. Wird diese Konvergenz akzeptiert und tritt das substanzhafte Denken der Scholastik zurück, läßt sich das beim Schisma von 1054 von Byzanz als spaltend empfundene →Filioque für lat. T.sauffassung konvenient und ökumen. konsonant interpretieren, wie auf dem Konzil v. Florenz (1438–39) initiiert. F. Courth

Lit.: DThC XV/2 – L. Scheffczyk, Lehramtl. Formulierungen und Dogmengesch. der T. (Mysterium Salutis II, hg. J. Feier–M. Löhrer, 1967), 146–220 – J. Auer, Gott – Der Eine und Dreieine, 1978, 178–228 – F. Courth, T. In der Scholastik (HDG II/1b, 1985).

Zur Kunstgeschichte →Dreifaltigkeit

**Trink- und Eßsitten** → Tischsitten

**Trinkstubengesellschaft** → Gesellschaften, städtische

**Trinoda** (Trimoda) **necessitas,** falscher techn. Terminus, der im frühen 17. Jh. von John Selden geprägt wurde, um drei öffentl. Hilfeleistungen der Untertanen im ags.

England zu bezeichnen: den Heerdienst sowie die Dienste bei der Errichtung von Befestigungen und von Brücken, die fast immer in ags. kgl. Immunitätsübertragungen vorbehalten blieben. Nach Selden wurden die Lasten, trinoda (fehlerhaft für trimoda) n., zuerst in einer westsächs. Urk. v. 680 gemeinsam beschrieben. Diese Urk. wurde jedoch im späten 10. Jh. in Canterbury ausgefertigt. Die frühesten spezif. Reservatrechte in bezug auf die drei Kriegsdienste, die ihren Ursprung wohl in gewohnheitsrechtl. oder freiwillig anerkannten Verpflichtungen hatten, kommen in merc. Urkk. seit der Mitte des 8. Jh. vor. Reservatrechtsklauseln erscheinen später in Urkk. aus Kent und Wessex. Auch ist es unwahrscheinl., daß diese drei Lasten gleichzeitig entstanden sind. Der Heerdienst ist wohl älter als Brückenbau- und Befestigungsdienste, die in England stets miteinander verbunden und von großer Bedeutung bei der Abwehr der Wikingerinvasionen waren. A. J. Kettle

*Lit.*: STENTON[3], s. v. – W. H. STEVENSON, T. N., EHR 29, 1914, 689–703 – N. BROOKS, The Development of Military Obligations in Eighth – and Ninth – Century England (England before the Conquest, ed. P. CLEMOES–K. HUGHES, 1971), 69–84.

**Triodion** (Τριῴδιον, russ. *triod' postnaja* 'Dreiodenbuch]'), liturg. Buch der byz. Kirche mit den Eigentexten des Kirchenjahres vom 4. Sonntag vor der Großen Fastenzeit (Sonntag des Pharisäers) bis zum Karsamstag. Seinen eigentüml. Namen erhielt das T. von der Tatsache, daß während dieser Zeit die Kanones im Orthros der Werktage anstelle der üblichen neun (bzw. acht) nur drei (bzw. vier) Oden enthalten. Für einen Großteil der Texte des T. ist ein Jerusalemer Ursprung anzunehmen, während eine jüngere Schicht v. a. den Hymnographen des Sabas- und Studiou-Kl. – ebenso die endgültige Red. – zuzuschreiben ist. Die Eigentexte für die anschließende Osterzeit sind im →Pentekostarion enthalten, das in den slav. Ausg. als *Blumen-T.* (im Unterschied zum *Fasten-T.*) bezeichnet wird. Die älteste Ausgabe des T. wurde 1522 in Venedig gedruckt. H.-J. Feulner

*Ed.*: Τριῴδιον κατανυκτικόν, 1994 – K. KIRCHHOFF–CH. SCHOLLMEYER, Die Ostkirche betet, I–II, 1962–63[2] – The Lenten T., 1978 – *Lit.*: LThK[2] X, 363f. – P. DE MEESTER, Riti e particolarità liturgiche del Triodio e del Pentecostario, 1943 – BECK, Kirche, 250f., 264–266, 601 – K. ONASCH, Kunst und Liturgie, 1993[2], 368f. [Lit.] – K. UNTERBURGER, Der Chr. Osten 49, 1994, 44–53.

**Tripartitum opus,** Slg. des ung. Gewohnheitsrechts durch den Juristen und Politiker István (Stefan) →Werbőczy (1458–1541), 1517 in Wien erschienen. Zwar im Auftrag von Diät und Kg. erstellt, jedoch nie formal verkündet, wurde das T. trotzdem zum eigtl. Gesetzbuch der alten Ungarn bis ins 19. Jh. Im 16. Jh. überarbeitet und ergänzt (»Quadripartitum«, 1599), erlebte das T. 51 Auflagen einschließl. ung., dt. und kroat. Übers.en, später meist mit der Slg. früherer Gesetze als »Corpus Iuris Hungarici« (zuerst von Johann Zsáboki 1581). Die drei ungleichen Teile (134, 86 und 36 Artikel) behandeln adliges Besitz- und Erbrecht, Prozeßrecht und manche Bestimmungen des Stadtrechts. Zwar bekennt sich Werbőczy im Vorwort zum röm. Recht, doch spiegelt das T. höchstens in der Absicht der Systematisierung romanist. Tradition wider. Es enthält im wesentl. ung. Gewohnheitsrecht. Bes. bekannt wurde der immer wieder zitierte Art. 9 des ersten Teils (»primae nonus«) mit den auf die →Goldene Bulle Kg. Andreas' II. (1222) zurückgehenden Grundrechten des Adels. Theoret. bedeutend wurde auch die von Werbőczy geschaffene »Lehre von der Heiligen Krone«, die besagt, daß alle Adligen gemeinsam den »Körper« der Krone darstellen (→corona, VI). J. M. Bak

*Ed.*: Werbőczy István Hármaskönyve, hg. S. KOLOZSVÁRI, K. ÓVÁRI, D. MÁRKUS, 1897 – T. O. …, Faks., hg. mit einer Einl. von GY. BÓNIS (Ma. Gesetzbücher in Faks.drucken, 2, 1971) [Bibliogr]. – *Lit.*: F. ECKHART, A szentkorona-eszme története, 1941 – J. KARPAT, Idee der Heiligen Krone Ungarns in neuer Beleuchtung (Corona regni, hg. M. HELLMANN [WdF 3], 1961), 349–398 – GY. BÓNIS, Einflüsse des röm. Rechts in Ungarn, IRMAE V, 1, 1964 – DERS., Középkori jogunk elemei, 1972 – J. M. BAK, Kgtm. und Stände in Ungarn im 14.–16. Jh., 1973, 74–79.

**Triphiodor(os)** (Tryphiodor[os]; hsl. Τρυφιόδωρος, aber eher 'Geschenk der [Göttin] Triphis'), gr. Epiker aus Ägypten, lange in das 5., durch POxy 2946 (ed. 1972) in das 3. Jh. datiert. Bezeugt ist u. a. eine 'lipogrammat. Odyssee', erhalten die 'Einnahme Ilions' (Ἰλίου ἅλωσις: ca. 700 metr. strenge Hexameter), die →Nonnos und seine Schule formal prägte und in Byzanz als Vorbild galt: von Joh. →Tzetzes imitiert, von Maximos →Planudes ediert und glossiert. Im W wurde sie im 15. Jh. bekannt (→Filelfo, →Laskaris, →Poliziano), ca. 1504 von →Manutius hg., 1559 von M. Neander in die Schule eingeführt. U. Dubielzig

*Ed.*: B. GERLAUD, 1982 [mit frz. Übers. und Anm.] – E. LIVREA, 1982 – U. DUBIELZIG, 1996 [mit Scholien, dt. Übers. und Anm.] – *Lit.*: M. CAMPBELL, A Lexicon to T., 1985.

**Tripoli(s),** Stadt im nördl. →Libanon, 1109–1289 Sitz einer bedeutenden Kreuzfahrergft. Als phönik. Gründung war T. bis zum Hellenismus ein wichtiger Mittelmeerhafen, erlebte dann einen Rückgang, dem in muslim. Zeit (arab. Eroberung 640, seit frühem 11. Jh. unter den →Fāṭimiden eigenes Emirat) ein allmähl. Wiederaufstieg folgte. Am Vorabend des 1. →Kreuzzuges war T. eine blühende Stadt von ca. 20000 Einw. (Zucker-, Papierherstellung). Die Errichtung der Gft. T. war das Ergebnis der Bemühungen →Raimunds IV. v. St-Gilles um ein eigenes Fsm. im lat. O. 1103 erbaute Raimund die mächtige Burg auf dem Mons Peregrinus als Hauptstützpunkt zur Kontrolle des Landes der T.; die Stadt selbst wurde aber erst nach fünfjähriger Belagerung eingenommen (12. Juli 1109). Die Gft. T. erstreckte sich entlang der Mittelmeerküste nördl. von →Tortosa/Ṭarṭūs bis südl. von Gibelet/Ǧubail (dem alten →Byblos), umfaßte im O westlich des Orontes gelegene Binnenregionen, z. T. bis ins Libanon-Gebirge. Östl. der durch Burgen (→Burg, D. I) geschützten Grenze lagen muslim. Emirate wie →Ḥomṣ. Nach dem Tode Gf. Raimunds (28. Febr. 1105) wurden Stadt und Gft. T. von Kg. →Balduin I. an Raimunds Sohn Bertrand als Kronlehen des Kgr.es →Jerusalem übertragen. Bis zur Mitte des 12. Jh. wurde die Vererbung der Gft. in männl. Linie vom Lehnsherrn in vollem Umfang anerkannt. Die Gf.en v. T. hatten eigene Hofämter (*grands offices*) und prägten Münzen. Sie boten nur ein vergleichsweise kleines Heer auf, verfügten aber über eine starke Flotte. Wie die Kg.e v. Jerusalem unterhielten sie ihre *Haute Cour* sowie in der Gft. weitere Gerichtshöfe für nichtadlige Franken.

Die Gft. T. überstand im 12. Jh. mehrere muslim. Angriffe (1133 Kriegszug unter Zangī [→Zengiden] gegen die vom Gf.en Pons v. T. gehaltene Burg Montferrand [Bārīn], die durch ein Entsatzheer Kg. →Fulcos gerettet wurde; 1137 Invasion eines Heeres aus →Damaskus, Schlacht nahe dem Mons Peregrinus, Gefangennahme und Tötung des Gf.en Pons). 1170 verwüstete ein Erdbeben T., das nach →Wilhelm v. Tyrus (XX, 18) zum »Steinhaufen und Massengrab seiner Bürger« geworden war. 1180 griff →Saladin die Gft. zu Lande und zur See an. Der bald nach der Katastrophe v. →Ḥaṭṭīn (1187) ohne Leibeserben verstorbene →Raimund III. v. T. vermachte die Gft. dem jüngeren Sohn (und späteren Nachfolger) Gf. Bohemunds III. v. Antiochia, →Bohemund IV. Von nun an wurden →Antiochia und T. gemeinsam regiert. In den Jahren nach 1270 (unter Bohemund VI., † 1279) schmolz das Territorium der Gft. T. durch die vordringenden →Mamlūken unter →Baibars (Einnahme großer Burgen wie →Krak des Chevaliers) auf die Stadt und einen schmalen Küstenstreifen zusammen. 1287 wurde die regierende Gf.endynastie abgesetzt; es bildete sich eine →Kommune unter dem Genuesen Barth. →Embriaco, Herrn v. Gibelet, der bald selbst nach der Gft. und der Errichtung einer →Signorie strebte (1288), gegen die Ansprüche von Bohemunds Schwester Lucia. Der wachsende Einfluß →Genuas veranlaßte →Venedig, im Gegenzug Sultan →Qalāwūn zum Angriff auf T. zu drängen. Nach kurzer Belagerung (ab Ende März 1289) fiel das von →Templern, →Johannitern, Italienern und Zyprioten verteidigte T. am 26. April 1289. Die frk. Siedlung überdauerte die Eroberung nur um wenige Jahre. Der Gfn. Lucia wurde weiterhin der Besitz zweier Landgüter gestattet; Peter Embriaco konnte vorerst Gibelet behalten. Nach der Einnahme v. →Akkon (14. Mai 1291) entsandte der Sultan einen Emir zur Zerstörung der Festung Gibelet; chr. Einwohner, soweit ausdrückl. als Genuesen gekennzeichnet, blieben aber unbehelligt und gehörten vielleicht zu den 1300 von einer genues. Galeere nach →Zypern evakuierten Franken. Die Templer hielten nach Räumung v. Tortosa (1291) die Insel Ruwād noch bis 1303.           S. Schein

Q.: Wilhelm v. Tyrus – Continuation de Guillaume de Tyr..., ed. G. RAYNAUD, RHCOcc II, 1887 – Lit.: J. RICHARD, Le comté de T. sous la dynastie toulousaine 1102–87, 1945 – J. RILEY-SMITH, The Templars and the Castle of Tortosa, EHR 84, 1969 – J. RICHARD, Le comte de T. dans les chartes du fonds des Porcellet, BEC 130, 1972 – DERS., Les St-Gilles et le comté de T., Cahiers de Fanjeaux 18, 1983 – DERS., Les comtes de T. et leurs vassaux sous la dynastie antiochénienne (Crusade and Settlement. Papers... to R. C. SMAIL, hg. P. W. EDBURY, 1985) – R. IRWIN, The Mamluk Conquest of the County of T. (ebd.) – →Raimund IV. v. St-Gilles (J. H. HILL-L. L. HILL, 1959); →Antiochia (C. CAHEN, 1940); →Embriaci (E. REY, 1895).

**Triptychon** (gr. 'dreigefaltet'), aus drei Teilen bestehendes Bild; im engeren Sinne mit einer hervorgehobenen Mitteltafel, an der bewegl., halb so breite, schließbare Flügel befestigt sind; die Definition ist jedoch nicht einheitl. (LANKHEIT, PILZ, BLUM); mitunter werden auch Werke aus drei gleichgroßen, festen Tafeln als T. bezeichnet. Gebilde mit mehr als je einem Flügel zur Seiten einer größeren Mitte, meist Polyptychon genannt, können als erweitertes T. angesehen werden. Die T.-Form findet sich bei kleinen, etwa für die private Andacht bestimmten Werken, selbst Anhängern (Schmerzensmann, Paris, um 1400; München, Residenz) ebenso wie bei großen →Retabeln. T.en können in allen Materialien und Techniken vorkommen und verschiedene Gattungen, bes. Malerei und Skulptur, vereinen. Die hierarch. Struktur des T.s hebt generell dessen Inneres gegenüber der Außenseite hervor, zumeist dominiert auch die Mitteltafel; dort befindet sich gewöhnl. der wichtigste Gegenstand des Ganzen. Durch das Öffnen nur zu bestimmten Gelegenheiten ermöglichte das T. eine Bedeutungssteigerung im privaten wie öffentl. Gebrauch, wobei jedoch über die jeweilige Verwendung im Rahmen der →Liturgie meist nichts bekannt ist. Die Wandelbarkeit gewährte außerdem den Schutz des Inneren und ermöglichte eine zweite Schauseite außen; diese kann ebenfalls figürl. Darstellungen, aber auch Ornamente oder gar keine Verzierungen tragen.

Die Wurzeln des T.s, das v. a. in Nordeuropa eines der verbreitetsten chr. Bildschemata wurde, liegen in der heidn. Antike; Reste von T.en mit Götterbildnissen sind aus dem 3. Jh. überliefert (ägypt., Malibu), doch dürfte die Form erhebl. älter sein. Aus dem 10. Jh. haben sich mehrere byz. Beispiele aus Elfenbein erhalten, die in horizontale Register mit einzelnen Figuren geteilt sein können (Harbaville-T., Paris), oder in der Mitte szen. Darstellungen (Märtyrer v. Sebaste, Berlin) oder die stehende Madonna zeigen. Von Byzanz wurde die Form in den W übernommen (Kreuzabnahme aus Merzig, Mitte 11. Jh., Berlin); im Maasgebiet entstanden ab Mitte des 12. Jh. byz. beeinflußte Goldschmiede-T.en, die Kreuzreliquien enthalten (aus Stavelot, New York, Pierpont Morgan). Bereits im 12. Jh. sind verschließbare Bilder, vermutl. T.en, auch auf Altären in Xanten und Laon belegt; zwei beidseitig bemalte Flügel aus Worms von ca. 1260 (Darmstadt) stellen eventuell Reste früher Altart.en dar. Aus Elfenbein geschnitzte T.en wurden seit dem späteren 13. und während des 14. Jh. in Frankreich, v. a. in Paris, aber auch im Rheinland gefertigt. In der 1. Hälfte des 14. Jh. entstanden in Köln kleine gemalte T.en, die Reliquien enthalten können (Wallraf-Richartz-Museum 1, Köln); zur gleichen Zeit entwickelten sich in Nord- und Mitteldtl. die großen T.en (Cismar, um 1300) der wandelbaren Schnitzaltäre. Auch diese Retabel sind in zwei Register geteilt und innen mit Skulpturen, außen mit Malereien geschmückt; anders als die gen. kleinen T.en besitzen sie ein breites Querformat. In Italien wurde das klappbare Retabel im allg. nicht verwendet; im 14. Jh. sind dort jedoch kleinere, der Privatandacht dienende T.en verbreitet gewesen, deren Mitteltafel häufig die im Maßstab hervorgehobene Gottesmutter in ikonenartiger Weise zeigt (Duccio, ca. 1315, London). Mit dem 15. Jh. starb das T. in Italien weitgehend aus, während es sich in Nordeuropa noch einmal stark entwickelte. Große, außen und innen gemalte Altar-T.en, die in Norddtl. ab dem späten 14. Jh. vorkommen, blieben bis ins 16. Jh. häufig; dabei ist meist, doch nicht immer (Meister Bertram, Hannover), die Mitte hervorgehoben. Dem T.-Schema folgen auch die in vielfältiger Ausprägung im gleichen Zeitraum vorkommenden Schnitzaltäre, bei denen die Flügel häufig mit Malereien versehen sind. In der ndl. Malerei des 15. und frühen 16. Jh. spielt das T. ebenfalls eine bedeutende Rolle, sowohl im Kleinformat (Jan van →Eyck, 1437, Dresden) als auch als Altarbild (→Memling, Johannesaltar, um 1475, Brügge), dabei werden die einzelnen Bildfelder oft durch einen einheitl. Bildraum verbunden; die Abstufung der Realitätsebenen zur T.-Außenseite wird in der altndl. Malerei häufig durch Grisaillemalereien deutlich. Ab dem Ende des 15. Jh. wird das T. auch vereinzelt für profane Darstellungen verwendet, etwa für Porträts (Dürer, Oswolt Krel, 1499, München); mit den T.en Hieronymus →Boschs entstanden Werke, die trotz ihrer Größe nicht mehr für Altäre bestimmt gewesen sein können.

          S. Kemperdick

Lit.: J. BRAUN, Der christl. Altar, 1924 – R. KOECHLIN, Les ivoires gothiques français, 1924 – E. KANTOROWICZ, Ivories and Litanies, JWarburg 5, 1942, 56–81 – E. PANOFSKY, Early Netherlandish Painting, 1953 – K. LANKHEIT, Das T. als Pathosformel, AAH, 1959 – S. N. BLUM, Early Netherlandish Triptychs, 1969 – W. PILZ, Das T. als Kompositions- und Erzählform in der altdt. Tafelmalerei von den Anfängen bis zur Dürerzeit, 1970 – Rhein und Maas, Ausst.kat. Köln, 1972 – D. GABORIT-CHOPIN, Elfenbeinkunst im MA, 1979 – K. WEITZMANN, Die Ikone, 1978 – The Stavelot Triptych, Ausst.kat. Pierpont Morgan Libr., 1980 – Art in the Making, Italian Painting before 1400, Ausst.kat. London, 1989 – Polyptyques. Le tableau multiple du MA au 20$^{me}$ s., Ausst.kat. Paris, 1990.

**Triquetrum** (triquetum, Dreistab, regula Ptolemei, parallakt. Lineal) gehört zu den Stabinstrumenten, die in

Astronomie und Geodäsie zum Winkelmessen benutzt wurden. Es besteht aus einem senkrechten Stab (Gnomon), der zur horizontalen Drehung fähig ist, mit je einem oben und unten mit einem Gelenk befestigten Stab zur vertikalen Drehung. Das Material mußte fest genug sein, damit sich die Stäbe nicht bogen (Holz, Kupfer, Messing). Der obere Stab, die eigentl. Regula, ist mit zwei Visierlöchern (Alhidade) versehen; damit wird der Gegenstand, dessen Höhe zu bestimmen ist, anvisiert. Der obere bewegl. Stab und der Gnomon waren gleichlang (im MA ca. 1,50 Meter), der untere bewegl. Stab mußte mindestens $\sqrt{2}$ mal so lang sein. Letzterer enthielt eine möglichst genaue, linear geteilte Skala (b. →Regiomontanus in 142000 Teile), wobei die Teilung bis auf 100 als Einheit durchgeführt ist, und wird durch einen Spalt am unteren Ende des anderen bewegl. Stabes (regula) geführt. Mit dem unteren Stab kann die Sehne des gesuchten Höhenwinkels bestimmt werden, der Winkel selbst wird in einer Sehnentabelle (von →Ptolemaeus erstmals berechnet) nachgeschlagen. Dieses von Ptolemaeus im →Almagest (V, 12) beschriebene →Instrument, wurde von einigen arab. Kommentatoren erwähnt, spielte aber in der islam. Instrumentenkunst keine Rolle. Ins lat. MA gelangte es über die »Geometria incerti auctoris« (10. Jh.), eine anonyme Aufgabensammlung aus dem Umkreis der Agrimensorenschriften, die zeitweise irrtüml. →Gerbert v. Aurillac zugeschrieben wurde und in zahlreichen Abschriften erhalten ist. Im 13. Jh. ist es Leonardo Pisano (→Leonardo Fibonacci), im 14. Jh. Jean de Lignières (→Johannes de Lineriis) bekannt, im ausgehenden 15. Jh. erreicht der v. Regiomontanus in Nürnberg angeleitete Bernhard Walther eine Genauigkeit von 1/2 Bogminuten bei der Bestimmung der Sonnenhöhe; →Kopernikus benutzte einen Dreistab für Messungen, die sich ebenfalls an Regiomontanus anlehnen. U. Lindgren

Lit.: R. Wolf, Gesch. der Astronomie, 1877 – N. Bubnov, Gerberti Opera Mathematica, 1899 [Neudr. 1963] – F. Schmidt, Gesch. der geodät. Instrumente und Verfahren im Altertum und MA, 1935 [Neudr. 1988] – E. Zinner, Dt. und ndl. astronom. Instrumente des 11.-18. Jh., 1956, 1967² [Neudr. 1979] – D. J. Price, Precision Instruments to 1500 (A Hist. of Technology, hg. Ch. Singer, III, 1957) – A. Turner, Early Scientific Instruments. Europe 1400–1800, 1987.

**Trishagion** ('Dreimalheilig'), christolog.-trinitar. Hymnus im Stil einer liturg. Akklamation (» Ἅγιος ὁ Θεός, ἅγιος Ἰσχυρός, ἅγιος Ἀθάνατος, ἐλέησον ἡμᾶς« 'Heilig [ist] Gott, heilig der Starke, heilig der Unsterbliche – erbarme Dich unser' oder: 'Heiliger Gott, heiliger Starker, heiliger Unsterblicher, …'), der Jes 6, 3; 9, 5 und Ps 42, 3 entnommen ist und in den Akten des Konzils v. →Chalkedon (451) im Kontext der Schlußakklamationen erstmals schriftl. auftaucht (Mansi 6, 936C), sicher aber älter sein dürfte. Die Gegner des Konzils (Syrer, Armenier, Kopten, Äthiopier) singen das T. spätestens seit →Petrus Fullo († 488) mit dem sog. theopaschit. Zusatz »ὁ σταυρωθεὶς δι' ἡμᾶς« ('der Du für uns gekreuzigt wurdest'), der von den byz. Theologen wegen ihrer trinitar. Deutung des T. als häret. bekämpft wurde. Zahlreiche byz. und syr. Theologen sowie Liturgieerklärer des MA behandelten das T. und führten seinen Ursprung auf das Vorbild der Engel und eine himml. Offenbarung zurück. Das T., zunächst Bestandteil von Buß- und Bittprozessionen, fand im 6. Jh. allg. Eingang in die Meßfeier. Im röm. Ritus erscheint das T. nur noch in den Improperien des →Karfreitags, in den oriental. Riten sowie im altgall. und mozarab. Ritus jedoch vor (bzw. zw.) den Lesungen, oft begleitet von einem Stillgebet des Priesters, sowie im →Stundengebet. Die Melodie des T. ist im byz. Ritus nicht vor dem 14. Jh. überliefert und entspricht nicht dem Achttonsystem.

Die Bezeichnung des →Sanctus der ö. →Anaphoren als T. sollte vermieden werden. H.-J. Feulner

Lit.: LThK² X, 365 – A. Baumstark, Die Messe im Morgenland, 1906, 170–173 – J. M. Hanssens, Institutiones Liturgicae de Ritibus Orientalibus, II/2, 1932, 96–156 – H. Engberding, Jb. für Liturgiewiss. 10, 1930, 168–174 – Ders., OKS 15, 1966, 130–142 – G. Kretschmar, Stud. zur frühchr. Trinitätstheol., 1956, 175f. – E. Kucharek, The Byz.-Slav. Liturgy, 1971, 399–405 – D. E. Conomos, Byz. T.a and Cheroubika of the 14th and 15th C., 1974 – H.-J. Schulz, Die byz. Liturgie, 1980², 42*–46*, 46–51 [Lit.] – P. Plank, Das T.: Gotteslob der Engel und Zankapfel der Menschen, Kirche im O 35, 1992, 111–126 – K. Onasch, Kunst und Liturgie, 1993², 369f. [Lit.] – G. Winkler, Das Gloria in Excelsis und T. (Fschr. R. Taft, 1993), 547–555.

## Tristan
**A. Literatur – B. Ikonographie**

**A. Literatur**

I. Romanische Literaturen – II. Englische Literatur – III. Deutsche Literatur – IV. Skandinavische Literatur.

I. Romanische Literaturen: Die Legende von T. und Isolde (Iseut, Isotta), dem Neffen bzw. der Frau Kg. Markes (Marc) v. Cornwall, die durch einen Liebestrank aneinandergefesselt, bereit sind, sich über jede moral. und gesellschaftl. Schranke hinwegzusetzen und schließlich an ihrer überwältigenden Leidenschaft zugrundegehen, hat das Publikum seit dem MA fasziniert. Vermutl. kelt. Ursprungs ist die »Geschichte« (»Estoire«) seit dem 12. Jh. schriftl. belegt: Zuerst begegnet sie in Frankreich, England und Deutschland und verbreitet sich in der Folge in ganz Europa. Der T.-Mythos, der mit dem antiken Dionysosmythos verglichen wurde (Ruiz Capellán), symbolisiert die Verführung durch den Gesang und die Dichtkunst, das krieger. Heldenideal und v. a. die Liebesleidenschaft, die sich über jede andere menschl. Bindung hinwegsetzt. Der Name des Protagonisten, der wahrscheinl. von dem altschott. Anthroponymon Drustan abzuleiten ist, wurde durch Volksetymologie mit dem lat. Adjektiv tristis in Verbindung gebracht und nach ma. Brauch als Vorwegnahme des unheilvollen Geschicks des Helden verstanden, dessen Geburt seiner Mutter das Leben kostet und dessen ganze Existenz von Leid und Todestrieb geprägt ist. In der inzestuösen und ehebrecherischen Leidenschaft der beiden jungen Liebenden von Cornwall spiegeln sich einige Hauptkonflikte der ma. Gesellschaft (der Kontrast zw. →Fin'amor und christl. Moral, zw. Rittertum und Feudalität, zw. Individuum und Gesellschaft).

Zu den ältesten Verfassungen zählen die Fragmente der »romans« in *octosyllabes* von →Thomas d'Angleterre und Béroul (eines Trouvère aus der Mitte des 12. Jh., vielleicht norm. Herkunft, der die sog. »Jongleurversion« [BN Paris ms. 2171] verfaßte), die sog. »Folies« in Bern und Oxford (in denen sich T. wahnsinnig stellt, um sich frei mit der Geliebten unterhalten zu können), der Lai »Chevrefueil« von →Marie de France, die Bearbeitungen des Stoffes von →Eilhart v. Oberg und →Gottfried v. Straßburg und die norw. Saga (s. Abschnitt IV). Im sog. »Tristan Rossignol« innerhalb des »Donnei des Amanz« (eines lehrhaften Textes des 12. Jh. über die Liebesthematik, der viele narrative Elemente umfaßt) verwendet der Protagonist seine Fähigkeit, Vogelstimmen nachzuahmen, dazu, der Geliebten ein Zeichen zu geben und sich so ungestört der ehebrecher. Liebe hingeben zu können. →Chrétien de Troyes, der im »Cligès« Iseuts unmoral. Betragen tadelt und damit eine Art Anti-Tristan schreibt, hat angebl. einen verlorenen Roman »Del roi Marc et d'Iseut la Blonde« verfaßt. Dank des umfangreichen Prosaromans (»T. en prose«), der Anfang des 13. Jh. entstand, und in fast alle europ. Sprachen übersetzt wurde, nimmt die Beliebtheit der T.sage im 13., 14. und 15. Jh. weiter zu. In dieser Prosafassung wird der entschieden subversive Aspekt des Ehebruchs, der in der Versfassung dominierte, etwas abgemildert und tritt hinter einer endlosen Reihe von ritterl. Aventuren zurück, deren Protagonisten die verschiedenen Helden der Artus-Tradition sind.

Zahlen- und umfangmäßig bedeutend sind die verschiedenen Bearbeitungen des T.stoffes, die im 14. Jh. in Italien entstanden (Venetien, Emilia, Toskana, Umbrien usw.). Auf der Iber. Halbinsel sind der sog. »Don Tristan de Leones« in kast. Sprache sowie katal. und galic.-ptg. Fragmente zu nennen, die mehr oder weniger getreu den frz. Vorbildern folgen und nur selten Neuerungen einführen. In diesen Prosabearbeitungen wird T. allgemein als der mutigste Held der Tafelrunde angesehen, und seine Taten und Erlebnisse gewinnen den faszinierenden Reiz der Irrfahrt und Aventure. Dieser Verführung erliegen auch die Kreise des städt. Bürgertums, in denen es Mode wird, Kinder nach den Helden der jeweiligen Lieblingsromane zu benennen. Ein weiteres Zeugnis für die Verbreitung des T.stoffes ist die Passion →Boccaccios für die Artussagen. L. Rossi

*Ed.*: Le roman de T., hg. J. BEDIER, Bd. 2, 1902 – T. et Yseut. Les premières versions europ., hg. C. MARCHELLO-NIZIA, 1995 [Ed. u. Übers. relevanter europ. Texte: hg. R. BOYER, D. BUSCHINGER, A. CREPIN, M. DEMAULES, C. MARCHELLO-NIZIA, D. POIRION, J. RISSET, W. SPEWOK, L. SHORT, M. VOISINE-JECHOVA] – Le roman de T. en Prose, hg. R. L. CURTIS, 3 Bde, 1963, 1976, 1985 – Le roman de T. en Prose, hg. PH. MENARD, 8 Bde, 1987–95 – Il T. Riccardiano, hg. E. G. PARODI, 1896 – T. Riccardiano, hg. M.-J. HEIJKANT, 1992 – Il libro di messer T. (»T. Veneto«), hg. A. DONADELLO, 1994 – M. GALASSO, Il T. Corsiniano, 1937 – G. SAVINO, Ignoti frammenti di un »T.« dugentesco, Studi di Fil. It. 37, 1979, 371–406 – El Libro del esforçado cavallero don T. de Leonis, Libro de Caballarías, hg. A. BONILLA Y SAN MARTIN, 1907, Bd. VI, 338–457 – Cuento de T., hg. G. T. NORTHUP, 1928 – A. DURANI I SANPERE, Un fragment de T. de Leonis en català, Estudis Romanics, IX, 1917, 284–316 – Fragmento de un Libro de T. galaico-portugués, Cuadernos de estudios gallegos XIV, 1962, 7–84 – *Bibliogr.*: D. J. SHIRT, The Old French T. Poems: A Bibliogr. Guide, 1980 [1981] – *Lit.*: DLFMA², 1445–1450 – GRLMA IV, 1 – E. LÖSETH, Le Roman en prose de »T.«, le Roman de »Palamède« et la »Compilation« de Rusticien de Pise, 1890 [Nachdr. 1974] – E. VINAVER, Ét. sur le T. en prose, 1925 – Arthurian Lit. in the MA, hg. R. S. LOOMIS, 1959 – D. BRANCA, I romanzi it. di T. e la Tavola Rotonda, 1968 – R. ARAMON I SERRA, El T. català d'Andorra (Fschr. R. LEJEUNE, 1969, I), 323–337 – R. L. CURTIS, T. Studies, 1969 – S. EISNER, The T. Legend. A Study in Sources, 1969 – F. BARTEAU, Les Romans de T. et Iseut: introd. à une lecture plurielle, 1972 – P. GALLAIS, Genèse du roman occidental: essais sur T. et Iseut en son modèle persan, 1974 – E. BAUMGARTNER, Le T. en prose, 1975 – La légende de T. au MA, Actes du Coll. d'Amiens, hg. D. BUSCHINGER, 1982 – T. et Yseut, mythe européen et mondial, Actes du coll. d'Amiens, 1987 – T. et Iseut. De la légende aux récits en vers, 1987 – M. J. HEIJKANT, La tradizione del »T.« in prosa in Italia e proposte di studio sul »T. Riccardiano« [Diss. Nijmegen 1989] – La Harpe et l'épée. Tradition et renouvellement dans le »T. en Prose«, 1990 – G. GONFROY, Le roman de T. en prose. Concordancier des formes graphiques, I, 1990 – PH. WALTER, Le Gant de verre. Le mythe de T. et Yseut, 1990 – D. DELCORNO BRANCA, Boccaccio e le storie di re Artù, 1991 – R. RUIZ CAPELLAN, T. et Dionysos, 1995 – P. MICHON, Le T. en prose galaïco-portugaise, Romania CXII, 1991, 259–268.

II. ENGLISCHE LITERATUR: Zwei me. Versionen der T.-Sage sind bekannt: 1. Die →Romanze »Sir Tristrem« aus dem späten 13. Jh., erhalten in der →Auchinleck-Hs. (um 1330), umfaßt 3344 Verse in komplizierten elfzeiligen Strophen. Sie ist eine vergröberte Bearbeitung nach dem frz. (anglonorm.) Werk des Thomas und zeigt deutl. Spuren mündl. Überlieferung (→Minstrel; →Mündl. Literaturtradition, III; →Spielmannsdichtung, III); sie betont die abenteuerl. Elemente und vernachlässigt die moral. Probleme, die die illegale Liebe zw. T. und Isolde aufwirft. Auf den Autor der Q. beziehen sich wohl auch die Hinweise auf den Erzähler »Tomas« im Text. – 2. Im 15. Jh. baute →Malory eine andere Version in seinen großen Prosazyklus »Le Morte Darthur« ein (Bücher 8–12 bei →Caxton, Buch 5 bei VINAVER); Malorys Q. war der frz. Prosa-T. Auch Malory geht es mehr um die äußere Handlung und weniger um das Problem der schicksalhaften Liebe und des Ehebruchs; allerdings setzt er das Dreieck Marke, Isolde, T. in Beziehung zu dem Dreieck →Artus, Guinevere, →Lancelot. H. Sauer

*Bibliogr.*: NCBEL I, 416, 674–678 – ManuelME I.1, 75–79, 253–256 [Nr. 43]; 3. IX, 759ff. [Nr. 2 und 9] – *Ed.*: E. KÖLBING, Die nord. und die engl. Version der T.-Sage, 1878–82 – E. VINAVER–P. J. C. FIELD, The Works of Sir Thomas Malory, 1990³ – *Lit.*: D. MEHL, The ME Romances..., 1969, 172–179 – W. R. J. BARRON, English Medieval Romance, 1987, 23–25, 153–155.

III. DEUTSCHE LITERATUR: Überragende lit. Gestaltung in der Dt. Lit. (→Deutsche Lit., III. 2) ist der mhd. höf. Versroman »T. und Isold« des →Gottfried v. Straßburg (1. Jahrzehnt des 13. Jh.), der sich auf den T.roman des Thomas v. Britannien (→Thomas d'Angleterre) als Q. beruft. Dem Werk Gottfrieds ging der ältere »Tristrant« des →Eilhart v. Oberg voraus (spätes 12. Jh.). Die Fortsetzer Gottfrieds, →Ulrich v. Türheim (1. Hälfte des 13. Jh.) und →Heinrich v. Freiberg (spätes 13. Jh.), griffen wieder stark auf Eilharts Version zurück. Zu den lit. Reminiszenzen und späteren Bearbeitungen des Stoffs, zu denen auch ein Episodengedicht mit schwankhaften Zügen zählt, »T. als Mönch« (Elsaß, Mitte des 13. Jh.), und die bis zu Hans →Sachs (»Tragedia«, 1553) reichen, vgl. die Angaben unter →Eilhart v. Oberg.

*Ed. und Lit.*: →Eilhart v. Oberg, →Gottfried v. Straßburg, →Ulrich v. Türheim, →Heinrich v. Freiberg.

IV. SKANDINAVISCHE LITERATUR: Die älteste skand. Fassung des Stoffes ist die anorw. Prosaauflösung »Tristrams saga ok Ísöndar« ('Die Saga v. Tristan und Isolde') des Versromans »T.« des →Thomas d'Angleterre. Laut Prolog wurde dieser Text im Auftrag des Kg.s v. Norwegen, →Hákon IV. Hákonarson, durch einen Bruder Robert i. J. 1226 übersetzt. Falls die Jahreszahl stimmt, könnte diese Saga die erste einer Reihe derartiger Übertragungen von Artusepen sein, welche man als übersetzte →Riddarasögur bezeichnet. Trotz teilweise drastischer Kürzungen ist die Saga von großer überlieferungsgeschichtl. Bedeutung, weil sie einen wichtigen Schlüssel zur Rekonstruktion von Thomas' fragmentarisch erhaltenem Werk darstellt. Zwar ist diese Saga erst in isländ. Hss. des 15. Jh. erhalten, aber die Wirkung des Werkes oder wenigstens des Stoffes war in Skandinavien enorm, wozu auch eine weitere Prosaauflösung (2. Viertel des 13. Jh., Norwegen) beitrug, nämlich das unter dem Titel »Geitarlauf« übertragene afrz. »lais Chievrefoil«, das eine Episode aus dem T.stoffkreis behandelt. In Island wurden Varianten des T.- und Isolde-Stoffes bereits im 13. Jh. in der »Kormaks saga« (über einen Skalden des 10. Jh.) sowie in der →»Grettis saga« (Spésar þáttr) verwendet, im 14. Jh. in der »Rémundar saga keisarasonar«. Eine jüngere, ebenfalls im Island des 14. Jh. enstandene Fassung der »Tristrams saga ok Ísöndar« ist die »Tristrams saga ok Ísoddar«, die jedoch Namen und sogar wichtige Handlungselemente ihrer Vorlage verändert. Gebundene Fassungen des Tristan-Stoffes finden sich im spätma. Skandinavien; im 15. Jh. enstanden T.-Balladen in Island (»Tristrams kvæði«),

Dänemark (»Tristram og Isodd«) und auf den Färöern (»Tristrams Táttur«). R. Simek

*Lit.*: P. SCHACH, The Saga af Tristram ok Isodd: Summary or Satire?, MLQ 21, 1960 – P. SCHACH, The Style and Structure of Tristrams saga (Scand. Studies. Essays H. G. LEACH, 1965) – P. SCHACH, Some Observations on the Influence of Tristrams saga ok Isöndar on Old Icelandic Lit., 1969 – J. HILL, The Tristan Legend, 1977 – A. GUNNLAUGSDÓTTIR, Tristán en el Norte, 1978 – M. E. KALINKE, The Saga af Tristram ok Isodd: A Parody of Arthurian Romance (Bull. bibliogr. Soc. Arthurienne 31, 1979) – M. E. KALINKE, King Arthur, North-by-Northwest, 1981.

**B. Ikonographie**

Mit dem →»Rolandslied« gehört der T. zu den ikonograph. am reichsten bezeugten lit. Stoffen des MA: Neben Hss.illustrationen (v. a. des frz. Prosaromans und der dt. Fassungen Eilharts und Gottfrieds) sind ca. 70 Bildzeugnisse mit T.-Zyklen oder -Einzelszenen erhalten, ca. 20 weitere werden in zeitgenöss. Inventaren erwähnt – überwiegend Gegenstände höf. Gebrauchs (Minnekästchen, Spiegelkapseln, Kämme, Schreibtafeletuis usw.) oder (als Wandteppiche und Fresken) höf. Innenräume schmückend wie schon das früheste zykl. Zeugnis, die Fußbodenfliesen aus der Chertsey Abbey (um 1270, Brit. Mus.), die ursprgl. für eines der Schlösser Kg. Heinrichs III. v. England bestimmt waren. Die zykl. Denkmäler setzen selten, wie die vom Moroltkampf bis zum Gottesurteil reichenden Terra-verde-Fresken in Schloß Runkelstein bei Bozen, um 1400, die gesamte Handlung des Romans in eine Bilderfolge um, sondern entnehmen dem Stoffvorwurf Szenenfolgen von offensichtl. hohem Identifikationswert, v. a. Morolt- und Drachenkampf sowie Brautwerbungsfahrt (so drei niedersächs. Stickteppiche, um 1300–1360, Kl. Wienhausen; Tischdecke in Weißstickerei, um 1375, Erfurt, Dompropstei; norddt. applizierter Wandteppich, um 1375, London, Victoria & Albert Mus.; siz. Steppdeckenpaar, um 1395, Florenz, Bargello, und London, Victoria & Albert Mus.; elsäss. Teppichfragment, 1539, Leipzig, Mus. des Kunsthandwerks; Fresken im Schloß St. Floret bei Issoire, Auvergne, um 1350; bemalte Holzdecke im Palazzo Vecchio di Chiaramonte, Palermo, um 1380). Bes. Appellcharakter schien, wohl wegen der Verwandtschaft des Bildtyps mit Minnegärten wie Sündenfalldarstellungen, der Baumgartenszene des T. innegewohnt zu haben, von der 27 Denkmäler überliefert sind: entweder als Einzelzeugnisse (u. a. zwei Kämpferskulpturen in Brügge, um 1380, und Bourges, um 1450; zwei lederne Schreibtafeletuis, Mitte 14. Jh., in Namur und Wrocław; zwei Buchsbaumkämme, 1. H. 15. Jh., in Bamberg und Boston; drei elfenbeinerne Spiegelkapseln, Mitte 14. Jh., in Antwerpen, im Vatikan und in Paris, Cluny-Mus.) oder innerhalb von Minnesklavenreihen (z. B. gestickter Teppich, 1370, Regensburg, Stadtmus.; zwei Misericordien, um 1380, Chester und Lincoln; geschnitzte Bankbekrönung, um 1480, Tallinn, Rathaus). Auf einer Serie von sieben Elfenbeinkästchen einer Pariser Werkstatt (1. H. 14. Jh.) ist die mit einer Einhornjagd kombinierte Baumgartenszene in ein antike und ma. Erzählstoffe reflektierendes Minneprogramm (Alexander und Phyllis, Pyramus und Thisbe, Lancelot, Perceval) integriert; auf einem oberit. →Desco da parto, um 1400, betet T. im Kreise weiterer Minnehelden aus Antike und MA die gleich Maria in einer Mandorla am Himmel schwebende nackte Venus an. N. H. Ott

*Lit.*: R. S. LOOMIS, Arthurian Legends in Medieval Art, 1938 – D. FOUQUET, Die Baumgartenszene des T. in der ma. Kunst, ZfdPh 92, 1973, 360–370 – H. FRÜHMORGEN-VOSS, T. und Isolde in ma. Bildzeugnissen (DERS., Text und Illustration, ed. N. H. OTT, 1975), 119–139 [mit einem Kat. der T.-Bildzeugnisse v. N. H. OTT, 140–171] – N. H. OTT, T. auf Runkelstein und die übrigen zykl. Zeugnisse des T.stoffes (W. HAUG, J. HEINZLE, D. HUSCHENBETT, N. H. OTT, Runkelstein, 1982), 194–239 – DERS., Ep. Stoffe in ma. Bildzeugnissen (Ep. Stoffe des MA, ed. V. MERTENS – U. MÜLLER, 1984), 455–459 – M. CURSCHMANN, Images of T. (Gottfried v. Strassburg and the Medieval T. Legend, ed. A. STEVENS – R. WISBEY, 1990), 1–17.

**Tritheim, Johann** → Johannes Trithemius (183. J.)

**Tritheismus.** Wo chr. Glaube und ihn auslegende Theol. die numer. Einzigkeit und wesenhafte Einheit des dreipersonalen Gottes metaphys. unzureichend fassen, zerfällt er in T., einen Dreigötterglauben. Schon die alte Kirche ist sich dessen bewußt (DENZINGER–SCHÖNMETZER, nr. 112). Im MA deutet →Roscelin v. Compiègne († 1120/25) die göttl. Personen als drei getrennte Wesen, drei Engeln vergleichbar, durch einheitl. Willen und einende göttl. Macht zusammengefaßt. Person kann der Nominalist Roscelin nur als getrennte Substanz auffassen. Bei →Joachim v. Fiore († ca. 1202) kritisiert das IV. Laterankonzil (DENZINGER–SCHÖNMETZER, nr. 803), das göttl. Wesen nur als kollektive Einheit zu verstehen. In ihr sind die drei Personen lediglich durch einen Genus-Begriff, nicht aber in untrennbarer Einheit verbunden. Diese mit der Dreipersonalität Gottes zu vermitteln, ist zentrales Anliegen ma. Trinitätstheologie, dabei gilt ihr der T. zusammen mit dem Modalismus (→Sabellianismus) als bleibende Herausforderung. F. Courth

*Lit.*: DThC XV, 1860–1862 – LThK² X, 365f. – F. COURTH, Trinität. In der Scholastik (HDG II/1b, 1985).

**Trithemius** → Johannes Trithemius (183 J.)

**Triton,** →Fabelwesen der oriental. und gr.-röm. Lit. und Kunst mit menschl. Oberkörper und ein- oder zweischwänzigem Fischleib. Sehr häufig in kaiserzeitl. Meerbildern, bes. auf den Meerwesensarkophagen des 2./3. Jh., v. a. als Reittier von Nereiden, oft auch mit zusätzl. Pferdebeinen und -körper über dem Fischschwanz (vgl. →Kentaur). Nach wenigen Beispielen des 4. Jh. mit chr. Inschrift (Sarkophag der Curtia Catiana, Proiectaschrein) sind Darstellungen selten (z. B. Stuttgarter Psalter fol. 117v.), vermutl., weil der T. weder im →Physiologus noch in den →Bestiarien erwähnt ist. Diese nennen regelmäßig die *Fischsirene* in Gestalt eines weibl. T.s. Schon in der Antike neben der Vogelsirene aufgetaucht (Belege: VIEILLARD-TROIEKOUROFF 61), erscheint diese im →Liber monstrorum und in zahlreichen Hss. seit dem 8. Jh., schließlich seit dem 11. Jh. sehr häufig in der Bauskulptur, zunächst mit einem, später mit zwei Schwänzen.

J. Engemann

*Lit.*: →Bestiarium, →Fabelwesen – KL. PAULY V, 967–969 – LCI IV, 168–170 [Sirenen] – M. VIEILLARD-TROIEKOUROFF, Sirènes-poissons Carolingiennes, CahArch 19, 1969, 61–82.

**Tritt,** Quersteg des →Steigbügels als Auflager für den Fuß. Der ursprgl. schlingenartig runde Bügel der Steppenkultur erhielt erst bei den →Avaren im 8. Jh. einen T., der auf alle europ. Bügel überging. O. Gamber

**Triumph, -zug**

I. Römisches Reich, Byzantinisches Reich, Frühmittelalter – II. Mittelalter, Renaissance.

I. RÖMISCHES REICH, BYZANTINISCHES REICH, FRÜHMITTELALTER: [1] *Römisches Reich:* Ein Komplex von Zeremonien (→Zeremoniell) zur Feier des militär. Sieges ('victoria') war in den frühen religiösen und hist. Traditionen Roms verwurzelt. In republikan. Zeit zogen das siegreiche Heer und sein →'imperator' (→imperium) mit Gefangenen und Beutestücken in feierl. Parade, einer bes. Form des →'adventus', nach Rom ein; die paganen Bräuche konzentrierten sich hierbei auf die Verehrung des Kapitolin. Jupiter mit Reinigungs- und Danksagungsritualen. Imperiale T.e entwickelten in der Ks.zeit ein vielfältiges, an verschiedene Adressatenkreise gerichtetes Festbrauchtum (Zirkusspiele, Danksagungsfeiern, feierl. Geschenkvergabe, Bankette usw.). Aufgrund des militär. Ursprungs des Imperatorenamts legitimierten T.e in bes. Weise die imperiale, die ksl. Herrschaftsgewalt, brachten sie doch den 'Siegescharakter' des röm. →Kaisertums exemplar. zum Ausdruck; Augustus reservierte die Abhaltung von T.en den Imperatoren. Die T.züge in Rom und anderen großen Städten des Reiches nahmen im 4.–7. Jh., als die militär. Erfolge in der Realität sich abschwächten, immer mehr zu, wobei echte oder fiktive Siege sowohl über konkurrierende röm. Machthaber (Usurpatoren) als auch über →Barbaren gefeiert wurden, ungeachtet der von →Ammianus Marcellinus (16, 10, 1ff.) artikulierten anachronist. Zeitkritik. Die Veranstalter der T.e manipulierten dabei die hergebrachten Bräuche, indem sie diese dem jeweiligen Anlaß durch Hervorhebung oder Weglassung bestimmter Momente anpaßten. Wie andere große Zeremonien wurden die ksl. T.e im 5. Jh. in den Zirkus verlegt, wobei die Siegesparade großen Wagenrennen voranging. Bes. Münzprägungen, Akklamationen, imperiale Ehrentitel ('Germanicus', 'invictus'), panegyr. Dichtungen, Monumente (→Triumphbögen, Säulen) und jährl. Gedenkfeiern steigerten den Propagandaeffekt des T.s; bei den in den Provinzen abgehaltenen Siegesfeiern trat v. a. die Verlesung des offiziellen ksl. Siegesbulletins in den Vordergrund. Besiegte Usurpatoren wurden (lebend oder tot, ggf. 'in effigie') spektakulären Demütigungen unterworfen: Verstümmelung, rituelle Absetzung und Schmähung, z. B. durch Niedertreten ('calcatio colli'), Schandritt auf einem dem sozialen Status unangemessenen Reittier, Zurschaustellung des aufgespießten Hauptes usw.

[2] *Byzantinisches Reich:* Die chr. Ks. der spätröm.-frühbyz. Ära waren bemüht, die T.e stärker ihrer heidn. Elemente zu entkleiden, doch sind vor dem 7. Jh. nur wenige genuin chr. Momente erkennbar. Allerdings entwickelten sich parallel zu den staatl. T.en kirchl. Bräuche anläßl. von Siegen (Danksagungsgottesdienste; →Akathistos-Hymnos). Erstmals führte Ks. →Johannes Tzimiskes im 10. Jh. eine chr. →Ikone auf dem Wagen des Triumphators mit. Vom 8. Jh. an traten siegreiche byz. Generäle bisweilen als dominierende Persönlichkeiten bei den T.en hervor; dessenungeachtet waren im 8.–12. Jh. die byz. Ks. darauf bedacht, ihren eigenen T. zu feiern, der oft die Form eines T.zuges vom Goldenen Horn zur Hagia Sophia und zum Großen Palast (→Konstantinopel, I) hat. Ein letzter byz. T.zug feierte die Rückeroberung Konstantinopels durch Ks. →Michael VIII. aus der Hand der 'Lateiner' (1261).

[3] *Völkerwanderungszeit und westliches Frühmittelalter:* Bis zum späten 4. Jh. begannen röm. Generäle in den Provinzen, die Ks. mit eigenen T.zügen nachzuahmen. Die germ. Herrscher schlossen sich eng an dieses Vorbild an (neben der unmittelbaren Imitation der ksl. T.es). Der triumphale Einzug →Chlodwigs in →Tours nach dem Sieg über die Westgoten reflektierte die Vertrautheit des frk. Kg.s mit dem Zeremoniell der Generäle. Auch Langobarden und Ostgoten übernahmen Elemente des spätröm. T.zeremoniells. Die westgot. Kg.e wurden durch Rivalität mit ihrem Adel dazu gedrängt, eng an das ksl. byz. Vorbild angelehnte Rituale zu entwickeln (einschließl. des T.zuges und der 'calcatio' eines überwundenen Usurpators). Die Karolinger zelebrierten T.züge beim Einzug in eroberte Städte des Mittelmeerraumes, doch betonten sie stärker das gottesdienstl. Moment, indem sie spätröm. Liturgien und Prozessionen als Ausdruck des Dankes für einen errungenen Sieg wiederbelebten (→laudes regiae) und weitere Teile der Bevölkerung in diese festl.-liturg. Handlungen einzubinden suchten. Die nachkarol. Staaten übernahmen Siegesgottesdienste, eine Entwicklung, welche die Sakralisierung des Kampfes (→Rittertum) förderte. Die Gesch. dieser späteren zeremoniellen und liturg. Adaptationen und ihre Rolle beim Entstehen der Kreuzzugsideologie muß noch geschrieben werden. →Fest, →Spiel.                                  M. McCormick

Lit.: J. GAGÉ, RH 171, 1933, 1–43 – DERS., Rev. d'hist. et de philos. religieuses, 1933, 370–400 – C. ERDMANN, Die Entstehung des Kreuzzugsgedankens, 1936 – K. HAUCK, FMASt 1, 1967, 3–93 – Das Reich und die Barbaren, hg. E. CHRYSOS–A. SCHWARCZ, VIÖG 29, 1989, 155–180 – M. McCORMICK, Eternal Victory, 1990² – Militia Christi e Crociata nei secoli XI–XIII, 1992, 209–240 [M. McCORMICK].

II. MITTELALTER, RENAISSANCE: Im MA verschmelzen vielfach die Formen des triumphus und des →adventus (regis), d. h. des Einzugs eines siegreichen Feldherrn in eine Stadt bzw. des Herrscherbesuchs. An den von Konstantin d. Gr. wiederbelebten und in die byz. Tradition eingegangenen Vorbildern der röm. Antike (s. Abschnitt I) inspirierten sich die T.-Zeremonien in den germ. Reichen, v. a. im →Westgotenreich auf der Iber. Halbinsel.

Mit dem Christentum setzte sich ein neues Modell durch, die humiliatio-exaltatio: Nach dem Vorbild des Einzugs Christi in Jerusalem, der sanftmütig auf einem Esel ritt, sah man in dem Triumphator v. a. den Friedensbringer. Nach dem Beispiel der byz. Ks. →Herakleios – der 629 auf bloßen Füßen in Jerusalem einzog und dabei die in den Perserfeldzügen rückeroberte Reliquie des Wahren Kreuzes trug – und →Johannes I. Tzimiskes, der 959 auf den für ihn an den Stadttoren von Konstantinopel vorbereiteten T.wagen das Bild der Jungfrau Maria stellen ließ, läuft der ma. T. häufig auf eine zeremonielle Feier kult. verehrter Bilder oder Reliquien hinaus. Analog zu dem Prinzip der röm. Ks.zeit, daß ein T. nur dem Augustus zustehe, neigte man im MA zu der Ansicht, daß er nur dem rex regum, also Christus, gebühre.

Als man sich die klass. Kultur wieder in steigendem Maße zu eigen machte und gleichzeitig die weltl. Gewalt stärkere Autonomie gegenüber der geistlichen gewann und sich machtvoll eine theologia imperialis (z. T. von Byzanz übernommen, aber v. a. seit der stauf. Zeit ausgearbeitet) durchsetzte, waren die Voraussetzungen für die Wiederbelebung und Neuinterpretation des antiken T.s gegeben. So schmückte →Friedrich II. in Nachahmung der Antike und Karls d. Gr. seine T.züge u. a. mit ungewöhnl. und exot. Tieren (z. B. mit dem typ. ksl. und 'triumphalen' Elefanten) und feierte am 17. März 1229 in Jerusalem einen adventus, damit sich die Prophezeiung der Sibylle bewahrheite, das Heilige Grab werde durch einen Herrscher aus »Kalabrien« befreit werden. Am 27. Nov. 1237 zog Friedrich wie ein Triumphator in Cremona ein und führte als Trophäen den Carroccio der Lombardischen Liga und – in Ketten – ihren militär. Oberbefehlshaber Pietro →Tiepolo im T.zug mit. – Es ist daher bezeichnend, daß es v. a. die ghibellin. Signoren sind, die im 13./14. Jh. den triumphalen Einzug wiederbelebten, der rasch richtigen Festcharakter mit →Turnieren und Schauspielen annahm. Beispiele sind die T.züge des Castruccio →Castracani in Lucca (23. Sept. 1326), der triumphale Ritt des →Cola di Rienzo durch Rom (Johannistag 1347) und der triumphale Einzug →Alfons' I. v. Aragón in Neapel (26. Febr. 1443), der auf den Reliefs des T.bogens des Castel Nuovo verewigt ist. 1492 feierten die →Katholischen

Kg.e die Einnahme von →Granada mit zwei triumphalen adventus. Im 15. Jh. ist das Fest-Schauspiel der »trionfi« in Italien sehr verbreitet, ihre Ikonographie knüpft immer deutlicher an die »Trionfi« Francesco →Petrarcas (verfaßt 1351–52) an. →Piero della Francesca, →Mantegna, Francesco del Cossa u.a. geben verschiedene Versionen von T.wagen wieder, die in den spätma. Festen, auch im Karneval, üblicherweise die Hauptrolle spielten. Stark verbreitet war im 15. und 16. Jh. auch die »T. des Todes«-Thematik, verbunden mit dem →Totentanz. Nicht ohne Zusammenhang mit den gen. Bildmotiven ist die spätma. Benennung der Tarockkarten als »trionfi–Trümpfe«.

F. Cardini

Lit.: E. KANTOROWICZ, The King's Two Bodies, 1957 – H. S. VERSNEL, T.us, 1970 – AA.VV., Memoria dell'antico nell'arte it., hg. S. SETTIS, 1985 – S. BERTELLI, Il corpo del re, 1990 – H. MAXWELL, Trionfi terrestri e marittimi nell'Europa mediev., ASI, CLII, 1994, 641–667.

## Triumphbogen

I. Spätantike – II. Mittelalter.

I. SPÄTANTIKE: [1] Als T. werden meist alle röm. Ehrenbögen bezeichnet, obwohl die in Zusammenhang mit Siegesfeiern errichteten, an die porta triumphalis auf dem Marsfeld anknüpfenden Bögen nur einen kleinen Teil davon bilden und ihre Bezeichnung als T. sich erst in der späten Ks.zeit durchsetzte. Ehrenbögen, meist mit einem oder drei tonnengewölbten Durchgängen, standen in der Regel über Straßen, als isolierte Torbauten von Stadttoren unterschieden. Sie trugen das Bild des Geehrten als Stand- oder Reiterstatue oder im Gespann von vier oder sechs Pferden bzw. Elefanten. Diesen Zweck von Ehrensäulen und -bögen beschrieb schon Plinius (n.h. 34, 27): Erhöhung über die übrigen Sterblichen; ihm diente auch ihr Reliefschmuck. Seit dem 4. Jh. verringerte sich die Zahl neuer Ehrenbögen (zur Statistik: ENGEMANN, 980f.); selbst der Konstantinsbogen scheint bis auf die Attika hadrianisch zu sein (GAUER, 140, Nachtrag). Die Verwendung des T.vorbilds als Motiv der Würdearchitektur (z.B. Südvorhalle Qal'at Sem'ān) wurde im MA häufig weitergeführt (z.B. Westfassaden von Kathedralen seit dem 13. Jh.).

[2] Der LP berichtet, →Paschalis I. habe in S. Prassede außer der →Apsis auch den T. (arcum triumphalem) mosaiziert (Mosaiken: WISSKIRCHEN). Mit dem Grundriß von Alt-St. Peter (KRAUTHEIMER) übernahm der Papst auch den Brauch, in Querschiff-Basiliken außer Apsis und Apsisstirnwand auch den Mittelschiffsbogen vor dem Querschiff im Mosaikschmuck bes. zu betonen. Allerdings sind als frühchr. Beispiele nur St. Peter und St. Paul (Dekor Leos I.: WAETZOLD, 64, Kat.-Nr. 835) gesichert; die Zeitstellung des Querschiffs in S. Francesca Romana ist ungewiß, die Apsisvorderwände in S. Maria Magg. und S. Lorenzo wurden erst durch Zerstörung der ursprüngl. Apsis im 13. Jh. zum T.

J. Engemann

Lit.: EncArteAnt I, 588–599 – RAC XIV, 966–1047 [Herrscherbild; ENGEMANN] – RE VIIA, 1, 373–493 – R. KRAUTHEIMER, The Carolingian Revival of Early Christian Architecture, ArtBull 24, 1942, 1ff. – S. WAETZOLD, Die Kopien des 17. Jh. ..., 1964 – F. W. DEICHMANN, Qalb Lōze und Qal'at Sem'ān, 1982 – S. DE MARIA, Gli archi onorari di Roma e dell'Italia Romana, 1988 – R. WISSKIRCHEN, Das Mosaikprogramm von S. Prassede in Rom, 1990 – W. GAUER, Konstantin und die Geschichte (Panchaia, Fschr. K. THRAEDE, 1995), 131–140.

II. MITTELALTER: Die röm. Vorbilder des Ehrenbogens zur Erinnerung an einen röm. Ks. oder Feldherrn, abgeleitet von der für Triumphe bestimmten porta triumphalis auf dem Marsfeld in Rom, bzw. die Vorhalle von St. Peter in Rom werden in karol. Zeit vereinzelt aufgenommen: Torhalle im Atrium des Reichskl. Lorsch (um 800), westlich vor der dreischiffigen ersten Kl.kirche in Corvey sowie der Einhardsbogen (Nachzeichnung des 17. Jh. Paris, BN Fr. 104 40), Fuß eines Kreuzreliquiars für St. Servatius in Maastricht (815/830), aber auch das Brückentor von Capua, das →Friedrich II. errichten ließ.

G. Binding

Lit.: Lex. der Kunst VII, 1995, 417–419 – C. A. WILLEMSEN, Ks. Friedrichs II. Triumphtor zu Capua, 1953 – H. BELTING, Der Einhardsbogen, ZK 36, 1973, 93–121 – K. HAUCK, Das Einhardkreuz, 1974 – G. BINDING, Die karol. Kg.shalle (Die Reichsabtei Lorsch, hg. F. KNÖPP, 1977), 2, 273–297 – W. JACOBSEN, Die Lorscher Torhalle (Jb. Zentralinst. für Kunstgesch. 1, 1985), 9–75 – U. LOBBEDEY, Grabungsbefunde zur Baugesch. der Kunstwerke von Corvey und Freckenhorst (Kunst in Hessen und am Mittelrhein 32/33, 1992/93), 71–73.

## Triumphkreuz

Triumphkreuz, Bezeichnung für die meist plastische, n. der Alpen nur vereinzelt gemalte (Loccum; Schulpforta) Darstellung des Kruzifixes (→Kreuz, Kruzifix) vor dem Hochchor der ma. Kirche, häufig unter dem →Triumphbogen. Der Name ist vielleicht von dort entlehnt. Eine Aufstellung des Kreuzes als Siegeszeichen in Zusammenhang mit dem Kreuzaltar ist seit dem späten 9. Jh. verschiedentl. bezeugt (St. Galler Klosterplan). Die Position »in medio ecclesiae«, d.h. auf der Mittelachse des Kirchenraumes, wird erstmals für das Gero-Kreuz des Kölner Doms so genannt, der Bezug zum »lignum vitae in medio paradisi« wird in Schriften immer wieder hervorgehoben. Frühe T.e mit Nebenfiguren auf einem Balken sind aus dem England des 11. Jh. bekannt (Canterbury; Winchester); von hier auf den Kontinent übernommen, erschließbar in Nordfrankreich (Saint-Bertin), dann, gegen Ende des 12. Jh., in Braunschweig. T.gruppen aus dem 13. Jh. haben sich in alter Aufstellung v.a. in Mitteldt. und Skandinavien erhalten; die ursprgl. reiche Tradition in England und Frankreich ist so gut wie ganz zerstört. Neben der Montierung auf einem Balken zw. den w. Vierungspfeilern (Halberstadt, Dom; Roskilde, Dom [erschlossen]; London, Westminster Abbey [wie aus Abb. bekannt]) ist auch die Aufstellung über einem Lettner möglich (Wechselburg). Dän. Kruzifixe waren z.T. im niedrigen Chorbogen auf den Fußboden gesetzt. Nach frühen, meist solitären Kreuzen wird die Kreuzigung oftmals in eine Gruppe mit Maria und Johannes eingebunden; als weitere Nebenfiguren kommen Engel (Braunschweig [erschlossen]; Halberstadt, Dom), Hl.e (Bücken) und später auch Stifter (Lübeck, Dom) vor. Die ikonograph. Aussage des T.es ergibt sich aus seiner Position zw. Laienraum und liturg. Chor. Durch Bezug auf den Kreuzaltar werden Meßopfer und Kreuzesopfer Christi in Parallele gesetzt. Weitere Aspekte der Erlösung sind häufig im T. selbst thematisiert: auferstehender Adam am Fuß des Kreuzes (Halberstadt; Wechselburg), Adam und Eva (Lübeck) werden aber auch im Bildprogramm des Lettners (Wechselburg) oder in Wandmalereien (Skandinavien) fortgesetzt und vertieft etwa durch atl. Typen von Messe und Kreuzigung. Bei Bestattungen vor dem Chor wird das T. in die Auferstehungshoffnung der Verstorbenen einbezogen und erscheint als Bild der Wiederkunft Christi am Jüngsten Tag (Braunschweig, Dom).

K. Niehr

Lit.: LCI IV, 356–359 – P. H. BRIEGER, England's Contribution to the Origin and the Development of the Triumphal Cross, MSt 4, 1942, 85–96 – A. GRONEMANN, Het Triomfkruis..., Fédération archéolog. et hist. de Belgique, 36ᵉ congrès 1956, 395–415 – R. HAUSSHERR, T.gruppen der Stauferzeit (Staufer, 5, 1979), 131–168 – T. im Dom zu Lübeck, 1979 – E. NYBORG–V. THOMSEN, Roskilde domkirkes triumfkrucifiks, Nationalmuseets arbejdsmark 1983, 187–200 – R. HAUSSHERR, Die T.gruppe der Stiftskirche zu Bücken, Niederdt. Beitr. zur Kunstgesch. 26, 1987, 23–50 – E. NYBORG, Korbue, krucifiks og bueretabel, Hikuin 14, 1988, 133–156 – K. NIEHR, Die mitteldt. Skulptur der 1. Hälfte des 13. Jh., 1992.

**Trivet, Nicholas** → Trevet(h), Nicholas

**Trivium** → Artes liberales

**Trivulzi(o), Gian Jacopo de'** ('le Maréchal Trivulce', auch: 'Le Seigneur Jean Jacques'), Mailänder Heerführer, seit 1494 im Dienst des Kgr.es Frankreich, * 1448 in Mailand, † 5. Dez. 1518 in Arpajon; Sohn von Antonio und Francesca →Visconti, wurde erzogen mit Galeazzo Maria Sforza, Sohn von Francesco →Sforza, Hzg. v. Mailand. T. geriet in Konflikt mit dem Usurpator →Ludovico 'il Moro', als dessen Todfeind er 1494 zu →Karl VIII. v. Frankreich übertrat. Es gelang T., →Asti für Hzg. Ludwig v. Orléans zu halten. Dieser, 1498 Kg. geworden (→Ludwig XII.), ernannte T. zum →Maréchal de France, mit dem Auftrag der Eroberung des noch von Ludovico il Moro kontrollierten Hzm.s Mailand. T.s brutales Vorgehen trieb die Einwohner zum Aufstand. Das Mailänder Gebiet ging Frankreich verloren, wurde aber 1500 zurückerobert. T. diente auch weiterhin der frz. Monarchie (Schlachten: Agnadello, 1509; →Novara, 1513; →Marignano, 1515). – Seit 1480 im Besitz strateg. wichtiger Territorien an den Paßwegen →Graubündens (Gft. Misox), beteiligte sich T. im Rahmen des Grauen Bundes, dem er 1496 (zur Sicherung vor Angriffen Massimilianos, des Sohnes von Ludovico il Moro) beigetreten war, am →'Schwabenkrieg' der →Eidgenossen gegen →Maximilian I. (1499), stand aber später als Promotor der frz. Interessen in der Schweiz (1505 Geheimverhandlungen mit Jörg →Supersaxo) im Gegensatz zur habsburgfreundl. Partei der Eidgenossen (Kard. →Schiner), verlor nach der frz. Niederlage v. Novara die Gft. Misox an die Bündner (1513–16) und zog sich völlig nach Frankreich zurück. T., der die militär. Tüchtigkeit des 'Capitaine' mit der machtbewußten Attitüde des großen Adligen verband, war wegen seines Egoismus und seiner rücksichtslosen Erpressungen berüchtigt.   L. Vissière

*Lit.:* M. KLEIN, Die Beziehungen des Marschalls G. G. T. zu den Eidgenossen und den Bündnern, 1939 – B. CEREGHINI, Contributi per una storia della dominazione francese di Luigi d'Orléans nel ducato di Milano (1499–1513), Squarci d'archivio sforzesco, 1981.

**Troas** (Alexandreia T.), in der Antike bedeutende Hafenstadt an der W-Küste der gleichnamigen Landschaft, jetzt die Ruinenstätte Eski Stambul. Die hellenist. (Neu-)Gründung wurde unter Augustus Kolonie und in der Folge prächtig ausgebaut. Einer vielleicht legendären Tradition zufolge (u. a. Sozomenos II 3; Zosimos II 30) soll →Konstantin d. Gr. seine neue Hauptstadt in der Nähe von T., oder, wegen der Nähe zu Ilion, das als eine der Wurzeln Roms angesehen wurde, weiter nördl. in der gleichnamigen Landschaft, geplant und bereits mit dem Bau begonnen haben, bevor er sich für Byzanz entschied. Die Einführung des Christentums in T. geht wahrscheinl. auf den Apostel →Paulus zurück, der hier dreimal Station machte. T. war Bm. seit der 1. Hälfte des 4. Jh. (Suffragan v. Kyzikos), scheint aber bald an Bedeutung verloren zu haben. – Die zeitweise für die des homer. Troja gehaltenen Ruinen haben seit ihrer Entdeckung im 16. Jh. viel von ihrer Pracht eingebüßt, da sie u. a. für osman. Bauten in Istanbul geplündert wurden.   K. Belke

*Lit.:* RE I/1, 1396; VII A/1, 583f. – V. SCHULTZE, Altchr. Städte und Landschaften, II/1, 1922, 384–390 – J. COOK, The Troad, 1973, 16–20, 158f., 198–204 – G. FEDALTO, Hierarchia Ecclesiastica Orientalis, I, 1988, 149.

**Trobadors** → Troubadours

**Trobairitz**. Mit dem Feminin von *trobaire/trobador* (→Troubadours) werden in den Hss., in denen die okzitan. Lyrik überliefert ist, sowie in den entsprechenden →Vidas etwa 20 Frauennamen gekennzeichnet, denen theoret. ebensoviele 'Dichterinnen' entsprechen müßten. Eine Verifizierung ihrer realen Existenz ist jedoch nicht in allen Fällen möglich. Trotz dieser Einschränkung und obgleich die den T. zugeschriebenen Texte nur 5% der gesamten überlieferten Troubadourdichtung ausmachen, stellen sie ein besonders wichtiges Moment in der ma. Lyrik dar, eben weil sie von Frauen und vom weibl. Blickwinkel aus verfaßt sind. Legt man einen strengen Maßstab an und begrenzt das Corpus auf Dichtungen, die hist. identifizierbaren Persönlichkeiten zugeschrieben werden können (A. RIEGER, 1991), reduziert sich die Anzahl auf etwa 50 (Canzonen, Tenzonen, →Saluts) von den 84 in den Hss. mit Frauennamen verbundenen Dichtungen.

Die älteste der T. (nur eine erhaltene Canzone) ist Azalaïs de Porcaraigues, Freundin und Korrespondentin von →Raimbaut d'Aurenga († 1173), der sie mit dem Pseudonym (*senhal*) »Joglar« ('Spielmann') bezeichnet. Ebenfalls nur eine Canzone ist von Bieiris de Romans und Clara d'Anduza überliefert. Jeweils vier Dichtungen umfaßt das Œuvre von Na Castelloza und der Comtessa de Dia, die wahrscheinl. mit →Raimbaut de Vaqueiras in lit. Korrespondenz stand (A. SAKARI).   L. Rossi

*Ed. und Lit.:* D. ERNSHAW, The female Voice in Medieval Romance Lyrik, 1988 – W. D. PADEN, The Voice of the T.: Perspectives on the Women Troubadours, 1989 – A. RIEGER, T. Der Beitrag der Frau in der altokzitan. höf. Lyrik. Ed. des Gesamtkorpus, 1991 [mit Lit.] – K. STÄDLER, Altprov. Frauendichtung (1150–1250). Hist.-soziolog. Untersuchungen und Interpretationen, 1991 – A. CALLAHAN, The T. (French Women Writers: A Bio-bibliographical Source Book, hg. E. MARTIN SARTORI), 1991 – A. SAKARI, Qui étaient la comtesse de Die et son »amic«? (Estudis de linguistica i filologia offerts a A. BADIA I MARGARIT, 1996), 253–267.

**Trobar clus** ('verschlossen', d. h. also, schwierig einzudringen, dem Publikum schwer zugängl.), *trobar leu* (oder *plan*: 'leicht', 'eben') und *trobar prim* (*car* oder *ric*: 'subtil', 'preziös', 'selten'), Stilrichtungen der Troubadourdichtung (→Troubadours), über die einige der großen Dichter des 12. Jh. Polemiken führten. Die Debatte, die für die Gesch. der prov. Lyrik von eminenter Bedeutung ist, flammte kurz nach der Mitte des 12. Jh. unter den Anhängern des t. clus und jenen des t. leu auf, die sich die Vorrangstellung in der lyr. Dichtkunst streitig machten. →Peire d'Alvernhe beginnt den Disput mit seinem Lob des Dichters, der »motz ... serratz e clus« schreibt (»Be m'es plazen, PC 323, 10), und rühmt sich mehrfach, der einzige zu sein, der Texte von höchster formaler Dichte verfassen könne. Schließl. konkretisiert sich der Streit in einer berühmten Tenzone (bei der die Standpunkte der beiden Troubadoure wahrscheinl. in iron. Weise vertauscht sind) zwischen →Raimbaut d'Aurenga und →Guiraut de Bornelh (»Ara. m platz, Guiraut de Borneill«, PC 389, 10a=242, 14). Charakterist. für den t. clus ist die gesuchte und häufig gerühmte gedankl. 'Dunkelheit', die auch durch rhetor. Mittel, wie sie in den Rhetoriktraktaten empfohlen werden, erreicht wird; die Inhalte sind zumeist moralist. geprägt. Die wichtigsten Vertreter sind Peire d'Alvernhe und Guiraut de Bornelh, Berufsdichter bürgerl. Herkunft, denen in den alten Troubadourbiographien (→vidas und razos) der rhetor. und formale Primat unter den älteren lyr. Dichtern zugewiesen wird. Die Schule des t. leu ist hingegen deutlicher mit der Liebesdichtung verbunden, vermeidet aber auch komplexe, raffinierte Anspielungen auf antike und ma. Mythen nicht und wählt v. a. eine leichtverständl. Sprache, um dem Publikum zumindest den ersten Zugang nicht zu erschweren: daher der Vorwurf einer zu ausgeprägten 'Leichtigkeit' von seiten der Anhänger des t. clus. Gegen Ende des 12. Jh. zeichnete sich eine weitere Richtung ab, der v.a. von Raimbaut d'Aurenga beeinflußte t. car, der in →Arnaut Daniel seinen größten Vertreter fand. Er betonte die raffinierte Kühnheit der formalen Erfindungskraft bes. in metr. Hinsicht und die kunstvolle Reimqualität.

Die hier skizzierten Gegensätze können jedoch nur in allg. Sinn als gültig angesehen werden, nicht zuletzt wegen der Stilschwankungen, die bei verschiedenen Troubadours seit Guiraut de Bornelh anzutreffen sind. Viele Fragen werden heute in der Forsch. intensiv diskutiert, v.a. im Hinblick auf die Gegenüberstellung von t. clus und t. leu. Nicht abgeschlossen ist bes. die Diskussion um die Position von →Marcabru, dessen Wirken vor dem Aufflammen der Stil-Polemik liegt und der mit der Schule des t. clus in Verbindung gebracht wurde, ja sogar wegen seines dunklen Stils und der Härte und Seltenheit der verwendeten Reime als deren Initiator bezeichnet wurde. Die Schwierigkeit der Texte Marcabrus hängt aber eher mit der semant. Mehrdeutigkeit der Worte und dem breiten Rückgriff auf konnotationenreiche Jargon- und Dialektwörter zusammen (deretwegen man Marcabru als »realistischen« Dichter bezeichnet hat [APPEL, JEANROY]), als mit einer gewollten und gesuchten rhetor.-syntakt. Komplexität. In Zusammenhang mit der Marcabru zugewiesenen Stellung und Interpretation seines Œuvres im Vergleich zu den Werken anderer Moralisten (Peire d'Alvernha, Guiraut de Bornelh) wird die Beziehung zw. der Debatte über den Stil und derjenigen über die Beschaffenheit des lyr. Diskurses und der besungenen Liebesleidenschaft (fin'amor) diskutiert, ein anderer wichtiger Punkt der lit. Konfrontation um die Mitte des 12. Jh; insbes. wurde vorgeschlagen, die Möglichkeit einer engeren Beziehung zw. den Anhängern des t. leu und aristokrat. lit. Strömungen (Raimbaut d'Aurenga) in Betracht zu ziehen. Die Debatte scheint jedoch eher einzelne Troubadourpersönlichkeiten als eigentl. lit. Strömungen und Gruppierungen zu betreffen. U.a. hat sich →Bernart de Ventadorn, der größte Dichter der fin'amor, mit dem man heute die Idee des t. leu par excellence verbindet, nicht explizit in der Stilkontroverse engagiert.

Die Polemik zw. den Anhängern der verschiedenen Stile konzentriert sich auf die Zeit von Peire d'Alvernha und Raimbaut d'Aurenga († um 1173). Während sich die Tendenz nach stilist. und bes. metr. Gesuchtheit in der Troubadourlyrik durchsetzt (Peire →Vidal, Arnaut Daniel) und das ganze 13. Jh. lebendig bleibt, wird der dunkle Stil, häufig mit Konnotationen, die sich von Marcabru herleiten, ein typ. Kennzeichen der polem., satir. und sich mit Themen der Zeitpolitik befassenden Dichter.

S. Asperti

*Lit.:* U. MÖLK, T. clus – t. leu, 1968 – A. RONCAGLIA, »T. clus«: discussione aperta, Cultura neolatina 29, 1969, 5–55 – M. MANCINI, Recenti interpretazioni del t. clus, Studi di lett. francese 2, 1969, 241–259 – E. KÖHLER, »T. clus«: discussione aperta, Cultura neolatina 30, 1970, 300–314 – L. PATERSON, Troubadours and Eloquence, 1975 – C. DI GIROLAMO, »T. clus« e »t. leu«, MR VIII, 1981–83, 11–35 – J. GRUBER, Die Dialektik des T., 1983 – S. GAUNT, Troubadours and Irony, 1989.

**Trochisci** (von gr. τροχίσκος 'Rädchen'; lat. pastillus, rotulus), Zeltchen, Pastillen; neben den Pillen (→Catapotia) Vorläufer der heute gebräuchlichsten →Arzneiformen Tablette, Dragée und Kapsel. Die T. stellten zunächst allerdings nur eine Konservierungsform für eingedickte oder feuchte Drogenmassen dar, die getrocknet wurden und bei Bedarf beliebig weiterverarbeitet bzw. – ähnl. wie die →Collyria – durch Auflösen in einer Flüssigkeit v.a. äußerl., mitunter auch als Klistier angewendet werden konnten; in diesem Zusammenhang sind bes. die Vipern- und die Meerzwiebel-T. zu nennen, die für die Herstellung des →Theriak gesondert anzufertigen waren. Während das →Antidotarium Nicolai acht T.-Präparate anführt, verzeichnet z.B. das Arzneibuch des (Pseudo-) →Mesuë 38 diesbezügl. Rezepturen; nach dessen detaillierten Angaben sollten die Arzneistoffe mit konsistenzgebenden, vorwiegend pflanzl. Substanzen sowie mit Gewürzen zu einer Masse verarbeitet werden, aus der dann die T. zu formen waren, die indes nicht nur äußerl. angewendet, sondern teilweise – wie Pillen – auch eingenommen wurden. Das »Lumen apothecariorum« des →Quiricus de Augustis (1492) läßt hingegen die Drogen zunächst sehr fein pulvern und durch ein engmaschiges Seidennetz siehen, damit die Arzneikräfte besser zur Wirkung gelangen; außerdem kennt es spezielle Zeltchenformen sowie Holzbretter, deren Höhlung mit einem Zeichen versehen war, so daß sich die T. abschließend siegeln ließen.

F.-J. Kuhlen

*Lit.:* H. M. WOLF, Das Lumen apothecariorum von Quiricus de Augustis [Diss. München 1973] – D. GOLTZ, Ma. Pharmazie und Med., VIGGPharm NF 44, 1976, 174–178 – U. HEUKEN, Der achte, neunte und zehnte Abschnitt des Antidotarium Mesuë in der Druckfassung Venedig 1561, QStGPharm 58, 1990.

**Trogir** (gr. Tragoúrion, lat. Tragurium, it. Traù), Stadt an der Adriaostküste, 25 km w. von Split, auf einer Insel zw. dem Festland und der Insel Čiovo. Im 3. Jh. v. Chr. von griech. Kolonisten aus Issa (Insel Vis) gegr., ist die Stadt bei röm. Autoren erwähnt; sie gehörte damals zum Territorium von →Salona. Bei →Konstantin VII. Porphyrogennetos in der Reihe der dalmatin. Städte (→Dalmatien) beschrieben, zahlte auch T. seit 878 das tributum pacis an den kroat. Herrscher. Trotz chr. Tradition seit der Spätantike und Zeugnissen von Sakralarchitektur seit dem 6. Jh. ist T. wahrscheinl. erst zw. 928 und 1000 Bm. geworden, zu dessen Diöz. später auch →Šibenik und die Zagora gehörten. 1105 gelangte T. unter ung.-kroat. Herrschaft (→Trogirer Privilegien). Um die Mitte des 12. Jh. trat an die Stelle des Priors der comes als Stadtoberhaupt; das Amt gelangte im 13. Jh. in die Hände von kroat. Magnaten. 1322 unterstellte sich die Stadt Venedig, nach ung.-kroat. und bosn. Herrschaft von 1358–1420 blieb T. bis 1797 unter Venedig. Viele ma. Bauwerke sind erhalten: St. Maria de Platea und St. Barbara (11. Jh.), Wohnhäuser (12. und 13. Jh.), die Kathedrale Hl. Lovrijenc mit dem Portal des →Radovan von 1240, Glockenturm mit Bauphasen 14.–17. Jh.

Ž. Rapanić

*Lit.:* EncJugosl VIII, s.v. – Enciklopedija likovnih umjetnosti IV, 1966, 453f. – Mogućnosti 27, 1980, vol. 11–12 – N. KLAIĆ, T. u srednjem vijeku, 1985 – L. STEINDORFF, Die Vita beati Iohannis Traguriensis als Q. zur Gesch. der dalmatin. Stadt T. im 12. Jh., SOF 47, 1988, 17–36 – Majstor Radovan i njegovo doba. Zbornik radova, ed. I. BABIĆ, 1994.

**Trogirer Privilegien,** Gruppe von Privilegien der ung.-kroat. Kg.e an Städte in →Dalmatien (→Stadt, M), formal in der Tradition dalmat. Eidversprechen. Als Kg. →Koloman 1105 die norddalmat. Städte unterwarf, beschwor er einen Frieden, freie Bf.swahl für Bestätigung durch den Kg. und den Gebrauch des alten Rechtes; er beanspruchte einen Hafenzoll. Erhalten ist nur das Formular für →Trogir in einer teils verfälschten, auf 1108 datierten Überlieferung aus dem 14. Jh.; das Recht auf Wahl des 'comes' als Stadtoberhaupt ist Interpolation. Die authentisch erhaltenen Eide des ven. Dogen Ordelaf Faledro (1116) für →Rab und →Zadar schlossen offensichtlich an nicht erhaltenen Eide Kolomans für diese Städte an; der

Eid Kolomans für Split ist aus der Chronik des →Toma v. Split zu erschließen. In der Erneuerung des Privilegs für Trogir 1242 durch →Béla IV. ist der Eid in das Formular der ung. Kg.surkunde integriert; hier entspricht das Recht auf Wahl des 'comes' den realen Verhältnissen. 1251 bestätigte Béla IV. eine ihm vorgelegte Fälschung, derzufolge →Stephan III. 1167 →Šibenik einen dem Trogirer Formular von 1108 nachgebildeten Eid abgelegt hatte.

L. Steindorff

*Ed.:* T. SMIČIKLAS, Cod. dipl. CDS II–IV, 1904–06 – GY. GYÖRFFY, Diplomata Hungarica antiquissima, I, 1992 [mit Komm.] – *Lit.:* M. KOSTRENČIĆ, Die Freiheiten der dalmat. Städte nach dem Urbild v. Trogir, 1931 – N. KLAIĆ, Još jednom o tzv. privilegijama trogirskog tipa, Istorijski časopis 20, 1973, 15–87 – L. STEINDORFF, Die dalmat. Städte im 12. Jh., 1984 – DERS., Privilegien als Ausdruck kommunaler Emanzipation, Grafenauerjev zbornik, 1996, 391–402.

**Troia,** it. Stadt und Bm. (Prov. Foggia). Nach dem Sieg über →Meles gründete der griech. Katepan Basileios →Boioannes um 1018 mit langob. Flüchtlingen aus dem Gebiet von Ariano unweit der Ruinen des antiken Aeca auf einer die Tavoliere-Ebene beherrschenden Anhöhe des daun. Sub-Apennin T. als Hauptort eines Festungsgürtels, der die byz. Prov. Italia nach NW abschirmte. Die mit einem großen Territorium ausgestattete Siedlung an der von Benevent nach Bari führenden Via Traiana erfüllte ihre Funktion 1022, als der Feldzug Ks. Heinrichs II. vor ihren Mauern scheiterte. Während Bf. Angelus noch 1041 gegen die Normannen fiel, unterwarf Hzg. →Robert Guiscard um 1066 T. endgültig der apul. Hzg.sgewalt. Der Wechsel unterbrach den durch die Besiedlung des Tavoliere begünstigten Aufstieg zum Vorort des n. Apulien nicht. Die Päpste hielten 1093, 1115 und 1127 allg. Synoden in T. ab; Calixtus II. verkündete hier 1120 den Landfrieden für Süditalien. Nach dem Tode des letzten apul. Hzg.s Wilhelm war die von der Bürgerschaft unter Führung Bf. Wilhelms (1106–41) angestrebte polit. Autonomie von kurzer Dauer. Gegen Kg. Roger II. verbündete sich T. mit dessen Widersacher →Rainulf v. Alife, allerdings um den Preis der Zerstörung der Stadt i. J. 1133. In der Krise von 1189–90 trat T. auf die Seite Ks. Heinrichs VI. und Konstanzes. Nach 1209 optierten die Bürger für Ks. Otto IV. gegen Friedrich II. Da die Troianer 1229 dem vom Kreuzzug heimkehrenden Friedrich II. die Tore verschlossen, ließ dieser 1230 die Mauern schleifen und die Stadt entsiedeln. Das bis 1250 gültige mandatum exabitacionis Troie beschränkte trotz späteren Wiederaufbaus T. langfristig auf die Rolle einer Ackerbürgerstadt, da die von Friedrich II. in der gleichen Zeit als Hauptort Apuliens favorisierte Stadt →Foggia ihre zentralen Funktionen in der →Capitanata nicht mehr abgab.

Das gleichzeitig mit der Stadt gegründete lat. Bm. entzog der Katepan Boioannes im Bunde mit dem Papst der von den Langobarden beherrschten Kirchenprov. →Benevent durch eine Exemtion, die Alexander II. 1067 definitiv bestätigte. Die norm. Hzg.e statteten die Kirche reich aus und ermöglichten damit dem seit der Mitte des 11. Jh. überwiegend norm. Bf. zu Beginn des 12. Jh. den Bau einer Kathedrale, die mit ihrem architekton. Programm, ihren Bronzetüren und Inschriften das geistl.-polit. Sendungsbewußtsein der Bf.e verkündete. →Walter v. Pagliara († 1229/31), Bf. 1189–1200, gewann als uzl. Kanzler eine Bm. überschreitende Autorität, wie sie keinem seiner Nachfolger beschieden war. Die kirchl. Entwicklung überschattete seit 1170 der wiederholt aufbrechende Konflikt mit Foggia, wo Klerus und Bürger aus dem T. überflügelnden Wachstum den Anspruch auf kirchl. Autonomie ableiteten. Das von Innozenz III. 1212 als polit. Drohung gegen T. ins Auge gefaßte Bm. Foggia wurde jedoch erst 1855 neben dem nach wie vor exemten Bm. T. errichtet.

N. Kamp

*Lit.:* IP IX, 1962, 200–215 [Lit.] – W. HOLTZMANN, Der Katepan Boioannes und die kirchl. Organisation der Capitanata, NAG, Phil. hist. Kl. 1960, 19–39 – J. M. MARTIN, Les chartes de T. 1, Cod. dipl. Pugliese 21, 1976 – M. DE SANTIS, La »civitas T.na« e la sua cattedrale 1976³ – E. KIRSTEN, T., RHMitt 23, 1981, 245–270 – J.-M. MARTIN, T. et son territoire au XI$^e$ s., Vetera Christianorum 27, 1990, 175–201.

## Trojadichtung

I. Spätantike – II. Mittellateinische Literatur – III. Romanische Literaturen – IV. Englische Literatur – V. Deutsche Literatur – VI. Byzantinische Literatur.

I. SPÄTANTIKE: Die Sage vom Trojan. Krieg ist im heidn. und christl. →Erziehungs- und Bildungswesen allgegenwärtig: An →Homer lernen griechische, an →Vergils Äneis röm. Kinder Lesen und Schreiben; Ausgaben mit wörtl. Übers. dienen der Erlernung der jeweils anderen Sprache. Höheren Rang haben die Ausarbeitung homer. Themen im Poetik- (z. B. GDF 26, 1r–2r) und →Rhetorik-Unterricht sowie →Glosse, →Kommentar und Paraphrase; höchsten Anspruch erheben gnost. und neuplaton. Deutungen. Ältere ep. (→Ilias Lat.) und trag. Fassungen (Sophokles, Euripides; Seneca) bleiben erhalten, lyr. (Stesichoros) und andere ep. (Kyklos) und trag. (Pacuvius, Accius) nicht. Der Wechsel des Ks.s nach →Konstantinopel mehrt im O, der Troja-Rom-Mythos (→Romidee) im W das Interesse.

Vor diesem Hintergrund entsteht die reiche T. der Zeit. Nur Erhaltenes sei genannt: [1] *Griechisch:* →Quintus, →Triphiodor, Kolluth (um 500: »Raub Helenas«) pflegen die Sage in Epen, →Agathias (Griech. →Anthologie 9, 152–155), Julian v. Ägypten (ebd. 16, 113), Leontios (ebd. 7, 149f.; – alle 6. Jh.) u. a. in Epigrammen, die sich häufig auf Bildwerke beziehen. Mythograph. Handbücher (Ps.-Apollodor: Epitome 3–5), Slg.en (Palaiphatos 16) und Inhaltsangaben (Proklos: Chrestomathie) geben das Handlungsgerüst. In der sog. Zweiten Sophistik bearbeiten den Stoff Philostrat (3. Jh.) in dem Dialog »Heroikos«, →Libanios, (Ps.-)Nikolaos v. Myra (5. Jh.), →Chorikios u. a. in Schul- und Prunkreden, ein anderer Philostrat (3. Jh.) in Bildbeschreibungen.

[2] *Lateinisch:* Auch hier findet sich die Sage in Epos (→Dracontius: »Raub Helenas«; →Mavortius: »Urteil des Paris«) und Epigramm (Lat. →Anthologie 40 u. ö.; scherzhaft ebd. 222; auf eine Pantomime ebd. 310; Ausonius 13, 1–26) – wer Troja nicht besingt, weist eigens darauf hin: →Sidonius carm. 9, 117–167 –, in mythograph. Slg.en (Ps.-→Hyginus fab. 89–115; →Fulgentius myth. 2, 1) und rhetor. Übungen (z. B. →Ennodius dict.). Nach griech. Vorlagen sind die ps.-hist. 'Romane' des →Dictys und des →Dares und vermutl. die Urfassung des romanhaften »Excidium Troiae« (4./6. Jh.) geschrieben. U. Dubielzig

*Ed.* [soweit nicht zu den Einzelartikeln vermerkt]: E. HEITSCH, Die gr. Dichterfrgm.e der röm. Ks.zeit, I, 1963² [GDF] – *Kolluth:* E. LIVREA, 1968 [it. Übers., Komm.] – P. ORSINI, 1972 [frz. Übers., Anm.] – O. SCHÖNBERGER, 1993 [dt. Übers., Anm.] – *Ps.-Apollodor:* R. WAGNER, 1894 – J. G. FRAZER, 2 Bde, 1921 [engl. Übers., Anm.] – *Palaiphatos:* N. FESTA, 1902 – *Proklos, Chr.:* T. W. ALLEN, Homeri opera V, 1946², 93–109 – *Philostrat, Her.:* L. DE LANNOY, 1977 – *(Ps.-)Nikolaos:* C. WALZ, Rhetores Gr. I, 1832, 263–420 – *Philostrat, Eikones:* C. L. KAYSER, 1853², 379–449 – O. SCHÖNBERGER, 1968 [dt. Übers., Erläuterungen] – *Ausonius:* R. P. H. GREEN, 1991 – *Ps.-Hygin:* P. K. MARSHALL, 1993 – *Excidium Tr.:* E. B. ATWOOD–V. K. WHITAKER, 1944 – A. K. BATE, 1986 – *Lit.* [allg.]: E. ZELLWEKER, Troia. Drei Jahrtausende des Ruhms, 1947 – C. VELLAY, Les Légendes du Cycle troyen, o. J. [1958] – M. R. SCHERER, The Legends of Troy in Art and Lit., 1963 – E. FRENZEL, Stoffe der Weltlit., 1988⁷, 762–767 – *[zu Gestalten]:* LIMC – W. B. STANFORD, The Ulysses Theme, 1963 – H. HOMEYER, Die spartan. Helena und der Trojan. Krieg, 1977 – K. C. KING, Achilles, 1987 – *[zu Texten]*: S. MERKLE, Die Ephemeris belli Troiani des Diktys v. Kreta, 1989 – A. BESCHORNER, Unters. zu Dares Phrygius, 1992.

II. MITTELLATEINISCHE LITERATUR: Die Rezeption der Erzählungen vom Trojanischen Krieg, die im MA als Teil des lat. Bildungsgutes der Antike stets präsent waren, ist in zwei Schüben erfolgt: In der Historiographie verknüpft man seit dem Chronicon →Fredegarii (7. Jh.) nach röm. Vorbild den Ursprung von Völkern (Franken, Briten, Normannen) und Dynastien (z. B. Karolinger) mit Flüchtlingen aus Troja, legitimiert so genealog. den Anspruch auf Herrschaft v. a. in Chroniken bis zum 16. Jh., selten in Dichtungen wie dem »Carmen de origine gentis Francorum« für Karl d. Kahlen (MGH PP II, 141–145). Die eigtl. literarische, über Anspielungen hinausgehende Aneignung des Troja-Stoffs setzt erst im 11. Jh. ein, fächert sich dann auf je nach Verfasser-Intention, Quellenbenutzung, Versart und Publikumsgeschmack.

Zunächst suchen die Dichter bekannte Szenen formal und inhaltl. umzugestalten oder zu ergänzen: So wird Hektors Tod nicht im Epitaph, sondern in zwei rhythm. 'Planctus' neu motiviert (DRONKE, 1988); Deidamia schreibt als Ehefrau an Achilles in gereimten Distichen eine Kontrastimitation zu Ovids Briseis-Brief (STOHLMANN, 1973); →Balderich v. Bourgueil deutet die Beziehung Helena-Paris in seinem Hexameter-Briefpaar als *fatum*, nicht *amor* (Carm. 7/8, HILBERT, 1979); →Gottfried v. Reims referiert im Traum-Gedicht (vor 1085) als erster Poet den Inhalt der ganzen Troja-Geschichte (13 Distichen) und schildert daraus im Versdialog mit seiner Muse Calliope drei Bildszenen, die ihr Kleid zieren (erhalten 212 gereimte Hexameter: BOUTEMY, 1947, 350f., 358ff.).

Um 1100 entsteht der anonyme Planctus »Pergama flere volo« (CB 101), der Helena die Schuld an Trojas Fall gibt; er findet mit seinen vierfach gereimten Distichen ('Unisoni') Anklang und wird nachgeahmt, u.a. von Peter v. Saintes (um 1137), der seinem Gedicht »Viribus, arte, minis« einen Äneas-Teil anfügt wie auch der Verfasser des Liedes »Fervet amore Paris« (CB 102), und von →Hugo Primas v. Orléans, der im Carm. IX einen Griechen angesichts des wüsten Troja trauern läßt. Dagegen dichtet →Simon Aurea Capra seine »Ylias« (mit Äneas-Teil) bewußt in reimlosen Distichen, wirft Paris mangelndes Rittertum vor, kürzt Vergil nach Maßgabe der *brevitas* und erreicht doch in der letzten Version nahezu ep. Umfang (994 vv.).

Um die Mitte des 12. Jh. kommt es in der T. zu einem folgenreichen Wechsel der Vorlagen: Statt Vergil, Ovid, »Ilias Latina« u.a. benutzt man nun die spätantiken Berichte des »Excidium Troiae« und der angebl. Augenzeugen →Dictys Cretensis bzw. →Dares Phrygius; bes. dessen »Kriegstagebuch« (in der Version mit dem Dictys-Auszug über das Schicksal der Sieger und Flüchtlinge, z. B. St. Gallen cod. 197) gilt, auch in seiner versifizierten Fassung (918 Hexam., STOHLMANN, 1968), gegenüber den *figmenta poetarum* als die 'wahre' Geschichte Trojas. Die exakte Angabe von Daten ohne mytholog. Beiwerk und die Kurzcharakteristiken der Personen in Dares' dürrer Prosa lassen für dichter. Phantasie jeden Freiraum, den als erster →Benoît v. Ste-Maure nach 1160 in seinem »Roman de Troie« mit Ritter-Kämpfen und Liebesgeschichten genrebildend füllt (s. Abschnitt II). Erst 1190 veröffentlicht der Engländer →Joseph Iscanus die höchst artifizielle, der Kommentierung bedürfende »Frigii Daretis Ylias« (5 Bücher, 3673 Hexameter), und 1249 vereint der dt. Franziskaner →Albert v. Stade nochmals alles Wissen über Troja cento-artig im »Troilus« (6 Bücher, 2657 Distichen)

– beide lat. Epen sind die späte und einzige, kaum nachwirkende Antwort auf Benoîts volkssprachl. Ritter-Epos. Erst dessen Übersetzung in novellist. lat. Prosa durch →Guido de Columnis (1287) gibt der Verbreitung der Erzählungen vom Trojanischen Krieg in ganz Europa einen neuen entscheidenden Anstoß.   J. Stohlmann

*Ed. und Lit.:* A. BOUTEMY, Le poème »Pergama flere volo« et ses imitateurs du XIIe s., Latomus 5, 1946, 233–244 – DERS., Trois œuvres inéd. de Godefroid de Reims, RMA 3, 1947, 335–366 – M. R. SCHERER, The Legends of Troy in Art and Lit., 1963 – Anonymi Historia Troyana Daretis Frigii, ed. J. STOHLMANN, 1968 – L. GOMPF, »Figmenta poetarum« (Lit. und Sprache im europ. MA [Fschr. K. LANGOSCH, ed. A. ÖNNERFORS, J. RATHOFER, F. WAGNER, 1973]), 53–62 – J. STOHLMANN, »Deidamia Achilli«, ebd., 195–231 – H. HOMEYER, Die spartan. Helena und der Trojan. Krieg. Wandlungen und Wanderungen eines Sagenkreises vom Altertum bis zur Gegenwart, 1977 – A. LINDER, Ex mala parentela bona sequi seu oriri non potest: The Troyan Ancestry of the Kings of France and the 'Opus Davidicum' of Johannes Angelus de Legonissa (Bibl. de l'Humanisme et de Renaissance 40, 1978), 497–512 – Balderich v. Bourgueil, Carmina, ed. K. H. HILBERT, 1979 – H. HOMEYER, Beobachtungen zum Weiterleben der trojan. Abstammungs- und Gründungssagen im MA, Res Publica Litterarum 5, 1982, 93–124 – Excidium Troiae, ed. A. K. BATE (Lat. Sprache und Lit. des MA, ed. A. ÖNNERFORS, 23, 1986) – M. J. EHRHART, The Judgement of the Trojan Prince Paris in Medieval Lit., 1987 – P. DRONKE, Hector in Eleventh-Cent. Latin Lyrics (Scire litteras, ed. S. KRÄMER – M. BERNHARD, 1988), 137–148 – F. GRAUS, Troja und trojan. Herkunftssagen im MA (Kontinuität und Transformation der Antike im MA, hg. W. ERZGRÄBER, 1989, 25–43) – CH. RATKOWITSCH, Balderich v. Bourgueil, ein Dichter der 'inneren Emigration', MJb 22, 1987 (ersch. 1989), 142–165 – Le premier mythographe du Vatican, ed. N. ZORZETTI, 1995.

III. ROMANISCHE LITERATUREN: Standen die episod. lat. Trojagedichte der ersten Hälfte des 12. Jh. noch ganz im Banne der Aemulatio von Vergil und Ovid, so lenkte die Rezeption des →Dares Phrygius sowohl die lat. als auch die volkssprachl. T. in völlig neue Bahnen. Der für das gesamte restl. MA grundlegende Text ist der »Roman de Troie« von →Benoît de Sainte-Maure (um 1160). Mit Dares erzählt Benoît die Vorgesch., nämlich die Gewinnung des Goldenen Vlieses. Das bedeutet, daß nicht mehr der Raub der Helena, sondern die Bestrafung Laomedons, der den Argonauten die Landung vor Troja verweigert hatte, den Ursprung des trojan. Krieges bildet. Benoît ergänzt seine Q. mit der trag. Liebesgesch. der Medea. Der »Roman de Troie« ist reich an weiteren Frauenfiguren, von denen Briseida, eine Erfindung von Benoît, über →Boccaccio und →Chaucer bis in die NZ außerhalb der eigtl. T. immer wieder fasziniert hat. Der »Roman de Troie« ist ein Buch über die weibl. und männl. Leidenschaften. Krieg und Zerstörung sind jedoch die Folge der männl. Leidenschaften. Auch wenn das Geschehen als Historia zu lesen ist, ist der Text ein Roman, der keinerlei Bezug nimmt auf die →Trojaner-Abstammung. Für den Schluß, die Heimfahrt der Griechen, greift Benoît auf →Dictys zurück, dessen dürres 6. Buch mit deutlichen Reminiszenzen an die Odyssee und die griech. Tragiker für den ma. Autor allerdings poet. noch nicht faßbar wurde. Im 13. Jh. wurde der »Roman de Troie« viermal in Prosa umgearbeitet, von denen nur eine Fassung, Prosa 4, in Frankreich entstanden ist. Die älteste frz. Prosafassung, Prosa 1, wurde in →Morea geschrieben; sie schließt mit einer Restaurierung der Troas durch Hektors Sohn Landomata. Prosa 1 fand erst im 15. Jh. in Frankreich größere Verbreitung. Die übrigen Prosaversionen entstanden alle in Italien: Prosa 2 in Norditalien, Prosa 3 in Mittelitalien und die lat. Fassung von →Guido de Columnis (11. G.) in Süditalien. Zu Beginn des 14. Jh. wurde in Neapel eine weitere frz. Prosafassung, Prosa 5, in die →Histoire ancienne eingefügt, wo sie die frz. Dares-Übers. ersetzte. Die reich illustrierte napoletan. Hs. gelangte um 1380 nach Paris, wo sie einen starken Einfluß ausübte. Dieser Prozeß bedeutet v. a. zweierlei: Mit Guidos »Historia destructionis Troiae« setzte eine neue europ. Rezeptionswelle ein, wurde doch Guidos Text in sehr viele Sprachen übersetzt; in Frankreich sind fünf Übers.en entstanden. Zum zweiten bildet die Einfügung einer Prosafassung in die »Histoire ancienne« eine Übernahme der T. in Gesch.swerke. Im 15. Jh. kommt in Frankreich die Dichtung wieder zum Zug, allerdings in bes. Formen: Mit seiner sich an Guido anlehnenden dramat. Bearbeitung kreiert Jacques →Milet das erste profane und antike Theaterstück Frankreichs, während ein Anonymus den Stoff nach Benoît als populäres Vortragsstück gestaltet. – In Italien wurde die frz. T. zunächst direkt rezipiert: Im 14. Jh. entstanden in N- und Mittelitalien mindestens acht Hss. des »Roman de Troie«, von denen die meisten reich illustriert sind, eine ven. Versübers. ist nur in Fragmenten erhalten. Die übrigen it. Übers.en sind alle in Prosa geschrieben. Noch ins 13. Jh. ist die toskan. Übers. von Prosa 3 anzusetzen (»Istorietta troiana«, 2. Hss.); 1312 übersetzte Binduccio dello Scelto Prosa 2 (1 Hs.). Später finden sich Übers.en von Teilen der frz. Prosa 1 (mit »Landomata«), vermischt mit it. Übers.en von Guido de Columnis (4 Hss., wovon 2 den Text von Ceffi benutzen). Die »Volgarizzamenti« der lat. Fassung von Guido sind zahlreich, doch waren sie, mit Ausnahme desjenigen des Florentiner Notars Filippo Ceffi (1324, ca. 23 Hss.) nicht sehr verbreitet. 1333 Übers. des Pistoiesen Mazzeo Bellebuoni (2 Hss.), weitere anonyme Übers.en meistens in nur einer Hs. (2 Hss. für die napoletan. Version), z. T. mit Erweiterungen, etwa in einer ven. Fassung (Hs. Laur. Med. Palat. 153, 15. Jh.), die nicht nur die frz. Prosa 1 und die »Histoire ancienne«, sondern auch das »Excidium Troiae« verwendet und eine Prosafassung des franko-it. »Hector et Hercule« einschiebt. Ein toskan. Anonymus ergänzt seine Guido-Übers. mit Zusätzen, z. B. Rache der Medea (7 Hss.). Nach Benzo v. Alessandria wurden auf Straßen und Plätzen am Anfang des 14. Jh. T.en noch auf Frz. vorgetragen, doch fanden wenig später Trojastoffe Eingang in die populäre it. Versdichtung der →Cantari, etwa im »Troiano« des Domenico da Montichiello. Die Cantari bilden ein nicht zu unterschätzendes Gegenstück zu den eher gelehrten hist. Prosafassungen. – Auf der iber. Halbinsel fand die frz. T. keine große Verbreitung, doch ist sie im 14. Jh. mit gewichtigen Textzeugen vertreten, die für den Hochadel angefertigt wurden. Von einer verlorenen ptg. Übers. des »Roman de Troie« wurde 1350 für →Alfons XI. (16. A.) eine kast. Übers. fertiggestellt (Hs. Escorial H. j. 6 mit 70 Miniaturen), auf der die ptg. »Crónica Troyana« basiert (1 Hs.). Weiter ist eine zweisprachige Fassung erhalten (kast. und ptg. Teil; 1 Hs.) sowie eine mit Verspartien durchsetzte unvollständige kast. Prosaversion des »Roman de Troie« (2 Hss.). Guido de Columnis wurde zweimal ins Kast. übersetzt (Anonymus, Ende 14. Jh.; 1443 Pedro de Chinchilla), 1367 katal. Version von Jacme Conesa, Ende 14. Jh. aragones. Version für Juan →Fernández de Heredia. Guido wird auch in den »Sumas de historia troyana« eines gewissen Leomarte benutzt (2 Hss.), doch enthält seine Trojagesch., die auch Raoul →Lefèvre bekannt war, zahlreiche eigenständige Zusätze. Im 15. Jh. erhält die Trojalegende in Kastilien neue Impulse: Um 1442 übersetzt →Juan de Mena die »→Ilias latina«, und am Ende des Jh. verfaßt Pedro González de Mendoza eine kast. Version der lat. Teilübers. der homer. »Ilias« von Pier Candido →Decembrio. In den Cancioneros des 15. und 16. Jh. finden sich zahlreiche kürzere Gedichte mit trojan. Stoffen (Jason, Paris, Helena, Menelaus, Achilles, Polyxena, Hekuba). Es handelt sich hier gleichsam um das volkssprachl. poet. Pendant zu den kleinen lat. Trojagedichten des 12. Jh., die der Dares-Rezeption vorangegangen sind. M.-R. Jung

*Ed.: Frz.:* Benoît de Sainte-Maure, Le Roman de Troie, ed. L. CONSTANS, 6 Bde, 1904–12 – Le Roman de Troie en prose, ed. L. CONSTANS–E. FARAL, 1922 [Prosa 1, 1. Teil] – Le Roman de Troie en prose, ed. F. VIELLIARD, 1979 [Prosa 4] – Dares-Übers. in der Hist. ancienne, ed. M.-R. JUNG, 1996 – *It.:* Ven. Frgmt. der Übers. v. Benoît, ed. G. BERTONI, Romania 39, 1910; 44, 1915 – [Filippo Ceffi] Storia della Guerra di Troia, ed. M. DELLO RUSSO, 1868 – Istorietta trojana (A. SCHIAFFINI, Testi fiorentini del Dugento e dei primi del Trecento, 1926), 151–184 – Libro de la destructione de Troya. Volgarizzamento napoletano trecentesco da Guido delle colonne, ed. N. DE BLASI, 1986 [dazu P. PARADISI, Rivista di Lett. It. 5, 1987, 341–349] – *Span.:* Leomarte, Sumas de historia troyana, ed. A. REY, 1932 – Historia troyana en prosa y verso, ed. R. MENÉNDEZ PIDAL, 1934 – Juan de Mena, La Yliada en romance, ed. M. DE RIQUER, 1949 – Coronica Troyana, ed. F. P. NORRIS, 1970 (span. Guido-Übers.) – Historia troyana, ed. K. M. PARKER, 1975 – La versión de Alfonso XI del Roman de Troie, ed. K. M. PARKER, 1977 – *Katal.:* Jacme Conesa, Histories troyanes, ed. R. MIQUEL Y PLANAS, 1917 [Guido-Übers.] – *Ptg.:* Crónica troiana, ed. R. LORENZO, 1985 – *Lit.:* →Benoît de Sainte-Maure – →Guido de Columnis – GRLMA IV/2 n° 264, Hist. troyana; X/2 it. Übers.: n° 7050 Istorietta troiana, 7055 Binduccio dello Scelto, 7120 Filippo Ceffi, 7125 Matteo Bellebuoni – DLI II, 63–66 – DLFMA², 139–141 – Kindlers Neues Lit.lex. 19, 1992, 682–684 – E. GORRA, Testi ined. di storia trojana, 1887 [mit zahlreichen Teiled. it. Texte; dazu H. MORF, Romania 21, 1892, 18–38; 24, 1895, 88–107, 174–196] – A. G. SOLALINDE, Las versiones españolas del Roman de Troie, RFE, 3, 1916, 121–165 – A. REY–A. G. SOLALINDE, Ensayo de una Bibliografía de las Leyendas Troyanas en la Literatura Española, 1942 – Troie au MA, Bien Dire et Bien Aprandre 10, 1992 [verschiedene Autoren] – M.-R. JUNG, La légende de Troie en France au MA, 1996 [Recensio aller frz. Fassungen, Bibliogr. der Hss.].

IV. ENGLISCHE LITERATUR: Der Trojastoff war dem ma. England aus einer Reihe von klass. und ps.klass. Texten (Ovid, Vergil, dem »Excidium Troiae«, Dictys Cretensis, Dares Phrygius) bekannt, v. a. jedoch durch →Benoît de Sainte-Maures »Roman de Troie« und dessen lat. Übers. »Historia Destructionis Troiae« durch Guido delle →Colonne. Auf sie gehen die wichtigsten me. T.en zurück, soweit sie den gesamten Verlauf der Belagerung und Zerstörung Trojas darstellen. In ihnen wird der Untergang Trojas als von Augenzeugen überliefertes, hist. Ereignis gesehen, als Dichtung für das zeitgenöss. Publikum in die Volkssprache übertragen. Drei Versionen aus der 1. Hälfte des 15. Jh. sind überliefert: »The Gest Hystoriale of the Destruction of Troy« (ca. 1400) übersetzt die »Historia« in über 14 000 alliterierenden Langzeilen (→Alliteration, C), wobei der Dichter sich eng an den lat. Text hält, sich zugleich aber auch einer poet. überhöhten Formensprache bedient. In freierer und volkstümlicherer Form adaptiert »The Laud Troy Book« (ca. 1400) den Stoff in über 18 000 paarweise gereimten Vierhebern und wendet sich dabei ausdrückl. an ein möglichst breites Publikum, dem die Kämpfe um Troja als Krönung aller ritterl. Heldentaten angepriesen werden. John →Lydgates »The Troy Book« (1412–20) breitet den Stoff gelehrt und moralisierend in mehr als 30 000 paarweise gereimten fünfhebigen Zeilen aus. Lydgate preist Guido als zuverlässigen Gesch.sschreiber und als Meister rhetor. Eloquenz, reichert seine Vorlage jedoch durch zahlreiche Lesefrüchte an, v. a. aus →Chaucer. Neben den Kompilationen nach Guido entstand eine Reihe kürzerer Versionen und Fragmente, namentl. das populäre und kunstlose Gedicht »The Seege of Troye« (ca. 1300–25), das den Gegenstand in 2000 Zeilen als Kurzromanze zusammenfaßt. Daneben lebt der Stoff in zahlreichen Verweisen, v. a. im Hinblick auf die oft zitierte Sage von der Gründung Britanniens durch Brutus.

Eine bes. Stellung nimmt die erst bei Benoît eingefügte Erzählung von Troilus und Cressida ein: Chaucers Versroman »Troilus and Criseyde« (1385–90) beschreibt in fünf Büchern die Gesch. der Liebe zw. dem Trojanerprinzen und der Tochter des Calchas als Beispiel für die Unzuverlässigkeit der Fortuna, die Fragwürdigkeit der Überlieferung und die Verantwortung des Dichters. Es ist die bedeutendste erzählende Dichtung des engl. MA. Auf sie geht wiederum Robert →Henrysons mittelschott. Gedicht »The Testament of Cresseid« (c. 1460–80) zurück, das sich als korrigierende Fortsetzung ausgibt; es wurde im 16. Jh. in Gesamtausg.n der Werke Chaucers aufgenommen (zuerst 1532). D. Mehl

Bibliogr.: ManualME i. I. 1967 – Lit.: C. D. BENSON, The Hist. of Troy in ME Lit., 1980 – W. R. J. BARRON, English Medieval Romance, 1987 – The European Tragedy of Troilus, hg. P. BOITANI, 1989 – B. NOLAN, Chaucer and the Roman Antique, 1992 – B. WINDEATT, Troilus and Criseyde. Oxford Guides to Chaucer, 1995.

V. DEUTSCHE LITERATUR: Die dt. T. des MA beginnt als Rezeption des »Roman de Troie« von →Benoît de Sainte-Maure und steht so zunächst in der ps.-historiograph. →Dares-/→Dictys-Tradition mit der Argonautenhandlung als Vorgesch. und den Schicksalen der griech. Sieger als Nachgesch. des Trojan. Krieges. Das um 1195 im Auftrag Hermanns I. v. Thüringen als Vorgeschichte zum »Eneas« des →Heinrich v. Veldeke entstandene »Liet von Troye« →Herborts v. Fritzlar nimmt – in knappem, eher historiograph. Erzählduktus – Benoîts höf.-romanhafte Züge zugunsten der Faktizität der Ereignisse teilweise zurück; Achill wird aufgewertet, die Hector-Achill-Polarität herausgestellt; dem Krieg steht Herbort christlich-distanziert gegenüber. Wirkungsmächtig wird →Konrads v. Würzburg »Trojanerkrieg« (entstanden 1281/87 in Basel, unvollendet, 33 Textzeugen), der neben Benoît u. Q. vor allem aus der klass. Tradition des Trojastoffs heranzieht (→Ovid, →Statius, →»Excidium Troiae«, →»Ilias latina«, →Vergil u. a.) und selbst zu einer Hauptquelle der späteren dt. T. wird. Konrad erzählt eine musterhaft durchstrukturierte Summe der überlieferten Geschichten von Troja, verzichtet dabei weitgehend auf Parteinahme, stellt Trojas Untergang unter die Deutungsperspektive eines unausweichl. Verhängnisses und gestaltet den Trojan. Krieg als Wortkunstwerk ohnegleichen. Die anonyme »Trojanerkriegs-Fortsetzung« (Ende 13. Jh.) führt Konrads Torso nach Dictys und Dares unromanhaft und mit eher progriech. Tendenz zu Ende.

Die folgenden T.en greifen meist auf Konrad und/oder auf lat. Q. zurück, so wahrscheinl. die drei anderen gereimten T.en vom Ende des 13. Jh.: der Antikes arthurisierende, tradierte Fakten verdrehende »Göttweiger →Trojanerkrieg«, der schwankhafte Trojanerkrieg in der »Weltchronik« des Wieners Jans →Enikel und der »Basler Trojanerkrieg«, eine auf Konrad und »Göttweiger Trojanerkrieg« beruhende Kurzfassung. Einige Hss. der »Erweiterten Christherrechronik« (→Christherrechronik) und des sog. →Heinrich v. München (14. Jh.) enthalten eine Kompilation aus Konrad, »Göttweiger Trojanerkrieg« und Jans Enikel. Seit dem Ende des 14. Jh. entstehen Trojaprosen, konzentriert auf das Faktische und teilweise mit moralisierender Tendenz, teils nach Konrad (»Elsäss. Trojabuch« [»Buch v. Troja I«], vor 1386; »Buch v. Troja II«, Mitte 15. Jh.; beide mit zusätzl. Q., u. a. Guido), teils nach der lat. Benoît-Übertragung Guidos de Columnis (Hans Mair v. Nördlingen, Heinrich Gutevrunt, mehrere anonyme Übersetzungen). Ulrich →Fuetrers »Buch der Abenteuer« (Ende 15. Jh.) enthält einen stroph. Trojanerkrieg nach Konrad und dem »Buch v. Troja II«.

Im 16. Jh. werden Dares und Dictys neu übers. (Marcus Tatius Alpinus, 1536; Johannes Herold, 1554; Caspar Adam Moser, 1564; mit Simon Schaidenreissers Übersetzung der »Odyssee« (1537) und den »Ilias«-Übers.en von Johann Baptista Rexius (1584) und Johannes Spreng (gest. 1601) beginnt die dt. Homerrezeption. E. Lienert

Lit.: H. BRUNNER, Die dt. Trojalit. des MA und der Frühen NZ, Materialien und Unters.en, 1990 [Ed., Lit.] – P. FOCHLER, Fiktion als Historie. Der Trojan. Krieg in der dt. Lit. des 16. Jh., 1990 – H. FROMM, Herbort v. Fritslar, PBB 115, 1993, 244–278 – E. LIENERT, Gesch. und Erzählen. Stud. zu Konrads v. Würzburg »Trojanerkrieg«, 1996.

Zur mittelniederländischen Literatur →Jakob van Maerlant (23. J.).

VI. BYZANTINISCHE LITERATUR: Ausgangspunkt ist der →Dictys zugeschriebene griech. Trojaroman – erhalten in zwei Papyrusfragmenten und der lat. Übersetzung des Lucius Septimius –, der im wesentl. die Geschehnisse vor und nach der Belagerung aus griech. Sicht schildert. Unmittelbar aus der griech. Quelle schöpfen – unabhängig voneinander – die Chronisten →Johannes Malalas (140. J.) und →Johannes v. Antiocheia (63. J.), beide 6. Jh. Die Erzählung des Malalas wird von der anonymen Ἐκλογὴ Ἱστοριῶν (dat. 886, ed. J. A. CRAMER, Anecdota graeca parisiensia II, 1839) und von →Kedrenos (11./12. Jh.) übernommen. Im 12. Jh. wird das von den Chronisten überlieferte Material von Johannes →Tzetzes (v. a. Allegoriae in Iliadem, ed. J. BOISSONADE, 1851) und von Konstantinos →Manasses (Χρονικὴ Σύνοψις, ed. I. BEKKER, 1837) verwendet. Auf Verlangen des Despoten v. Epiros, Johannes II. Komnenos Angelo-Dukas (1323–35), und seiner Gemahlin Anna verfaßte Konstantinos Hermoniakos in halbgelehrter Sprache eine »Ilias« in 8799 Achtsilbern (ed. E. LEGRAND, 1890); als Q. benutzte er dabei Manasses, Tzetzes und die homer. Ilias, letztere wahrscheinlich in einer mit Scholien versehenen Ausgabe. Weniger klar ist die Herleitung der – ebenfalls dem griech. Umfeld entstammenden – anonymen »Ilias byzantina« (ed. L. NORGAARD – O. L. SMITH, 1975), die in einer Hs. aus dem 16. Jh. überliefert ist: In 1166 polit. Versen werden die Geschichten von Paris und Achilles mit vielen Anachronismen und phantast. Zusätzen erzählt. Indirekte Quellen sind vornehml. Manasses und Tzetzes, aber auch andere Q. sind nicht auszuschließen. Parallelen finden sich zu der Prosaerzählung, die unter dem Namen des Isaak Porphyrogennetos läuft (12. Jh., ed. J. F. KINDSTRAND, 1979). In der »Achilleis« (drei Redaktionen: N, ed. D. C. HESSELING, 1919; L, ed. B. HAAG, 1919; O, ed. O. L. SMITH, 1990) hat der Held nichts Homerisches an sich; in der Redaktion N ist der Schluß jedoch durch Anfügung der Erzählung vom Tode des Achilles, analog dem Bericht in der »Ilias byzantina« und vielleicht von einem gemeinsamen Vorbild abhängig, dem homer. Stoffkreis wieder angenähert. Hermoniakos ist die Q. der »Ilias« des Nikolaos Lukanis (ed. Venedig 1526, Nachdr. 1979). Völlig unabhängig von der griech. Tradition ist die gr. Paraphrase des »Roman de Troie« des →Benoît de Sainte-Maure, in mehr als 11000 polit. Versen, die in 6 Hss. (am wichtigsten Bonon. gr. 3567, 14.–15. Jh.) überliefert ist. R. Lavagnini

Lit.: BECK, Volksliteratur, 138–139, 167–169 – E. M. JEFFREYS, Constantine Hermoniakos and Byz. Education, Dodone 4, 1975, 81–109 – DIES., The Judgement of Paris in Later Byz. Lit., Byzantion 48, 1978, 112–131 – M. PAPATHOMOPULOS, L' éd. crit. du Polemos tes Troados, Problèmes méthodologiques, Neograeca Medii Aevi, Akten zum Symposion Köln 1986, 1987, 270–283 – R. LAVAGNINI, I Fatti di Troia. L'Iliade biz. del cod. Paris. Suppl. gr. 926, Quaderni dell' Istit. di Fil. gr.

Univ. di Palermo, 1988 – M. Papathomopulos (Fschr. R. Milliex, 1990), 575–594 – Ὁ Πόλεμος τῆς Τρωάδος, ed. Ders.–E. M. Jeffreys, 1996.

**Trojanerabstammung** (der Franken). Die seit dem 7.–8. Jh. (→Fredegar-Chronik, →Liber historiae Francorum) faßbare Herkunftssage von der T. der →Franken hat nach Ausweis der Q. ihre stärkste Wirkung in den letzten Jahrhunderten des MA entfaltet (Grandes →Chroniques de France; zur lit. Ausgestaltung s.a. →Trojadichtung). Der Mythos der T. lieferte den Franzosen im SpätMA bei ihrer Auseinandersetzung mit →England die stärksten Argumente: Als biolog. Nachkommen der Franken hatten sie gleichsam die 'nationale' Pflicht, die Unterwerfung unter ein Volk geringerer Herkunft wie die Engländer konsequent zurückzuweisen. Für die Beziehungen zum Ksm. war wichtig, daß die Trojaner/Franken auf ihren Zügen nach der Vertreibung aus Troja zwar eine Zeitlang von Rom besiegt gewesen waren, aber wegen ihrer Tapferkeit rasch offiziell von den Steuern befreit wurden. Die auf herzl. Einvernehmen beruhende Allianz (sog. →Auld Alliance) zw. Franzosen und Schotten (→Schottland) wurde auch mit der gemeinsamen T. beider Völker begründet. Als Abkömmlinge Trojas waren die Franzosen auch berechtigt, ihren Fuß auf den Boden Asiens zu setzen, was ihren →Kreuzzügen hohe Legitimation verlieh. Von den Trojanern hatten die Franzosen ferner das →Salische Gesetz, die Kunst des Befestigungsbaus und sogar ihre Sprache empfangen. Mit dem Trojanermythos war allerdings das delikate Problem einer Abkunft der Franzosen von den Galliern (→Gallien) schwer in Einklang zu bringen. Nach →Rigord (um 1200) führten die Trojaner ihre Auswanderung in zwei Schüben durch: Die Gallier bildeten den ersten wandernden Verband, die Franken den nachfolgenden zweiten; für den frühen Humanisten Jean →Lemaire de Belges (um 1500) waren es die Gallier, die Troja gegründet hatten, so daß die Franken, als sie sich in der Gallia niederließen, hier ihre entfernten Verwandten wiederfanden. (Erst die spätere frz. Humanistengeneration sollte die Vorstellung einer trojan. Herkunft der Franken ganz aufgeben und die frz. Ursprünge auf die Gallier zurückführen.) Für die Franzosen der Zeit des →Hundertjährigen Krieges bildete jedoch der feste und tiefverwurzelte Glaube an die eigene T. eine Überzeugung, die allenfalls sehr zurückhaltende Kritik zuließ und die als eine tragende Säule des nationalen und dynast. Zusammenhaltes und Stolzes gelten kann. Ph. Contamine

Lit.: Gesch. Grundbegriffe, VII, 1992, 191f., s.v. Volk/Nation [K. F. Werner; weitere Lit.] – M. Klippel, Die Darst. der Frk. Trojanersage in Gesch.sschreibung und Dichtung vom MA bis zur Renaissance in Frankreich [Diss. Marburg, 1936] – A. Bossuat, Les origines troyennes: leur rôle dans la litt. hist. du XVᵉ s., Annales de Normandie 8, 1958, 187–197 – J. P. Bodmer, Die frz. Historiographie des MA und die Franken, AK 45, 1963, 91–118 – G. Huppert, The Trojan Franks and their Critics, Stud. in the Renaissance 12, 1965, 227–241 – C. Beaune, L'utilisation politique du mythe des origines troyennes en France à la fin du MA (Lectures médiévales de Virgile. Actes du coll. Éc. française de Rome, 1982), 1985, 331–355 – G. Melville, Troja: Die integrative Wiege europ. Mächte im ausgehenden MA (Europa 1500, hg. F. Seibt–W. Eberhardt, 1987), 415ff.

**Trojanerkrieg, Göttweiger**, mhd. Roman aus dem Bereich der →Trojadichtung, benannt nach Stift →Göttweig (Niederösterr.), dem Aufbewahrungsort der einzigen vollständigen Hs. Der Autor (letztes Viertel 13. Jh., Nordschweiz) nennt sich Wolfram, z. T. spielt er mit der Autormaske →Wolframs v. Eschenbach. Q. sind »Excidium Troiae«, Dares, Ovid, wohl Konrads v. Würzburg »Trojanerkrieg« sowie nachklass. Artusromane, bes. →Wirnts v. Grafenberg »Wigalois«, doch werden Quellenvorgaben spielerisch verdreht. Textkonstitutiv ist die Überlagerung arthur. und trojan. Erzählmuster in einem Parisroman: der perfekte Minneritter Paris umwirbt die unverheiratete Agamemnontochter Helena. Die Trojatradition gibt indes ein katastrophales Ende, Trojas Untergang, vor. Die Nachgesch. (Gründung Roms) gerät zur antiimperialen Burleske. Helena findet ihr Glück mit einem neuen Werber; der Trojan. Krieg erscheint so 'ad absurdum' geführt. E. Lienert

Ed.: A. Koppitz, 1926 (DTMA 29) – Lit.: Verf.-Lex.² III, 199–201 [H. H. Steinhoff; Lit.] – M. Kern, Agamemnon weint, 1995 – →Trojadichtung, V [H. Brunner, 1990, Lit.; E. Lienert, 1996, 350–375].

**Troica-Sergij-Kl.** (seit 1744 Laura; russ. Troice-Sergiev monastyr'), ca. 100 km n. von Moskau, gegr. nach 1340 durch →Sergej v. Radonež. Seit dem 15. Jh. entwickelte sich das Kl. zum wichtigsten monast. Zentrum der Moskauer Rus' und erwarb umfangreichen, weit verstreuten Landbesitz. Zwei Drittel davon stammten aus Stiftungen, die Streben nach Sicherung liturg. Totensorge und Ausdruck von Sozialprestige miteinander verbanden. Durch zahlreiche Privilegien erlangte das Kl. eine der westl. →Immunität vergleichbare Rechtsstellung, wie auch die religiöse, kulturelle und wirtschaftl. Funktion des Kl. und der jüngeren Gründungen in der nordruss. 'Thebais' zahlreiche Gemeinsamkeiten mit Kl. im hochma. Westen aufweisen. – Als erster Steinbau wurde 1422 die Dreifaltigkeitskirche (Troickij sobor) über dem Grab des hl. Sergej fertiggestellt; die Ikonostase war z. T. das Werk von Andrej →Rublëv. Die Hl.-Geist-Kirche (Duchovskij sobor) mit Glockenturm über dem Kirchenraum stammt von 1476/77. Als dritte Hauptkirche entstand 1559–85 die Kirche 'Entschlafen der Gottesmutter' (Uspenskij sobor). Die hölzerne Umzäunung wurde im 16. Jh. durch eine 1,5 km lange Steinmauer ersetzt. In Verbindung mit dem Kl. entwickelte sich die Siedlung Sergiev Posad. L. Steindorff

Lit.: A. V. Gorskij, Istoričeskoe opisanie Svjatotroickoj Sergievy lavry, sostavlennoe ... v 1841 godu, I–II, 1890 – P. Gonneau, La maison de la Sainte Trinité, 1993 – L. Steindorff, Memoria in Altrußland, 1994 – Sergievo-Posadskij muzej-zapovednik. Soobščenija, 1995.

**Troisfontaines**, Abtei SOCist in der →Champagne (dép. Marne), eine der ältesten Gründungen →Bernhards v. Clairvaux. Schon 1118 ließ sich im Waldgebiet im ö. Teil der Diözese →Châlons eine Gruppe von Brüdern nieder. Die frühesten Förderer waren Hugo v. Vitry und →Wilhelm v. Champeaux. Von dem sich schnell etablierenden Kl. aus wurden bereits seit 1128 Tochtergründungen initiiert, benachbarte Konvente, wie das Kl. OSB Montiers-en-Argonne, in die große Filiation eingereiht, die sich bis Ungarn erstreckte. Gegen Mitte des 12. Jh. wurde die Abteikirche errichtet. Bernhard v. Clairvaux blieb mit T. aufs engste verbunden (starker Einfluß auf Abtwahlen). Die Erhebung des Abtes Hugo zum Kard.bf. v. Ostia 1150 stieß auf vehemente Ablehnung Bernhards, der darin eine Abwendung von den Ordensidealen sah. Stadthöfe und intensive Beziehungen zur städt. Bevölkerung bestanden beiderseits der Reichsgrenze, sowohl in →Reims und Châlons als auch in →Metz. Die Stellung von T. zw. dem frz. Regnum und dem Imperium zeigt sich auch in der Chronik des →Alberich v. T. († 1252), der Informationen zur Gesch. beider Reiche auswertet und bietet. Nach der Aufhebung des Kl. während der Frz. Revolution sind nur noch Ruinen der Anlage erhalten. H.-J. Schmidt

Lit.: A. Erlande-Brandenbourg, L'abbaye de T. (135ᵉ Congrès archéol. France, 1980), 695–706.

**Trommel** → Musikinstrumente, B. II [3]

**Trompe** → Gewölbe

**Trompete** → Musikinstrumente, B. I [2]

**Trondheim** → Drontheim

**Troparion**, die erste Form einer Erweiterung des Bibeltextes, mit den Anfängen der byz. Hymnographie eng verbunden. Der Begriff taucht erstmalig in den Plerophorien des Johannes Rufus (6. Jh.) auf (PO 8, 179ff.) und bezieht sich auf eine Neuerung in monast. Kreisen im Umfeld von Jerusalem, die zunächst scharf abgelehnt wurde. Trotz der Begriffsidentität weist das gr. T. kaum Ähnlichkeit mit dem lat. →Tropus und der Tropierungsmethode auf, wenngleich einige äußerst seltene Beispiele, allerdings aus späterer Zeit, u. a. aus der Feder des Hymnographen →Johannes Damaskenos in einer Homilie auf die Geburt der Gottesmutter (MPG 96, 677AB), als Tropierung interpretiert werden können.

Die gattungsmäßige Definition des T. innerhalb des Systems der byz. Hymnographie leitet sich von der Herkunft des T. aus dem Ephymnion ab, einem akklamator. kurzen, wechselbaren Refrain nach bibl. Versen. Das T. gehört somit zum System des Responsorium und nicht der Antiphonie, dadurch unterscheidet es sich auch vom →Sticheron. Es ist sicherl. die älteste Form der Hymnendichtung, wobei die hymnolog. Merkmale in bezug auf Metrik und Musik wenig ausgebildet sind. Über die frühen Slg.en von T. a, die Tropologia, ist in der gr. Überlieferung so gut wie nichts bekannt. Wege der Rekonstruktion bietet dagegen die georg. Überlieferung. Zu den ältesten T.a gehören die anonym überlieferten, zw. Psalmversen (Ps 92) in Teilen und im ganzen gesungenen Hymnen am Vorfest der Geburt Christi und der Theophanien (MR II 655; MR III 129). Bes. Bedeutung erlangte das sog. T. apolytikion als Schlußhymnus der Vesper und am Beginn des Morgenoffiziums. Dieses Apolytikion bildet das inhaltl. Merkmal eines jeden Festtages. In Verbindung mit Heirmoi bilden T.a gemäß der Anordnung der 9 bibl. Oden den Kanon. Musikal. ist das T. von einer anderen hymnograph. Gattung, dem Kathisma, wenig abgegrenzt. Dadurch erklären sich Überleitungen in der Anwendung von Musterstrophen in beiden Bereichen. Das Kathisma ist genau wie das T. nicht in ma. musikal. Slg.en erhalten.                                                    Ch. Hannick

*Lit.:* H. Husmann, Hymnus und T., Jb. d. Staatl. Inst. f. Musikforsch. Preuß. Kulturbesitz 1971, 7–86 – K. Onasch, Kunst und Liturgie der Ostkirche in Stichworten, 1981, 363f. – Ch. Hannick, Das Tropenwesen in der byz. und in der altruss. Kirchenmusik (La tradizione dei tropi liturgici, 1990), 227–241 – Ch. Renoux, Le Iadgari géorgien et le Šaraknoc' arménien, REArm 24, 1993, 89 – C. Bergotes, Λεξικὸν λειτουργικῶν καὶ τελετουργικῶν ὅρων 1995, 216.

**Tropea**, Stadt in Süditalien (Kalabrien). Am Rand eines Vorgebirges im südl. Kalabrien zw. dem Golf v. Gioia Tauro und dem Golf v. Sant'Eufemia liegt T. in der Nähe des von Plinius d. Ä. erwähnten Portus Herculis. Archäolog. Funde im Umland bezeugen einerseits bronze- und eisenzeitl. Nekropolen, andererseits bereits im 5. Jh. aktive christl. Gemeinden. In einem Brief →Pelagius' I. (559) wird eine »massa Trapeiana« erwähnt, in der die Röm. Kirche Besitzungen hatte, in einem Schreiben Gregors I. (591) das von griech. Mönchen bewohnte Kl. S. Angelo im Gebiet v. T. Nach den Einfällen der Langobarden in Süditalien nahm T., das durch seine Lage geschützt war, Flüchtlinge auf, vergrößerte sich und wurde Bf.ssitz. 649 unterschrieb Bf. Johannes die Akten der Synode von Rom. Seit der Mitte des 8. Jh. unterstand T. dem byz. Reich und dem ökumen. Patriarchen v. Konstantinopel. 840 wurde es von den Arabern unterworfen, jedoch 885/886 zusammen mit Amantea und Santa Severina von →Nikephoros Phokas zurückerobert. Bis zur Einnahme durch die →Normannen blieb T. unter der Herrschaft der byz. Ks.s. Anfängl. zw. →Robert Guiscard und dem Großgf.en →Roger geteilt, seit 1090 in den Händen von Roger, nahm T. 1094 den lat. Ritus an. Als →Sikelgaita die Insel S. Maria der Abtei →Montecassino schenkte, dehnten die Benediktiner ihren Einfluß auf das Gebiet von T. aus. Bald zur Gft. erhoben, wuchsen T.s Bevölkerungszahl und Ansehen dank seines Hafens, der für den Handel, an dem eine zahlreiche jüd. Gemeinde regen Anteil hatte, eine wichtige Rolle spielte. Nach dem Tod →Friedrichs II. wurde T. Giordano Ruffo übertragen, unter dem die Stadt sich auf die Seite der Anjou stellte, die sie befestigten. In aragones. Zeit wurde T. Stadt der Krondomäne und blieb dies bis zum span. Vizekgr.                                                    P. De Leo

*Lit.:* IP, X, 37ss. – N. Kamp, Kirche und Monarchie im stauf. Kgr. Sizilien, I, 2, 1975, 996ff.

**Tropen** → Tropus

**Trophimus**, hl., vermutlich der erste Bf. v. →Arles, doch ist er als hist. Persönlichkeit angezweifelt worden (G. de Manteyer und L. Levillain ablehnend, M.-O. Garrigues zustimmend). Nach →Gregor v. Tours (Hist. Fr. I., c. 30) soll er unter Ks. Decius (249–251) mit sechs Gefährten in Rom zum Bf. geweiht und mit diesen (Catianus v. Tours, Paulus v. Narbonne, →Saturninus v. Toulouse, →Dionysius v. Paris und →Martialis v. Limoges) nach →Gallien geschickt und erster Bf. v. Arles geworden sein. Wirklich bezeugt ist er erst im März des Jahres 417 in einem Brief des Papstes →Zosimus (417–418) an den Bf. Patroclus v. Arles, demzufolge T., der erste Bf. v. Arles, aus Rom zur Mission nach Gallien gekommen sei. Im Streit zwischen den Bm.ern Arles und →Vienne um das päpstl. →Vikariat in Gallien, den Papst →Leo der Große zu entscheiden hatte, beriefen sich 450 die Bf.e der Kirchenprov. Arles darauf, daß T. vom hl. Petrus nach Gallien geschickt worden sei. Dieses Argument hatte damals aber nur dann Sinn, wenn T. wirklich aus Rom kam und damit der apostol. Rang von Arles verteidigt werden konnte. Chronologisch kann dies aber nicht heißen, daß ihn Petrus selbst geschickt hat, sondern lediglich, daß hier eine röm.-apostol. Tradition, nämlich eine Legitimation durch die →'Cathedra S. Petri', vorlag. Damit kommt als frühester Zeitpunkt für die Mission T.' die Zeit des Ks.s Decius in Frage. Allerdings ist auch das Zeugnis des Papstes Zosimus in Zweifel gezogen worden, da er seine Information unmittelbar vom Bf. v. Arles, Patroclus, bei dessen Rombesuch erhalten haben könnte, somit also eine Fehlinformation durchaus möglich wäre. Wenn spätere Quellen und seine legendenhafte Vita des 12. Jh. ihn zum Paulus-Schüler stilisierten, lag dies auf derselben Linie, eine röm. Tradition zu schaffen. Nicht stichhaltig ist das Argument für seine Historizität, die benachbarten Bf.e würden gegen die Erfindung eines T. v. Arles aus eigenem Interesse protestiert haben, falls es ihn nicht wirklich gegeben hätte (so M.-O. Garrigues). Ebf. →Caesarius v. Arles (502–542) bezeichnet ihn mit großer Selbstverständlichkeit als Apostelschüler, und für Ebf. →Ado v. Vienne (ca. 800–875), der in seinem →Martyrologium viele neue Hl.e schuf, war er dann ebenso selbstverständlich Schüler des Apostels Paulus, worin ihm →Florus und →Wandalbert v. Prüm folgten. Die Translation seiner Gebeine in die Kathedrale v. Arles erfolgte entweder 972 (M.-O. Garrigues) oder 1152 (B. Böhm), als auch seine wenig vertrauenswürdige Vita entstand. Sein Kult setzt seit dem 9. Jh. ein und wurde später durch die Jakobs-Wallfahrt nach

→Santiago de Compostela gefördert, da eine wichtige Pilgerstraße über Arles führe. Auch in der religiösen Volkslit. spielt er eine Rolle. F. Prinz

*Lit.:* LCI VIII, 499f. [B. Böhm] – LThK² X, 374f. – Bibl. SS XII, 665–672 [M.-O. Garrigues] – G. de Manteyer, Les origines chrétiennes de la IIᵉ Narbonnaise des Alpes Maritimes et de la Viennoise, 1924 – L. Levillain, St. Trophime confesseur et métropolitain d'Arles et la mission des sept en Gaule, RHEF 13, 1927, 145–189 – J.-R. Palanque, Les évechés de la Narbonnaise II, PH 1, 1950/51, 107f., 131f.

**Tropologion,** byz. Hymnenslg., die spätestens im 10. Jh durch das →Sticherarion und das Heirmologion ersetzt wurde. Über die Zusammensetzung des T., das im gr. Bereich weder in neumierter noch unneumierter Fassung erhalten ist, können nur Vermutungen angestellt werden; diese stützen sich v. a. auf die georg. Überlieferung der als *ladgari* bekannten Hymnenslg. Die ältesten Hss. des georg. T. (Tbilisi H-2133, Sin.iber. 18, 40, 41) stammen aus dem 9.–10. Jh. Im südit. Raum wird das T. gelegentl. auch Hagiopolites genannt, da seine liturg. Tradition auf das Jerusalemer Lektionar zurückgeht. Ch. Hannick

*Lit.:* H. Husmann, Hymnus und Troparion, Jb. d. Staatl. Inst. für Musikforsch. Preuß. Kulturbesitz 1971, 7–87 – O. Strunk, Tropus and Troparion (Ders., Essays on Music in the Byz. World, 1977), 268–276 – H. Métréveli, Le plus ancien t. géorgien, Bedi Kartlisa 39, 1981, 54–62 – J. Raasted, The Hagiopolites in 15ᵗʰ Cent. Italy, Boll. della Badia greca di Grottaferrata 46, 1992, 189–196.

**Troppau** (tschech. Opava), Stadt und Hzm. an der Oppa im mähr.-schles. Grenzland zw. Altvatergebirge, Gesenke und oberer Oder. Wenige Kilometer vom slav. Herrschaftszentrum der Burg Graetz (Hradec nad Moravici) entfernt, entstanden im Zuge der dt. →Ostsiedlung um 1200 in verkehrsgünstiger Lage am Übergang der mähr.-poln. Straße über die Oppa als neuer Mittelpunkt des Oppalandes (terra Opavia) die wirtschaftl. auf Handel und Handwerk (v. a. Tuchmacherei) gegründete Bürgerstadt T. um einen älteren Straßenmarkt sowie zwei nacheinander angelegte rechteckige Marktplätze (Nieder- und Oberring). Der seit 1204 in T. bezeugte Dt. Orden war von Anfang an im Besitz der 1216 erstmals belegten Stadtpfarrkirche St. Marien. Neben dem Dt. Orden ließen sich in T. Johanniter, Franziskaner (ihre Heiliggeistkirche diente als Grablege der schles. Přemysliden) und Dominikaner nieder. 1224 verlieh Kg. →Otakar II. v. Böhmen der bereits mit einer Mauer umgebenen Stadt neben Landbesitz in der Umgebung das Meilenrecht und Zollfreiheit in Leobschütz. 1284 erhielt T. das Stapelrecht, 1325 die Blutsgerichtsbarkeit; seit 1304 hatte es durch Vermittlung von Breslau →Magdeburger Recht. – 1269 wurde Nikolaus I., ein illegitimer Sohn Kg. Otakars II. v. Böhmen, von diesem mit dem Oppa-/T.er Land ausgestattet. Dann diente es 1279–85 Kg. Otakars II. Witwe →Kunigunde zur Versorgung. 1318 erfolgte durch den Böhmenkg. Johann die Erhebung zum Hzm. T. innerhalb der Kgr.es Böhmen für Nikolaus' I. Sohn Nikolaus II. († 1365). Von 1336–65 stand das přemyslid. Hzm. T. in Personalunion mit dem benachbarten piast.-schles. Hzm. →Ratibor. Damit wurde das Hinüberwechseln T.s nach →Schlesien, das inzwischen insgesamt unter böhm. Lehnshoheit getreten war, eingeleitet. 1377 trennte eine Landesteilung das Hzm. Jägerndorf von T. ab. Das so verkleinerte T. kam 1460 durch Kauf an die böhm. Familie Podiebrad, 1485 durch Tausch an Kg. Matthias Corvinus v. Ungarn, 1490–1501 an dessen Sohn Johann, 1501–11 an Sigismund v. Polen und 1526 in die Hand der Habsburger. J. J. Menzel

*Lit.:* G. Biermann, Gesch. der Hzm.er T. und Jägerndorf, 1874 – E. Frenzel, Städte im Sudeten-Land, 1969 – Opava 1224–1974, 1974 – W. Wann, Das älteste T. (T.er Heimat-Chronik, 1974) – E. Schremmer, T., 1984 – E. Seidl, Das T.er Land, 1992.

**Tropus** (gr. τρόπος, lat. versus; in den Hss.: u. a. tropus, tropi, versus, laus, laudes, preces, prosa, prosula), Sammelbegriff für poet.-musikal., den Gesängen der ma. →Messe hinzugefügte Zudichtungen. Neben den Sequenzen repräsentieren die verschiedenen Formen von T.en fruchtbare neue Gattungen in der Liturgie des 10.–16. Jh. Bes. wichtig sind die T.en in der Gesch. der Lit. und Musik des 10. und 12. Jh.

Mit den sog. »gregorian.« Meßgesängen war den neuen Kompositionen der Rahmen gegeben. Text und Melodie des T. wurden in diese strenge Ordnung eingefügt, um eine neue Einheit zu formen, die von Solist und Chor oder von zwei Halbchören gesungen wurde. Die Grenzen zw. verschiedenen T.engattungen waren oft fließend, was auch die Terminologie der Hss. zeigt. Zum 'T.' zählen nicht nur Zusätze von Text und Melodie, sondern auch reine Melismen, Melismen mit Worten (z. B. melismat., dem Offertorium, Alleluia und Vers angefügte Prosulae), rein melismat. Kyriephrasen, sowie die Prosulen des T.enversus 'Regnum tuum solidum' des Gloriagesanges. Heute unterscheidet die Forsch. allg. zw. Propriumtropen, Ordinariumtropen, Prosulen und Hosanna-Prosen.

Von den Propriumsgesängen wurden jene drei am häufigsten mit T.en erweitert, die eine Handlung, eine Prozession begleiten: Introitus, Offertorium und Communio (sowohl Antiphon, Vers, Repetendum wie Gloria Patri); zu Alleluia und Offertorium können auch melismat. Prosulen treten. Bei den Ordinariumsgesängen werden Kyrie, Gloria, Sanctus und Agnus Dei mit T.en versehen, wobei die einzelnen T.enverse oder 'T.enelemente' sowohl als Einleitung und Invitation wie auch als Interkalation eingefügt werden konnten. Ein liturg. Gesang konnte bis 24 einzelne T.enverse in verschiedenen Kombinationen aufweisen, wodurch die Uniformierung der liturg. Gesänge, die ideale Unitas der karol. Reform, gebrochen wurde. Ab dem 13. Jh. kommen T.en auch in Credo, Paternoster und Benedicamus vor, meist als Einleitung, seltener als Interkalation.

Die Texte der Propriumtropen interpretieren häufig die Worte der atl. Antiphonentexte und exponieren die Präfiguration Christi im AT. Die T.en können das Thema des aktuellen Festes innerhalb des liturg. Jahres erklären. Durch die T.entexte wurden im liturg. Gesang vielfältige Zeitdimensionen übereinander gelegt: die Dimension vor und außer aller Zeit (ante tempora), die hist. Dimension, in der das, was von den Propheten und Patriarchen typolog. präfiguriert worden war, in den ntl. Texten vollendet ist (in tempore) und die Dimension der aktuellen Zeit (hic et nunc, hodie). Viele T.ntexte exponieren das Singen des liturg. Gesanges als liturg. Handlung und als Mittel für die Vereinigung der ird. Sänger mit den himml. Chören (bes. häufig bei Sanctus, Gloria und Alleluia-Prosulen).

War der Wortschatz der früheren T.en allg. bibl., reflektieren die Texte seit dem 12. Jh. sowohl die intensive Fokussierung auf die Gottesmutter Maria als auch die theol.-philos. Ideen und Diskussionen der Zeit. G. Iversen

*Q. und Ed.:* RISM V – Tropaires de la Bibl. Nat. de Paris, 1985 – C. Blume–H. M. Bannister, T.en des Missale im MA, AnalHymn 47, 49, 1905–06 – Paléogr. Musicale 15, 1937; 18, 1969 – M. Landwehr-Melnicki, Das einstimmige Kyrie des lat. MA, 1955/68 – G. Björkvall, G. Iversen, R. Jonsson-Jacobsson, Corpus T.orum, I–VII, 1975ff. [wird fortges.; *Lit.*] – J. Boe–A. E. Planchart, Beneventanum T.orum Corpus, I–VI, 1989 – *Lit.:* L. Gautier, Hist. de la poésie liturgique au MA, I, 1886 [1966] – K. Rönnau, Die T.en zum Gloria in excelsis Deo, 1967 – A. E. Planchart, The Repertory of Tropes at Winchester, I–II, 1977 – D. Bjork, The Kyrie Trope, JAMS 33, 1980, 1–41 – R. Jonsson–L. Treitler, Medieval Music and Language, Stud. in the Hist. of Music, 1, 1983, 1–23 – Research on Tropes, hg. G.

Iversen, 1983 – LITURG. T. en, HG. G. SILAGI, 1985 – G. IVERSEN, T. en als liturg. Poesie und poet. Liturgie (Zusammenhänge, Einflüsse, Wirkungen, hg. J. FICHTE u. a., 1986), 383–402 – B. FISCHER–H. HUCKE, Gestalt des Gottesdienstes (Gottesdienst der Kirche, III, 1987 [Neudr. 1990]), 201–203 – La tradizione dei tropi liturgici, hg. E. MENESTÒ–C. LEONARDI, 1990 – Recherches nouvelles sur les tropes liturgiques, hg. W. ARLT–G. BJÖRKVALL, 1993 – D. HILEY, Western Plainchant, A Handbook, 1993 [Lit.] – Cantus Planus, hg. L. DOBSZAY u. a., 1990, 1992, 1993, 1995.

**Troß** (Train), im Militärwesen die das Gepäck der kämpfenden Truppe (→Heer) befördernden Fahrzeuge bzw. sonstigen Transporteinrichtungen sowie ggf. auch das entsprechende Personal (T. knechte). Wenn auch erzählende und dokumentar. Q. des MA hierüber meist nur verstreute Nachrichten bieten, ist die Kenntnis dieses Problemfelds als eines zentralen Teils der Logistik für die Kriegführung des MA wie anderer Epochen doch von grundlegender Bedeutung. Wichtige Fragen in diesem Zusammenhang sind: Art und Menge der vom T. mitgeführten Güter (Lebensmittelvorräte, Kleider, Zelte, Werkzeuge, Waffen, Ausrüstung, ggf. Beutestücke?); die Frage, ob diese den Kombattanten auf individueller oder kollektiver Grundlage gehörten; die Beförderungsweise (durch Träger, auf →Saumtieren, zwei- oder vierrädrigen Karren, gezogen von →Pferden oder aber Ochsen, zu Schiff?); die Frage, ob der T. auf dem Marsch und bei einer Schlacht in bes. Weise gestaffelt oder konzentriert wurde (z. B. in sicherer Distanz zum Kampfgeschehen oder in schützender Nähe zu den Kämpfern?). Auf diese Fragen, denen sich jede militär. Führung prakt. zu stellen hatte, sind entsprechend dem Typ des militär. Konflikts sowie den jeweiligen zeitl. und geogr. Rahmenbedingungen unterschiedl. Antworten gegeben worden.

Die karol. →Kapitularien spielen bisweilen auf einen T. an: Insbes. hatten die Kg. shöfe ('villae') Karren zum Wein- oder Mehltransport bereitzustellen; diese sollten mit Leder (gegen eindringende Feuchtigkeit) bespannt und zu ihrem Schutz mit Waffen (Schild, Lanze, Bogen, Köcher mit Pfeilen) versehen sein. Zwei Jahrhunderte später zeigt der Bildteppich v. →Bayeux den (Schiffs-)Transport von Waffen, Werkzeugen und Lebensmitteln. Unter Kg. Philipp II. Augustus v. Frankreich (1180–1223) hatten Kommunen und geistl. Einrichtungen dem kgl. Aufgebot nicht nur Kriegsleute (→Sergents) zu stellen, sondern auch Fuhrdienste zu leisten; diese (dem weiteren Bereich von →Gastung und →Servitium regis zuzuordnende) Verpflichtung ist für dieselben Institutionen noch am Ende des 14. Jh. belegt.

Im ausgehenden MA verfügten die Fußtruppen üblicherweise über von zwei bis vier (oder mehr) Pferden gezogene Karren zur Beförderung der 'impedimenta'; der Eigentransport durch den Infanteristen (Tornister) war im Unterschied zur NZ also offenbar weithin ungebräuchlich. Bekannt ist, daß in der Schlacht v. →Crécy (1346) die genues. Armbrustschützen (→'arbalétriers') kaum einsatzfähig waren, weil ihre Bolzen auf in der Etappe zurückgelassenen Karren lagerten. Kg. Ludwig XI. v. Frankreich (1461–83) schrieb vor, daß eine Einheit von je 15 Schützen ('francs-archers') einen Karren mitzuführen hatte. Die berittenen 'Pferdschützen' konnten über die eigtl. Montur hinaus einen Teil ihrer individuellen Ausrüstung mitführen, einen weiteren Teil von ihnen gleichfalls reisigen Knechten transportieren lassen, im übrigen aber auch auf Saumtiere zurückgreifen.

Von 1300 bis 1500 bestand die Tendenz, einen immer schwereren T. mitzuführen, bes. seit dem frühen 15. Jh. infolge der unter Obhut der Pioniere stehenden →Feldartillerie (→Lafetten, Pulver-, Munitionskarren). Nach →Froissart befahl Kg. Eduard III. v. England bei seinem Feldzug v. 1359 folgende Marschordnung: Vorhut von 500 Gepanzerten ('armures') und 1000 Bogenschützen (→'archers'), Hauptmacht ('bataille') von 3000 'armures' und 5000 'archers', T. ('grand charroi'), Nachhut von 2500 'armures'. Der 'grand charroi', dem 500 voranziehende Knechte mit Spaten und Äxten den Weg freizuräumen hatten, zog sich über zwei Meilen hin, umfaßte nicht weniger als 6000 Pferdekarren und beförderte alle Vorräte für die kämpfende Truppe, einschließl. Handmühlen und Backöfen. Mögen auch einige Zahlenangaben übertrieben sein, so vermittelt Froissarts Bericht doch ein anschaul. Bild des riesigen T. es großer Heere im SpätMA. Eine dt. Heeresordnung des späten 15. Jh. nennt 850 Wagen bei 12000 Fußsoldaten und 3000 Berittenen. Bei einer Feldschlacht wurde dieser »Fuhrpark« hinter den Linien zusammengeschoben und von Knechten bewacht, um ihn nach Möglichkeit vor Zerstörung (Brandgefahr) oder Plünderung durch den beutelustigen Feind zu sichern. Die →Hussiten (→Heer, A. IX) nutzten erfolgreich die →Wagenburg (in zeitgenöss. frz. Q. 'château sur char') gleichsam als fahrende Festung, in deren Innern die Kämpfer sich geschützt fühlten; diese Taktik wurde auch außerhalb Böhmens in großem Umfang nachgeahmt. Karl d. Kühne wie auch Ludwig XI. machten regen Gebrauch von ihrem 'champ de guerre'. Ph. Contamine

Lit.: C. GAIER, Art et organisation militaires dans la principauté de Liège et dans le comté de Looz au MA, 1968 – V. SCHMIDTCHEN, Kriegswesen im späten MA. Technik, Taktik, Theorie, 1990 – PH. CONTAMINE, La guerre au MA, 1992⁴.

**Trostbücher**
I. Mittellateinische Literatur – II. Romanische Literaturen – III. Deutsche Literatur – IV. Englische Literatur.

I. MITTELLATEINISCHE LITERATUR: T. (Consolatorien), Gattung der Trostlit., die unter dem Einfluß der »Consolatio philosophiae« des →Boethius steht. Die Form des Prosimetrum ist nicht notwendig mit dem Trostbuch verbunden. Der Stoff ist gewöhnl. in ein Gespräch gekleidet (→Dialog), das der über sein Leid klagende Autor oder eine erdachte, auch allegor. Person mit den tröstenden Personen oder Personifikationen führt. Das Trostbuch stellt entweder den Verlauf der Tröstung mit ihren Phasen und Argumenten dar, oder es gibt eine Art Handbuch der erdenkl. Trostgründe für alle Arten von Ungemach. Im ersten Fall geht die eigtl. Tröstung gewöhnl. dadurch vor sich, daß der Leidende veranlaßt wird, sich zu einer stoischen oder asket. Haltung durchzuringen. Die Reihe der T. dieser Art setzt im 11. Jh. mit dem »Paraclitus« des →Warnerius v. Basel ein ('Penitens' und 'Gratia'). Im 12. Jh. sind die T. des →Petrus v. Compostela (mit vielen Colloquenten) und des →Heinrich v. Settimello verfaßt, im 13. Jh. der »Liber consolationis et consilii« des →Albertanus v. Brescia (Melibeus, Prudentia), im 14. Jh. →Petrarcas Dialog »De remediis utriusque fortune« und etwa zur gleichen Zeit das Hauptwerk der Gattung, die »Consolatio theologie« des →Johannes v. Dambach, im 15. Jh. die »Consolatio theologie« des →Johannes Carlerius de Gerson und der »Dyalogus de consolatione inique oppressorum« des Felix →Hemmerlin. Neben den genannten findet sich eine Reihe von Werken der Trostlit., die im ganzen keine Prägung durch das Vorbild des Boethius zeigen, ohne daß im einzelnen ihr Einfluß fehlen müßte. Zu ihnen gehören als frühestes Werk die »Synonyma« →Isidors v. Sevilla (zu weiteren Texten vgl. AUER, 234 f.). Andere spätma. Abhandlungen verzichten auf die Form des Dialogs, z. B. das anonyme »Viridarium consolationis« (ebd., 273) und das »Consolatorium contra metum mortis« (ebd., 274) und die »Consolatio mortuorum« (ebd., 276) des →Heinrich v. Langenstein. Vgl. auch →Contemptus mundi. G. Bernt

*Lit.*: A. AUER, Johannes v. Dambach und die T. vom 11. bis zum 16. Jh., 1928 – P. v. MOOS, Consolatio, Stud zur mlat. Trostlit. über den Tod und zum Problem der christl. Trauer, 1971.

II. ROMANISCHE LITERATUREN: In antiker Tradition stehen T.briefe nach einem Todesfall noch bei Pierre d'→Ailly und →Nicolas Clamanges. Die durch →Vinzenz v. Beauvais verfaßte »Epistula consolatoria« (»Liber consolatorius«) sollte →Ludwig IX. beim Verlust des Erbprinzen trösten; Karl V. ließ sie 1374 ins Frz. übersetzen. →Johannes Carlerius de Gerson schrieb mfrz. den »Proesme« und die »Consolation sur la mort des amis«; T.gründe für den an Heilsungewißheit Leidenden stellte er, anknüpfend an die »Consolatio Theologiae« des →Johannes v. Dambach, in »Contre pusillanimité« (später lat. »De remediis contra pusillanimitate«) zusammen. Auch Buch 3 der »Imitatio Christi« des →Thomas a Kempis, mfrz. »Internelle consolation«, bot T. bei innerer Anfechtung. Eine eigene T.theorie exemplifiziert →Raymundus Lullus in dem 1283/85 katal. geschriebenen »Libro de Evast y Blanquerna« (Cap. 23, 49). – Am wirkmächtigsten erwies sich »De consolatione Philosophiae« des →Boethius, aprov. als Frgm. (1. Hälfte 11. Jh., 257 vv.), afrz./mfrz. in gut einem Dutzend verschiedener Prosa- und Versübersetzungen, z.T. mit Komm., erhalten (1. Hälfte 14. – Ende 15. Jh.); eine Umarbeitung des Werkes ist »Le Roman de Philosophie« des →Simon de Freine (Ende 12. Jh., 1658 vv.); Erweiterungen bringt der sog. Anonymus v. Meun (nach 1315, 12300 vv.). Bis ins 15. Jh. häufig kopiert ist die Versbearbeitung durch →Renaut de Louhans unter dem Titel »Le Roman de Fortune et de Felicité« (1336). Von Bonaventura da Demena stammt eine franco-it. Prosaübers. (Ende 13. Jh.), eine katal. Fassung mit einem →Thomas v. Aquin zugeschriebenen Kommentar stammt aus Dominikanerkreisen (um Mitte 14. Jh.). Jean de Meun übertrug die Consolatio unter dem Titel »Li Livres de Confort de Philosophie«; ihm zugeschrieben werden eine Übers. des sog. »Epitaphium Simonis« (»Le livre Aelred de Espirituelle Amitié«) →Ælreds v. Rievaulx (verloren) und »La Vie et les Epistres d'Abailard et d'Heloïs« zum T. in Liebesleid. T. finden sich Teile der Consolatio in →Dantes »Convivio«, wie auch seine »Vita Nuova« und »(Divina) Commedia« viele T.gründe und -motive zur Verarbeitung der Kontingenzerfahrung bieten. Der Florentiner Alberto della Piagentina übertrug vor 1332 die Consolatio im Stil Dantes in *terza rima*. Schmerz- und Traueräußerung bei einem Todesereignis sucht der »Dialogo consolatorio« Giannozzo →Manettis (1439) zu legitimieren. Konsolator. Heilmittel gegen widriges Geschick nennt →Petrarca in dem von Remigio Fiorentino ins It. übertragenen »De rimedi de l'una et l'altra fortuna« (Dr. 1549). Guillaume de Machauts »Remede de Fortune« enthält eine 'Complainte' (vgl. »Complainte de Fortune« v. Georges →Chastelain), wie generell Consolatio-Lit. sich oft mit dem →Planctus, der →Contemptus mundi-, der →Ars moriendi- und der →Spiegel-Lit. berührt.

L. Gnädinger

*Ed.*: C. SCHWARZE, Der altprov. Boeci, 1963 – V.-L. DEDECK-HÉRY, Boethius »De consolatione« by Jean de Meun, MSt 14, 1952, 168ff. – Eine afrz. Übers. der »Consolatio philosophiae« des Boethius (Hs. Troyes Nr. 898), hg. R. SCHROTH, 1976 – Giannozzo Manetti, Dialogus consolatorius, hg. A. DE PETRIS, 1983 – Boeces: De Consolacion, hg. J. K. ATKINSON, 1996 – *Bibliogr.*: N. H. KAYLOR, The Medieval 'Consolation of Philosophy'. An Annotated Bibliogr., 1992 – *Lit.*: A. THOMAS–M. ROQUES, Les traductions françaises de la »Consolatio Philosophiae« de Boèce (HLF XXXVII/2, 1938), 419–488 – A. COMBES, Sur les »Lettres de consolation« de Nicolas de Clamanges à Pierre d'Ailly, AHDL 15–17, 1940–42, 359–389 – C. BRUNEL, Frgm. d'un ms. de la traduction catalane de la 'Consolatio' de Boèce, Romania 76, 1956, 522–524 – P. COURCELLE, La Consolation de Philosophie dans la tradition lit., 1967 – P. v. MOOS, Die T.schrift des Vinzenz v. Beauvais für Ludwig IX., MJb 4, 1967, 173–219 – DERS., Consolatio, 1972 – R. DWYER, Boethian Fictions, 1976 – The Medieval Boethius: Stud. in the Vernacular Translations of »De consolatione philosophiae«, hg. A. J. MINNIS, 1987.

III. DEUTSCHE LITERATUR: Die T.produktion des MA in dt. Sprache läßt sich in zwei Gruppen unterteilen. Auf der einen Seite stehen Übersetzungen und Bearbeitungen lat. Consolatorien (s. Abschn. I), auf der anderen Seite genuin deutschsprachige Texte. Die Übersetzungslit. setzt mit der aus dem Schulbetrieb stammenden kommentierenden Übersetzung von Boethius »De consolatione philosophiae« durch →Notker III. v. St. Gallen († 1022) relativ früh ein, doch stammen alle sonstigen Übersetzungswerke – vielleicht mit Ausnahme einer nur fragmentarisch erhaltenen Versübersetzung des Boethius – erst aus dem 15. Jh.: Es handelt sich um (vgl. zu den Einzelheiten jeweils Verf.-Lex.²) Boethius, De cons. philos. (fünf [?] Übersetzungen); →Albertanus v. Brescia, Melibeus und Prudentia (»Liber consolationis et consilii«); Francesco →Petrarca, »De remediis utriusque fortune« (eine kürzende Gesamtübersetzung aus der 1. Hälfte des 15. Jh. und Textproben bei →Niklas v. Wyle und Adam Werner v. Themar, Vollrezeption erst im 16. Jh.); Tegernseer Anonymus (Bernhard v. Waging?), »Wider klainmütikhait vnd jrrend gewissen« (Quellenkontamination: →Johannes Carlerius de Gerson, »Tractatus de remediis contra pusillanimitatem«; →Bernhard v. Waging, »Remedarius contra pusillanimes et scrupulosos«, vgl. HÖVER, 1971, 153–157).

Die genuin deutschsprachige Trostschriftenproduktion erblühte im Zusammenhang mit der dt. →Mystik des 14. Jh. Das Hauptwerk bildet das (wohl für die Königswitwe →Agnes v. Ungarn geschriebene) Buch der göttl. Tröstung Meister →Eckharts (um 1318?). Zwar nicht der lit. Einkleidung nach, aber doch wegen des primär neuplatonischer Tradition entstammenden Denkgestus eines Denkens von oben her kann man die Schrift in die Boethius-Tradition einordnen. Eckhart löst das Trostproblem primär dadurch, daß er dazu auffordert, ohne Trost zu leben, d.h. ohne weltl.-ird. Tröstungen, die als 'Untrost' disqualifiziert werden. Aus pastoraler Rücksicht werden allerdings auch geläufigere Trostgründe, »denen teilweise der vorher verurteilte kreatürl. Trostbegriff zugrunde gelegt wird« (MENNECKE-HAUSTEIN, 61), angeführt. Eckharts »Buch der göttl. Tröstung« ist die einzige Trostschrift, von der bekannt ist, daß sie dem Verfasser Verfolgungen eingetragen hat.

Während Meister Eckhart sich nicht auf einen spezif. Leidensfall bezieht, ist das zweite bedeutende Denkmal der dt. Mystik zur Trostlit., Brief Nr. XII aus Heinrich →Seuses Gr. Briefbuch (= Nr. III im Kl. Briefbuch, textl. reduziert), bezogen auf die Adressatin, Elsbeth →Stagel, und ihre Krankheit. Auch hier geht es um die Sinngebung des →Leidens, freilich nur primär auf dem Weg der Identifizierung mit dem leidenden Christus. Auf weitere myst. und nichtmyst. Trostbriefe finden sich einige Verweise bei MENNECKE-HAUSTEIN, 63; 71. Die Menge der kleineren Texte aus dem weiteren Umkreis der dt. Mystik, die vom Leiden handeln (vgl. z.B. Verf.-Lex.² s. v. Kreuztragende Minne, Sprüche der Fünf Meister). Am Ausklang der dt. Mystik steht der Hiob-Traktat des →Marquard v. Lindau. W. Schmidtke

*Lit.*: →Abschn. I – H. APPEL, Anfechtung und Trost im SpätMA und bei Luther, 1938 – A. AUER, Leidenstheologie im SpätMA, 1952 – M. BINDSCHEDLER, Die Trostgründe Meister Eckharts für die Kgn. Agnes v. Ungarn (Fschr. F. VON DER LEYEN, 1963), 401–407 [auch in: M. BINDSCHEDLER, MA und Moderne, 1985, 154–160] – W. HÖVER, Theologia Mystica in altbair. Übertragung, 1971 – E. GREIFENSTEIN, Der Hiob-Traktat des Marquard v. Lindau, 1979 – D. F. DUCLOW, »My suffering is God«. Meister Eckhart's Book of Divine Consolation, Theol. Stud. 44, 1983, 570–586 – J. C. FRAKES, Die Rezeption der neuplaton. Metaphysik des Boethius durch Alfred und Notker, PBB 106, 1984, 51–74 – J. KNAPE, Die ältesten Übers.en von Petrarcas 'Glücksbuch', 1986 – U. MENNECKE-HAUSTEIN, Luthers Trostbriefe, 1989 – S. GROSSE, Heilsungewißheit und Scrupulositas im späten MA. Stud. zu Joh. Gerson und Gattungen der Frömmigkeitstheologie seiner Zeit, 1994 – K. RUH, Kritisches zu Meister Eckharts »Liber benedictus«, ZDA 124, 1995, 272–274 – DERS., Gesch. der abendländ. Mystik, Bd. III, 1996 [im Dr.].

IV. ENGLISCHE LITERATUR: Lat. T.briefe in der spätantik-frühchristl. Tradition sind auch im ags. England bekannt (lat. Beileidsbriefe von Bf. Milred v. Worcester oder von Cuthbert an Ebf. →Lul v. Mainz anläßl. des Martyriums des →Bonifatius). Ae. T.briefe sind aber nicht überliefert; dasselbe scheint für me. T.briefe zu gelten. – T.motive als positive Folie im Fall einer allg. Verlustsituation sind aber sowohl in der ae. als auch in der me. Lit. vorhanden, so etwa im »þæs ofereode, þisses swa mæg« (→Deor), als Topos vom 'Tatenruhm der Toten' in der ae. heroischen Dichtung oder als Vergänglichkeitstopos des »sic transit gloria mundi« in den ae. Elegien (»Wanderer«; →Elegie, V) oder in der ae. und me. Erbauungslit.: ae. Homilien, me. →Predigten (B. V), →Wyclif, →Chaucer in den »Canterbury Tales« (»Tale of Melibeus«, »Parson's Tale«), Katechismen, Meditationen über die →Passion Christi (B. IV); in Beichtanweisungen (→Beichtformeln, C. III), asket. und spätme. myst. Schriften (Mystik, A. I): →»Ancrene Riwle«, Walter →Hilton (»The Scale of Perfection«), →»Cloud of Unknowing«, →Juliana v. Norwich, Margery →Kempe. – Fester Bestandteil sind T.motive in der me. Klagelit., wo sie allerdings wenig ausgestaltet und differenziert sind. In Gestalt der Trösterinnen in den me. Marienklagen (→Maria, C. VI) des →»Cursor Mundi« oder des geistl. →Dramas (VI) tritt der T. personifiziert auf. – Zur T.lit. zählen ebenfalls die fünf guten Einsprechungen der Engel gegen die fünf Anfechtungen des Teufels in der me. »Crafte of Dying« (→Ars moriendi, B. III). – Durchgängig ist der Einfluß der »Consolatio Philosophiae« des →Boethius auszumachen, die zw. dem Ende des 9. Jh. und dem Beginn des 15. Jh. mindestens dreimal ins Engl. übersetzt wurde (→Alfred d. Gr., Chaucer, John →Walton). Ihr Einfluß auf Chaucer kann kaum überschätzt werden, aber auch das »Testament of Love« von Thomas →Usk kann als persönl. consolatio in der Boethius-Tradition gelten. Inhaltl. und formal ist die »Consolatio« des Boethius ebenfalls in einigen spätme. Dichtungen feststellbar: »Pearl« (→Pearl-Dichter), John →Gower (»Confessio Amantis«), William →Langland (»Piers Plowman«), John →Lydgate (»Reson and Sensuallyte«), Jakob I. v. Schottland (»Kingis Quair«), Stephen →Hawes (»Pastime of Pleasure«). R. Gleißner

*Lit.*: M. M. MEANS, The Consolatio Genre in Medieval English Lit., 1972 – R. HAAS, Die me. Totenklage, 1980 – P. SIMMS-WILLIAMS, Religion and Lit. in Western England 600–800, 1990.

**Trotula** (Trota), salernitan. Heilkundige des 12. Jh., kann als Autorin der »Practica secundum Trotam«, einem Traktat mit allgemeinmed., pädiatr., obstetr. und gynäkolog. Schwerpunkten, gelten. Biograph. Details der T. sind unbekannt; als mittelbare Verfasserin kommt sie noch für die 'Trot'-Abschnitte im Kompendium »De aegritudinum curatione« des verschollenen Breslauer Cod. Salernitanus in Betracht. Darüber hinaus sind mit dem Namen der T. drei weitere lat. Traktate v. a. frauenheilkundl. Inhalts verbunden: Eine ungerechtfertigte Zuschreibung, die zu vielen Spekulationen um die Person der T. und zu einem jahrhundertelangen Streit um die Verfasserschaft an den T.-Texten geführt hat. »T. maior«, »T. minor« und die eher kosmet. Wissen überliefernde Schrift »De ornatu« sind tatsächl. Kompilationen anonymer Verfasser aus antiken, salernitan. und arab. Quellen, die im europ. MA starken Einfluß im Bereich der →Frauenheilkunde ausübten. Teils einzeln, teils zusammen überliefert, sind über 120 Abschriften dieser lat. Traktate erhalten, daneben finden sich zahlreiche Übers.en, u. a. dt., ndl., engl., frz., katal. und it. Die bekannteste dt. Übers. stammt von Hans →Hartlieb, der die T.-Texte um 1465 mit der →Secreta-mulierum-Tradition zu einem umfassenden dt. Kompendium des gynäkolog.-obstetr.-sexualkundl. Wissens verbunden hat.

K. Bosselmann-Cyran

*Ed.*: *Practica*: M. H. GREEN [in Vorb.] – *Hartliebs dt. Bearb.*: K. BOSSELMANN-CYRAN [in Vorb.] – *Lit.*: Verf.-Lex.² IX, 1083–1088 – J. F. BENTON, Women's Problems, and the Professionalization of Med. in the MA, BHM 59, 1985, 30–53 – K. BOSSELMANN-CYRAN, 'Secreta mulierum' mit Glosse in der dt. Bearb. v. J. HARTLIEB, Würzburger med.hist. Forsch. 36, 1985.

**Troubadours**
I. Literaturhistorisch – II. Melodik.

I. LITERATURHISTORISCH: T. (vom prov. *trobar*, 'finden, erfinden') ist die traditionelle Bezeichnung für eine Reihe von Dichtern aus verschiedenen Teilen Europas, die entsprechend einer in Südfrankreich entstandenen Mode, die sich danach auf dem ganzen Kontinent verbreitet hat, vom späten 11. bis zum Ende des 13. Jh. ihre von Melodien begleiteten Versdichtungen in okzitan. Koiné verfaßten. Als früheste Texte galten bislang die Dichtungen des *Coms de Peitieu*, der als Hzg. →Wilhelm IX. v. Aquitanien identifiziert wurde, am Ende der Periode stehen die *coblas* in aprov. Sprache, die →Friedrich III. v. Sizilien 1298 mit Hugo IV. v. →Ampurias wechselte. Die T.dichtungen wurden nicht nur an den prov. und frz., sondern auch an den Höfen in Norditalien (v. a. in Venetien), Katalonien und Portugal vorgetragen und mit Begeisterung gehört. Seit der Mitte des 13. Jh. in prachtvollen Hss. gesammelt, inspirierten sie Literaten und Musiker in ganz Europa (s. a. →Sizilianische Dichterschule) und gaben den Impuls zur Entstehung der nz. lyrischen Dichtung. Das in etwa 100 Hss. (von denen nur 5 die Melodien bewahrt haben) überlieferte Corpus umfaßt rund 2550 Dichtungen, die ca. 350 Autoren zugeschrieben werden können. Nur 5% davon sind Dichterinnen (→trobairitz), ihre Werke stellen 2% aller erhaltenen Gedichte dar.

Die Anfänge der T.dichtung müssen auf mindestens 1075 vorverlegt werden, wie sich aus einer neueren Entdeckung von B. BISCHOFF schließen läßt (Anecdota Novissima, 1984, 266–268): In »einer niederrhein. Terenz-Hs. aus dem Anfang des XI. Jahrhunderts« (London, BL, Harleianus 2750) finden sich auf dem oberen Rand von f. 94 v° einige Verse eines Liebesgedichts mit Musiknoten, in einer Sprache, die abgesehen von einigen auf den Schreiber zurückgehenden Germanismen als eine Art »Galloromanisch« oder »Protookzitanisch« erscheint.

Der Name T. selbst, der in der gesamten nz. Literaturgeschichte als Bezeichnung der ersten prov. Liebesdichter dient, hatte offenbar in den Anfangszeiten der okzitan. Lyrik eine negative Konnotation. Die ältesten Dichter bezeichneten sich gern als *chantadors*, 'Sänger', oder in scherzhafter Selbstironie als *joglars*, 'Spielleute' (was nicht selten zu Mißverständnissen führte und die Kategorie der angeblichen 'Spielleute' übermäßig erweiterte; →Spielmannsdichtung). Mindestens bis in die 70er Jahre des 12. Jh. diente der Begriff *trobadors* zur Bezeichnung von Dichterlingen ohne Inspiration, die sich bemühen, unnötig komplizierte metrische Formen und Melodien zu erfinden. Sowohl →Marcabru als auch →Cercamon z. B. kritisieren ferner die T. als Sittenverderber.

Seit dem 17. Jh. bezeichnet die Historiographie Wilhelm IX. v. Aquitanien als den ältesten T., von dem Dichtungen erhalten sind. Aber bereits um 1183 betont Geoffroi de Vigeois in seiner Chronik die Freundschaft (und Rivalität) zw. Wilhelm und seinem berühmten Lehnsmann →Eble II. de Ventadorn, auch er Verfasser von volkssprachl. Liebesdichtung, den der Chronist mit seinem poet. Übernamen Cantor (prov. *Cantaire/Cantador*) definiert. Von ihm sind anscheinend keine Dichtungen erhalten, obgleich →Marcabru und →Bernart de Ventadorn in verschiedener Weise auf ihn als wichtigen literar. Lehrmeister eingehen. Der Begriff der literarischen »Schulen«, denen die verschiedenen T. angehört haben sollen, ist in der modernen Literaturgeschichte ein häufig wiederkehrendes Thema, dem vielleicht zuviel Bedeutung zugemessen worden ist. Insbes. wurde der Gegensatz zw. den Vertretern des →*trobar clus*, der verschlüsselten und hermet. Dichtweise (als dessen 'Schulhaupt' Marcabru gilt, der in der Folge von →Raimbaut d'Arenga nachgeahmt wurde), des *trobar leu*, einer einfachen und verständl. Art, zu dichten (v. a. bevorzugt von →Bernart de Ventadorn und kraftvoll verteidigt von →Guiraut de Bornelh) und den Vertretern des *trobar car*, eines pretiösen und verfeinerten Stils (dessen angesehenster Vertreter →Arnaut Daniel ist), stark hervorgehoben. Obgleich sich gewisse stilist. Unterschiede nicht leugnen lassen, sind die Polemiken unter den T. häufig nur Mittel zum Zweck und erscheinen nicht selten von subtiler Ironie geprägt. Mit Sicherheit läßt sich jedoch sagen, daß die gesamte okzitan. Dichtung für eine Elite von Kennern bestimmt ist, die imstande ist, Variationen über ein Thema und subtile Neuerungen gebührend zu würdigen. Auch aus diesem Grund kann die okzitan. lyr. Dichtung demjenigen, der die subtilen Nuancen, die aus jedem Stück ein einzigartiges, unwiederholbares dichter. und musikal. Ereignis machen, nicht erfassen kann, als monoton und zu Wiederholungen neigend erscheinen. Auch wenn die Basis des höf. Liedes stets das Lob der Frau und der Liebe bildet (insbes. als Möglichkeit der Befreiung und Emanzipation des Dichter-Ich), so ist das Repertoire der T. sehr vielfältig: Es umfaßt neben der →Canzone auch histor. und moral. Sirventes, Tenso (→Tenzone) und Partimen sowie hybride Formen, die nur schwer den traditionellen Schemata zugeordnet werden können. Dieser themat. Vielfalt entspricht ein großer metr. und melod. Erfindungsreichtum, der in der ma. Lyrik einzigartig ist.

Traditionell unterscheidet man in der Forsch. drei große Perioden der T.dichtung. Die erste, von den Anfängen bis ca. 1150, umfaßt die ersten gen. Dichter →Wilhelm IX. v. Aquitanien, Jaufre →Rudel, →Cercamon und →Marcabru. Die zweite Periode (1150–1250) schließt die bedeutendsten Vertreter des sog. »grand chant courtois« ein. Am berühmtesten sind →Peire d'Alvernhe, →Bernart de Ventadorn, →Raimbaut d'Aurenga, →Guiraut de Bornelh, →Gaucelm Faidit, →Arnaut de Maruelh (dem die bedeutendsten →saluts d'amor [Liebesbriefe in Achtsilbern] zu verdanken sind), →Bertran de Born, →Arnaut Daniel, →Raimon de Miraval, Peire →Vidal, →Raimbaut de Vaqueiras (erster Versuch »mehrsprachiger« Lyrik). Die dritte Periode erstreckt sich von 1250 bis 1292 (dem Jahr, in dem die letzte Dichtung des Guiraut →Riquier entstand). Sie ist von moralist. Tendenzen geprägt; als ihr Hauptvertreter wird Peire →Cardenal angesehen, neben dem zumindest noch der Italiener →Sordello und der Katalane →Cerveri de Girona zu nennen sind.

Einer der Hauptgründe der sog. »Diaspora« der T. war sicher der →Albigenserkreuzzug (1208–29), der zur Vernichtung des bereits fragilen Systems der okzitan. Höfe beitrug. Vor den Repressionen flüchteten viele T. an die Höfe auf der Iber. Halbinsel und in Norditalien und verbreiteten dadurch ihre Dichtungsweise in Europa. Die Zusammenstellung großer Anthologien etwa seit 1280, v. a. in Italien, in denen Texte, die ursprgl. zum Vortrag mit Musikbegleitung bestimmt waren, schriftl. fixiert wurden, ist ein Zeichen für eine Art »Mythisierung« der T.dichtung, die sich auch in der Erfindung legendenreicher, faszinierender T.biographien (→vidas, razos) manifestierte. Die Gründung des »Consistori del gai saber« 1323 in Toulouse, das nach dem Willen seiner Gründer das Weiterleben der okzitan. Dichtung garantieren sollte, bedeutete in Wirklichkeit ihr Ende. L. Rossi

*Bibliogr*: A. PILLET–A. CARSTENS, Bibliogr. der T., 1933 [Nachdr. 1968] – R. A. TAYLOR, La litt. occitane du MA, 1977 – Bibliogr. de la litt. occitane du MA, hg. Assoc. Internat. d'Ét. Occitanes, 4 Bde, 1990–93, 1996 – D'A. S. AVALLE–L. LEONARDI, I mss. della lett. in lingua d'Oc, 1993 – M. L. SWITTEN, Music and Poetry in the MA, A Guide to Research on French and Occitan Song, 1100–1400, 1995 – *[zur Metrik]*: I. FRANK, Rép. métrique des t., 2 Bde, 1953–57 – P. BELTRAMI–S. VATTERONI, Rimario trobadorico prov., 2 Bde, 1988–94 – *[zur Gesch.]*: GRLMA VI, 1, 1968; II, 1, 1990 – R. NELLI, L'érotique des t., 1963 – U. MÖLK, Trobar clus – trobar leu, 1968 – L. T. TOPSFIELD, T. and Love, 1975 – G. CROPP, Le Vocabulaire courtois de T., 1975 – L. M. PATERSON, T. and Eloquence, 1975 – E. KÖHLER, Sociologia della »fin d'amor«, hg. M. MANCINI, 1976 – D. RIEGER, Unters. zum altprov. Sirventes, 1976 – U. MÖLK, Trobadorlyrik. Eine Einf., 1982 – J. GRUBER, Die Dialektik des Trobar, 1983 – M. MANCINI, La gaia scienza dei trovatori, 1984 – C. DI GIROLAMO, I Trovatori, 1989 – S. GAUNT, T. and Irony, 1989 – S. KAY, Subjectivity in T. Poetry, 1990 – Il punto sui trovatori, hg. M. MANCINI, 1991 – A. RIEGER, »Trobairitz«, 1991 – Lyrique romane médiév. La tradition des chansonniers, hg. M. TYSSENS, 1991 – M. L. MENEGHETTI, Il pubblico dei trovatori, 1992 – P. BEC, Écrits sur les t., 1992 – L. M. PATERSON, The World of the T., 1993 – S. ASPERTI, Carlo d'Angiò e i trovatori, 1995 – Cantarem d'aquestz trobadors (Fschr. hg. L. Rossi, 1995).

*Ed. und Lit. zu T., die nicht in Einzelartikeln behandelt werden:*
**Alegret:** *Ed.*: A. JEANROY, Jongleurs et t. gascons des XIIe et XIIIe s., 1923 – *Lit.*: U. MÖLK, Trobar clus-trobar leu, 91f. – **Amanieu de Sescars:** *Ed.*: G. E. SANSONE, Testi didattico-cortesi di Provenza, 1977 – **Arnaut Catalan:** *Ed.*: F. BLASI, Le Poesie del trovatore A. C., 1937 – **At de Mons:** *Ed.*: W. BERNHARDT, Die Werke des T. N'A. d. M., 1887 – **Bertran d'Alamanon:** *Ed.*: Le t. B. d'A., hg. J.-J. SALVERDA DE GRAVE, 1902 – *Lit.*: S. ASPERTI (Cantarem d'aquestz trobadors, cit.), 169–234 – **Buvalelli (Rambertino):** *Ed.*: G. BERTONI, R. B. trovatore bolognese, 1907 – R. MELLI, R. B., Le poesie, 1978 – **Calega Panzan:** *Ed.*: A. CAVALIERE, Le poesie di C. P., 1938 – **Gui d'Uissel:** *Ed.*: J. AUDIAU, Les poésies des quatre t. d'Uissel, 1922 – **Gavaudan:** *Ed.*: S. GUIDA, Il trovatore G., 1979 – *Lit.*: M. PFISTER, La lingua di G., Studi Testuali, 3, 1994, 81–90 – **Guillem Augier Novella:** *Ed.*: M. CALZOLARI, Il trovatore G. A. N., 1986.

II. MELODIK: Über die Lied- und Melodiekunst der T. zu einigermaßen gesicherten Aussagen zu gelangen, ist wegen der Ausdünnung und Ambiguität der Q. schwierig. So einleuchtend die Annahme ist, der Ursprung liege vor den ersten Zeugnissen eines →Wilhelm IX. v. Aquitanien (Guilhelm de Poitiers) (1071–1126) und »L'escola N'Eblon«, so ungesichert sind die Hypothesen über die Herkunft. Guilhelm de Poitiers repräsentiert den der T.lyrik eigenen Problemkomplex: Von elf ihm zugeschriebenen

Dichtungen ist nur zu 'Pos de chantar' (P-C 183. 10) eine Melodie zu ermitteln, fragmentar., über den Umweg der Kontrafaktur. Sie verweist auf den →planctus, zugleich die »Urform« des okzitan. Klagelieds, des planh, d. h. auf schriftl. fixierte lat., religiös geprägte Poesie. Die berühmte alba des →Guiraut de Bornelh 'Reis Glorios' (P-C 242.64) wird sowohl mit Hymnen- als auch mit Kyriemelodik, auf jeden Fall mit liturg. Gesang in Verbindung gesehen. Dies ist nur ein Teil des mögl. Einzugsfeldes okzitan. weltl. Lyrik, zu dem auch der orale, volkssprachl. Bereich gehört. Schon im 16. Jh. wurde arab. Liedkunst als Einflußmoment diskutiert, in jüngster Zeit urteilt man aufgrund eingehenderer Q. kenntnis und method. Akribie abwägender (Muwaššaḥa/ḥarǧa →Arabische Sprache und Literatur).

Als hist. Phänomen wird die okzitan. Liedlyrik in Hss. (→Chansonniers) greifbar (Niederschrift bis zu 150 Jahre nach der Komposition). Zu ca. 2600 erhaltenen Dichtungen der T. sind nur reichlich 10% Melodien überliefert, namentl. in vier Hss. (G, R, W, X) – im Trouvèrebereich ist die Q. dichte entschieden größer. Die Hss. repräsentieren unterschiedl. Vermittlungswege; zahlreiche Melodien sind in mehreren, unterschiedl. stark abweichenden Versionen auf uns gekommen. Sichere Ausnahme: Die Melodien Guiraut →Riquiers, des neben Matfre →Ermengaud »letzten« T. – 89 Lieddichtungen, 48 mit Melodien, offenbar direkt aus seinem Liederbuch übertragen.

Vom historist. Konstrukt des »authentischen« Werkes ausgehend, hat man versucht, die Ursprungsfassung zu erspüren oder aus verschiedenen, abweichenden Versionen zusammenzusetzen (»musikalische Textkritik«). Gegen dieses Vorgehen richtet sich eine, die Versionen als gleichberechtigt, wenn auch nicht unkrit. wertende Analyse- und Editionspraxis. Sie favorisiert die sinnerkennende – von modalrhythm., die melod. Konturen verzerrender Aufbereitung freie – Betrachtung der Lesarten. Method. vermittelnd erscheint der Ansatz, differierende Versionen als unterschiedl. »Rekonstruktionen« einer »Matrix« zu begreifen.

Verbunden mit der für Analyse und Verstehen der T.melodik zentralen Quellenentschlüsselung ist das Rätsel der Vermittlungswege zw. T.werkstatt und »konservierender« Liederhs. Der Disput um »Liederblättertheorie« und »Repertoiretheorie« hat sich zunehmend aufgefächert – orale und schriftl. Fixierung und Weitergabe schließen einander nicht aus. Die Annahme einer in der T./ Joglar- Praxis überwiegend mündl. Vermittlung der Melodien macht viele der Differenzen zw. den Fassungen verständlich.

Die Quellenlage facettiert nicht nur die melod. Erscheinungsform, sie affiziert auch die Gattungsbestimmung. Von den neun erhaltenen (profanen) alba-Texten (→Tagelied) etwa sind nur zwei mit Melodie überliefert: Guiraut de Bornelhs 'Rei glorios' (P-C 242. 64) und →Cadenets 'S'anc fui béla' (P-C 106. 14).

Die Unmöglichkeit statist. abgesicherter Gattungscharakteristik macht indes die Feststellung bemerkenswerter korrespondierender Elemente nicht überflüssig. Die Wiederholung der Verse 1 + 2 wie auch die, bei Cadenet geradezu emblemat. intensivierte Durchwirkung der Melodieverse mit der dorischen Intonationsformel $d^1 - (f^1) - a^1 - d^2$ (Terzschichtung plus Quint-Quartstruktur) erweist Cadenets alba als Überformung derjenigen Guirauts de Bornelh. Beide Lieder runden die Oda continua-Form ab: Der mot-refranh »alba« bindet die Tongruppen des Melodieemblems vom Schluß ausgehend zusammen.

Das Problem der Gattungsdefinition in der T.melodik scheint nach wie vor weitgehend unlösbar. Die didakt. Handbücher der Zeit, die Razos de trobar (1190/1213), Regles de trobar (1286/1291) und die →Leys d'Amors (1332/1340) geben zu Stichwörtern wie alba, descort, planh, tenso, partimen (joc partit), sirventes, retrohencha (rotrouenge), vers und canso keine, unzureichende, ja widersprüchl. Auskunft. Sie bieten zudem fast ausschließl. Beiträge zu einer Poetologie des Textes, nicht der Musik; andererseits haben weder alba, planh und pastorela noch tenso, partimen und sirventes eine eigene musikal. Form ausgebildet. Sie folgen weitgehend der strukturell-formalen Vorgabe der canso, deren Text-Unterteilung der Strophe in frons und cauda (+ tornada [etwa: abab cdcd]) melod. nach zwei Grundrastern »ausgelegt« wird:

1. als Form mit pes-repetitiver frons: ‖: **A B** :‖ **CDEF** – d.h.: ‖: A B :‖ = frons mit zwei pedes (je pes zumeist zwei Verszeilen), CDEF = cauda – (auch als »Canzonen-Form« bezeichnet); oder, auf der Folie der Barform: **A A B**, d.h.: A [A B] = Stollen, B [CDEF] = Abgesang.

2. als »durchkomponierte« Oda continua (**A B C D | E F G H**; d.h. A B C D = frons, E F G H = cauda), ein von Dante (De vulgari eloquentia) geprägter Terminus.

Es ist indes gerade für die okzitan. Oda continua als durchkomponierte Form charakterist., daß sie einzelne, unterschiedl. verknüpfende Melodiezeilenwiederholungen aufweisen kann und von der Tongruppenverzweigung und -variation geradezu lebt, wie z. B. subtil andeutend, aber auch textgebunden hervorhebend in →Gaucelm Faidits planh auf den Tod von Richard Löwenherz 'Fortz chauza es' (P-C 167. 22; Hs. G, mvv 2/3 und 6/7).

Für die sog. »formes fixes« (→Ballade, →Virelai, →Rondeau) ist die T.kunst insofern von Bedeutung, als die canso – abgesehen vom Refrain! – dem musikal. Grundriß der Ballade (A A B) entspricht und so – cum grano salis – als deren »Vorform« angesehen werden kann. Weder Virelai noch Rondeau hingegen erscheinen in einer der T.hss. Aber es gab die dansa mit Refrain.

Beim →descort ('Zwietracht, Mißklang') – ca. 28 überlieferte Texte, drei mit Melodien – sind auch die musikal. Tatsachen widersprüchlich. Dies betrifft namentlich die an die →Sequenz gebundene Verwandtschaft mit dem →Lai, der als »Endlosform« paarweiser Wiederholung (AA BB CC ...) eine urtümliche, von der canso deutlich unterschiedene Prägung repräsentiert. →Aimeric de Peguilhans descort: 'Qui la ve en ditz' (P-C 10. 45) ist in der einen Hs. laiartig, in der anderen durchkomponiert. Doch hat der descort gewöhnl. originale Melodik, im Gegensatz zu tenso und partimen (dialogisierende Streitgedichte, letzteres dilemmatisch), die – wie das sirventes, zumeist Kontrafakta – entlehnte Melodien verwenden. Eigene Melodien haben →Peirols tenso 'Quant amors trobet partit' (P-C 366. 29), eine Oda continua, doch mit textadhäsiver Verklammerung von frons und cauda (V 2 = 5) und Tongruppenkorrespondenz (V 1 + 4→9) (A B C D B E F G $D_{Avar}$) sowie die tenso Guirauts de Bornelh 'S' ie us quier conseill' (P-C 242. 69), mit aus pedes-Wiederholung gebildeter frons und offener cauda (‖: A B :‖ $B_{var}$ C D $E_{Dvar}$). Wenn →Bertran de Born die fiktive (?) tenso Guirauts de Bornelh für sein sirventes 'Conseill vuoill dar' kontrafazierte, dann übernahm er eine gewiß reichere, doch nicht weniger konzise Melodie, verglichen mit seinem eigenen sirventes 'Rassa, tan creis' (P-C 80. 37), de facto eine Sirventes-Canzone und die einzige von ihm erhaltene Melodie. Möglicherweise bevorzugte man für diese streitbaren Lieder einen Lapidarstil mit einer Bandbreite von Charakteristika, die, nicht unbedingt komplett präsent, nur in textbedingter Melodie-Einfärbung »gestisch« präzis wurden: Rezitationstöne, engräumige Tonbewegung/Kontrastmelodik (Syllabik/Kurzzeilenmelismatik; Schritt-/Sprung-Melodik) – Verskadenzen vorwiegend nicht-melismatisch. Hierbei spielt freilich der Vortrag – nicht zuletzt das Tempo in Verbindung mit flexibler Rhythmik – eine wichtige Rolle.

Diese gesamte Problematik ist verknüpft mit der Frage nach den Charakteristika eines auch melod. sich ausprägenden »leichten« Stils (→trobar leu), den Guiraut de Bornelh in 'Leu chansonet' e vil' (P-C 242. 45) mit sehr ähnl. Mitteln demonstrativ gegen den »hermetischen« Stil (trobar clus) wendet. Damit verbunden ist die Frage der noch nicht geklärten, möglicherweise musikal. zu begründenden Unterscheidung von vers und canso. Als Exempel des trobar clus/ric/prim jedenfalls ist Arnaut Daniels →Sestine 'Lo ferm voler' (P-C 29. 14) beispielhaft für das sinngebende Ineinandergreifen komplexer Sestinenstruktur und Oda continua als »Entwicklungsformen«.

Verwiesen wird damit auch auf die – immer auch text-melodie-relevanten – Stilmerkmale einzelner T.: Insistierend aufsteigende Initialwendungen, textfokussierend eingesetzte Melismatik und formale wie tonale Balance unter vorherrschend verwendetem d-Modus bei →Bernart de Ventadorn; melismat. angereicherte Melodik bei Cadenet, →Folquet und Guiraut Riquier; Bevorzugung von Terz-, aber auch Quintschritten im »volksnahen« trobar leu-Stil Guirauts de Bornelh; Tonrepetition zu Beginn der Melodieverse bei Gaucelm Faidit und Folquet. In Aimeric de Peguilhans Oda continua-Auffassung erkennt man die Tendenz, innerhalb der »cauda« aus der Beziehungsvielfalt eine strukturell-formale Rundung zu erreichen. Vergleichbar ist das mit Guiraut Riquiers als »retrohencha« bezeichneten Stücken, bei denen sich die cauda – nach der Doppelversiewiederholung der frons – als eigenständige Wiederholungsstruktur, und damit als (relativ) geschlossener Formteil erweist. Indes ist etwa auch bei Blacasset (P-C 96. 2; vgl. die Quintsprung-Tongruppe V 5 und 8) diese Tendenz zur »eingeschnürten cauda« im Ansatz erkennbar.

Es wäre durch eingehendere Untersuchungen zu prüfen, ob sich hier nicht eine Entwicklung verfestigt, die mit Jaufre →Rudel und →Marcabru beginnt, sich u.a. über Peire →Vidals vernetzungsreiche, intervallfreudige (Terz/Quint-)Melodik und Guirauts de Bornelh formale Rückbeziehungsmelodik fortsetzt: Die Entwicklung einer trobadoresken »ars combinatoria« der Tongruppen, die speziell aus der »durchkomponierten« Form der Oda continua und in Korrespondenz mit dem Text ein »motivisches« Bezugsgeflecht und zunehmend deutlichere musikal. (Wiederholungs-) Strukturen hervortreibt, wie sie sich in der sog. »Rundkanzone« (‖: A B :‖ C D E ... B) schon früh abzeichnen. Diese integrierende Betrachtung müßte auch die Entwicklung der gerade von den T. teilweise recht frei gehandhabten [kirchen-]tonalen Modi einbeziehen. K. Kropfinger

*Ed.*: H. van der Werf, The Extant T. Melodies, 1984 [Bibliogr.] – *Lit.*: B. Stäblein, Eine Hymnusmelodie als Vorlage einer prov. Alba (Misc. H. Anglés, 2 Bde, 1958–61), 889–894 – A. Lang, Die musikal. Überlieferung des prov. Minnesangs [unveröff. Diss. Erlangen/Nürnberg 1962] – B. Stäblein, Zur Stilistik der T.-Melodien, Acta Musicol. XXXVIII, 1966, 27–46 – H. van der Werf, The Chansons of the T. and Trouvères, 1972 – H. Anglés, Les melodies del trobador Guiraut Riquier (Ders., Scripta Musicol. I, 1975), 449–529 – W. Arlt, Zur Interpretation zweier Lieder: A Madre Deus and Reis Glorios, Basler Jb. für hist. Musikpraxis 1, 1977, 117–130 – P. Gülke, Mönche, Bürger, Minnesänger, 1980 – J. Gruber, Die Dialektik des Trobar, 1983 – N. Gossen, Musik und Text in Liedern des Trobadors Bernart de Ventadorn, Schweizer. Jb. für Musikwiss. NF 5/5, 1984/85, 9–40 – G. A. Bond, The Last Unpublished T. Songs, Speculum 60, 1985, 827–849 – M. Switten, The »cansos« of Raimbaut de Miraval, 1985 – W. Arlt, Musica e testo nel canto francese (La Musica nel Tempo di Dante, Quad. di Musica/Realtà, 1988), 173–197 – A Handbook of the T., hg. F. R. P. Akehurst–J. M. Davis, 1995.

## Trouvère
I. Literarisch – II. Melodik.

I. Literarisch: T. (afrz. *troveor*) bezeichnet den eigenverantwortl. Verfasser eines höf. Liedes und schließt gewöhnl. die musikal. Komposition und den Vortrag ein, während der Jongleur (afrz. *jogleor*) meist dem nichthöf. Bereich zugeordnet wird und sich oft auf den bloßen Vortrag beschränkt. Der T.-Status bezieht sich auf ein Können, nicht auf den sozialen Stand oder Beruf. Im Zuge der Verbürgerlichung der höf. Lyrik fungieren auch Kleriker und Handwerker als T.s. Die Bezeichnung *ménestrel* (Spielmann) gilt demgegenüber für den professionellen →Spielmann, der zugleich als T. hervortreten kann (wie etwa Colin →Muset im 13. Jh.). Die T.poesie umfaßt daher im engeren Sinn die Gesamtheit individuell verfaßter Lieder innerhalb des höf. Gattungssystems Nordfrankreichs, unabhängig von registerspezif. und sozialen Unterschieden. Im weiteren Sinn wird jedoch das überlieferte Gesamtcorpus zum Gesang bestimmter Lieder (ca. 2500) einschließlich der sog. volkstüml. (oft fragmentar.) und anonymen Lieder dazugerechnet (vgl. N. Rosenberg–H. Tischler, 1981 und 1995). Der Zeitraum dieser lyr. Produktion umfaßt etwa 150 Jahre (1150–1300).

Im Rahmen einer wahrscheinl. bereits bestehenden volkstüml. und klerikalen Liedtradition begründet →Chrétien de Troyes (zw. 1160 und 1170) mit den beiden ihm zugeschriebenen Canzonen »Amors tençon et bataille« (RS 121, MW 1370) und »D'Amors qui m'a tolu a moi« (RS 1664, MW 1136) die höf. Lyrik nach dem Vorbild der →Troubadours bzw. im Wettstreit mit diesen. Als spätestes Enddatum gilt das Jahr 1328 (Thronbesteigung Philipps v. Valois), das für den Übergang zur mittelfrz. Phase der sog. »Seconde Rhétorique« (mit der Entstehung eines neuen Gattungssystems der festen Formen und der Ablösung der Lyrik von der Musik) steht. Schon davor weisen die nicht-lyr. Strophenformen (G. Naetebus, 1891) und v. a. die *dits* und *complaintes* von →Rutebeuf (Mitte 13. Jh.) auf das Vordringen einer geschriebenen, rhetor. Dichtung des *dictier* gegenüber dem afrz. Begriffsbereich des gesungenen Liedes (*chant, chançon, son, sonet* etc.).

Vom Reichtum dieser musikal. Tradition, auch im Vergleich mit Südfrankreich, zeugen die zahlreichen erhaltenen Melodien, die – relativ unabhängig vom Text – mit und ohne instrumentale Begleitung vorgetragen wurden. Dabei konnte wohl eine Melodie für mehrere Texte dienen, aber auch umgekehrt ein Text nach mehreren Melodien gesungen werden. Characterist. für das lyr. Corpus dieses Zeitraums sind etwa 500 Tanzlieder mit fester Form und Refrain (*ballete*, →*rondel* oder *rondet de carole*, →*virelai* oder *vireli*), erhalten meist in Form von Einschüben in erzähler., dramat. oder allegor.-didakt. Werken (F. Gennrich, 1921), die →*estampie*, ein Tanzlied mit festen oder variablen Strophen ähnlich dem lyr. →Descort (W. O. Streng-Renkonen, 1930; Chr. Schima, 1995), sowie die wachsende Beliebtheit der dreistimmigen →Motette (namentl. zuerst bei →Adam de la Halle) in der zweiten Hälfte des 13. Jh. (F. Gennrich, 1958). Auch die Tanzlieder legen eine choreograph. Stimmverteilung nahe, wie sie möglicherweise gleichfalls für das virtuose Tagelied »Gaite de la tor« (RS 2015, MW 475) anzunehmen ist. Die auffällig große Rolle der (festen oder variablen) →Refrains (N. VAN DEN BOOGAARD, 1969; E. DOSS-QUINBY, 1984) verweist ebenfalls auf die Bedeutung des musikal. und choreograph. Elements und belegt (ähnl. wie in Estampie und Motette) die Existenz eines ungewöhnl. breiten, nicht mehr individuell zuschreibbaren, zitathaften und beliebig abrufbaren Formelschatzes.

Stärker als die Troubadourlyrik (→Troubadours) steht die höf. Lyrik Nordfrankreichs mithin von Anfang an in der Nachbarschaft und unter dem Einfluß volkstüml. Tradition, die im 13. Jh. zu einem bewußten stilist. Spiel mit populären Formen, Registern, Elementen und Versatzstücken Anlaß gibt. P. BEC bescheinigt der prov. →Pastourelle, sie sei vergleichsweise »plus aristocratique, plus courtoise, plus élaborée dans son langage et dans ses structures formelles« und hebt auf der anderen Seite die pittoreske, parafolklorist. »facture [...] plus popularisante« (BEC 1977, 122) der nordfrz. Tradition hervor. Dieses Urteil scheint verallgemeinerungsfähig zu sein. In gattungstypolog. Perspektive fällt die Tatsache auf, daß eine Reihe inhaltl.-themat. bestimmter Gattungen wie das (seltene) →Tagelied (*aube*), das Frauenlied (*chanson de femme*), die Pastourelle, das religiöse Lied (*chanson pieuse*) sowohl in der höf. →Canzonenstrophe als auch in volkstüml. Formen oder Tanzliedern verfaßt sein können, wobei die Wahl der metr. Form zugleich stilist. und registerspezif. Konsequenzen hat. Umgekehrt kann die *reverdie*, ein Frühlingsgedicht mit dem zentralen Motiv der Begegnung, als myth. höf. Variante der realist. erot. Pastourelle verstanden werden, die sich in der Form der *chanson de rencontre* wiederum dem höf. Register annähert. Die in großer Zahl (ca. 160, gegenüber 30 prov. Beispielen) – häufig anonym – überlieferten *Pastourellen* bezeugen die Lust am spieler. Registerwechsel, die den soziopsychol. 'entlastenden' Charakter der Gattung gegenüber dem höf. →Minnesang deutlich macht.

Unmittelbare Rückschlüsse auf das Alter oder den »ursprünglichen« Charakter eines Liedes sind in dieser synkretist. Situation nicht möglich, da man grundsätzl. von gewollten stilist. Interferenzen ausgehen muß. So wählt etwa Kg. →Richard Löwenherz für sein Klage- und Rügelied (*chanson historique*) »Ja nus hons pris ne dira son reson« (RS 1891, MW 42, entstanden 1192–94) nicht die bei den Troubadours übliche Canzonenform des →*sirventés/serventois*, sondern die archaisierende Form der →*rotrouenge* (aaaaaB), die bes. für das ep. Register der →*chanson de toile* oder *chanson de femme* typisch ist, aber auch in Pastourellen Verwendung findet. Ein →Audefroi le Bastart ahmt im 13. Jh. den archaischen Stil der volkstüml. ep. »Romanzen«, *chansons de femme*, *chansons de toile* oder *chanson d'histoire*, in einer leicht preziösen Sprache nach und verweist damit auf die Beliebtheit dieser Art von höf. Folklore, die auch in den lyr. Einschüben in erzählenden Werken (Guillaume de Dole [Jean →Renart], Le Châtelain de Couci [→Coucy, Kastellan v.], Cléomadès, Méliacin, Roman de →Fauvel usw.) deutlich wird. Bes. das oben genannte einstrophige *rondel* oder *rondet de carole* (Grundform A B a A a b A B) sowie die wahrscheinl. davon abgeleiteten dreistrophigen Refrain-Tanzlieder *virelai/vireli* und *ballette* erscheinen als Idealtypen registerübergreifender, zugleich popularisierender und höf. Gattungen. Das Corpus von 198 erhaltenen, meist anonymen *rondels* umfaßt auch die Namen bekannter T.s der zweiten Hälfte des 13. Jh., →Adam de la Halle, →Jean Acart de Hesdin, →Guillaume d'Amiens und →Jehannot de l'Escurel. Die ideale Mitte zw. Spielmannslyrik und höf. Spiel repräsentiert Colin →Muset (nach 1230). Bewußt variiert und vermischt er themat. und formale Tradition (von der einreimigen Spielmanns-*laisse* bis zur Canzonenstrophe) und benutzt die höf. Canzone z. B. auch zum Ausdruck des Registers der Lebensfreude (*bonne vie*) und einer fröhlichen, aus dem Kontext höf. Liebe befreiten Erotik.

Stärker als die prov. Lyrik ist die T.lyrik ungeachtet ihrer formelhaften Elemente hist. Veränderungen unterworfen. Vertreter der ersten 'Generation' (Chrétien de Troyes, Châtelain de Couci, →Gace Brulé und →Blondel de Nesle) begründen zw. 1160 und 1210 den Vorrang der höf. Canzone (»grand chant courtois«), deren Pendant, das Rügelied (*serventois*) in Canzonenform übrigens anders als im Prov. nur noch selten benutzt wird, während das Klagelied (*planh*) fast völlig verschwindet. Die satir. Poesie (A. JEANROY–A. LÅNGFORS, 1965²), dem höf. Gattungssystem weitgehend entzogen, ist jetzt v. a. Stadtpoesie und hat häufig parodist. Funktion. Das zum Vortrag an Fs.enhöfen bestimmte und je nach der Herkunft des Sängers dialektal geprägte Liedcorpus dient im Gegensatz zu den leichten Tanz- und Liebesliedern oder der 'Männerpoesie' der Pastourelle der zeremoniellen Selbstbestätigung der adligen Gesellschaft. Im Unterschied zum prov. *canso* ist der »grant chant courtois« weniger bildhaft und kraftvoll (z. B. tritt der Bildbereich der Freude und Jugend zurück), auch formal weniger kunstvoll, dafür jedoch psycholog. komplexer und stärker subjektzentriert (M. ZINK, 1985). Deutlich ist die Entwicklung begriffl. variierter Subjektivität innerhalb des gen. Zeitraums (vgl. G. LAVIS, 1972; G. ZAGANELLI, 1983). Psycholog. Komplexität und Gebrochenheit dokumentiert überdies der höf. *descort* (ein heterostroph. Lied), der bereits bei Gautier de Dargies belegt ist. In der Folge verlagert sich der soziale Schwerpunkt dieser Lyrik wenigstens teilweise von den Höfen in die nordfrz. Städte, bes. Arras; und im Zuge dieser Entwicklung setzt sich eine pikardisierende Koiné durch. (Eine Sonderrolle spielen die anglonorm., in England entstandenen Lieder.) Nicht nur treten, wie schon bisher, nichtadlige Sänger an den Höfen auf (vgl. Adam de la Halle), sondern adlige Sänger frequentieren auch städtische, von den Handwerker- →*puys* organisierte Feste, ja beteiligen sich sogar im Rahmen der außerordentl. beliebten Streitgedichte mit festen Spielregeln (*jeux-partis*) am Wettstreit mit bürgerl. Sängern. Im Gegensatz zu dem kaum repräsentierten Streitgedicht, *tenson* (→Tenzone), das unmittelbare Rede und Gegenrede voraussetzt, wirft im *jeu-parti* der Sänger der ersten Strophe ein typ. Dilemma der höf. -amourösen Kasuistik auf und läßt dem Partner die Wahl, welche Position er verteidigen will. Neben den Ritterdichtern, →Gautier d'Epinal, Jean de Neuville, →Raoul de Soissons und den hochadligen Vertretern wie Johann v. Brienne, →Philippe de Remy, Hugo v. Lusignan, Karl I. v. Anjou oder →Heinrich III., Hzg. v. Brabant, bes. aber →Tedbald (Thibaut) de Champagne, Kg. v. Navarra, dem letzten großen Vertreter höf. Lyrik, steht im 13. Jh. eine große Zahl namentl. bekannter bürgerl. Sänger (→Gautier de Coinci, →Richart de Semilli, Jean →Bodel, →Jean Bretel, →Guillaume le Vinier, Jean Erart, Lambert de Ferry, →Moniot d'Arras, Moniot de Paris u. a.) und anonymer Autoren, die sich im städt. Umfeld situieren und den höf. Preis der Dame nicht mehr als selbstverständl. Ausdruck adliger Prätention, sondern gleichsam als selbstlegitimierende 'Freizeitbeschäftigung' kultivieren.

In den Sängerwettstreiten wird die höf. Liebeskasuistik folglich zum Gegenstand häufig iron. Diskussionen. In den Liebesliedern klerikaler und handwerkl. Autoren der Stadt tritt z. B. die *pucelle*, die Freundin oder Geliebte (Adam de la Halle, Simon d'Authie, →Richard de Fournival), ja sogar die Ehefrau (Jacques de Cysoing, →Robert de Castel) an die Stelle der höf. Dame. Oder aber der Lobpreis gilt nicht so sehr der Dame als vielmehr dem Prinzip *Amour* selbst und tendiert insofern zur Selbstreflexivität, als die virtuose Handhabung einer vorgegebenen Problemstellung, im Extremfall sogar die Legitimität der höf. Liebeskonzeption im Vordergrund steht, und das Stichwort *Amour* die registerspezif. Gestimmtheit des Sängers bezeichnet. Bes. symptomatisch erscheint in diesem Kontext die zunehmende Bedeutung der religiösen Lyrik, die sich seit →Gautier de Coinci der etablierten Formen und Formeln der höf. Lyrik in kontrafakt. Art bedient. Überwiegend nimmt →Maria hier den Platz ein, der im höf. Lied der Dame zukommt. Das Marienlied ist so Ausdruck des Paradigmenwechsels innerhalb des höf. Systems, der sich schon Anfang des 13. Jh. bei Gautier de Coinci programmat. ankündigt (R S 491 a 526, MW 852). In den religiösen *serventois* (Canzonenstrophe mit Refrain) des SpätMA setzte sich diese städt. Tradition über das 13. Jh. hinaus bruchlos fort.

Die – wiederum im Vergleich mit den Troubadours – weitaus größere Zahl überlieferter Texte verweist, verbunden mit der Proliferation der Namen, auf den 'Demokratisierungsprozeß', der mit der epigonalen Pflege und Weiterentwicklung der Gattung verbunden ist. Die höf. Lyrik wird zum Vehikel par excellence einer in der Stadtkultur sich anbahnenden, schichtenübergreifenden »Interkulturalität«. Dies v. a. auch deshalb, weil anders als in der prov. Tradition mit ihrer programmat. Unterscheidung eines *trobar leu*, *trobar ric* und →*trobar clus* keine merkl. stilist. Differenzierungen zw. adlig-höf. und städt. 'Minnesang' festzustellen sind, und das mittlere und vermittelnde *trobar plan* zu einer weitgehenden stilist. Normierung führt, welche die neue kommunikative und offene Konzeption der höf. Lyrik – parallel zum höf. Roman – beleuchtet (DRAGONETTI, 1982, 71f.). Diese ständeübergreifende Tendenz bereitet das Dichtungsideal der »Seconde Rhétorique« vor. Formale und stilist. Kontaminationen, die Neufunktionalisierung volkstüml. Elemente und Formen (wie des einfachen Refrainliedes *rotrouenge*), das Interesse an unregelmäßig-heterostroph. Formen (*lai, descort, estampie*) und an spieler. Varianten einer nonsense-Poesie (*sotte chanson, fatras, fatrasie, rêverie* →Unsinnsdichtung) – all dies bezeugt die experimentelle Öffnung des höf. Systems der Lyrik zu einer 'poésie formelle' (R. GUIETTE, 1960) neuer Art.  F. Wolfzettel

*Bibliogr., Repertorien:* A. JEANROY, Bibliogr. sommaire des Chansonniers frç., mss. et éditions, 1918, 1965² – H. PETERSEN DYGGVE, Onomastique des t., 1934 – G. RAYNAUD, Bibliogr. des altfrz. Liedes, neu bearb. und ergänzt von H. SPANKE, 1955 [Sigle: RS] – H. J. VAN DEN BOOGAARD, Rondeaux et refrains du XII ͤ s. au début du XIV ͤ, 1969 – U. MÖLK-F. WOLFZETTEL, Rép. métrique de la poésie lyrique frç. des origines à 1350, 1972 [mit Anhang; Sigle: MW] – R. W. LINKER, A Bibliogr. of Old French Lyrics, 1979 – *Ed.:* K. BARTSCH, Altfrz. Romanzen und Pastourellen, 1870 [Nachdr. 1967] – E. JÄRNSTRÖM, Recueil de chansons pieuses du XIII ͤ s., Bd. I, 1910 – F. GENNRICH, Rondeaux, Virelais und Balladen aus dem Ende des XII., dem XIII. und dem ersten Drittel des XIV. Jh., 1921 – E. JÄRNSTRÖM-A. LÅNGFORS, Recueil de chansons pieuses du XIII ͤ s., Bd. II, 1927 – I. FRANK, T. und Minnesänger. Recueil de textes, 1952 – F. GENNRICH, Bibliogr. der ältesten frz. und lat. Motetten, 1958 – A. JEANROY-A. LÅNGFORS, Chansons satiriques et bachiques du XIII ͤ s., 1965² – J. MAILLARD, Anthologie de chants de t., 1967 – J.-C. RIVIÈRE, Pastourelles, 3 Bde, 1974–76 – P. BEC, La lyrique frç. au MA (XII ͤ-XIII ͤ s.), Bd. 2: Textes, 1978 – N. ROSENBERG, H. TISCHLER, M.-G. GROSSEL, Chansons des T., 1995 (überarb. Ausg. Chanter m'estuet. Songs of the T., 1981) – H. SPANKE, Eine altfrz. Liedersig. Der anonyme Teil der Liederhss., 1925 – W. O. STRENG-RENKONEN, Les estampies frç., 1931 – H. SPANKE, Volkstümliches in der altfrz. Lyrik, ZRPh 53, 1933, 258–286 – M. ZINK, Les chansons de toile, 1978 – *Lit.:* G. NAETEBUS, Die nicht-lyr. Strophenformen des Altfrz., 1891 – F. GENNRICH, Gdr. einer Formenlehre des ma. Liedes, 1932 – R. DRAGONETTI, La technique poétique des t. dans la chanson courtoise, 1960 – R. GUIETTE, D'une poésie formelle en France au MA (DERS., Questions de litt., 1960) – J. FRAPPIER, La poésie lyrique frç. aux XII ͤ et XIII ͤ s., 1966 – G. LAVIS, L'expression de l'affectivité dans la poésie lyrique frç. du MA (XII ͤ-XIII ͤ s.), 1972 – M. ZINK, La pastourelle, 1972 – P. ZUMTHOR, Essai de poétique médiévale, 1972 – P. BEC, La lyrique frç. au MA (XII ͤ-XIII ͤ s.), Bd. I: Études, 1977 – R. DRAGONETTI, Le gai savoir dans la rhétorique courtoise, 1982 – G. ZAGANELLI, Aimier – sofrir – joïr. I paradigmi della soggettività nella lirica francese dei sec. XII-XIII, 1982 – J. GRUBER, Die Dialektik des Trobar. Unters. en und Entwicklung des occitan. und frz. Minnesangs des 12. Jh., 1983 – F. WOLFZETTEL, Die ma. Lyrik Nordfrankreichs (Lyrik des MA, I, hg. H. BERGNER, 1983), 391–578 – E. DOSS-QUINBY, Les Refrains chez les t.s du XII ͤ s. au début du XIV ͤ, 1984 – A. JEANROY, Les origines de la poésie lyrique en France au MA, 1989³ – M. ZINK, De la poésie lyrique à la poésie personelle (DERS., La subjectivité littéraire, 1985), 47–74 – C. SCHIMA, Die Estampie [Diss. Utrecht 1995] – M. ZINK, Le MA et ses chansons, 1996.

II. MELODIK: Die Text-Melodiekunst der →Troubadours und die der T. überlappen sich zeitl. und in ihren Persönlichkeiten, aber auch in ihren Problemfeldern. Das Repertoire der T. – von →Chrétien de Troyes, →Guiot de Provins, →Gace Brulé und →Conon de Béthune bis →Adam de la Halle – dokumentieren ca. 2 500 Gedichte und wenigstens 1 500 Melodien; doch damit ist auch die vermittlungs- und quellenbedingte Versionsbreite der Melodien größer und komplizierter geworden.

Q.wert und Rezeptionscode der etwa zwei Dutzend →Chansonniers und Fragmente, die dieses 'gespleißte' Melodienfeld vermitteln, werden kontrovers beurteilt: 1. Es handelt sich um Dokumente schriftl. Quellenfiliation, die Spuren zurück zur Authentizität, zur »eigentl.« Fassung weisen, sich aber zugleich im Überlieferungsdelta verlieren; 2. Nicht das Stemma verbürgt 'Authentizität', vielmehr ist die Vielfalt melod. Fassungen ihre Wahrheit. 3. Eine angemessenere Annäherung an den Begriff der Authentizität, im Sinne einer Aberrationstoleranz im Feld der Lesarten, kann in der Unterscheidung eines zentralen Melodiencorpus und eines Randbereichs gesehen werden, der die durch Hss. ebenfalls vermittelten »Contraposita«, als 'Neukompositionen', umfaßt. Die Frage, inwieweit zu Mehrfachkompositionen auch der Dichter-Komponist selbst beigetragen haben mag, wird hierbei nicht gestellt.

Der im 13. Jh. kulminierende Einfluß der Troubadourmelodik auf die T. melodik ist an einer Reihe von Phänomenen erkennbar; doch es gab auch Einwirkungen in umgekehrter Richtung. Wohl zw. 1197 und 1201 unterlegte der Troubadour →Raimbaut de Vaqueiras einer (instrumentalen) →Estampie seinen Text »Kalenda maya«. Die Auskunft des Kommentars (razo) über die Herkunft des Stückes erscheint glaubwürdig, da aus dem nordfrz. Raum eine fast ident. Estampie (RS 1506) – wie »Kalenda maya« Melodienpaare (*puncta*) lai- bzw. sequenzartig reihend – überliefert ist. Ist dies ein Zeichen der Wirkungsrichtung tänzer., damit auch metr. period. gebundener Formen (es gibt im okzitan. Raum weitere fünf Beispiele des Genres), so steht umgekehrt →Bernart de Ventadorns mehrfach kontrafaziertes Lerchenlied (P-C 70. 43) für die Ausstrahlung der okzitan. Canzone nach Norden – nicht anders als Jaufre Rudels von →Walther von der Vogelweide kontrafaziertes Lied »Lanquan li jorn« die europ. Rezeptionsweite okzitan. Minnelyrik dokumentiert. Daß bei weitem nicht alle Vernetzungswege dieser Art auch musikal. dokumentierbar sind, hängt – wie etwa im Falle von Conon de Béthunes Kontrafakta »Bele douce dame chiere« (R 1325), »Mout me semont amors« (R 1837) und »Tant ai amé« (R 1420) nach Gedichten →Bertrans de Born

– mit der schmalen musikal. Überlieferungsrate aus dem Bereich der Troubadours zusammen. – Beachtenswert ist zudem, daß die frühesten erhaltenen Beispiele für den – in der Langue d'oïl seltenen – →descort einem T., →Gautier de Dargies, angehören (RS 539, RS 416).

Die Verlagerung der Genres und Werke änderte deren Wirkungskontext, doch nicht automatisch die Erscheinungsform. Das wird deutl. am Jeu-parti (oder joc partit; 182 erhaltene Stücke, davon 105 mit Melodie). Wie beim partimen sind die Melodien der Jeux-partis gewöhnl. Kontrafakta, ihre Form ist die der canso (grand chant courtois), sei es mit Wiederholung des pes im frons oder als Oda continua. So zeigt →Guillaume li Viniers Jeu-Parti »Sire, ne me celez mie« (R 1185) die Wiederholungsform der 'Canzone' (‖: $A_1$ B :‖ $A_2$CDEFG) ebenso wie →Adam de la Halles »Adan, si soit« (R 359) und →Jehan Bretels Jeux-partis (R 693, R 1346), während des letzteren »Adan, a moi respondes« (R 950; ABCDEFG$_1$HG$_2$I) und Adam de la Halles »Assignés ci, Grieviler, jugement'« (RS 690) als Oda continua gebildet sind.

Während im Jeu-Parti der Wechsel des Gesang-Gesprächs zw. den Kontrahenten die Rezipienten hörend bindet, öffnet sich in anderen Genres die musikal. Struktur zur (virtuell) aktiven Teilnahme über den Refrain. Das wird bes. deutlich beim Rondel (Struktur *A B A A A B B*). Als Refrains de Caroles hat Adam de la Halle diesen Wechsel zw. Vorsänger und chor. Refrain z. B. in sein »Jeu de Robin et Marion« wie auch in →Motetten und →Rondeaux eingeblendet. In seinem Chanson-Œuvre indes hat Adam nur ein Stück (RS 612) mit Endrefrain versehen und der →Ballade angenähert. Dafür zeigen seine dreistimmigen Rondeaux mit nur einer Strophe und einem ein- bis dreilinigen Refrain, der partiell auch in der Mitte wiederholt wird, die typ. Struktur der Gattung (*AB[C] AB AB AB[C] AB[ C]*). Ganz anders sind wiederum die Romanzen des T. →Audefroi le Bastard gebaut, die unterschiedl. Wiederholungsformen des Beginns (im Ansatz laiartig) mit Endrefrain verbinden.

Die →Pastourellen →Guillaume li Viniers (RS 1350), Jehan →Bodels (RS 367) und →Richarts de Semillis (RS 1385, RS 527) zeigen, daß im T.bereich Refrainformen und volkshafte Elemente für diese Gattung bes. Bedeutung erlangt haben. Des Troubadours →Marcabru berühmte, ca. 50 Jahre früher entstandene Pastourelle »L'autrier iost'una sebissa« (P-C 293. 30) hat keinen Refrain, doch kann man ihr schon bestimmte Strukturlinien der Gattung entnehmen: Eine überaus schlichte und eingängige, wiederholungsreiche Melodiebildung, die dem *mot-refranh* »vilayna« mit dem »da capo«: mv 5=6 einen, hier noch 'inneren' musikal. Refrain echogleich folgen läßt. Bemerkenswert ist, daß auch die beiden Pastourellen eines höf. T., Thibauts de Navarre (→Tedbald IV., Gf. v. Champagne) – Canzonen mit pes-Wiederholung (RS 342, RS 529) –, keinen Refrain haben.

Die in Canzonenform mit pes-Wiederholung gebildete »Chanson historique« von Kg. →Richard Löwenherz »Ja nus hons pris ne dira sa raison« (RS 1891) zeigt, daß die →Rotrouenge auch im nordfrz. Bereich keine feste Form ausgebildet hat. Melodien wie die von →Gontier de Soignies (RS 636, RS 2031) und →Guiot de Dijon (RS 21) deuten in der Verbindung von Melodiezeilenreihung und Refrainbildung bestimmbare formale Umrisse an, ohne den Schatten des grand chant courtois abschütteln zu können.

Auch für die fünf nordfrz. aubes (gegenüber neun okzitan. albas; →Tagelied) ist noch die Form der Canzone gültig. Ein Beispiel hierfür ist die Melodie von »Gaite de la tor« (RS 2015). Nicht häufiger als die alba ist in der T.kunst der →planh. Immerhin wurde →Gaucelm Faidits berühmter planh auf den Tod von Richard Löwenherz (P-C 167. 22) Vorbild für »E, serventois, arriere t'en revas« (RS 381) – und damit dessen Oda continua-Form. Gleichermaßen sind die Formvarianten der okzitan. canso für die raren Beispiele der tenson (→Tenzone) – auch in der T.kunst gewöhnl. als Kontrafaktum – verbindl. geblieben (RS 2029, →Philippe de Remi zugeschrieben, RS 925, anonym).

Die Form, in der sich gleichsam *grand chant courtois* und Refrain verbinden, die →Ballade (‖: AB:‖ CDE ... + refr.), erfährt bei den T. einen entscheidenden Entwicklungsschritt. Die Gesamtzahl ist freilich nicht allzu groß, und die Verbreitung schwankt von Œuvre zu Œuvre – Blondel de Nesle: 0; Gautier de Dargies: 0; Châtelain de Coucy: 1; Conon de Béthune: 0; Gace Brulé: 4; Thibaut de Navarre: 4; Moniot d'Arras: 4; Moniot de Paris: 8 [7]; Colin Muset: 0; Audefroi le Bastard: 1; Adam de la Halle: 1. Bei Moniot de Paris handelt es sich in mehreren Fällen um laiähnl. Versreihungen mit Refrain, also eher um »Annäherungen« an die (definitor. vage) »Rotrouenge«. Auch in der T.kunst besteht also unzweifelhaft ein Übergewicht des grand chant courtois. Doch innerhalb der Canzone haben sich die Gewichte verschoben: Troubadours: mit pes-Wiederholung: ca. 31%. Oda continua: ca. 45%. T.: mit pes-Wiederholung: ca. 84%. Oda continua: ca. 8%. Dies sind nur ungefähre Zahlen, bedingt durch die Forschungslage: quellenabhängige Lesartenabweichungen greifen auch strukturumwandelnd ins melod. Gefüge ein, relevant auch für die Tonartenbestimmung.

Das Übergewicht der Canzonenform mit pes-Wiederholung verändert im T.-Chanson die Gewichte der melod. Beziehungen innerhalb der cauda, v.a. aber der Korrespondenz zw. cauda und frons. Die eher locker gesponnenen Verbindungsfäden der Oda continua, die sich individuell abweichend und ausgeprägt bei sehr vielen Troubadours finden, tendieren im pedes-Gerüst des grand chant courtois zunehmend zur Verstrebung (Thibaut RS 741; Adam de la Halle RS 632; Chastelain de Coucy RS 679, Hs. K.). Die cauda selbst wird als abschlußbildendes Gegengewicht zur frons gestaltet.

Trotz formaler Verfestigung bleibt auch die Monodik der T. das, was die Troubadourkunst auszeichnet: eine hohe Kunst der flexiblen melod. Linienzüge und Tongruppenverwebung – empfindl. gegen modalrhythm. Überformung. Mit der Betonung rezitativ. Zuschnitts auch für die T.melodik soll indes nicht ausgeschlossen werden, daß bestimmte Melodien für durchlaufende rhythm. Muster komponiert wurden. Selbst wo aber modalrhythm. oder mensurale Notierung vorliegt, kann es sich um eine Redaktion des Schreibers bzw. des Auftraggebers handeln. Von späteren kompositor. Gegebenheiten, wie denen der Motette, also der Mehrstimmigkeit, pauschal auf die Troubadour- und T.rhythmik zu schließen, ist höchst problematisch.

Rhythm. Streitfragen haben allzusehr davon abgelenkt, was die zeitüberdauernde Bedeutung der Troubadours und T. ausmacht: 1. Die Setzung des Text-Melodie-Verhältnisses als künstler. Aufgabe und interpretator. Problem, 2. das dialekt. Verhältnis von variierender, doch formgenerierender Melodieentfaltung und formalem Raster.

K. Kropfinger

Ed.: H. VAN DER WERF, T. Melodien I–II (Monumenta monodica Medii Aevi, XI, 1977; XII, 1979) – S. N. ROSENBERG, S. DANON, H. VAN DER WERF, Gace Brulé, 1985 – N. ROSENBERG-H. TISCHLER, Chansons de T., 1995 – Lit.: MGG², Sachteil, I, 1122–1127, s.v. Ballade; III,

161–171, s.v. Estampie – TH. C. KARP, The Chansons of the Châtelain de Coucy, 1960 – DERS., The T. Ms. Tradition (Queens College Twenty-fifth Anniv. [Fschr. 1964]), 25–52 – H. VAN DER WERF, Recitative Melodies in T. Chansons (Fschr. WIORA, 1967), 231–240 – B. KIPPENBERG, Die Melodien des Minnesangs (Musikal. Ed. im Wandel des hist. Bewußtseins, 1971), 62–92 – L. TREITLER, Observations on the Transmission of some Aquitain Tropes (Aktuelle Grundfragen der musikal. Mediävistik, 1975), 11–60 – TH. C. KARP, Interrelationships between Poetic and Musical Form in T. Song (A Musical Offering [Fschr. M. BERNSTEIN, 1977]), 137–161 – H. H. S. RÄKEL, Die musikal. Erscheinungsform der T.poesie, 1977 – H. TISCHLER, A Unique and Remarkable T. Song, J. of Musicology 10, 1992 – M. L. SWITTEN, Music and Poetry in the MA. A Guide to Research on French and Occitan Song, 1100–1400, 1995.

**Troyes,** Stadt, Bm. (Suffraganbm. des Ebm.s →Sens) und ehem. Gft. in der sö. →Champagne (Hauptstadt des dép. Aube), am linken Ufer der →Seine.

[1] *Spätantike und kirchliches Leben des Frühmittelalters:* T. geht zurück auf den Vorort der galloröm. →Civitas der Tricasses und hieß seit augusteischer Zeit Augustobona Tricassium. Das Christentum trat seit dem beginnenden 4. Jh. in Erscheinung: Verehrung des (bei Gregor v. Tours erwähnten) hl. Märtyrers →Patroklus; erster Bf. der hl. Amator (um 300). Die Zugehörigkeit der Civitas v. T. zur Prov. Sens ist durch die →Notitia Galliarum (frühes 5. Jh.) bezeugt. Hohe Verehrung genossen der hl. Frodobert († um 673), der vom Mönchtum v. →Luxeuil geprägte Gründer und Abt des Kl. Moûtier-la-Celle, dann der bedeutende Bf. und karol. Kirchenpolitiker →Prudentius Galindo (ca. 846–861).

[2] *Politische Entwicklung im Früh- und Hochmittelalter:* Bei Gregor v. Tours wird bereits die Zugehörigkeit der Civitas v. T. zur 'Campania' (merow. Dukat, seit 10. Jh. Entwicklung zur Gft. Champagne) erwähnt. Seit der frühen Merowingerzeit (Kg. →Guntram, 567) gehörte T. (im Unterschied zum nördl. Teil der späteren Champagne) jedoch dem Verband des großen frankoburg. →Regnums mit Sitz in Chalon-sur-Saône (→Burgund, 2) an. Die Diöz. v. T. war in der ausgehenden Merowingerzeit mehrfach Spielball der Machtkämpfe zw. Zentralgewalt und Aristokratie: Der Hausmeier →Ebroin (657–680/681) trat T. an den Dux der Champagne, Waimar, ab, mit dem er zeitweilig gegen die frankoburg. Adelsopposition (→Leodegar) verbündet war. Auch fungierte T. bei der Reichsteilung von 741 (Söhne →Karl Martells) wohl als südl. Teil des Dukats, der für den (schließl. aber ausgeschalteten) →Grifo vorgesehen war. In der Karolingerzeit wird dagegen auf einen Champagneduktat nicht mehr rekurriert; seit dem frühen 9. Jh. tritt T. dafür als Sitz eines karol. Gf.en hervor.

Wichtig als Vorstufe zur Bildung der Gft. Champagne als feudales →Fürstentum war die Herauslösung der Gft. T. aus dem Verband des entstehenden Hzm.s Burgund: Der zweite Sohn →Heriberts II. v. 'Vermandois', Robert, bereits Gf. v. →Meaux, gewann die Gft. T. durch Heirat mit einer Tochter des burg. 'princeps' →Giselbert v. Vergy (950) hinzu. Die Gft., von der mehrere →Pagi abhingen, kam so in den Besitz des in der nördl. →Francia eine Schlüsselstellung einnehmenden Fs.enhauses v. →'Vermandois' (→Heribert III., † 980/984), sodann an das mit ihm verschwägerte große Fs.enhaus v. →Blois, das allerdings lange, bis ins frühe 12. Jh., stärker auf seine westfrz. Terrritorien (Loiregebiet, Chartres; anglonorm. England: Konkurrenz mit den Anjou-Plantagenêt) orientiert war. In T., das im 10. Jh. unter Einfällen der →Normannen litt (959), ist im späten 10. Jh. ein Vicecomes bezeugt. Im 12. Jh. gingen einige stadtherrl. Rechte an den Bf. über.

[3] *Im Zeitalter der Champagnemessen:* Im 11. und 12. Jh. vollzog sich in T., dank der günstigen Lage der Stadt am Kreuzungspunkt wichtiger Verkehrswege, die städt. Entwicklung (1180 als →Kommune genannt). Dem Aufstieg zur fsl. Residenz und zum Standort einer der größten →Champagnemessen ging seit der Karolingerzeit ein Markt voraus, der in Verbindung mit der Handelstätigkeit der →Familia der großen Abtei St-Germain-des-Prés (→Paris, C. I, 2) stand und im 10. Jh. von den Einwohnern v. →Sens period. besucht wurde. Wie in den anderen großen Messestädten der Champagne (→Provins, →Lagny, →Bar-sur-Aube) waren es die Gf.en, die durch ihre gezielten Förderungs- und Schutzmaßnahmen starken Anteil am Aufschwung der Messen hatten. Bereits unter →Tedbald/Thibaud IV. (II.) († 1152) vollzog sich die Hinwendung des Hauses Blois zu den ertragreichen östl. Territorien. Der älteste Sohn, →Heinrich I. 'der Freigebige' (1152–81), erbte die ihm als reichstes Territorium vorbehaltene Champagne mit der Hauptstadt T., die er zur fsl. Hofhaltung ausbaute und in der seine Gemahlin →Marie de Champagne († 1198), Tochter Kg. →Ludwigs VII. und der Gfn. →Eleonore, durch ihr weit ausstrahlendes lit. →Mäzenatentum (→Chrétien de Troyes, →Gautier d'Arras u.a.) zum Aufblühen der höf. →Kultur und Gesellschaft in epochaler Weise beitrug.

Wirtschaftl. Grundlage dieses großen polit. und kulturellen Engagements der Gf.en waren die immensen Einkünfte aus den Champagnemessen, an denen T. mit seinen beiden großen Meßterminen (Ende Jan. bis Anfang Febr., Nov. bis Dez.) hervorragenden Anteil hatte. Der ertragreiche Warenhandel (u. a. fläm. Tuche, Seide, Korduan, Wein, Gewürze aus der Levante) wurde im 13. Jh. zunehmend übertroffen vom Geldgeschäft, getragen vornehml. von it. Bankiers und Wechslern (→Lombarden). Die Mark v. T. (→Mark) hat als eine Grundeinheit des Währungswesens die europ. Geldgesch. beeinflußt.

Innerhalb dieser kosmopolit. Gesellschaft dieser wohlhabenden Handelsmetropole traten auch Juden hervor (→Frankreich, D); das geistige Leben der jüd. Gemeinde v. T. wurde stark geprägt durch den großen Talmudkommentator →Raschi (1040–1105) und die von ihm um 1070 gegr. Jeschiva (Hohe Schule).

Der Wohlstand von T. in seiner Blütezeit manifestierte sich in einer Reihe aufwendiger weltl. (Stadtbefestigung) und kirchl. Bauvorhaben: Die nach 1204 begonnene Kathedrale wurde ab 1227 fünfschiffig im Stil der beginnenden Hochgotik errichtet. Ab 1263 wurde die durch Papst Urban IV. gegr. Kollegiatkirche St-Urbain von Jean Langlois zu einem feingliedrigen Meisterwerk der reifen Gotik ausgebaut. Als weitere kirchl. Institutionen sind zu nennen: St-Loup (gegr. um 841, Augustinerabtei), N.-D.-aux-Nonnains (um 657, Kanonissenstift), N.-D.-de-la-Prée (1325, Kartäuserkl.) und St-Martin-ès-Aires (1121, Augustiner) u.a. T. war Tagungsort mehrerer Synoden, zu nennen ist (neben dem von Papst →Paschalis II. abgehaltenen Reformkonzil v. 1107) das Konzil v. Jan. 1129 (Neufassung der Regel des von →Hugo v. Payns gegr. →Templerordens in Anwesenheit →Bernhards v. Clairvaux).

[4] *Spätes Mittelalter:* Der sich seit 1274 (nach dem Tod →Heinrichs III. v. Champagne und Navarra, ohne überlebenden männl. Erben) kontinuierl. verstärkende Einfluß des kapet. Kgtm.s auf die Gft. Champagne, die 1361 definitiv der →Krondomäne eingegliedert wurde, führte zusammen mit dem Niedergang der Champagnemessen (ab ca. 1320) und der allg. demograph. und fiskal. Krise des 14. Jh. zum weitgehenden Verlust der großen Fern-

handelsfunktionen. Die Stadt, die zum Regionalmarkt und Gewerbestandort (Tuchmacherei, seit 16. Jh. Wirkwarenproduktion) geworden war, behielt jedoch ihre administrative Bedeutung als Sitz eines kgl. →Bailli, v. a. aber als Tagungsort der Grands →Jours de T., des kgl. Hohen Gerichtshofes für die Gft. Champagne. Im anglofrz. Konflikt des frühen 15. Jh. gewann T. durch den hier geschlossenen Vertrag v. 1420 (→ T., Vertrag v.) nochmals überregionale Bedeutung. 1429 öffnete die Stadt dem kgl. Heer →Karls VII. unter →Jeanne d'Arc freiwillig die Tore und wurde dafür mit Handelsprivilegien belohnt. U. Mattejiet

Lit.: Th. Butiot, Hist. de T. et de la Champagne méridionale, 4 Bde, 1870–75 – A. Roserot, Dict. hist. de la Champagne méridionale, 4 Bde, 1942–48 – Ders., T. des origines à 1790, 1948 – J. Roserot de Melin, Le dioc. de T. des origines à nos jours, 1956 – J. Benton, Philip the Fair and the Jours of T., 1969 – Th. Evergates, Feudal Soc. in the Bailliage of T., 1975 – M. Bur, La formation du comté de Champagne, 1977 [grundlegend, reiche Lit.] – Lit. zu →Champagne, →Champagnemessen.

**Troyes, Vertrag v.**, geschlossen am 21. Mai 1420 zw. →Karl VI., Kg. v. Frankreich, und →Heinrich V., Kg. v. England. Nachdem eine sich abzeichnende Annäherung zw. dem Hzg. Johann v. Burgund (→Jean sans Peur) und dem Dauphin →Karl (VII.), die dem engl. Vordringen Einhalt gebieten sollte, durch das Assassinat v. →Montereau (10. Sept. 1419) abgebrochen worden war, knüpften Kgn. →Isabella, die mit ihrem Gemahl Karl VI. in T. Zuflucht gesucht hatte und hier einen Angriff von seiten des Dauphins befürchtete, und der neue Hzg. →Philipp (der Gute) Verhandlungen mit Heinrich V. v. England an (Mantes, Okt. 1419). Heinrich erhöhte seine früheren Forderungen, verlangte die Hand der Prinzessin →Katharina, die Abdankung Karls VI. zu seinen Gunsten und die grundsätzl. Zurückweisung der Erbansprüche Hzg. Philipps auf den frz. Thron. Philipp schloß dessenungeachtet einen Waffenstillstand mit Heinrich und setzte bei Kgn. Isabella den Abbruch ihrer Vorverhandlungen mit dem Dauphin durch. Eine engl.-burg. Allianz wurde vereinbart (Rouen, 25. Dez. 1419).

Die Verhandlungen wurden in T. fortgesetzt. Eine Notabelnversammlung akzeptierte am 9. April 1420 im Grundsätzlichen ein Abkommen, forderte aber Abmilderungen, die von Heinrich V. zugestanden wurden: Er sollte bis zum Tode Kg. Karls VI. lediglich als Erbe der Krone Frankreich fungieren, diese sollte von der Krone England rechtlich geschieden bleiben. Dem Vertragswerk angeschlossene Bestimmungen regelten die Streitfragen zw. England und Burgund; allerdings wurde für den Hzg. v. Burgund kein Platz in der Regierung des Kgr.es vorgesehen (er erhielt jedoch den Besitz der →Sommestädte).

Heinrich, der am 20. Mai in T. eintraf, vermählte sich mit Katharina am 2. Juni. Der Vertrag wurde von den Großen des Kgr.es beschworen. Die nach Paris einberufenen →États Généraux billigten ihn am 10. Dez. Hierauf forderte Hzg. Philipp 'justice' über die Mörder seines Vaters, die des →Majestätsverbrechens für schuldig befunden wurden. Der Dauphin wurde als Komplize für unfähig erklärt, die Besitzungen seines Vaters zu erben (23. Dez.).

Das engl. →Parliament bestätigte seinerseits im März 1421 den Vertrag, doch nicht ohne Hintergedanken, war doch die nunmehr konstituierte »Doppelmonarchie« für England weniger vorteilhaft, als es eine einfache Annexion Frankreichs gewesen wäre. J. Richard

Lit.: E. Cosneau, Les grands traités de la guerre de Cent Ans, 1889 – P. de Thoisy – E. Nolin, Bourgogne–France–Angleterre au traité de T. Jean de Thoisy, 1943 – P. Bonenfant, Du meurtre de Montereau au traité de T., 1958 – J. Ehlers, Gesch. Frkr.s im MA, 1987, 303–305 – Die frz. Kg.e des MA, hg. J. Ehlers, H. Müller, B. Schneidmüller, 1996, 318 [H. Müller].

**Trpimir**, Fs. der Kroaten ca. 845–vor 864, Begründer der Dynastie der →Trpmirovići, Nachfolger von Fs. Mislav. In der von ihm ausgestellten, ältesten kroat. Urk. v. 852 nennt er sich 'dux Chroatorum', auf der Steininschrift v. Rižinice bei Split ist er als 'dux Trepim(erus)' bezeichnet. Nach →Gottschalk v. Orbais kämpfte er zw. 846 und 848 erfolgreich gegen die 'Griechen', also gegen die dalmatin. Städte unter byz. Herrschaft (→Dalmatien, II); zehn Jahre später besiegte er laut →Konstantin VII. Porphyrogennetos den bulg. Khan →Boris I., was er auch damals gemeinsame Grenze von Kroatien und Bulgarien schließen läßt. Von T.s Ansehen zeugt auch der Eintrag im →Evangeliar v. Cividale (»domnus Tripemerus«). Der Bau von Kl. und Kirchen sowie die Gründung des Bm.s →Nin machen die Herrschaft T.s zum ersten Höhepunkt des frühma. →Kroatien. I. Goldstein

Lit.: F. Šišić, Gesch. der Kroaten, I, 1917 – Ders., Povijest Hrvata u doba narodnih vladara, 1925 [Neudr. 1990] – N. Klaić, Povijest Hrvata u ranom srednjem vijeku, 1975² – Ž. Rapanić, La costa orientale dell'Adriatico nell'Alto Medioevo, Sett. cent. it. 30, 1983 – Ders., Predromaničko doba u Dalmaciji, 1987 – N. Budak, Prva stoljeća Hrvatske, 1994 – I. Goldstein, Hrvatski rani srednji vijek, 1995.

**Trpimirovići** (Trpimiriden), Herrscherdynastie in →Kroatien, begründet durch →Trpimir. Insbes. im 9. Jh. ist das Verwandtschaftsverhältnis von Herrscher und Nachfolger mehrfach unklar, doch die meist friedl. Machtüberleitung zeugt von verfestigten Nachfolgeregeln, auch wenn der Herrscher auf einer 'Versammlung des ganzen Volkes' bestätigt wurde. Nicht zu den T. gehörten →Domagoj (864–878) und →Branimir (879–892). Die Abfolge der T. ist: Trpimir, →Zdeslav (878–879), →Muncimir (892–um 910), →Tomislav (um 910–926/927), Trpimir II., Krešimir I. (um 935–945), Miroslav (945–946), Michael Krešimir II. (949–969), →Držislav (969–997), Svetoslav Suronja (997–1000), Gojslav (1000–20), Krešimir III. (1000–35, ztw. gemeinsam mit Gojslav), Stefan I. (1035–58), →Petar Krešimir IV., →Dmitar Zvonimir (1075–89; ∞ Schwester Kg. →Ladislaus' I. v. Ungarn), Stefan II. (1089–91), mit dessen Tod die Dynastie ausstarb. Im Nachfolgekonflikt setzte sich 1102 Kg. →Koloman v. Ungarn durch. I. Goldstein

Lit.: F. Šišić, Gesch. der Kroaten, I, 1917 – Ders., Povijest Hrvata u doba narodnih vladara, 1925 [Neudr. 1990] – M. Barada, Dinastičko pitanje u Hrvatskoj 11. stoljeća, Vjesnik za arheologiju i historiju dalmatinsku 50, 1928–29 – N. Klaić, Povijest Hrvata u ranom srednjem vijeku, 1975² – I. Goldstein, Hrvatski rani srednji vijek, 1995.

**Trsat** (< *Tarsata; it. Tersatto), Burgstadt und Wallfahrtsort, heute Stadtteil von →Rijeka (Kroatien), auf einem Hügel östl. des Flusses Rječina; nach traditioneller Ansicht schon vorgesch. Fluchtburg. Auf dem Westufer der Rječina entstand im 1. Jh. die civitas Tarsatica (Vorläufersiedlung von Rijeka). Nach Margetić bestand durchgehend nur auf dem Westufer eine Siedlung, auch noch, als 799 Mgf. →Erich v. Friaul in der Nähe von Kroaten erschlagen wurde und als Ks. Otto III. 996 hier die Gründung eines von Aquileia abhängigen Bm.s vorsah, so daß der Name erst mit Verlegung der Siedlung zu Beginn des 12. Jh. auf den Hügel übertragen wurde. Seit dem 13. Jh. gehörte die Burg T. den comites v. →Krk (→Frankopani); daran angelehnt entstand eine als Kommune organisierte Siedlung, deren Vertreter 1288 bei der Abfassung des Gesetzes v. →Vinodol anwesend waren. Unter Einbeziehung einer wahrscheinl. 1411 errichteten, 1420 urkdl. nachgewiesenen Kirche St. Marien v. Loreto stiftete Martin Frankopan 1453 ein Franziskanerkl. Ein wahrscheinl. 1524 entstandenes kroatischsprachiges Statut der Gemeinde ist in Redaktion v. 1640 erhalten. 1487–1508, dauerhaft ab 1527 war T. in habsbg. Besitz. L. Steindorff

*Lit.*: L. MARGETIĆ–M. MOGUŠ, Zakon trsatski, 1991.

**Trubert**, erzählender Text in *octosyllabes* aus der 2. Hälfte des 13. Jh. in pikard. Dialekt, der von seinem Verf., Doumin de Lavesne, von dem nur der Name bekannt ist, als →fabliau bezeichnet wird. Geschildert wird die derb-scherzhafte Epopöe eines im Wald aufgewachsenen jungen Bauern, der mit Hilfe verschiedener Verkleidungen dem Hzg. v. Burgund übel mitspielt. Er kauft eine Ziege auf dem Markt, verwandelt sie durch Anmalen in ein seltsames, buntscheckiges Tier und verführt damit die Hzgn. v. Burgund. Als Zimmermann, Soldat, Arzt und zuletzt als junges Mädchen (indem er sich als seine Schwester ausgibt) verkleidet, prügelt er den Hzg. mehrmals, überhäuft ihn mit Schande und schwängert schließl. dessen Tochter. Am Ende heiratet der Junge, immer in Frauenkleidern, den beschränkten Kg. Golias. Die verschiedenen Abenteuer dienen als Vorwand, die »hohe« Lit. – Chanson de geste und Höf. Roman – in einer amüsanten Spielmannsparodie zu verspotten (→Parodie, →Spielmannsdichtung). L. Rossi

*Ed.*: T., afrz. Schelmenroman, hg. J. ULRICH, 1904 – T., Fabliau du XIII<sup>e</sup> s., hg. G. RAYNAUD DE LAGE, 1974 – L. ROSSI, Fabliaux Erotiques, 1992, 345–529 – *Lit.*: L. ROSSI, T.: il trionfo della scortesia e dell'ignoranza, Studi Francesi e Portoghesi, 1979, 5–49 – P.-Y. BADEL, Le Sauvage et le Sot. Le fabliau de T. et la tradition orale, 1979 – M. BONAFIN, Parodia e modelli di cultura, 1990 – C. DONA, T. o la carriera di un furfante, 1994.

**Truchseß** (wahrscheinl. zu ahd. *truhtsâzzo* = 'Vorsteher einer Schar, eines Gefolges'). Seit frk. Zeit war das Amt des T.en mit dem des →Seneschalls, des obersten Hofbeamten, identisch. Zu dessen Pflichten gehörte die Hof- und Güterverwaltung, die Aufsicht über das Personal und die Versorgung der kgl. Tafel. In der Folgezeit trat der Tafeldienst in den Vordergrund, worauf auch die lat. Amtsbezeichnungen dapifer, infertor, discoforus und propositor hinweisen; in dt. Q. kann der T. auch *drost* (ins mlat. als drossatus entlehnt) oder *spîser* genannt werden. Bereits die T.e der Karolingerzeit nahmen innerhalb ihres nominellen Aufgabenbereiches allenfalls Leitungsfunktionen wahr und standen für Aufgaben im Reichsdienst zur Verfügung. Auch an den Höfen der geistl. und weltl. Reichsfs.en war das Amt des T.en seit der Mitte des 12. Jh. vertreten. In der Stauferzeit gewannen die Reichst.e (z. B. →Markward v. Annweiler) bestimmenden Einfluß auf die Reichspolitik. Seit Mitte des 13. Jh. war das Reichst.enamt im Reichsministerialengeschlecht derer von →Bolanden erblich. Von großer Bedeutung für die Herausbildung des Erzt.enamtes waren die symbol. Tafeldienste, die in otton. Zeit von Stammeshzg.en geleistet wurden: Beim Krönungsmahl Ottos I. (936) diente Hzg. →Eberhard v. Franken als T.; während des Quedlinburger Hoftages Ottos III. (986) wartete Hzg. →Heinrich II. v. Bayern an der kgl. Tafel auf. Aus diesen fsl. Ehrendiensten, die im 12. Jh. wieder in Gebrauch kamen, entwickelte sich, in Analogie zu den Reichserzämtern von →Marschall, Kämmerer (→Kammer) und →Mundschenk (→Hofämter), das Amt des Reichserzt.en, das, wie der →Sachsenspiegel um 1220 feststellte (Landrecht III. 57.2), mit dem Erstkurrecht verbunden war und vom Pfgf.en b. Rhein ausgeübt wurde. In der →Goldenen Bulle (1356) wurden die Kurwürde und das Erzt.enamt des Pfgf.en b. Rhein reichsrechtl. fixiert und die Form seiner Ehrendienste beschrieben: Auf festl. Hoftagen ritt er als archidapifer an die herrscherl. Tafel heran, saß ab und brachte dem Kg. oder Ks. vier silberne Speiseschüsseln dar (XXVII, 4); bei feierl. Aufzügen trug er dem Herrscher den Reichsapfel voran (XXII; vgl. auch XXVI). Bei seinem symbol. Tafeldienst trat dem Erzt.en nicht der Reichserbt. v. Bolanden zur Seite, sondern der Reichsküchenmeister v. Nordenberg (XXVII, 6; XXX, 3); dessen Amt war 1202 durch Abtrennung vom Reichst.enamt geschaffen worden und seit 1240 in der Familie v. Nordenberg erblich. Das Amt des Reichserbt.en wurde nach dem Aussterben derer v. Bolanden im Mannesstamm (1386) nicht mehr ausgegeben. 1526 verlieh Ks. Karl V. den bloßen Titel Reichserbt.en dem schwäb. T.en v. Waldburg. Das Reichsküchenmeisteramt erhielten die Waldburger 1584, doch nannten sie sich weiterhin nur Reichserbt.en. →Drost. S. Kreiker

*Lit.*: HRG V, 374–377 – J. VOCHEZER, Gesch. des fsl. Hauses Waldburg in Schwaben, 3 Bde, 1888–1907 – P. SCHUBERT, Die Reichshofämter und ihre Inhaber bis um die Wende des 12. Jh., MIÖG 34, 1913, 427–501 – W. RÖSENER, Hofämter an ma. dt. Fs.enhöfen, DA 45, 1989, 485–550.

**Trudo** (frz. Trond, ndl. Truid), hl., Presbyter und Confessor, * um 628/630, † um 690/693, Fest 23. Nov. Nach seiner Vita entstammte T. einer frk. Adelsfamilie des Haspengaues (um →Tongern, Prov. Limburg, heut. Belgien) und schloß sich aufgrund einer nächtl. Vision dem hl. →Remaclus in der villa 'Zepperen' (Limburg) als 'geistl. Sohn' an. Auf dessen Rat tradierte T. der Kirche v. →Metz (St. Stephan) sein Erbgut 'Sarchinium' (Zerkingen, heute Vorort v. St-Truiden). In Metz erhielt er seine Formung zum Kleriker.

Um 655 (?) zum Presbyter geweiht, kehrte T. in seine Heimat zurück und predigte dort das Evangelium, erbaute zu Sarchinium in Erfüllung eines schon in früher Jugend abgelegten Gelübdes um 660/662 die den hll. →Quintinus und →Remigius geweihte Kirche, in der er als Oberhaupt einer Gemeinschaft von jungen adligen Säkularklerikern lebte. T., der auch die Kirchen v. Velm und Zepperen zu nächtl. Gebet aufsuchte, wurde in Sarchinium bald nach seinem Tod als (wundertätiger) Bekenner verehrt. Seine Gründung entwickelte sich, dank der Gunst →Pippins II. († 714), zur großen Abtei OSB, die schon vor 738 das Patrozinium ihres hl. Gründers annahm (→St-Truiden/St-Trond).

Die erste Vita (BHL 8321), deren hist. Glaubwürdigkeit fraglich ist, wird dem Metzer Diakon Donatus (letztes Viertel des 8. Jh., aus dem Haspengau stammend?) zugeschrieben, gilt jedoch nach anderer Auffassung als spätere Fälschung zur Abstützung des Metzer Anspruchs auf St-Truiden. Im Zuge der Kultverbreitung (bes. Gebiete Flanderns und der Niederlande) bildete sich seit dem 11. Jh. eine bemerkenswerte Mirakelüberlieferung aus. Ikonograph. Darstellung als Presbyter oder Mönch/Abt.
M. van Uytfanghe

*Q.*: Vita prima, ed. W. LEVISON, MGH SRM VI, 273–298 – überarb. Fassungen und Miracula: BHL 8323–8327 – Gesta abb. Trud., MGH, SS X, 227–448 – *Lit.*: BNB XXV, 690–692 – Vies des Saints XI, 795–796 – Bibl.SS XII, 683–685 [E. BROUETTE] – L. VAN DER ESSEN, Étude critique et litt. sur les Vitae des saints mérovingiens de l'ancienne Belgique, 1907, 91–96 – A. PAQUAY–J. PAQUAY, Sint Trudo's leven en veering, Bull. Soc. sc. et litt. du Limbourg 47, 1933, 5–113 – E. DE MOREAU, Hist. de l'Église en Belgique, 1945², I, 150–153; II, 401–404 – M. COENS, Les saints particulièrement honorés à St-Trond, AnalBoll 72, 1954, 85–133, 397–426; 73, 1955, 140–192 – H. KESTERS, Notice sur la Vita Trud., Bull. Soc. d'Art et d'Hist. du Dioc. de Liège 39, 1955, 187–204 – Sint T. en de literatuur. Latijnse en Nederlandse Levens van Sint-T., 1977 – A. THIJS, St-Truiden. Een greep uit zijn rijke iconografie, 1979.

**Truhendingen,** schwäb.-frk., seit 1129 urkdl. bezeugtes Adelsgeschlecht, benannt nach seinem Stammsitz Altentrüdingen bei Gunzenhausen (Mittelfranken), das seit 1264 den Gf.entitel führte. Früher gelegentl. angenommene Verwandtschaft mit den Staufern, deren Anhänger sie waren, läßt sich nicht nachweisen. In der 2. Hälfte des 13. Jh. wichen die von T. vor den Gf.en v. →Oettingen zurück und errichteten in Hohentrüdingen auf dem Hahnenkamm einen neuen befestigten Sitz. Dort sowie im Ries um Pfäfflingen, Dürrenzimmern und Wechingen konzentrierten sich ihre Grundherrschaft und Herrschaftsrechte. Dazu hatten die von T. die Vogtei über die fuld. Propstei Solnhofen inne, über Kl. →Heidenheim sowie über Güter des Hochstifts →Eichstätt und des Kl. →Ellwangen mit der Altmühlfurt bei der Siedlung Gunzenhausen, deren Aufstieg zur Stadt (1240/50) sie förderten. Die von T. waren in mehreren Domkapiteln, bes. in jenem von →Bamberg, vertreten; Siegfried war Bf. v. Würzburg (1146–50), Friedrich Bf. v. Bamberg (1163–65). Mit der Veräußerung der Güter am Obermain, die den von T. nach Aufteilung der meran. Herrschaft (→Andechs) zugefallen waren, gegen Ende des 14. Jh. setzte der Niedergang des Geschlechtes ein. Es erlosch, wie es scheint, mit dem zuletzt in Preußen als Angehöriger des Dt. Ordens 1458 gen. Heinrich IV.     A. Wendehorst

*Lit.:* H. Russ, Die Edelfreien und Gf.en v. T., 1992.

**Trujillo,** Stadt in der kast. →Estremadura (Prov. Cáceres), arab. Gründung, die 1165–68 zu jenem →Señorio gehörte, den →Geraldo 'Sem Pavor' in der muslim. Transierra geformt hatte, der 1169 in den Herrschaftsbereich des Fernando Rodríguez de Castro, 'el Castellano' († 1185) überging. Durch den Orden v. Santiago (→Jacobusorden) verteidigt, wurde T. 1186 durch Kg. →Alfons VIII. v. Kastilien eingenommen. Endgültig am 25. Jan. 1233 durch die Orden v. Santiago und Alcántara mit Unterstützung des Bf.s v. Plasencia zurückerobert, bildete T. zusammen mit dem Territorium v. Santa Cruz die Comunidad de Villa y Tierra de T. (→Comunidades). T. erhielt 1256 durch Alfons X. v. Kastilien den 'Fuero del Libro' und blieb der kgl. Gerichtsbarkeit bis in die 1. Hälfte des 15. Jh. unterworfen. Johann II. übertrug es zuerst seiner Schwester Katharina, dann Mitte Okt. 1440 Pedro de →Stúñiga. Schließl. geriet T. unter die Herrschaft des Condestable Alvaro de →Luna, ohne daß dieser sie jemals völlig in seine Gewalt bringen konnte, ebensowenig wie dann 1465 Alvaro de Stúñiga, Gf. v. Plasencia, der 1469 seine Ansprüche im Tausch gegen Arévalo u. den Hzg.stitel abtrat. Nachdem Heinrich IV. v. Kastilien 1472 das Territorium v. T. verkleinert hatte, übertrug er den Señorio an Juan Fernández →Pacheco, Marqués v. Villena, ohne daß dieser seine Herrschaft vor seinem Tod 1474 hätte in Besitz nehmen können. 1477 wurde T. durch →Isabella d. Kath. der Krone unterstellt, am 20. Mai 1496 wieder an den Infanten u. präsumtiven Thronfolger Johann ausgegeben. L. Vones

*Lit.:* G. Llabrés y Quintana, El fuero de T., Revista de Extremadura 3, 1901, 489–497 – J. González, Repoblación de Castilla la Nueva, I, 1975, bes. 290ff. – M. C. Gerbet, La noblesse dans le royaume de Castille, 1979, bes. 441ff. – G. Martínez Díez, Las Comunidades de Villa y tierra de la Extremadura Castellana, 1983, 649ff. – J. del Pino Garcá, Génesis y evolución de las ciudades realengas y señoriales en la Extremadura medieval (La ciudad hispánica durante los siglos XIII al XVI, I, 1985), 381–384 – Documentación medieval (1256–1516). Archivo Municipal de T., I–III, hg. M. Sánchez Rubio, 1992–95 – C. Fernández-Daza Alvear, La ciudad de T. y su tierra en la baja edad media, 1993.

**Trullanische Synoden** → Konstantinopel, ökumen. Konzilien v., 3. K.; 4. K.

**Trumeaupfeiler,** mittlerer Steinpfeiler eines Portals, der das Tympanon unterstützt, seit der Spätromanik und bes. in der Gotik verbreitet. Der T. kann ornamental oder figürl. geschmückt und in der Gotik durch eine vorgesetzte Figur (T.-Figur) von Christus, Maria oder eines Hl.n ausgezeichnet werden.     G. Binding

*Lit.:* Lex. der Kunst VII, 1994, 430 – W. Schlink, Der Beau-Dieu von Amiens, 1991.

**Trumscheit** → Musikinstrumente, B. II

**Truso,** Seehandelsplatz ö. der Weichselmündung bei →Elbing, dessen Bedeutung für den Ostseehandel im 9. Jh. aus einem Bericht des Seefahrers Wulfstan an den ags. Kg. Alfred d. Gr. hervorgeht. Wulfstan beschreibt, ausgehend von →Haithabu, daß er, ständig unter Segeln, nach sieben Tagen und sieben Nächten an die Weichsel gelangte. Diese trennte Wendland und das pruzz. Witland. Im O des Weichselhaffs erreichte er über den Ilfing einen See, »an dessen Gestade T.« stand (K. Körner). Als sicher gilt, daß sich in den Namen des »Drausen-Sees« (Drużno-See) und in der Bezeichnung der Wasserverbindung zw. diesem und dem Weichselhaff, Elbing, die Namen T. und Ilfing erhalten haben. Bemühungen, T. genauer zu lokalisieren, gehen in das 19. Jh. zurück, blieben jedoch zunächst erfolglos (B. Ehrlich). 1982 konnte 7 km sö. von Elbing am Nordostufer des Drużno-Sees bei dem Ort Janów Pomorski ein etwa 10 ha großer Fundplatz ermittelt werden, dessen topograph. Lage mit den bisher erforschten Seehandelsplätzen vergleichbar ist. Einige archäolog. Sondagen trafen auf Reste von Bauten des 8.–10. Jh., die mindestens z.T. planvoll angelegt worden waren. Umfangreiche Funde aus gewerbl. Tätigkeit (Kammherstellung; Verarbeitung von Glas und Bernstein zu Perlen, von Eisen; Schmuck skand. Herkunft und arab. Münzen des ausgehenden 8. und 9. Jh. weisen auf die Bedeutung des Fundplatzes hin. Im ehem. Uferbereich des Sees fanden sich Spuren von neun Booten (M. Jagodziński, M. Kasprzycka). Funde und Fundumstände deuten auf einen Handelsplatz hin, in dem Menschen pruzz., slav. und skand. Herkunft lebten. Dieser Platz war sehr wahrscheinl. T.     J. Herrmann

*Lit.:* K. Körner, Ags. Texte, 1880 – B. Ehrlich, Der preuß.-wiking. Handelsort T., Elbinger Jb. 14, H. 1, 1937, 1–18 – M. Jagodziński–M. Kasprzycka, The Early Medieval Craft and Commercial Centre at Janów Pomorski near Elbląg on the South Baltic Coast, Antiquity 65, 1991, 696–715.

**Trustis dominica, regia** → Gefolgschaft

**Tryphiodoros** → Triphiodor

**Tschechen** → Böhmen

**Tschechische Sprache und Literatur.** [1] *Sprache:* Die urtschech. Stammesdialekte gehörten zum Spätwesturslavischen, von dem sie sich im ausgehenden 10. Jh. absetzten. Dieses nur durch Einzelwörter belegte Tschechisch (im 9.–11. Jh. wurde in Liturgie und Schrifttum neben dem Latein das Kirchenslav. gebraucht) wird bis Mitte des 12. Jh. als Urtschechisch, dann bis 1500 als Alttschechisch bezeichnet. Die Ausgliederung des Urtschechischen aus dem Spätursalvischen vollzog sich im lautl. und lexikal. Bereich, die Morphologie und Syntax blieben vorerst gleich. Die lautl. Unterschiede gegenüber den benachbarten slav. Sprachen entstanden im 9.–10. Jh. u. a. im Zuge der Denasalisierung der urslav. Vokale ǫ, ę zu urtschech. *u, ä* (z. B. *zub* 'Zahn', *pät* 'fünf') und des Ausfalls bzw. der Vokalisierung der urslav. halbvokal. *Jer*-Laute zum urtschech. *e* (z. B. *den* 'Tag'). Die Betonung stabilisierte sich im 12. Jh. auf der ersten Silbe. Die alttschech.

lautl. Neuerungen begannen im 12. Jh. mit dem Wandel von ä zu ě (*kóža* > *kóžě* 'Haut'); im 13. Jh. folgte die Entstehung des *h* aus *g* sowie des *ř* aus *ŕ* (*břeh* < *brěg* 'Ufer'). Im 14. und 15. Jh. wurden die Langvokale durch Diphthongierungen und Monophthongierungen umgewandelt (*ó* > *uo* > *ů*: *kóžě* > *kuožě* > *kůže*; *ú* > *ou*: *lúka* > *louka* 'Wiese'; *ie* > *í*: *viera* > *víra* 'Glaube'), so daß Anfang des 16. Jh. der bis heute gültige Stand der tschech. Lautentwicklung erreicht war. Die Deklination wurde von den urslav. vokal. und konsonant. Stamm- auf die alttschech. Genus-Paradigmen (mit Gen.-Akk.-Form für Belebtheit) umgebaut, in der Konjugation wurden im 15. Jh. Aorist und Imperfekt durch eine universelle Vergangenheitsform, das Präteritum, ersetzt. Die Syntax war selbst im 15. Jh. noch nicht stabilisiert. Der Wortschatz mit religiösen, oft aus dem Altkirchenslav., und rechtl., aus dem Dt., übernommenen Termini wurde im 14. Jh. weiter ausgebaut durch Neubildungen aus dem Bereich des Rechts, der Philos. und der Wiss. (Lexika von →Klaret), in der hussit. Zeit durch volkssprachl. Ausdrücke. Die ältesten umfangreichen alttschech. Denkmäler entstanden Ende des 13. Jh., voll als Hochsprache entfaltet sich das Alttschech. im 14. Jh. unter Karl IV.; J. Hus gilt als Erfinder der bis heute im Tschech. und einigen slav. Sprachen gebrauchten diakrit. Orthographie. Die nach dem Altkirchenslav./Kirchenslav. älteste slav. Kultursprache Alttschech. beeinflußte im späten MA das Polnische, Sorbische und Slowakische.

[2] *Literatur:* Die alttschech. Lit. ist in zahlreichen Hss. gut überliefert und gründl. erforscht. Ihre gemeinslav. Anfänge liegen im 9. Jh., in altkirchenslav. Schrr. der Apostel Großmährens →Konstantin und Method. Die von Konstantin versifizierte Evangelien-Vorrede »Proglas« ist das älteste slav. Gedicht. Nach den altkirchenslav. sog. pannon. Konstantin- und Method-Legenden entstanden in Böhmen im 10. Jh. Wenzellegenden (kirchenslav. und mehrere lat. Fassungen; die wertvollste ist die z.T. als Chronik verfaßte sog. Christianlegende, um 1000); im 11. und 12. Jh. folgen lat. Vojtěch/Adalbert- und Prokoplegenden, kurz nach 1120 die auch außerhalb Böhmens bekannte »Chronica Boemorum« des →Cosmas v. Prag. Die in Tschech. geschriebene Lit., die zuerst in einigen Kirchenliedern ihren Ausdruck fand (u.a. Hymnen »Hospodine pomiluj ny« 'Gott erbarme Dich unser' [ausgehendes 10. Jh.], und Wenzellied »Svatý Václave« [12. Jh.]), entfaltet sich erst ab den letzten Jahrzehnten des 13. Jh.: für adlige Nonnen wurde der Psalter und das Evangeliar übersetzt, bald danach entstand die älteste geistl. Lyrik, zu Beginn des 14. Jh. der versifizierte Legendenzyklus (mit Stoffen aus dem NT und den Apokryphen), die Ritterepik der tschech. »Alexandreis« (→Alexander d. Gr., B. III) und die alttschech. Reimchronik des sog. →Dalimil, in den folgenden Jahrzehnten die ersten Streitgespräche und das Salbenkrämerspiel »Mastičkář«. Die Zeit Karls IV. brachte die zwei beeindruckendsten eigenständigen tschech. Beiträge zur europ. Lit. hervor, die alttschech. Liebeslyrik und Satire (→Königgrätzer Hs., →Smil Flaška z Pardubic), dazu kurz nach 1350 die tschech. Übers. der Gesamtbibel (→Bibelübers.en, XVI), aber auch Übers.en der dt. Höllenromane und die exklusive Epik mit reichl. ma. Symbolik in der Katharinenlegende. Die alttschech. Prosa beginnt mit den erzieher. Schrr. von →Thomas v. Štítné, ihren Gipfel findet sie im tschech. Gegenstück des »Ackermann aus Böhmen«, → »Tkadleček«. Als Kritiker des Sittenverfalls traten unter Karl IV. die Prediger Konrad Waldhauser und Jan →Milíč z Kroměříže auf, unter Wenzel IV. Johannes →Hus und die hussit. Bewegung. Die Lit. der Hussitenzeit brachte keine herausragenden Werke hervor, sie orientierte sich in der Predigt und den zahlreichen Kirchen- und Kriegsliedern am breiten Volk, in den apologet. Traktaten am Ausland; in oft umfangreichen Dichtungen parodierten sich die Hussiten und Katholiken gegenseitig. In seinem kirchen- und sozialkrit. Werk entfaltete originell die hussit. Gedanken Petr→Chelčický († 1460), der geistige Vater der Unität der böhm. Brüder (→Brüdergemeinde), die während der folgenden beiden Jahrhunderte das kulturelle und geistige Leben Böhmens und Mährens prägte. In den letzten Jahrzehnten des 15. Jh. kündigt sich in der tschech. Lit. der Humanismus an, mit einem tschech. Zweig der Utraquisten und einem lat. des kath. Adels. J. Vintr

*Lit.:* zu [1]: B. HAVRÁNEK, Vývoj spisovného jazyka českého (Čs. vlastivěda, Ergbd. 2, 1936) – M. KOMÁREK, Historická mluvnice česká – Hláskosloví, 1962² – J. VINTR, Einf. in das Studium des Tschechischen, 1982 [Hist. Entwicklung: 118–131] – A. LAMPRECHT, D. ŠLOSAR, J. BAUER, Historická mluvnice češtiny, 1986 – *zu* [2]: *Ed.:* Výbor z české literatury od počátků do doby Husovy, 1957 [Anthologie] – Výbor z české literatury doby husitské, I–II, 1963–64 – *Lit.:* Dějiny české literatury I – Starší česká literatura, ČSAV, red. J. HRABÁK, 1959 – W. BAUMANN, Die Lit. des MA in Böhmen, 1978 – J. LEHÁR, Česká středověká lyrika, 1990 [mit Ed.] – W. SCHAMSCHULA, Gesch. der tschech. Lit. von den Anfängen bis zur Aufklärungszeit, 1990.

**Tschenstochau** → Częstochowa

**Tuam**, Ebm. im westl. →Irland, eingerichtet 1152 von der Reformsynode v. →Kells (bzw. Mellifont), umfaßte die Bm.er Achonry, Annadown, →Clonfert, →Elphin, →Killaloe, →Kilmacduagh, Mayo und T. (unter starker Rücksichtnahme auf den einflußreichen Kg. v. →Connacht, mit dessen Herrschaftsbereich sich das Gebiet der neuen Erzdiöz. weitgehend deckte). 1240 wurde die Diöz. Mayo, 1253 auch Annadown vom Bm. T. inkorporiert; diese Vereinigung wurde zwar ein halbes Jahrhundert später wieder aufgehoben, setzte sich aber nach 1328 (trotz mancher Widerstände) erneut durch. Mit wenigen Unterbrechungen (1257–58, 1286–1312) war das Ebm. bis zum Ende des MA stets mit einheim. Iren besetzt.

G. MacNiocaill

*Lit.:* Handbook of British Chronology, hg. E. B. FRYDE u.a., 1986 – Medieval Ireland 1169–1539, hg. A. COSGROVE, 1987 (A New Hist. of Ireland, II).

**Túath** (air. 'Stamm', 'gens'), aus der kelt. Wurzel *teuto; vgl. walis. *tud* 'Volk' sowie die gall. Eigennamen wie Teutates, Teutomatus usw.). Der Begriff umschreibt sowohl das 'Volk' als auch das Gebiet, das es bewohnt; von daher bezeichnet t. den – Stamm wie das Stammeskgtm. Es steht auch in linguist. Verwandtschaft zum germ. Þiuda (ahd. *deot*, Suffix -*isc*, daraus das Adjektiv *diutisc* [lat. *theodiscus*], aus dem sich die Sprach-, dann die Volksbezeichnung 'deutsch' entwickelt hat; dazu →Deutschland, A).

Im frühen →Irland bildete jede t. eine polit. Einheit mit einem eigenen legitimen Kg. Schätzungen des Bevölkerungsaufkommens für das frühma. Irland belaufen sich auf ca. 150 *thúatha* bei Annahme einer Gesamtbevölkerungszahl von ca. 500000. Das Wort t. war bis etwa 700 als Teil von Stammesnamen in regem Gebrauch (z. B. *T. Mochtaine*, ein Verband, der das Gebiet um →Armagh bewohnte); danach wurde es in dieser Form obsolet. Rechte eines Individuums beruhten auf seiner Zugehörigkeit zu einem dieser winzigen Kgr.e; die Bewohner anderer t.a wurden dagegen in rechtstechn. Sinne als 'Fremde' behandelt. Dennoch war keine t. eine isolierte Einheit; alle standen durch Vertrag (*cairde*) oder ethn. bzw. polit. Bindungen miteinander in Kontakt. Trotz der Vielzahl der Kgr.e und Stämme herrschten bei allen (soweit feststellbar) weitgehend ident. Rechtsverhältnisse, Bräuche, sprachl. und relig. Gewohnheiten. Hist. und pseudohist. Zeugnisse des späteren MA unterscheiden die üblichen t.a von nachrangigen Verbänden, den *aithech-thúatha* und *forthúatha* (→Fortuath). Obwohl die aithech-thuata oft Stammesnamen archaischer Prägung trugen (Calraige, Dartraige usw., mit der kelt. Wurzel \*-*rigion* 'Kgr.'), muß als wahrscheinl. gelten, daß sie hervorgingen aus (einst mächtigeren) Gruppen, die auf den Status abhängiger, abgabepflichtiger Bevölkerungen ohne eigenes Kgtm. herabgedrückt wurden. Eine vergleichbare Unterscheidung zw. *sóer-thúatha* ('freie t.a') und *dóer-thúatha* ('unfreie t.a') spiegelt die Entwicklungen einer dynast. Politik wider, die an der Stelle der älteren Stammesbeziehungen getreten war; nun genossen Familienverbände, die den größeren Dynastien (→Hochkgtm.) nahestanden, einen höheren Status. Die t.a können sich aus den in den ältesten Q.texten belegten größeren Bevölkerungsgruppen (Féni, Gáilióin, Ulaid/→Ulster, →Laigin/Leinster), die in der prähist. Zeit die polit. Landkarte Irlands beherrschten, entwickelt haben; ungeklärt bleibt, durch welche Faktoren die Zersplitterung dieses alten polit.-ethn. Systems hervorgerufen wurde. D. Ó Cróinín

*Lit.:* F. J. Byrne, Tribes and Tribalism in Early Ireland, Ériu 22, 1971, 128–166.

**Tübingen,** Stadt am Neckar (Baden-Württ.); Pfgf.en v. I. Stadt und Universität – II. Pfalzgrafen.

I. Stadt und Universität: [1] *Stadt:* Ein Reihengräberfriedhof bei der Stiftskirche läßt eine alem. Siedlung der 1. Hälfte des 7. Jh. auf dem Sattel zw. Neckar- und Ammertal erschließen. An die Stelle dieser Siedlung trat später ein herrschaftl. Fronhof, mit dem die Pfarrkirche am Platz der heutigen Stiftskirche rechtl. verbunden war. Zwei Vorgängerbauten sind nachzuweisen, von denen der eine um 1150 und der ältere zumindest einige Zeit zuvor erfolgte. Die Burg Hohent. war vor 1078 errichtet worden, damals widerstand sie einer Belagerung Kg. Heinrichs IV. Der Bau der Burg und die Errichtung der ersten Kirche dürften im zeitl. Zusammenhang erfolgt sein. Das Patrozinium St. Georg steht dem nicht entgegen. Die gfl. Hofhaltung ließ in der 1. Hälfte des 12. Jh. einen Markt entstehen. Um 1150 begann die Münzprägung am Ort, die ein weit über das pfgfl. Territorium hinausgehendes Gebiet versorgte. Der pfgfl. Hof war auch für den Rechtszug vieler Städte nach T. verantwortl., der bis um 1500 bestand und bei der Neuordnung des württ. Gerichtswesens um 1470 dazu führte, daß sich am Ort eines der Obergerichte des Landes entwickelte. Die Stadt wurde 1231 erstmals als 'civitas' bezeichnet; die Pfarrei an St. Georg wurde 1191 erstmals genannt. Das Augustinereremitenkl. (heute Stift) ist seit 1257 bezeugt, das Franziskanerkl. dagegen soll 1272 errichtet worden sein. Das Heiliggeistspital ist vor 1292 entstanden, zu unbekannter Zeit eine Franziskanerinnenklause (heute Nonnenhaus; 1495 nach Owen verlegt). In der Unterstadt entwickelte sich mit der seit 1377 genannten Jakobskirche eine Filialkirche. Die Entwicklung der Stadt ging somit nach dem Verkauf derselben durch die Pfgf.en 1342 für 20 000 Pfd. Heller an Gf. →Ulrich III. v. Württemberg unabhängig weiter. T. wurde zu einem der wichtigsten Orte der Gft.

[2] *Universität:* Gf. →Eberhard V. im Bart († 1496) betrieb in dem seit mehr als drei Jahrzehnten in die Landesteile Stuttgart und Urach geteilten →Württemberg trotz der Zurückhaltung seines Onkels Ulrich V. die Gründung einer Hochschule. Johannes Vergenhans war im Auftrag des Gf.en dafür am päpstl. Hof tätig. Als wirtschaftl. Grundlage der Univ. sollte das Chorherrenstift Sindelfingen nach T. verlegt werden. Papst Sixtus IV. genehmigte dies 1476 ebenso wie die neue Verwendung der acht Chorherrenpfründen. Im Nov. 1476 gründete der Papst ein studium generale in T. und erteilte der neuen Hochschule das Recht, zu lehren und akad. Grade zu verleihen. Der zum päpstl. Kommissar ernannte Abt v. Blaubeuren, Heinrich Fabri, veröffentlichte im März 1477 die päpstl. Bulle, die Matrikel wurde am 9. Okt. 1477 durch den Eintrag Fabris eröffnet. Die Aula der Univ. bestand in der 1470–83 neu errichteten Stiftskirche, und oberhalb des Neckars wurde 1479–82 die Bursa als Wohngebäude für Studenten gebaut. Obwohl die wirtschaftl. Dotierung der aus den vier Fakultäten Theologie, Jura, Medizin und Philosophie bestehenden Univ. in den ersten Jahrzehnten Schwierigkeiten machte, nahm die neue Univ. einen raschen Aufschwung. Die von Ambrosius Blarer 1534 durchgeführte Reformation führte 1537 zu einer neuen Verfassung der Univ.  I. Eberl

*Q. und Lit.:* R. Roth, Urkk. zur Gesch. der Univ. T. 1476–1550, 1877 – J. Sydow, Gesch. der Stadt T., 1, 1974 – Beitr. zur Gesch. der Univ. T., hg. H. Decker-Hauff u.a., 1977.

II. Pfalzgrafen: Die Gf.en v. T. werden Ende des 11. Jh. mit den Brüdern Anselm und Hugo erstmals erwähnt. Namen und Besitz weisen auf eine Abkunft von den Gf.en des Nagoldgaus (Anselm) und v. Kräheneck (Hugo) hin. Vor 1078 wurde die Burg Hohent. zum Hauptsitz der Familie. Umfangreiche Schenkungen an die Kll. Klosterreichenbach und →Blaubeuren, die Vogtei über letzteres und die Belagerung Hohent.s durch Kg. Heinrich IV. (1078) beweisen, daß die Familie zu dem Adel im Umkreis der Hirsauer Reform (→Hirsau) gehört hat. Hugo († um 1152), Sohn aus der Ehe Hugos, des Sohnes Gf. Anselms, mit einer Gfn. v. Arnstein, wurde kurz vor 1146 durch die Staufer zum Pfgf.en des Hzm.s →Schwaben erhoben. Ihm folgten seine Söhne Friedrich († ca. 1162) und Hugo († 1182) im Amt. Letzterer wurde durch seine Heirat mit der Erbtochter der Gf.en v. Bregenz über seinen jüngeren Sohn Hugo Stammvater der Gf.en v. →Montfort. Sein älterer Sohn, Pfgf. Rudolf († 1219), heiratete die Erbtochter der Gf.en v. Gleiberg (bei Gießen). Dessen Söhne, Pfgf. Rudolf († 1247) und Wilhelm, teilten den Hausbesitz. Über deren Söhne wurde ersterer zum Stammvater der Gf.en v. Horb und Herrenberg, letzterer zum Stammvater der Linien Böblingen und Asperg. Der Sohn von Pfgf. Rudolf, Hugo († 1267), folgte seinem Vater im Amt und stiftete die Linie Horb. Der 1268 mit dem Verkauf der Pfgf.enwürde erwähnte Pfgf. Rudolf dürfte eher als Sohn Hugos denn als dessen Bruder angesehen werden. Durch die Veränderungen im Hzm. Schwaben nach dem Tode →Konradins scheint der Verkauf keine rechtl. Bedeutung erhalten zu haben. Unmittelbar darauf wird auch der bislang eindeutig als Amtstitel genutzte Titel 'Pfgf.' von allen männl. Mitgliedern des Hauses benutzt. Die Linie Horb erlosch mit dem Tod des letzten der Söhne (Hugo, Otto, Ludwig) von Pfgf. Hugo um 1294. Über die Schwester Luitgart gelangte der Besitz des Hauses an deren Ehemann Burkhard v. Hohenberg-Nagold. Der Bruder des Pfgf.en Hugo († 1267), Rudolf d. Scheerer († 1277), stiftete die Linie Herrenberg. Weitere Teilungen und zunehmende Schulden seiner Nachkommen zwangen diese zum Verkauf der Herrschaften an die Gf.en v. Württemberg. Die Linie erlosch um 1391. Der dritte Sohn des Pfgf.en Rudolf († 1219), Wilhelm, teilte seine Herrschaft unter seine Söhne Ulrich (Linie Asperg) und Rudolf (Linie Böblingen). Ulrich von T.-Asperg war bis 1264/65 auch Inhaber der Herrschaft Gießen, sein gleichnamiger Sohn konnte noch die Herrschaft Beilstein erwerben, mußte aber Asperg 1308 an die Gf.en v. Württemberg verkaufen. An diese verkauften seine Söhne Ulrich, Johann und Wilhelm 1340 auch Beilstein und mit letzterem erlosch um 1357 diese Linie. Auch die Linie Böblingen mußte im 14. Jh. den gesamten Besitz im alten Stammesgebiet an die Gf.en v. Württemberg verkaufen.

I. Eberl

Lit.: C. F. v. STÄLIN, Wirtemberg. Gesch., Bd. 1, 1841, 561; Bd. 2, 1847, 425-451; Bd. 3, 1856, 700-709 – I. EBERL, Die Edelfreien v. Ruck und die Gf.en v. T., Zs. für württ. Landesgesch. 38, 1979, 5-63 – H. BÜHLER, Wie gelangten die Gf.en v. T. zum schwäb. Pfgf.enamt?, ebd. 40, 1981, 188-220 – Die Pfgf.en v. T., hg. H. DECKER-HAUFF u. a., 1981 – S. LORENZ, Tübinger, Staufer und andere Herrschaftsträger (Von Schwaben bis Jerusalem, hg. DERS.-K. SCHMIDT, 1995), 285ff.

**Tübinger Rechtsbuch** nennt man, nach der zuerst entdeckten Hs. (Univ. Bibl. Tübingen, Mc. 14), die Hauptq. der →Exceptiones legum Romanarum. Es handelt sich um 135 Auszüge aus dem →Corpus iuris civilis (ohne Infortiatum und Tres libri Codicis; Novellen nach der Epitome Iuliani), für einfache Bedürfnisse der Praxis, die den Einfluß Bologneser Glossatoren, insbes. des →Martinus Gosia, erkennen lassen. Die Schr. dürfte gegen 1160 im Dauphiné entstanden sein, doch ist insbes. die Entstehungszeit sehr umstritten. Zuletzt ist behauptet worden, die Schr. sei zw. 1127 und 1144 oder um 1127 entstanden. Acht erhaltene Hss. aus der Zeit von etwa 1160 bis 1250 und die Überlieferung einzelner Kapitel lassen auf eine lebhafte Benutzung schließen, u. a. bei der Aufzeichnung des Gewohnheitsrechts v. Barcelona, den Usatici Barchinonae (→Usatges).

P. Weimar

Ed: Scritti giuridici preirneriani, ed. C. G. MOR, 1980, I, 91-245 – Lit.: P. WEIMAR, Zur Entstehung des T. R.s und der Exceptiones legum Romanarum des Petrus (Stud. zur europ. Rechtsgesch., hg. W. WILHELM, 1972; jetzt in: P. WEIMAR, Zur Renaissance der Rechtswiss. im MA, 1997), 1-24 – A. GOURON, Die Entstehung der frz. Rechtsschule. Summa Iustiniani est in hoc opere und T. R., ZRG 93, 1976, 138ff. – DERS., La science juridique française au XI$^e$ et XII$^e$ s. (IRMA E I 4 d-e, 1978; jetzt auch in: A. GOURON, Études sur la diffusion des doctrines juridiques médiévales, 1987), 42-78 – DERS., Aux origines de l'influence des glossateurs en Espagne (Historia, Instituciones, Documentos 10, 1983; jetzt in: Études...), 325ff.

**Tucci**, ehem. Bm. in der Prov. →Baetica (Südspanien). Das in röm. Zeit zum 'conventus' v. Astigis (→Écija) gehörende T. (Martos, bei Jaén) ist als Bm. erstmals auf dem Konzil v. →Elvira (Anfang 4. Jh.) bezeugt. In westgot. Zeit ist es vom 3. bis zum 16. Toletanum (589-693) mit insgesamt zwölf Belegen verhältnismäßig gut dokumentiert. T. hatte eine jüd. Gemeinde und war westgot. Münzprägestätte. Das nächste und zugleich letzte datierbare Zeugnis findet sich zum Jahr 842, als der Bf.sstuhl von einem gewissen Hostegesis usurpiert war.

G. Kampers

Lit.: DHEE IV, 2596 [J. VIVES; Lit.] – KL. PAULY V, 993 – RE VII, 1, 765 [A. SCHULTEN] – L. A. GARCÍA MORENO, Prosopografía del reino visigodo de Toledo, 1974, 111f. – A. TOVAR, Iber. Landeskunde II, 1, 1974, 119f. – D. MANSILLA, Geografía eclesiástica de España, I, 1994, 94f. u. ö.

**Tuch** → Textilien

**Tucher**, Fernhandelsfamilie. Die später dem Nürnberger Patriziat angehörenden T. ließen sich um 1310/20 in →Nürnberg nieder (Konrad T., † 1326). Sie weisen zunächst noch niederadliges Konnubium auf und entstammen möglicherweise Casteller oder Hohenlohischer →Ministerialität. 1340 erstmals im Rat vertreten, scheint der grundherrschaftl. Besitz im Nürnberger Umland von Beginn an eine bes. wichtige ökonom. Basis der T. gewesen zu sein. Erst ab 1440, als sie eine eigene Kammer im →Fondaco in Venedig erhielten, verdichten sich Nachrichten über eine Fernhändlertätigkeit. Die spätestens seit ca. 1470 als →Handelsgesellschaft organisierte T.-Firma entwickelte neben dem Italienhandel bald intensive, über mehr als 100 Jahre aufrechterhaltene Geschäftsverbindungen nach der Schweiz und nach Frankreich (Genf und Lyon). Andere Familienmitglieder erwarben um 1460/70 Hüttenwerke und →Drahtziehmühlen im Nürnberger Umland und engagierten sich etwa gleichzeitig im aufblühenden mitteldt. →Bergbau. Vom Kreditgeschäft im großen Stil hielten sich die T. fern. Obwohl keine laufenden Geschäftsbücher aus dem MA erhalten sind, fällt bei den T.n eine intensive und vielfältige Schriftlichkeit auf. Bereits Hans I. († 1425), der sein Vermögen auf etwa 20000 fl. schätzte, muß eine umfangreiche und systemat. geordnete Vermögensverwaltung besessen haben. Die summar. Bilanz von Hans IX. († 1521) für seine Handelsfirma (1483/84) setzt mit einer systemat. Unterscheidung zw. Aktiva und Passiva die doppelte Buchführung (→Buchhaltung) nach der damals modernsten Praxis voraus. Das detailliert geführte Haushaltsbuch Antons II. († 1524) von 1507-17 zeigt im langjährigen Verhältnis von Sach- zu laufenden Nahrungsausgaben (60:40) einen aufwendig, aber kontrolliert geführten Hausstand. Von Endres II. († 1507) ist eine Aufzeichnung über die Aufgaben des von ihm verwalteten Amtes des städt. Baumeisters überliefert, die eine große Zahl wirtschafts- und kulturhistor. Daten aufweist. Ein äußerst erfolgreiches Buchprojekt der Frühdruckzeit war das Pilgerreisebuch Hans' VI. († 1491) v. 1482, das einen individuellen Bericht seiner Reise nach Jerusalem darstellt. Mehrere Angehörige der T.-Familie verfaßten bzw. beteiligten sich zw. 1450 und 1500 an familiär, persönl. oder stärker zeit- und stadtgeschichtl. gefärbten Aufzeichnungen, die sie u. a. mit amtl. Aufzeichnungen und Zeitungen anreicherten.

J. Schneider

Bibliogr.: G. FRIEDRICH, Das Patriziat der Reichsstadt Nürnberg (Nürnberger Forsch. 27, 1994), Nr. 1681-1762 – Lit.: Verf.-Lex.$^2$ IX, 1117-1132 [Q., Lit.] – L. GROTE, Die T., 1961 – W. v. STROMER, Das Schriftwesen der Nürnberger Wirtschaft vom 14. bis zum 16. Jh. (Beitr. zur Wirtschaftsgesch. der Stadt Nürnberg, II, 1966), 751-799, hier 797 – U. DIRLMEIER, Alltag, materielle Kultur, Lebensgewohnheiten im Spiegel spätma. und frühnz. Abrechnungen (Mensch und Objekt im MA und in der frühen NZ, 1990), 157-180.

**Tuchhalle.** Zum Absatz von Tuch (→Textilien) wurden seit dem 12. Jh., im späten MA auch in kleineren Zentren (etwa am Niederrhein), von Stadtherren (z. B. Huy vor 1209), Städten, Gilden oder Zünften →Gewandhäuser bzw. T.n errichtet oder erworben. Die Bindung an die T.n, für die z. T. eigene Ordnungen erlassen wurden (Brügge 1285), bot bes. Möglichkeiten zu Konzentration und Regulierung des Angebots, zur Qualitätskontrolle und über Nichtzulassung zur Ausschaltung von Konkurrenz. An einigen Hauptorten gab es mehr als eine T., wurde z. B. nach heimischer und fremder Ware, Groß- und Detailhandel (Brüssel ab 1359) oder Anbietern getrennt. Über Gebühren brachten die T.n laufende, oft an bestimmte Nutznießer verpachtete Einnahmen.

R. Holbach

Lit.: F. SCHRÖDER, Die got. Handelshallen in Belgien und Holland, 1914 – M. BATTARD, Beffrois, Halles, Hôtels de Ville dans le Nord de la France et la Belgique, 1948 – G. NAGEL, Das ma. Kaufhaus und seine Stellung in der Stadt, 1971 – C. DICKSTEIN-BERNARD, L' organisation du commerce dans les halles aux draps, Ann. Soc. Royale d' Archéol. Bruxelles 58, 1981, 69-90.

**Tuchins**, Gruppen von Aufständischen (→Revolte, →Frankreich, C. VII) in den südfrz. Landschaften Haute-Auvergne und Languedoc (um 1370-80), die sich, zu

Randständigen (→Randgruppen) geworden, in Wäldern und Dickichten verbargen und dort Banden ohne festere Organisationsformen bildeten. Das *Tuchinat* wurde zwar oft eng mit der →Jacquerie assoziiert, unterschied sich von dieser Bewegung (trotz einiger Gemeinsamkeiten) jedoch durch seine Verbreitung und Dauer sowie seinen sozialen Charakter.

Das Wort 't.' tritt erstmals 1363 in →Brioude (Auvergne) auf und ist letztmals 1391 in Miremont (Languedoc) belegt. Die T., die sich ursprgl. v. a. aus den Bewohnern der armen Vorstädte von →Aurillac und →St-Flour und der durch Kriegsfolgen verelendeten, gegen drückende Feudalabgaben aufbegehrenden Landbevölkerung rekrutierten, kämpften zunächst gegen die engl. Invasoren (→Hundertjähriger Krieg). Als »Leute, die nichts zum Leben hatten«, fristeten sie ihr Dasein durch Raub und Plünderung, nicht unähnlich den gefürchteten *routiers* (Söldnerrotten, →Kompagnien), doch ohne erfahrene Anführer. Ihre Exzesse und geheimen Zusammenrottungen machten die T. bei der Bevölkerung verhaßt. Doch nahm die Agitation im Languedoc angesichts des wachsenden Fiskaldruckes allmählich stärker polit. Züge an und gewann an Einfluß auf städt. Bevölkerungskreise.

Von →Le Puy aus (1378) erfaßten Aufstandswellen die Städte →Nîmes, Alès, Aubenas, Clermont-l'Hérault, →Montpellier, →Béziers, →Carcassonne, St-Antonin und →Toulouse. 1382, im »Jahr der Anfechtung«, erreichten die T. den Höhepunkt ihrer Macht (»une manière de gens appelés t. régnèrent auditpays«). Im Zeichen rücksichtsloser Steuerforderungen der als kgl. Bevollmächtigte (→*lieutenants-généraux*) fungierenden Hzg.e v. Anjou und Berry verschärften sich die Unruhen, in denen sich ursprgl. nur der Unmut über örtl. Adlige und ihre Kriegshändel entladen hatte. In Montpellier wurden die Konflikte 1379 mit größter Härte ausgetragen (Ermordung von Steuerkommissären durch eine aufgebrachte Volksmenge). Noch heftigere Ausschreitungen erlebte 1381 Béziers, wo am 2. Sept. die Konsuln bei lebendigem Leibe im Stadtpalast verbrannt wurden und am 23. Dez. eine Konspiration um sich griff, die sich die Ermordung von 40 reichen Bürgern zum Ziel gesetzt hatte (die Verschwörer wollten dann deren Witwen heiraten, zuvor aber die eigenen Frauen umbringen); selbst zu Kannibalismus soll es hier gekommen sein. Manche Züge des makabren Szenariums nehmen bereits das blutige Geschehen des Karnevals v. Romans (spätes 16. Jh.) vorweg. 1384 erhoben sich die T. in Arles und erschlugen den *viguier* (Amtsträger) und mehrere reiche Bürger, doch wurden die languedoz. Rotten im gleichen Jahr vom Hzg. →Jean de Berry besiegt, der eine immense Buße (800000 Goldfranken) verhängte.

Die zeitgenöss. (nordfrz.) Chronistik zeichnet von den T. ein abschreckendes Bild. Die →Chronique du Religieux de St-Denis klagt die »misérables« T. der sozialen Sünde des Verlassens ihrer Werkstätten und Äcker an, weiß ferner zu berichten, daß sie sich durch »furchtbare Eide zur gewaltsamen Abschüttelung eines Jochs, das ihren alten Freiheiten entgegengesetzt war«, verschworen hätten, schmäht sie darüber hinaus als einen Haufen von Räubern (»ramas de brigands«), die rücksichtslos alle jene totschlugen, die »nicht rauhe und schwielige Hände« hatten. Die erbarmungslose Repression der T. wurde folglich als gerechtfertigt erachtet. Andererseits deuten die vom Kg. manchen Aufständischen und selbst ganzen Gemeinden gewährten Gnadenbriefe (*lettres de rémission*) darauf hin, daß ihrem (lange Zeit in Vergessenheit geratenen) Widerstand gegen den fremden Besatzer z. T. wohl stärkeres Gewicht als ihren Aktionen gegen Elend und Steuerdruck zugemessen wurde. M. Mollat

*Q. und Lit.:* C. DEVIC–J. VAISSETTE, Hist. gén. du Languedoc, 1872–92, VII, X – M. BOUDET, La Jacquerie des T. (1363–64), 1895 – E. LEROY-LADURIE, Les Paysans du Languedoc, 1966 [dt. Übers. 1983] – Hist. du Languedoc, hg. PH. WOLFF, 1967 – Documents de l'hist. du Languedoc, hg. PH. WOLFF, 1969 – M. MOLLAT–PH. WOLFF, Ongles bleus, Jacques et Ciompi, 1970 – G. FOURQUIN, Les soulèvements populaires au MA, 1972 – Hist. de l'Auvergne, hg. A. G. MANRY, 1974 – M. MOLLAT, Les Pauvres au MA, 1978 – Y. DOSSAT–PH. WOLFF, Le Languedoc et le Rouergue dans le Trésor des Chartes, 1983 – F. AUTRAND, Charles VI, 1986 – P. CHARBONNIER, Qui furent les T.? (Violence et contestation au MA. 114$^e$ Congr. Soc. Sav. 1989), 1990, 235–247 – Chronique du Religieux de St-Denys (l. V, cf. I), Bd. I, Neued. 1994 (CTHS) [B. GUENÉE: Einl.].

**Tüchleinmalerei**, Malerei auf Leinwand, die auf einen Rahmen gespannt ist. Gemäß spätgot. Empfinden nicht als der →Tafelmalerei im eigentl. Sinne zugehörig, deshalb Prägung des Begriffes »Tüchlein«. Bildträger ist ein feines Flachsgewebe, das mit Wasser- oder Temperafarben ohne Grundierung bemalt wird, wobei die gleichmäßige Fadenstruktur deutlich erkennbar bleibt. Mitunter ergibt sich bei deckendem Auftrag eine gouache-ähnliche Wirkung. Die Oberfläche ist matt, da normalerweise nicht gefirnißt wurde. In der Regel Beschränkung auf kleine Bildformate. Frühe Beispiele vor dem 15. Jh. seltenen T. sind die Außenflügel des Klarenaltars im Kölner Dom, Mitte 14. Jh. (Vor Stefan Lochner, Ausst.-Kat. Köln 1974, Nr. 11, Abb. S. 78/79). Weitere Verbreitung des Gemäldetypus aber erst in der 2. Hälfte des 15. Jh. und im 16. Jh., v. a. in Deutschland und in den Niederlanden – u. a. bei Dieric →Bouts (Grablegung, um 1470; London, Nat. Gal.) und insbes. bei Hugo v. d. →Goes (sog. Kleine Kreuzabnahme, um 1480; New York, Gal. Wildenstein und Berlin, Gemäldegalerie, Madonna mit Kind, um 1476; Pavia, Mus. Civico, Pinacoteca Malaspina) –, vereinzelt in Frankreich, angebl. auch in England sowie in Italien, z. B. bei Paolo →Uccello und Andrea →Mantegna, womit die Schwelle zur Renaissance überschritten wird.
M. Grams-Thieme

*Lit.:* Reclams Hb. der künstler. Techniken, I, 1984 – D. WOLFTHAL, The Beginnings of Netherlandish Canvas Painting [Diss. New York 1983], 1989 – J. SANDER, Hugo v. d. Goes, 1992, 141–205 – I. SCHULTE, Kölner T.: Technolog., quellengesch. und kunsthist. Studie zu Kölner Tüchleinbilder der Zeit um 1450 bis 1500 [Diss. Bonn 1995].

**Tudela**, Stadt in →Navarra, am Ebro und Queiles, Zentrum der südl. Teile des Kgr.es. Die in strategisch beherrschender Situation (lange Zeit einzige Ebrobrücke zw. →Calahorra und →Zaragoza) gelegene Stadt wurde gegr. um 800 von den Emiren v. →Córdoba zur Überwachung der zunehmend »separatistisch« agierenden Statthalter v. Zaragoza. In T. herrschte bis ins 11. Jh. die von einem konvertierten Christen namens Cassius abstammende Statthalterdynastie der Banū Qāsim, verschwägert mit chr. wie muslim. Familien der Region und oft im Gegensatz zur cordobes. Zentralgewalt stehend. 924 führte der Kalif ʿAbdarrāḥmān III. persönlich eine Strafexpedition gegen die Banū Qāsim durch, der sich ein Verwüstungsfeldzug gegen das chr. Kgr. Navarra-Pamplona anschloß (Val de Junquera).

Erst 1119 wurde das stark befestigte T. von →Alfons I. ʿel Batalladorʾ, Kg. v. →Aragón und Pamplona, und seinen Verbündeten Gaston v. →Béarn und Rotrou v. →Perche (der eine Zeitlang T. beherrschen sollte) erobert (→Reconquista). T. hatte nunmehr die strateg. Kontrolle über die Ebroebene und die als kgl. ʿMerindadʾ organisierte ʿRiberaʾ, das umkämpfte Grenzgebiet Navarras zu →Kastilien und Aragón, wahrzunehmen. Die Ribera erhielt im 12. Jh. eine eigene Streitmacht mit starker Garnison in der mächtigen Burg v. T., die fortlaufend ausgebaut wurde (regelrechte Neubaukampagne unter Beteiligung aller sozioökonom. Kräfte der Stadt unter Kg. →Karl III. 'dem Edlen', 1388-92).

T., das um 1340 etwa 8000 Einw. zählte, bewahrt in seiner Topographie noch starke muslim. Züge. Eng ineinander verschachtelte Viertel mit kompakten Häuserreihen (ohne echte Platzanlagen) umgeben den Burghügel, dessen Flanken bis zur Neubefestigung (1392) noch dichte Wohnbebauung aufwies. Im W lag das Viertel der Mauren ('morería'), die gegen Zahlung einer Kopfsteuer ihre Selbstverwaltung auch unter chr. Herrschaft behielten (unter einem *Alfaqui*, 'Richter', der durchgängig von der Familie der Alpelmi gestellt wurde), Metall- und Hanfverarbeitung betrieben, aber auch als Stukkateure und Maurer, im 14. Jh. als kgl. Kanoniere tätig waren. Im Stadtzentrum und im Burgviertel blühten zwei 'juderías' auf, in denen seit dem frühen 12. Jh. (almohad. Verfolgungen) zahlreiche →Sefarden aus Südspanien Zuflucht fanden; dank der entgegenkommenden Politik der Kg.e v. Navarra genossen sie in T., gegen Zahlung einer Kopfsteuer, gemeindl. Selbstverwaltung, Recht auf freie Glaubensausübung und ungestörten Grundbesitz. Sie betrieben Handel, Darlehensgeschäfte, Weinbau, Tuch-, Leder- und Pelzverarbeitung, Luxusgewerbe für den Kg.shof. Zw. 1350-1450 wurde das blühende wirtschaftl. und intellektuelle Leben T.s geprägt von einer Reihe großer jüd. Familien (Shuaib, Menir, Falaquera, Ben Abbas, Orabuena, Amarillo, Benveniste), deren führende Mitglieder als kgl. Ratgeber und Diplomaten hervortraten.

Die Stadt wurde im Zuge der →Repoblación mit chr. Familien aus Aragón (Ferrer, Ceilludo, Villaespesa), Navarra (Renalt de Ujué) und Frankreich (Caritat) besiedelt; diese genossen als 'francos' freies Bürgerrecht und verschmolzen allmähl. mit dem stadtsässigen Adel, der 'Hidalguia' (→Hidalgo). Als Großkaufleute (Handel mit Kastilien und Aragón) wie als Hoffinanziers übernahmen diese Vertreter eines wohlhabenden Stadtbürgertums (→Patriziat, V) wichtige Regierungs- und Verwaltungsämter, etwa als städt. →Bayles, Steuereinnehmer der 'Merindad' (→merino), kgl. Schatzmeister. T. hatte eine große Kollegiatkirche (seit dem 16. Jh. Kathedrale), die dem Bf. v. Zaragoza unterstand und dessen Propst (Dekan) zu den hohen Prälaten des Kgr.es Navarra zählte. Sta. Maria la Mayor wurde (wie alle großen Kirchen der Reconquista) am Platz der Großen Moschee erbaut. Die Stadt hatte mehrere Pfarrbezirke und beherbergte seit dem 13. Jh. die Konvente der großen Bettelorden. Sie war neben →Pamplona eine der bevorzugten Königsstädte (Sterbeort →Sanchos des Starken, 1234). Während der Bürgerkriege des 15. Jh. wechselte die Stadt jedoch mehrmals die Partei und war ztw. von Kastilien bzw. Aragón besetzt. Nach dem Verlust der navarres. Unabhängigkeit (1512) versuchte Heinrich v. Albret-Navarra 1521 die Rückeroberung des ererbten Kgr.es, scheiterte aber definitiv vor Tudela. B. Leroy

Lit.: C. ORCASTEGUI, T. durante los reinados de Sancho el Fuerte y Teobaldo I (EEMCA 10, 1975), 63-142 - B. LEROY, T., une ville de la vallée de l'Ebre au milieu du XIV$^e$ s. (Le paysage urbain au MA. XI$^e$ congr. de Hist. Médiév. de l'Enseign. Sup., 1981), 187-212 - DIES., T. en 1381-83 à travers le registre du notaire Martin Don Costal, Príncipe de Viana 47, 179, 1986, 723-739 [Nachdr. 1990] - DIES., Les relations de T. et de Saragosse au XIV$^e$ s. (ebd. 47, an. 3, Homen. J. M. LACARRA, 1986) [Nachdr. 1990].

**Tudela, Liga v.** (1460). Während des erbitterten Bürgerkrieges der →Beaumonteses (Anhänger des navarres. Erbprinzen →Karl v. Viana) und der →Agramonteses (Parteigänger seines Vaters Kg. →Johanns II. v. →Aragón und →Navarra) wurden 1460 zu T. mehrere Allianzen und Ligen geschlossen. Eine Versöhnung zw. Vater und Sohn (Frühjahr 1460) wurde rasch wieder in Frage gestellt; Karl suchte bei →Heinrich IV. v. →Kastilien Unterstützung gegen den Vater, der seinerseits die Umtriebe des kast. Adels gegen Heinrich IV. schürte. Johann II. schloß am 4. April 1460 in T. (nicht in dem gleichnamigen kleinen Ort Tudela de Duero bei Valladolid!) eine Liga mit kast. Adelsfrondeuren. Heinrich IV. beantwortete diesen feindseligen Akt durch eine Allianz mit Karl v. Viana. Doch beider Machtstellung war allzu fragil: Johann II. setzte sich in Navarra erfolgreich durch, ließ seinen Sohn einsperren (Lérida, 2. Dez. 1460) und übertrug die Regentschaft in Navarra seiner Tochter →Leonore und ihrem Gatten, Gaston v. →Foix-Béarn. B. Leroy

Lit.: E. RAMÍREZ VAQUERO, Solidaridades nobiliarias y conflictos políticos en Navarra (1387-1464), 1990.

**Tudela, Vertrag v.** (1231). Am Lebensabend Kg. →Sanchos VII. 'des Starken' v. →Navarra, eines der Helden v. Las →Navas de Tolosa (1212), stellte sich mit Dringlichkeit das Problem des fehlenden (legitimen) Erben im Mannesstamme. Der kränkelnde Kg. lud (wohl bereits 1224) seinen Neffen →Tedbald IV. 'le Chansonnier', Gf. en v. →Champagne (Sohn seiner Schwester Blanca), in seine Residenz T. zu Verhandlungen über die Erbfolge ein. Ein Teil des navarres. Adels akzeptierte den Übergang des Kgr.es Navarra, eines Landes hispan. Tradition, an einen frz. Fs.en; eine andere Gruppierung favorisierte dagegen die Thronfolge Kg. →Jakobs I. 'des Eroberers' v. →Aragón, eines Vorkämpfers der →Reconquista, der auf die alten dynast. Bindungen Aragóns und Navarras verweisen konnte. Jakob I. kam 1231 nach T. und verstand es, den alten Kg. zur Abänderung seiner Pläne und zum Abschluß eines Vertrages, der an eine Zusage v. 1221 anknüpfte, zu bewegen. Dennoch machten Tedbald IV. und die prochampagn. Partei nach Sanchos Tod (1234) das Rennen: Der Bf. v. →Pamplona rief Tedbald rasch ins Land, krönte ihn in Pamplona und verschaffte ihm so die entscheidende Legitimation. Doch hielt sich in Navarra eine proaragones. Partei, die beim erneuten Dynastiewechsel (1274-76) und noch in den Bürgerkriegen des 15. Jh. (→Agramonteses) hervortreten sollte. B. Leroy

Lit.: J. M. LACARRA, Hist. política del reino de Navarra, desde sus origines hasta su incorporación a Castilla, Bd. 2, 1972.

**Tudellén** (Tudején; Festung in der Nähe v. Fitero), **Vertrag v.** (27. Jan. 1151), geschlossen zw. Kg. →Alfons VII. v. Kastilien-León sowie dessen Sohn →Sancho III., Herrscher v. Nájera, und Gf. →Raimund Berengar IV. v. Barcelona, dem 'princeps Aragonensis', mit dem Ziel, das Kgr. Navarra, in dem gerade →Sancho VI. den Thron bestiegen hatte, ähnlich wie im Vertrag v. →Carrión (1140) aufzuteilen und die Zonen für die zukünftige →Reconquista abzustecken (ed. F. MIQUEL ROSELL, Liber Feudorum, I, 1945, 39-42, Nr. 29). Während Alfons VII. das Gebiet v. Marañon und alle Regionen jenseits des Ebro in Richtung Pamplona beanspruchte, sollten Raimund Berengar IV. die Ende des 11. Jh. Aragón inkorporierten Gebiete zufallen, wobei der westl. Teil des früheren 'Contado de Navarra' um Estella Alfons VII., der östl. Teil mit Pamplona Raimund Berengar unter der Bedingung der Lehnsnahme zugesprochen wurde. Zusätzl. gab es das Versprechen Alfons' VII., Raimund Berengar eine auf das Reich des →Ibn Mardanīš gerichtete Expansionszone zuzugestehen und das Zugeständnis, Einspruch gegen die

Eheschließung zw. der Kg.stochter Blanca v. Navarra und Sancho III. erheben zu dürfen. Außerdem sollte ihm Hilfe bei der Eroberung v. →Murcia gewährt werden, wofür der Princeps alle eroberten Gebiete vom kast.-leones. Kg. zu Lehen nehmen, Lorca und Vera aber abtreten mußte. Absicht des Vertrages war es, von seiten Kastiliens das vereinigte Aragón-Katalonien samt seinen Eroberungen lehnrechtl. in sein hegemoniales Konzept einzubeziehen, von seiten Raimund Berengars eine kast.-navarres. Koalition zu verhindern, doch war die dafür maßgebl. Ehe bereits vor dem 12. Jan. geschlossen worden. Erst die Erneuerung des Vertrags nach dem Tod Blancas v. Navarra († 1155) durch den Pakt v. Lérida (Mai 1157) gab ihm eine gesteigerte Bedeutung. L. Vones

Lit.: A. UBIETO ARTETA, Navarra-Aragón y la idea imperial de Alfonso VII de Castilla, EEMCA 6, 1956, 41–82 – M. RECUERO ASTRAY, Alfonso VII, Emperador, 1979 – J. F. ELIZAR HUARTE, Sancho VI el Sabio, 1991, 43ff. – A. BÜSCHGENS, Die polit. Verträge Alfons VIII. v. Kastilien (1158–1214) mit Aragón-Katalonien und Navarra, 1995, 29–31.

**Tudmīr**, ursprgl. der nach der arab. Invasion verbliebene Machtbereich des westgot. 'dux' der Carthaginensis, Theodemir (Gandaris) v. Orihuela, zw. dem Fluß Júcar und der Stadt Lorca mit den Zentren Orihuela, Lorca, Hellín und Murcia. Die neue Herrschaft (cora), die er sich durch einen (nicht in allen Punkten hist. gesicherten) günstigen Waffenstillstandsvertrag v. April 713 (Druck mit span. Übers. bei LLOBREGAT CONESA, 19ff.; älteste der drei Versionen bei →al-ʿUdrī [1003–85]) mit dem arab. Feldherrn ʿAbd al-ʿAzīz, einem Sohn Mūsās ibn Nuṣair, als erbl. Fsm. unter Wahrung einer gewissen Autonomie im Sinne eines dimma-Paktes sichern konnte und in der ihm die chr. Schutzbefohlenen unterstanden, erhielt nach ihm die Bezeichnung 'T.' und bildete später die Grundlage für das Kgr. →Murcia. Abkömmlinge des Theodemir gehörten dem muslim. Herrscherhaus v. Murcia bis zu dessen Erlöschen im 13. Jh. an. L. Vones

Lit.: C. E. DUBLER, Los defensores de Teodomiro (Ét. d'orientalisme dédiées à LÉVI-PROVENÇAL, I, 1962), 111–124 – E. A. LLOBREGAT CONESA, Teodomiro de Oriola, 1973 – E. MOLINA LÓPEZ, La cora de T. según al-ʿUdrī, Cuadernos de Hist. Islámica 4, 1972 – J. VALLVÉ, La cora de T., Al-Andalus 37, 1972, 145–189 – A. M. HOWELL, Some Notes on Early Treaties between Muslims and the Visigothic Ruler of al-Andalus, Andalucía Medieval I, 1978, 3–14 – J. VALLVÉ, El reino de Murcia en la época musulmana, Revista del Instituto Egípcio de Estudios Islámicos (Madrid) 20, 1979–80, 23–64 – P. BALAÑA ABADÍA, La fecha exacta de la capitulación de T., un error de transmisión, Awraq 4, 1981, 73–77 – A. ARJONA CASTRO, Andalucía Musulmana, 1982² – I. K. SALEM, Islam und Völkerrecht, 1984, 174f. – J. VALLVÉ, La división territorial de la España musulmana, 1986, 187–191, 284–289 – M. CRUZ HERNÁNDEZ, El Islam de Al-Andalus, 1992 – P. CHALMETA, Invasión e Islamización, 1994, 214ff. – B. MÜNZEL, Feinde, Nachbarn, Bündnispartner, 1994, 85–88.

**Tudor.** Die T.-Familie stammte aus Wales und erlangte durch ihre Heiratsverbindungen mit den engl. und frz. Kg.shäusern Bedeutung, schließlich bestieg Henry T. als →Heinrich VII. 1485 den engl. Thron. Die Familie nahm den anglisierten Nachnamen »Tudor« an, nachdem Owen ap Maredudd ap Tudur um 1428 →Katharina, Tochter von Kg. Karl VI. v. Frankreich und Witwe von Kg. Heinrich V. v. England, geheiratet hatte. Owens Vorfahren waren Landbesitzer in N-Wales, wo sie dem Fs.en v. →Gwynedd bis 1282 dienten. *Ednyfed Fychan d. J.* († 1246) ragte bes. hervor und wurde mit Ländereien in Anglesey und Caernarfonshire belohnt; seine Heirat mit Gwenllian, Tochter des Lord Rhys († 1197), verband ihn mit den Fs.en in S-Wales. Ednyfeds Söhne dienten dem Fs.en →Llywelyn ap Gruffydd, und der älteste, *Goronwy* († 1268), war bemer-kenswert wegen seiner Tapferkeit, Weisheit und Rechtschaffenheit. Die Stellung der Familie wurde durch die Eroberung von N-Wales durch Kg. Eduard I. und den Tod des Fs.en Llywelyn (1282) bedroht. Mehrere Mitglieder der Familie einigten sich mit Kg. Eduard. Auch *Tudur Hen d. Ä.* († 1311), der 1294–95 rebellierte, schloß mit den Engländern Frieden, und er und sein Sohn *Goronwy ap Tudur Hen* († 1331) wurden Kronbeamte in N-Wales. Goronwys Sohn *Hywel* († 1366) wurde Archidiakon v. Anglesey. Sein anderer Sohn *Tudur* († 1367) heiratete in dieselbe Fs.enfamilie in S-Wales ein wie der Vater von →Owain Glyn Dŵr. Tudur und seine Söhne beherrschten Anglesey und dienten Kg. Eduard III. und Kg. Richard II. in Frankreich und Irland. 1400 unterstützten die Söhne Tudurs ihren Verwandten Owain Glyn Dŵr gegen den Usurpator, Kg. Heinrich IV., der ihren Schutzherrn, Richard II., abgesetzt hatte. Als die Rebellion 1408 zusammenbrach, wurde die Familie geächtet und ihre Besitzungen eingezogen. *Maredudd*, wohl der jüngste der Söhne Tudurs, diente 1405 dem Bf. v. →Bangor, floh aber wahrscheinl., um der Verfolgung zu entgehen.

Maredudds Sohn *Owen* (* um 1400) zog Nutzen aus der Versöhnungspolitik Kg. Heinrichs V. in Wales. Möglicherweise trat er in den kgl. Hofhalt ein und diente in der →Kammer (Chamber) der Kgn. Katharina. Nach dem Tod Heinrichs V. (1422) heirateten Owen und Katharina heimlich. Katharinas Lage war während der Minderjährigkeit ihres Sohnes, des späteren Heinrichs VI., schwierig, und das Parlament versuchte, ihre Heirat gesetzl. zu regeln. Owen wurde eingekerkert, als Katharina 1437 starb. Aber seit 1440 wurde er von seinem Stiefsohn, dem Kg., gut behandelt, der für die Erziehung der Kinder aus Owens und Katharinas Ehe (drei Söhne und vielleicht eine Tochter) sorgte: Der jüngste Sohn *Owen* war bis zu seinem Tod 1502 Mönch in der Westminster Abbey. Den älteren Söhnen *Edmund* und *Jasper* wurden 1452 die kgl. Earldoms v. →Richmond und →Pembroke mit einer Vorrangstellung über andere Earls übertragen. Sie wurden als Brüder des Kg.s anerkannt und mit Ländereien ausgestattet (Wert jeweils £ 1000), und Edmund wurde 1455 mit der Cousine des Kg.s, Margaret →Beaufort, verheiratet. Während der →Rosenkriege vertraten Edmund († 1456) und dann Jasper († 1495) das Haus Lancaster in S-Wales, wo sie beliebt waren. Ihr Vater Owen T. wurde nach der Schlacht v. Mortimer's Cross (1461) gefangengenommen und in Hereford auf Befehl Eduards, Earl of March (später Kg. Eduard IV.), geköpft. 1461–70 lebte Jasper als Flüchtling in Wales, Schottland und in m. england. Der einzige Sohn von Edmund und Margaret Beaufort, der wie Heinrich VI. den Namen Heinrich trug, bestieg 1485 als erster Tudorkg. den engl. Thron (→England, E. III, 2). Jasper T. begleitete ihn in der Schlacht v. →Bosworth und teilte mit ihm fast die gesamte Zeit zw. 1470–85 das Exil in Frankreich. Er blieb ein enger Berater in den ersten zehn Jahren von Heinrichs Regierung. R. A. Griffiths

Lit.: G. ROBERTS, Aspects of Welsh History, 1969, ch. VI, VIII – R. A. GRIFFITHS – R. S. THOMAS, The Making of the T. Dynasty, 1985 – G. WILLIAMS, Henry T. and Wales, 1985 – R. A. GRIFFITHS, King and Country: England and Wales in the Fifteenth Century, 1991, ch. 6, 7.

**Tuff** (lat. tofus, spätlat. tufus, it. tufo), seit dem 11. Jh. dt. als Duf(f)-, Dub-, Top-Stein übernommen und auch zu 'tauber' Stein und Duft-Stein sowie über it. tuffo ('Eintauchen') zu Tauf-, Duck-Stein mißdeutet und verändert. Als Sedimentgestein aus lockeren vulkan. Auswurfmassen, oft im Wechsel mit Ergußgesteinen (Lava etc.), ist der T. auch im MA ein begehrtes Baumaterial und wurde v. a. seit dem 13. Jh. im Schichtmauerwerk (neben wechselnden Quader- und Backsteinlagen; →Mauer, Mauerwerk, 2) eingesetzt. Die Vermischung von T. brocken und Kalkmörtel ergab aufgrund der hohen Saugfähigkeit des T.es eine bes. harte Kernmasse (→Bautechnik, 2). Das poröse Gestein unterschiedl. Zusammensetzung (z. B. Aschen-, Staub-, Lapilli-, Bomben-T.) mit verschiedenen Einlagen (u. a. →Bimsstein) ist von dem Kalkt. (v. a. poröser Travertin), der Sintermasse aus Quellwasser-Absätzen, zu unterscheiden. Für das MA waren die Kriterien für T.-Arten jedoch Festigkeitsgrad und Bearbeitungsmöglichkeit (leichte Schneidbarkeit). G. Jüttner

*Lit.:* H. BLÜMER, Technologie und Terminologie der Gewerbe und Künste bei den Griechen und Römern, 1874–87 [III.] – H. LÜSCHEN, Die Namen der Steine, 1979.

**Tu(g)dual**, hl. (Fest: 30. Nov.), 6. Jh. (?), erstmals erwähnt in der »Vita Winwaloei« (→Winwaloeus, hl.) des Wrdisten v. →Landévennec (Mitte 9. Jh.). T. wurde eng assoziiert mit der westl. und nördl. →Bretagne und gilt als Gründer des Kl. →Tréguier. Verläßl. Zeugnisse über sein Leben und Wirken liegen nicht vor, obwohl drei (späte) Viten erhalten sind. Die Entstehungszeit der ältesten Vita ist umstritten, liegt aber keineswegs vor der Bm.serhebung von T. (Mitte 10. Jh.). Ihr Autor bietet nur wenige Informationen über das Leben des Hl.n, mit Ausnahme des Umstandes, daß T. mit 72 Schülern aus Britannien kam, reiche Güter in der Bretagne empfing und viele Kl. gründete. Die Behauptung, daß T. am Hofe des frk. Kg.s →Childebert zum Bf. geweiht worden sei, ist völlig unglaubwürdig, legt eine Abhängigkeit von bret. Heiligenviten des 9. Jh. nahe und entsprang wohl dem Wunsch, dem neuen Bm. eine ehrwürdige Vergangenheit zu geben und die bfl. Jurisdiktion über die aus verstreuten monast. Besitzungen hervorgegangene Diöz. abzusichern. Stark legendar. Ausschmückungen bringen die zweite und dritte Vita (T.s Reise nach Rom, seine Wahl zum Papst). Kultverbreitung auf örtl. Grundlage in der nördl. und westl. Bretagne; Reliquien im späten 11. Jh. aber bereits in Chartres und Château-Landon. Eine kleine Zahl von Ortsnamen deutet auf Verehrung auch in →Wales hin.
J. M. H. Smith

*Bibliogr.:* M. LAPIDGE-R. SHARPE, A Bibliogr. of Celtic-Latin Lit. 400–1200, 1985, nos. 955, 956, 957 – *Lit.:* F. DUINE, Memento des sources hagiogr. de l'hist. de Bretagne, 1918, no. 15 – R. COUFFON, Les 'pagi' de Dumnonée au IX$^e$ s. d'après les hagiographes bretons, Mém. Soc. d'Hist. et d'Archéologie de Bretagne 24, 1944, 1–24.

**Tugenden und Laster, Tugend- und Lasterkataloge**
I. Definition, Inhalt, Aufbau – II. Monastische Lasterschemata – III. Lateinische Tugend- und Lasterkataloge – IV. Landessprachliche Tugend- und Lasterkataloge.

I. DEFINITION, INHALT, AUFBAU: T.- und L.-Kat. sind Listen von Sünden oder negativen moral. Eigenschaften, von Einzelsünden und Sündenfamilien sowie von konkreten Missetaten; ferner von diesen entgegengesetzten Tugenden und positiven moral. Eigenschaften, die imstande sind, obige Übel zu heilen. Eine bestimmte ma. Gattung (s. u. R. NEWHAUSER, The Treatise on Vices and Virtues in Lat. on the Vernacular, 1993) ist der »tractatus de vitiis et virtutibus«, im allg. ein kurzes anonymes Prosawerk mit schlichten Beschreibungen der L. und der diesen zugeordneten heilenden Tugenden. Ihre Eigenschaften werden nicht immer nur aufgelistet. Häufig werden sie nach einer bestimmten erweiterten strukturierenden Metapher angeordnet, z. B. Jakobsleiter, Reise, Arzneimittel, Baum sowie Kampf zw. T. und L. Es handelt sich um eine typisch chr. Gattung, verbunden mit spezif. gesch. Entwicklungen in der westl. Theol.: dem Anwachsen einer asket., monast. Spiritualität sowie der zunehmenden Bedeutung der Bußlehre und der Ohrenbeichte. Zwei lat. geschriebene Slg.en der Hauptsünden, beide aufgelistet nach einer bestimmten genet. Ordnung, wurden Ende des 6. Jh. maßgebend: die Achtergruppe Cassians und die Siebenergruppe Papst Gregors d. Gr.

II. MONASTISCHE LASTERSCHEMATA: Evagrius Ponticus, ein in der ägypt. Wüste lebender gr. sprechender Mönch des 4. Jh., beschrieb in mehreren Schriften bestimmte böse »Gedanken« (*logismoi*) und wie der Mönch sie bekämpfen und vertreiben kann. Die acht *logismoi* des Evagrius wurden von Johannes Cassian mit geringen Dnderungen ins Lat. übertragen: *gula, fornicatio/luxuria, avaritia, ira, tristitia, acedia, inanis gloria* und *superbia*. Cassians Übers.en, die weitgehend an ein monast. Publikum gerichtet waren, fanden auch in einem breiteren säkularen Verbreitung, zumindest in Spanien, dank des Einflusses auf Autoren wie Bf. Eutropius v. Valencia und Martin v. Braga. Die cassian. Achtergruppe spielt ferner eine wichtige Rolle in den irischen und ags. Bußbüchern.

Martin v. Braga popularisierte nicht nur Cassians Achtergruppe, sondern er ergänzte auch dessen Tugendlehre. In seiner »Formula vitae honestae« führte er die vier – durch ihre Rezeption in den Schriften Ciceros und Senecas bekannten – platon. Kardinaltugenden als ein zusammen mit den cassian. Heiltugenden wirkendes Mittel ein, mit dem man die L. bekämpfen kann. Damit ist ein früher, jedoch kein endgültiger Schritt getan, um die T.en als in den L.n gegenüber paralleles System von festen und geordneten Abstraktionen zu begreifen. Das MA hindurch suchten chr. Autoren aus einem breiten Feld von katechet. Topoi, z. B. den Seligpreisungen und den Gaben des Hl. Geistes, vergleichbare Gegenstücke zu den T. Eine aus den vier Kardinaltugenden und drei theol. T. zusammengesetzte Siebenergruppe fand allerdings erst im HochMA allgemeine Anerkennung.

Die maßgebende Beschreibung der Siebenzahl der Hauptsünden (»principalia vitia«) stammt aus dem »Moralia in Job« Gregors d. Gr. Stolz (*superbia*) wird von Gregor als Wurzelsünde gestellt, die zu *inanis gloria, invidia, ira, tristitia, avaritia, gula* und *luxuria* führt. Obwohl es hinsichtl. der Reihenfolge der Sünden und dem ihnen zugeschriebenen Gewicht häufig zu Innovationen kam, und bisweilen auch hinsichtl. ihrer Zahl, so bleibt der Inhalt der Hauptsünden dieser Gattung 700 Jahre lang erstaunl. stabil.

III. LATEINISCHE TUGEND- UND LASTERKATALOGE: Von den cassian. und gregorian. L.schemata machten unterschiedl. Autoren des karol. Zeitalters Gebrauch. Theodulf v. Orleans verwendet eine Mischung beider Schemata in einem Text, der für die Formulierung der Moralvorbilder der karol. Renaissance von zentraler Bedeutung ist: die »Libri Carolini«, die jedoch kein repräsentatives Beispiel der gen. Gattung sind. Alcuins »Liber de virtutibus et vitiis ad Widonem comitem« enthält eine Slg. von Gemeinplätzen aus den Kirchenvätern und der Hl. Schrift. Die strukturelle Bedeutung der T. für diesen Text ist auffallend. Sie kann als ein Schritt in Richtung auf die Ausbildung einer symmetr. Tugend-Laster-Anordnung innerhalb dieses Genre gattungsmäßiger Abstraktion betrachtet werden. Der Versuch, ein moral. positiv bewertetes, zu den L.n paralleles Schema aufzubauen, wurde von Alcuins Schüler Hrabanus Maurus und später von Albuin († 1031) fortgeführt. Der »Liber de fructu et carnis spiritus« Konrads v. Hirsau betont die Symmetrie zw. beiden Strukturen. Anhand einer strukturierenden Baummetapher bietet er parallele Systeme von T. und L.n. Die Schrift »De quinque septenis« Hugos v. St. Viktor bezeugt die Freiheit, mit der

Autoren seines Zeitalters Tugendschemata begriffen haben. Er erkennt Homologien zw. einem siebenstufigen Lasterschema und den Bitten des Paternoster, den Gaben des Hl. Geistes, und den Seligpreisungen.

Die wachsende Verbreitung von moralphilos. Texten der klass. Antike im 12. Jh., zum Teil durch Florilegien, wie etwa die »Moralia dogma philosophorum«, prägte die Vorstellung von T. in Schriften wie »De virtutibus et vitiis et de donis spiritus sancti« des Alanus ab Insulis. Man kann zugleich das rationalisierende Interesse an und die Betonung von Tugendsystemen unter den scholast. Autoren vorausahnen. Die harmatiolog. Orientierung der früheren Texte, ihr Versuch, begriffl. Waffen für den geistl. Kampf gegen die Sünde zu schmieden, weicht allmähl. einem Diskurs über die log. Bestimmung, Klassifikation, und die Beziehungen zw. den T.

Zu den umfangreichsten vorhandenen Exemplaren der T.- und L.-Kat. zählen diejenigen, die an der Univ. Paris während des zweiten Drittels des 13. Jh. geschrieben wurden, u.a. die »Summa de vitiis« von Johannes de Rupella und die »Summa de vitiis et virtutibus« Wilhelms v. Auvergne. Beide Texte wollen die Verwirrung, die Unordnung und die begrenzte Reichweite der früheren Tugendabhandlungen korrigieren. Aus dieser Zeit stammt auch die außerordentl. einflußreiche zweiteilige »Summa de vitiis et virtutibus« des Wilhelmus Peraldus. Sie ist offenkundig in Hinblick auf die Bedürfnisse von Predigern und Beichtvätern entworfen, in Verbindung mit den Reformen des IV. Laterankonzils (1215) und voll von denkwürdigen Zitaten, Anekdoten und Exempla. Auch eine der letzten großen Summen der T. und L., die »Summa de vitiis et virtutibus libri duo« von Dionysius dem Kartäuser, zeigt eine bes. Vertrautheit mit pastoralen Fragen. Sie ist ein umfassendes Hilfsmittel zur Gewissenserforschung, für Beichte und Buße. Sie belegt ferner die entscheidende Bedeutung der chr. Transformation der aristotel. Tugendlehre in der »prima secundae« der »Summa theologiae« des Thomas v. Aquin für das SpätMA.

IV. LANDESPRACHLICHE TUGEND- UND LASTERKATALOGE: [1] *Exemplarischer Überblick:* Die wachsende Produktion von T.- und L.-Kat. im SpätMA deutet auf die zunehmende Wichtigkeit der religiösen Unterweisung der Laien hin. Die it. »Fiore di virtú« des frühen 14. Jh. ist ein Beispiel eines Gattungshybrides, der Florilegien und Exemplaslg.en ebenso ähnelt wie einem Tugendtraktat. Diese Schrift scheint einen bedeutenden Einfluß gehabt zu haben, da sie in fast jede Landessprache übersetzt wurde. Die Mehrzahl von frz. Katalogen dieses Zeitalters ist eng mit der persönl. Vorbereitung auf das Beichtsakrament verbunden, wie z.B. Nicolas Bozons »Char d'Orgueil«, sowie mit katechet. Hb.er, wie etwa Johannes Gersons »Le profit de savoir quel est péché mortel et véniel«. Ein repräsentativeres frz. Beispiel einer Summe von L. und T. ist die »Somme le roi« von Bruder Laurent v. Bois des 13. Jh. Der populärste derartige me. Text ist vielleicht Richard Lavynhams »A Litil Treatys on the Seven Deadly Sins«. Der schlichte Stil und Aufbau dieses Textes stimmt mit dem Programm einer klerikalen und laikalen Ausbildung überein, wie es auf dem Konzil von Lambeth (1281) von Bf. Johannes Peckham entworfen wurde. Ein kurzer mhd. Lastertraktat »Von den Hauptsünden« zeigt die unter derartigen dt. und ndl. Werken häufig vorzufindende Orientierung auf die Predigt. Abhandlungen der L. in dichter. Form liegen in den ndl. »Spiegel der Sonden« des 14. Jh. und Joseps mnd. »Sündenspiegel« des 15. Jh. vor. Beide bearbeiten lat. Texte neu, ein typisches Phänomen der landesprachl. Werke. Das »Bůch der tugenden« ist ein wichtiges frühes Werk der sog. dt. Scholastik. Obwohl sich das Buch in erster Linie an ein gebildetes klerikales Publikum richtet, findet es dank seiner Eingliederung in ein spätma. Rechtshb. eine weitaus breitere Leserschaft.

Das »Bůch der tugenden« verweist sinnbildl. auf das Schicksal des »tractatus de vitiis et virtutibus« als einer Gattung am Ende des MA. Ein derartiger stilisierter schriftl. Diskurs über die Hauptsünden und ihre Heilmittel ist für die Humanisten und Autoren der Reformation nicht von einem maßgebl. Interesse. Die Moralpädagogik dieser Texte überlebt jedoch, insofern sie, neben anderen katechet. Schriften und Bußtexten, in Handbücher der religiösen Unterweisung eingeordnet wurde.

M.J. Tracey

Q.: Summa virutum de remediis anime, ed. S. WENZEL, 1984 – Das bůch der tugenden, ed. K. BERG–M. KASPER, 2 Bde, 1984 – Joseps Sündenspiegel, ed. E. SCHÜTZ, 1973 – *Lit.*: DSAM XII, 1, 853–862 [A. SOLIGNAC] – Incipits of Lat. Works on the Virtues and the Vices, ed. M. BLOOMFIELD et al., 1979 – R. JEHL, Die Gesch. des Lasterschemas und seiner Funktion, FSt 64, 1982, 261–359 – S. WENZEL, The Continuing Life of William Peraldus's Summa vitiorum (Ad litteram. Authoritative Texts and Their Medieval Readers, hg. M. D. JORDAN–K. EMERY Jr., 1992), 135–163 – R. NEWHAUSER, The Treatise on Vices and Virtues in Lat. and the Vernacular, 1993 – F.-J. SCHWEITZER, Tugend und Laster in illustrierten didakt. Dichtungen des späten MA, 1993.

[2] *Englische Literatur:* Die Gattung existierte in England vor dem 14. Jh., ein frühes Beispiel ist »Vices and Virtues« (um 1200). Ihre Blütezeit hatte sie aber erst im SpätMA. Sie schließt Übers. en und Überarbeitungen lat. und volkssprachl. Werke (→Martin v. Bragas »Formula vitae honestae«; Johannes v. Wales »Breviloquium«; die »Fiore di virtú«; Fr. Laurent v. Blois' »Somme le roi«), aber auch Eigenproduktionen ein (Richard Lavynhams »A Litil Tretys on the Seven Deadly Sins« und mehrere anonym überlieferte Texte). In ihnen zeigt sich die Bedeutung des volkssprachl. Unterrichts in Moraltheologie für die Beichte oder die Vorbereitung von →Predigten im Zuge des →IV. Laterankonzils (1215) und des Lambeth-Konzils (1281), aber die Gattung durfte auch zu erbaul. Zwecken benutzt werden. Die engl. Traktate waren für ein nicht sehr gebildetes Publikum (zunächst Klerus oder Bettelmönche, später auch Laien) bestimmt. Sie wurden meistens in Hss. mit anderen Werken pastoralen oder erbaul. Inhalts überliefert. Traktate, die die »four errors« behandeln (weltl. Benehmen, Fleischeslust, Habsucht, Eitelkeit), sowie die Häufigkeit von Tugendtraktaten sind für England charakteristisch.

R. Newhauser

*Bibliogr.*: Manual ME, VII, 1986 – *Ed.*: F. HOLTHAUSEN, Vices and Virtues, EETS 89, 159, 1888–1921 – W. N. FRANCIS, The Book of Vices and Virtues, EETS 217, 1942 – R. LAVYNHAM, A Litil Tretys on the Seven Deadly Sins, ed. J. P. W. M VAN ZUTPHEN, 1956 – *Lit.*: M. W. BLOOMFIELD, The Seven Deadly Sins, 1956 – S. WENZEL, The Sin of Sloth, 1967 – R. NEWHAUSER, The Treatise on Vices and Virtues in Latin and the Vernacular, 1993.

[3] *Romanische Literaturen*: Die scholast. Sündenlehre arbeitete die Unterscheidung zw. peccatum mortale und veniale aus. Für Seelsorge, Predigt, Katechese und Beichtpraxis mußten die theol. Erörterungen in verständl. und verwendbare Form umgesetzt werden. Dies geschieht seit dem späteren 12. Jh. in einer unüberschaubaren Fülle vielfach internat. verbreiteter Summen, Traktate, Betrachtungen, Handreichungen in lat. Sprache und in volkssprachl. Übers. Der Sündenlehre wird oft als Ergänzung und asket. Gegenmittel die Lehre von den T. zur Seite gestellt. Mit der Theologie der Sünde verbinden sich v.a. Abhandlungen über die Versuchungen und Sündenstrafen, Vorschriften der Bußordnung sowie mentalitäts-

geschichtl. »die große Furcht«. Die Siebenzahl der Todsünden, L., entspricht einer alten und bibl. reich belegten Symbolik. Für Augustinus bedeutet die Sieben sowohl die Zahl der Sünden als auch der Erlösung (7 Sakramente – 7 Todsünden. 7 T., 7 Gaben des Hl. Geistes, 7 Schalen des göttl. Zornes, 7 Freuden Mariens usw.). Die T.- und L.lehre wird in der ma. Kunst häufig veranschaulicht und in allegor. Personifikation vorgestellt. Das einflußreiche Muster für die lit. Darstellung des Kampfes zw. christl. T. und heidn. L.n um die Herrschaft über die Seele bietet →Prudentius in der »Psychomachia« (405). In →Streitgedichten und in erbaul. Lehrdichtung wird die Gegenüberstellung von T. und L. abgehandelt. Die →Raoul de Houdenc zugeschriebene »Voie de Paradis« (um 1230) stellt allegor. den Aufstieg auf der »Leiter der T.« dar, der »Songe d'Enfer« den umgekehrten Weg. →Huon de Mery schließt mit »Li Tornoiement Antecrist« daran an. In Italien faßt Bono Giamboni im »Libri de' vizi e delle virtude« die Kirchenlehre enzyklopäd. zusammen. John →Gower beschreibt im »Miroer de l'Omme« (1376–79) L. und T. in 30000 Versen.

Stephen →Langton verfaßte die wohl älteste »Summa de vitiis et virtutibus«, gefolgt von →Wilhelm v. Auvergne. Die am weitesten verbreitete Summa stammt von →Wilhelm Peraldus (Guillaume Peyraut) OP († um 1271). Von ihr hängt Laurent d'Orléans OP mit »La Somme le Roy« ab. Von dem darin enthaltenen »Livre des vices et des vertus« sind zwei kast. und eine katal. Fassung bekannt. Weit verbreitet war ferner das »Viridiarium consolationis« des Jacopo da Benevento (13. Jh.) in kast., katal. und ptg. Übertragung. Drei versch. kast. Versionen sind von dem »Fiore di virtù« (frühes 14. Jh.) bekannt, außerdem eine katal. sowie eine frz. Übers. Das Werk erschien vor 1500 mehrmals im Druck. Das »Breviloquium de virtutibus« des Franziskaners John of Wales (Johannes Vallensis) – in weit über 150 Hss. überliefert – wurde häufig ausgeschrieben und u. a. ins Katal. und It. (4 Fassungen) übersetzt.

Eine bemerkenswerte Zahl von Beichtspiegeln, T.lehren (z. B. »Libro Binario« BN Madrid 4236), Betrachtungen über 7 Arten von Versuchungen oder Furcht, Traktaten (wie Lope Fernández de Minayas »Espejo del alma«, Lope de Olmedos »Adhortationes contra octo principalia vitia«; Francesc →Eiximenis »Cercapou« und »Terç del Chrestià«; →Alfons v. Cartagena »Memorial de virtudes«; Diego de →Valera »Breviloquio de virtudes«, um 1450) sind aus dem iber. Raum im 15. Jh. erhalten. Juan de Menas »Coplas de los siete pecados mortales« (auch »de vicios y virtudes« betitelt) wurden u. a. von Gómez Manrique fortgeführt, mehrfach glossiert und bis ins spätere 16. Jh. gedruckt. D. Briesemeister

Lit.: DSAM XVI, 497–506 – A. KATZENELLENBOGEN, Allegories of the Virtues and Vices in Medieval Art, 1939 [Neudr. 1989] – M. W. BLOOMFIELD, The Seven Deadly Sins, 1952 – S. WENZEL, The Sin of Sloth (Acedia) in Medieval Thought and Lit., 1967 – J. HOULET, Le combat des vertus et des vices, 1969 – S. WENZEL, Vices, Virtues, and Popular Preaching, Medieval and Renaissance Studies 6, 1976 – M. W. BLOOMFIELD–B.-G. GUYOT u. a., Incipits of Latin Works on the Virtues and Vices (1100–1500), 1979 – R. JEHL, Die Gesch. des L.schemas und seiner Funktion, FSt 64, 1982, 261–359 – R. NEWHAUSER, The Treatises on Vices and Virtues, 1993.

**Tuğrā** (türk.), ursprgl. bei den Oġusen (→Oġuz) in Zentralasien (8. Jh.) wohl Stempel bzw. Brandzeichen für Pferde, wird zum →Siegel und Emblem der Herrscher, von den →Selġuqen (11. Jh.) bis zum Ende der →Osmanen (1922), auf allen mit ihnen verbundenen Gegenständen, auch Münzen. Sie ist ein Sinnbild der imperialen Würde des türk. Staats. Neben der Kanzlei für den Text von Staatsschreiben (*Firman*) verfügten die →Sultane über eine zweite, deren Schreiber, Inhaber eines hohen Staatsamtes, am Kopf des vollendeten Schreibens die hochstilisierte T. eintrug, meistens mit Feder. Sie besteht aus Elementen eines Protokolls in kanon. Reihenfolge, beginnend mit der Anrufung Gottes; es folgen immer die Namen des Herrschers, seine Genealogie und alle seine Titel, oft in Gold geschrieben und häufig mit Streublumen verziert. Wegen der dekorativen Ansprüche der →Kalligraphie kann die Buchstabenfolge verändert werden. Stets werden mehrere Wörter oder Buchstaben in der Mitte nach oben in lange senkrechte Linien gebündelt, andere in waagrechtem Kontrast dagegengesetzt, die rechts mit Geraden beginnen und die links in Ellipsoiden geschlossen werden, alle mit großer Verve geschrieben. Für die Form der T., die sich einem Dreieck einbeschreiben läßt, werden verschiedene Erklärungen angeboten, etwa als Vogel oder als Finger einer Hand. Für bestimmten Zwecken benutzten auch die →Mamlūken Ägyptens bis etwa zur Mitte des 14. Jh. Tuġren. K. Brisch

Lit.: EI¹ VIII, 822–826 – S. UMUR, Osmanlı Padişah Tuğraları, 1980 – Imperial Ottoman Fermans, Exhibition Catal., Mus. of Turkish and Islamic Arts, Istanbul, 1986.

**Tugumir**, Fs. der →Heveller, wurde nach der Eroberung der →Brandenburg durch Heinrich I. (Winter 928/929) zusammen mit seiner Schwester (Mutter des späteren Ebf.s →Wilhelm v. Mainz) in sächs. Gewahrsam genommen. Er kehrte 940 in die Brandenburg zurück, beseitigte seinen inzwischen dort residierenden Neffen und unterstellte die Burg Otto I., dem so die Tributherrschaft über die slav. Stämme »bis zur Oder« (Widukind) zufiel. T.s Todestag (25. Mai), nicht aber das Jahr, ist im Nekrolog des Nonnenstiftes Möllenbeck (nahe Corvey a. d. Weser) verzeichnet, wo wahrscheinl. seine Schwester lebte. Ob T. 948 bei der Gründung des Bm.s Brandenburg noch am Leben war, ist unsicher (Otto I. schenkte damals dem Bf. aus seinem eigenen Besitz die Hälfte der Burg). Spätere Nachrichten belegen, daß T.s Nachkommen, die mit den Gf.en v. →Haldensleben und den →Piasten verschwägert waren, gewisse Herrschaftsrechte wahren konnten.
Ch. Lübke

Q.: Widukind, II/20 – Das Nekrolog des Kl. Möllenbeck, ed. L. SCHRADER, Wigands Archiv 5, 1832, 355 – Lit.: H. LUDAT, An Elbe und Oder um das Jahr 1000, 1971, 11f. – CH. LÜBKE, Reg. zur Gesch. der Slaven an Elbe und Oder, T. II, 1985, Nr. 25, 66, 68.

**Tuilettes**, seitl., kleinere →Beintaschen an den Bauchreifen des it. →Plattenharnisches. Von den ursprgl. vier gleich großen Beintaschen wurden um 1440 die vorderen vergrößert, die seitl. verkleinert, letztere von den Franzosen T. genannt. O. Gamber

Lit.: O. GAMBER, Harnischstudien, VI, JKS 51, 1955.

**Tuirgéis** (norw. Thórgastr, Thórgils), norw. →Wikinger in →Irland, 845 faßbar, als er sein Lager am Loch Ree errichtete und von hier aus Raubzüge an beiden Shannonufern veranstaltete, bes. gegen Kl. wie →Clonmacnois, →Clonfert, Terryglass und →Lorrha. Noch im selben Jahr geriet er aber in Gefangenschaft von Máel Sechnaill, Kg. v. Meath (→Mide), der ihn im Loch Owel ertränken ließ. T. tritt (im Unterschied zu anderen Wikingeranführern) in einer Reihe von ir. Sagen stark hervor, die ihm ein bewußtes Streben nach Errichtung einer heidn. Religion in Irland zuschreiben. G. MacNiocaill

Lit.: D. Ó CRÓINÍN, Early Medieval Ireland 400–1200, 1995.

**Tulle**, St-Martin de, Abtei OSB (dép. Corrèze, Bm. Limoges, Kirchenprov. Bourges), im 7. Jh. gegr., vor 814

im Sinn der Regel des Benedikt v. Aniane reformiert, später von den Normannen zerstört, wurde 933 auf Anordnung des westfrk. Kg.s Rudolfs I. restauriert und zunächst dem Mönch Aimo v. St-Savin-sur-Gartempe, 935 Abt →Odo v. Cluny zur Reform übertragen. Odo setzte Adacius als Abt in T. und später auch in St-Sauveur de Sarlat und Lézat ein. Eine rechtl. Anbindung an →Cluny fand nicht statt, jedoch blieben – oft über die Person des Abtes – Kontakte zu anderen cluniazens. geprägten Kl. bestehen. Abt Wilhelm (1092–1111) erhielt Schutzprivilegien Urbans II. (1096) und Paschalis' II. (1105) für das von ihm restaurierte Kl. (weitere Privilegien: Hadrian IV. [1154], Clemens III. [1180]). Die Vogtei besaßen die Vgf.en v. →Limoges, später die Vgf.en v. →Turenne. 1317 erhob Johannes XXII. die Abtei zum Sitz eines neugeschaffenen Bm.s, das den Südteil der Diöz. Limoges umfaßte. Die Mönche bildeten das Kathedralkapitel (1517 säkularisiert). Bedeutende Bf. v. T. waren: Arnauld de St-Astier († 1333), der das Synodale v. Rodez (1289) für T. übernahm; Hugues Roger, Kardinal v. T. (1342–43; Bruder Clemens VI.) und Jean II. de Cluys (1428–44), der von Kg. Karl VII. v. Frankreich mit einer Legation nach Kastilien betraut wurde. Die Stadt – Mittelpunkt des Tuchhandels – wurde 1346 und 1369 von den Engländern besetzt und 1348 von der Pest heimgesucht; sie erhielt 1373 vom Bf. die Stadtfreiheit. U. Vones-Liebenstein

*Lit.*: LThK² X, 402f. – J.-B. CHAMPEVAL, Cartulaires des abbayes de St-Martin de T. et de Rocamadour, 1903 – J. DE FONT-RÉAULX, Pouillés de la Prov. de Bourges, 1961, 527–533 – S. VALETTE, Les origines de T., Tutela, Lemouzi 11, 1964, 78–82; 12, 1964, 71–74; 13, 1965, 85–89 – J. SACQUER, La cathédrale de T., ebd. 29–32, 1969, 289–301 – J.-L. LEMAÎTRE, Rép. des documents nécrologiques français, 1980, Nr. 2832–2835 – M. AUBRUN, L'ancien diocèse de Limoges des origines au milieu du XIe s., 1981 – G. CANTIE, St-Martin de T., Bull. monumental 148, 1990, 88–90 – J. VINATIER, Hist. religieuse du Bas-Limousin et du diocèse de T., 1991.

**Tüllenschäftung**, die früheste Form der Schäftung von →Handfeuerwaffen (→Handbüchse, →Hakenbüchse, →Stockbüchse). Bei der T. diente eine in die am hinteren Ende eines gegossenen oder geschmiedeten Rohres befindl. Tülle eingeschobene Holzstange als Handhabe für den Schützen. E. Gabriel

*Lit.*: M. THIERBACH, Die geschichtl. Entwicklung der Handfeuerwaffen, 1886.

**Tulln**, Stadt an der Donau (Niederösterreich). Als röm. Militärlager Comagenis in der →Tabula Peutingeriana, dem Itinerarium Antonini und der Severinsvita erwähnt, doch besteht keine direkte Kontinuität zur späteren Stadt T. Die Nennung »iuxta Comagenos civitatem« von 791 ist als »spätantike Lesefrucht« zu werten. 859 als »fiscus qui vocatur Tullina« nach WOLFRAM »Vorort des bairischen Ostlandes und östlichste Hauptstadt Baierns«. 985/991 fand hier vermutl. das erste nachweisbare österr. Landtaiding statt; im Ungarnkrieg 1042 als »civitas Tullina« offenbar bereits mit Wehrfunktion. Die Beschlüsse des T.er Landtaidings v. 1081 führten zur Schlacht bei →Mailberg. 1108 ordnete hier Ks. Heinrich V. die im Investiturstreit zerrütteten Verhältnisse in der babenberg. Mark, doch war T. weder damals noch später landesfs. Residenz. Seit der Mitte des 12. Jh. sind laufend Ministeriale »de Tulna« bekannt, die Funktionen im weiträumigen Landgerichtssprengel ausüben. Nach der Mitte des 13. Jh. Entstehung eines selbstverwalteten städt. Gemeinwesens (iurati et universitas civium de Tulna), dessen Recht in den Privilegien v. 1270 und 1276 erstmals kodifiziert erscheint. T. als Wirtschaftsstandort belegen die frühen Zunftprivilegien v. 1261 (Schiffer) und 1270 (Fischer). Die Fleischerordnung v. 1267 enthält zugleich den ersten Hinweis auf die örtl. Judengemeinde. Das Großkapital vertritt damals Konrad v. T., der Finanzier der Kg.e Otakar und Rudolf. Im 15. Jh. geriet T. in die Auseinandersetzung zw. Friedrich III. und Albrecht VI. und war daneben mehrmals Versammlungs- und Beratungsort des ks.treuen wie des oppositionellen Adels (Th. Ebendorfer, Chronica Austriae, passim). M. Weltin

*Lit.*: Mitt. des heimatkundl. Arbeitskreises für die Stadt und den Bezirk T., Bd. 7, 1992.

**Ṭūlūniden**, ägypt. Dynastie türk. Herkunft (868–905). Als Stellvertreter des abbasid. Militärbefehlshabers in Ägypten gelang es Aḥmad ibn Ṭūlūn (868–884) →Ägypten und →Syrien (seit 878) seiner Kontrolle zu unterwerfen und sich vom Kalifat der →Abbasiden unter theoret. Anerkennung ihrer Oberhoheit faktisch unabhängig zu machen. Aḥmad ibn Ṭūlūn und sein fähiger Sohn und Nachfolger Ḥumārawaih (ermordet 895) stützten ihre Herrschaft auf eine starke, strikter Disziplin unterworfene Armee aus türk., sudanes. und griech. Sklaven und Söldnern. Die Beseitigung von polit. und wirtschaftl. Mißständen, die Herabsetzung von Abgaben und Lasten sowie eine Reform des Steuer- und Verwaltungswesens unter gleichzeitig gezielter Abschöpfung der kgl. Domänen ließen trotz der hohen Militärausgaben Handel und Gewerbe aufblühen und bescherten dem Land Wohlstand und Rechtssicherheit. Die beiden ersten T., die sich durch ihre tolerante Haltung gegenüber Christen und Juden auszeichneten, machten sich auch als Förderer von Wissenschaft und Kunst (T.moschee) verdient. Die Söhne von Ḥumārawaih verloren dagegen die Kontrolle über die Armee, die sie angesichts des wirtschaftl. Niedergangs nicht mehr ausreichend besolden konnten. Mit der Ermordung des Emirs Šaibān im Jan. 905 erlosch die Dynastie. P. Thorau

*Lit.*: EI¹ IV, 903–905 – Z. M. HASSAN, Les Tulunides, 1933.

**Tumba** → Grab

**Tummler**, auch Tummeler, seit dem 13. Jh. die Bezeichnung für das bei Belagerungen von Burgen und Städten von den Angreifern als Mauerbrecher verwendete →Stoßzeug. E. Gabriel

*Lit.*: B. RATHGEN, Das Geschütz im MA, 1928.

**Tümmler** → Becher

**Tundalus** → Visio Tnugdali

**Tune.** An der Ostseite des Oslofjordes wurde 1867 n. von Fredrikstad im Kirchspiel Rolvsöy, Östfold, ein Schiffsgrab in einem aus Blaulehm bestehenden Erdhügel von 80 m Durchmesser und 4 m Höhe entdeckt. Das Schiff von ursprgl. etwa 20 m Länge und 4,35 m Breite war aus 11–12 Eichenplanken je Seite gebaut. Sein Mast stand aufrecht, sein Steuerruder lag quer über dem Achterteil. Dort befand sich eine viereckige Grabkammer aus Eichenplanken, in der Reste eines Menschen und eines Pferdes angetroffen wurden. Die nicht mehr erhaltenen Funde eines Schwerthandgriffes an der ö. Reling sowie einer Speerspitze und eines Schildbuckels an der w. Reling weisen auf eine Männerbestattung hin. An der w. Reling lagen mittschiffs Reste von mindestens zwei Pferden. Dendrochronolog. Datierung der Grabkammer: nach 892, vermutliches Fälldatum der Planken um 910; des Schiffes: ein Plankenholz mit Splint, Fälldatum 910. T. gehört zur Gruppe der prunkvollen Schiffsbestattungen (9.–10. Jh.) beiderseits des Oslofjordes (Borre, →Gokstadschiff, →Oseberg). M. Müller-Wille

**Tunika,** ein Wort semit. Ursprungs (vgl. hebr. *ktoneth*), bezeichnet ein Gewand, das weit in die vorchristl. Zeit zurückgeht und aufgrund seines elementaren Formprinzips zu den zentralen Stücken der abendländ. →Kleidung zählt: ein langes, gerade geschnittenes, gegürtetes, von Männern wie auch Frauen getragenes (eigtl. Unter-) Gewand, dessen Vorder- und Rückseite an den Schultern und seitl. aneinandergenäht ist, für den Hals und die Arme je eine Öffnung aufweist und über den Kopf angezogen wird. Diese bewährte T.-Grundform erfährt chronolog., quantitativ und qualitativ bedingt (= hinsichtl. Farben, Materialien, Dekorationen, Funktionen und sozialen Zuordnungen) breitgefächerte Variationen. Dazu können noch Spielarten in Schnitt und Trageweise kommen (z.B. eingesetzte Ärmel oder Keile; eine Schleppe; die Verwendung von Accessoires; verschiedene Arten von Gürtung und Schließen; mehrere T.en übereinander). Im MA begegnet die lat. Bezeichnung 'tunica' für eine entsprechend große Vielzahl von männl. und weibl. Kleidungsstücken aus prakt. allen sozialen Schichten. Etliche Varianten führen eigene Spezialtermini (im profanen Bereich z. B.: Subt. = *Cotte*; Supert. = *Surcôt, Cappa*). Der mlat. Begriff 'tunica' ist also eher Ober- und Sammelbegriff und erlaubt für sich allein ohne kontextbezogene Zusatzinformationen keine formalen Konkretisierungen des damit bezeichneten Gewandes. Die T. »glich sich dem Stilwandel der Epochen an«, das eheste dt.sprachige Korrelat ist →Rock. Da bis ins hohe MA »alle Kleidung auf der Grundform einer T. beruhte, ist eine strenge Abgrenzung zw. liturg. und alltägl. Gebrauch« bis dahin kaum möglich (M. BRINGEMEIER, 9, 12). Als Bestandteil der liturg. Kleidung bleibt die T. am deutlichsten auf die Funktion des Untergewandes (→Unterkleidung) beschränkt, z. T. freilich auch hier unter ganz anderslautenden Bezeichnungen (im W die Alba, weiß; im O das Sticharion, auch farbig; T. mit Ärmeln: Dalmatik). Die T.-Kleidung verliert im 14. Jh. ihre Stellung als dominierende Stileinheit, nur in der Kleidung der Gelehrten und hier bes. der Kleriker überdauert sie das MA. H. Hundsbichler

*Lit.:* M. BRINGEMEIER, Priester- und Gelehrtenkleidung, Rhein.-westfäl. Zs. für VK, Beih. 1, 1974 – I. LOSCHEK, Reclams Mode- und Kostümlex., 1987, 459f. – H. KÜHNEL, Bildwb. der Kleidung und Rüstung (Kröners Taschenausg. 453, 1992), 272ff.

**Tunis,** Stadt in Nordafrika (Maġrib, →Afrika, II), heut. Hauptstadt v. Tunesien. [1] *Antike:* Der Siedelplatz T. (Thunes, Tynes nach berber. Etymologien; Taršiš, Tartessos nach arab. Deutungen, die einen bibl. Ursprung annahmen), spätestens seit dem 6. Jh. v. Chr. als Ansiedlung einer libyschen Völkerschaft belegt, lag sw. der phönik.-hellenist. Metropole →Karthago, deren hist. Schicksal T. teilte (146 v. Chr. definitive röm. Eroberung). Die aus röm. Zeit stammenden 'Thermen des Gebamund' wurden noch von den →Vandalen im 5. Jh. n. Chr. benutzt.

[2] *Frühe arabisch-muslimische Herrschaft:* Nach der Beseitigung Karthagos, des Sitzes der byz. Militär- und Zivilverwaltung (→Exarchat, III), durch die Invasion der →Araber erlebte T. ab 692 städt. Aufstieg. Unter der Oberherrschaft der →Omayyaden errichtete der Emir Ḥassān ibn al Nuʿmān ein →Arsenal und ließ einen Verbindungskanal von T. zum Mittelmeer anlegen. Für den neuen Hafen wurden ca. 1000 Koptenfamilien aus →Ägypten angesiedelt. 732–734 wurde die große Zaitūna-Moschee erbaut, nach der Tradition über einem aus der Vandalenzeit stammenden chr. Oratorium der hl. Oliva.

Von 893 bis 903 wurde T. unter den →Aġlabiden mit neuen städt. Bauten und Einrichtungen ausgestattet. Bereits →Ibn Hauqal berichtet vom Wohlstand der Stadt. Unter den →Fāṭimiden, die hier vergebl. die →Schia einzuführen versuchten, machte sich T. als Ausgangspunkt der Revolte des Abū Yazíd (944) ztw. mißliebig. Die Abspaltung des Emirs al-Muʿizz (um 1050), eines Mitglieds der berber. Ṣanhāǧa (→Berber), hat ihren Ursprung in diesem religions- und machtpolit. Gegensatz. Die polit.-militär. Auseinandersetzungen des 11.–12. Jh. wurden durch die Invasion der Banū Hilāl und anderer Beduinenstämme verschärft. T., das den Machtanspruch der →Zīriden entzog, kam unter die Herrschaft der Banu Ḫurāsān, lebte unter Bedrohung der nomad. Banu Ryāḥ und unterstand seit 1203 der Kontrolle der Banū Gazīya, einer unter Oberhoheit der →Almoraviden stehenden Berberdynastie. Schließl. aber fiel T. an die →Almohaden, deren Joch schwer auf der Stadt lastete, die T. aber zur Hauptstadt v. Ifriqīya machten.

[3] *Die Zeit der Ḥafṣiden:* Die ztw. unter dem Expansionsdruck der Kg.e v. Sizilien (von →Roger II., 1150, bis in die Zeit der →Siz. Vesper und →Peters III. v. Aragón) stehende Stadt entwickelte sich trotz der polit. und militär. Konflikte zu einem Zentrum des →Mittelmeerhandels; erste →Fondachi der it. Kaufleute wurden errichtet. Die große Berberdynastie der →Ḥafṣiden (1229–1574), die in der Glanzzeit den Kalifentitel führte, machte ihre Hauptstadt T. zu einer wirtschaftl. Metropole des Mittelmeerraumes. Abū Zakariyyāʾ (1228–49) vollzog durch Proklamation als →Emir den entscheidenden Schritt zur Unabhängigkeit vom zerfallenden Almohadenreich; er und seine Nachfolger verliehen T. durch repräsentative Bauten (Moscheen, Madrasa) den Charakter einer reichen Herrscherresidenz. T. widerstand 1270 einer Belagerung durch Kg. →Ludwig IX. d. Hl. v. Frankreich, der vor T. verstarb (→Kreuzzug, B. VI). Die Thronkämpfe nach dem Tode von Abū ʿAbdallāh al Mustanṣir (1249–77) leiteten eine Periode der Konflikte ein, die sich in der Wiederinstandsetzung der Mauern und Stadttore widerspiegelt. Mit reicher Handwerksproduktion (Kupferschmiede, Keramik) und einer großen Zahl von Kaufmannsniederlassungen fungierte T. auch weiterhin als internat. Handelszentrum. Das geistige Leben war geprägt durch Traditionen der islam. →Mystik, bedeutende →Marabute (Sidi Belḥasan, al-Murǧanī, Ibn Zaitūn) sowie die bes. im 14. Jh. blühende malikit. Rechtsschule (in Nachfolge von →Mālik ibn Anas). Auf chr. Seite gewann T. dagegen durch Missionsbestrebungen der →Franziskaner (1217–20) und das von den →Dominikanern (→Raimundus Martin, 1250) begründete →'Studium' zur Pflege der arab. Sprachkenntnisse Bedeutung für die Orientmission (→Mission, II); die Brückenfunktion der Stadt fand in den leidenschaftl. →Religionsgesprächen des katal. Philosophen →Raymundus Lullus (1293/94) mit muslim. Gelehrten beredten Ausdruck. In T. wirkte um 1400 der zum Islam konvertierte katal. Autor →Anselm Turmeda.

Im 14. Jh. verstärkte sich der Druck der →Meriniden, die T. 1348 besetzten. Die Auseinandersetzungen wurden durch internat. Spannungen verschärft (1390 Besetzung des Arsenals v. Mahdīya durch eine Koalition chr. Mächte, u. a. Franzosen, Genuesen und Engländer), doch konnte der in Constantine residierende Zweig der Ḥafṣiden die Situation retten. Das frühe 15. Jh. wurde dominiert von der Regierung des Herrschers Abū Fāris (1394–1434), der sich militär. der Bedrohung durch Aragón erwehrte (1424, 1432) und als weitblickender Schirmherr von Handel und Gelehrsamkeit hohes Ansehen in der muslim. Gesch.stradition genießt. Zw. 1450 und 1494 wurde T. von blutigen Familienfehden, Pestepidemien und Hungersnöten erschüttert. Gleichwohl wurde die reiche Stiftungs- und Bautätigkeit fortgesetzt (u. a. Bibliotheken, Schulen, Hospitäler, Märkte, Zisternen; Residenzvorstadt 'Bardo', seit 1410). Umfaßte die Stadt 1361 ca. 7000 Anwesen, so war die Zahl bis 1516 auf etwa 10000 gestiegen. Seit dem frühen 16. Jh. wurde T. jedoch zunehmend zum Spielball der beiden rivalisierenden Großmächte, des habsburg. Spanien Karls V. und des →Osman. Reiches, das T. 1573 dauernd eroberte. G. Jehel

Lit.: R. BRUNSCHVIG, La Berbérie orientale sous les Hafsides, I, II, 1940, 1947 – M. TALBI, L'Emirat aghlabide, 1966 – A. DAOUTLATI, T. sous les Hafsides, 1976.

**Tuotilo**, Mönch in →St. Gallen, * um 850, 895 erstmals erwähnt, † 27. April nach 912, wohl 913, interessiert als gut faßbarer *uomo universale*, lange bevor der Begriff geprägt wurde. →Ekkehards IV. Casus s. Galli nennt T. zusammen mit →Notker I. und →Ratpert (c. 1, c. 33), aber auch mit →Hartmann und Iso, der →Salomo (III.), den nachmaligen Abt, im Unterricht rangmäßig über die anderen stellte (c. 1, c. 36). T. wird ausdrückl. als der Verf. der Tropen für den Weihnachts- und Stephanstag 'Hodie cantandus est' und 'Omnium virtutum gemmis' bezeichnet (c. 6, c. 46), als der Goldschmied, der die Reliefarbeiten des von Salomo in Auftrag gegebenen Kreuzes, des Marienaltars und des Evangelienlesepultes für Konstanz schuf (c. 22). Daß Marcellus T., Notker und Ratpert v. a. in der Musik ausbildete, war dem Chronisten wichtig (c. 33). Ekkehard hebt T.s edlen Körperbau, aber auch seine Keuschheit hervor, seine helle Stimme, seine Fertigkeit in der Goldschmiedekunst, in der Malerei, in der Poesie und im Spiel der Saiten- und Blasinstrumente (c. 34). T.s Fähigkeiten als Botschafter der Äbte ließen ihn Reisen unternehmen, die er auch künstler. und wiss. zu nutzen wußte (c. 39); die Aufenthalte in St. Alban zu Mainz und in Metz vermerkt der Chronist speziell (c. 40, c. 45). T. ist auch der Drahtzieher mancher handgreifl. Scherze, die das Kl.leben aufheitern (c. 36), und er wußte sich gegen Feinde zur Wehr zu setzen (c. 40). Die Wertschätzung T.s als Goldschmied wird deutl. im Topos, Maria habe dem Künstler die Hand geführt (c. 45). RÜSCH schreibt T. neben den gen. drei weitere Tropen zu: 'Quoniam Dominus Jesus' (Johannes Evangelista), 'Omnipotens genitor' (Lichtmeß) sowie 'Gaudete et cantate' (Ostern); der ebenfalls T. zugeschriebene Text 'Viri Galilei' (Christi Himmelfahrt) ist verloren. Herausragendes Meisterwerk T.s sind die Elfenbeinreliefs des Evangelium Longum, Cod. Sang. 53. DUFT und SCHNYDER interpretierten die Stelle in den Casus erstmals korrekt; mit den in c. 22 geschilderten »duas tabulas eburneas« sind nicht, wie bisher übersetzt, zwei Elfenbeintafeln gemeint, sondern zwei Diptychen, die als Wachstafeln zum Schreiben dienten. Das eine Diptychon war bereits geschnitzt und ziert heute das irische Johannes-Evangelium Cod. Sang. 60, das andere übergab Salomo III. 893/894 T. zum Reliefieren der Darstellungen der Maiestas Christi und der Himmelfahrt Mariae sowie der Begegnung des hl. Gallus mit dem Bären, während der Mönch Sintram beauftragt wurde, eine Evangelienhs. zu fertigen, die dem Hochformat der Elfenbeintafeln entsprach. Korrekt ist auch Ekkehards Angabe, daß beide Diptychen aus dem Besitz Karls d. Gr. stammten. Ch. Eggenberger

Lit.: E. G. RÜSCH, T. Mönch und Künstler, 1953 – J. DUFT–R. SCHNYDER, Die Elfenbein-Einbände der Stiftsbibl. St. Gallen, 1984 – CH. EGGENBERGER, Ein maler. Werk T.s?, Unsere Kunstdenkmäler 36, 1985, 243–251 – Gaudete et cantate. Seid fröhl. und singet. Tropen aus den Hss. der Stiftsbibl. St. Gallen, hg. E. G. RÜSCH, 1990 – J. DUFT, Die Abtei St. Gallen, II, 1991, 221–237.

**Tür**, allgemeiner Begriff für durchschreitbare Öffnung, bestehend aus Umrahmung und Verschluß, bei kleinen Beispielen als Pforte, bei repräsentativen als →Portal und bei monumentalen als Tor bezeichnet. T.en sind funktionell, baukünstler. und symbol. seit den ältesten Zeiten eines der wichtigsten Elemente der Architektur. Das zeigt sich in bibl. Texten und der zugehörigen Ikonographie, welche freilich nicht als Textillustration in engem Sinn zu verstehen ist. Als Gott nach Gen 3, 24 die Stammeltern aus dem Paradies vertrieben hatte, stellte er im Osten des Gartens Eden die Cherubim zur Bewachung auf. Ein Tor wird dabei nicht genannt, kommt jedoch seit der frühchristl. Kunst, Wiener Genesis 5. Jh., öfters vor, sowohl bei der Einführung als auch dann bei der Vertreibung von Adam und Eva. Auf der Hildesheimer Bronzetür um 1015 ist es ein burgähnl. Gebäude, auf dem Türsturz von Andlau um 1150 zweimal ein Säulenpaar mit Kuppeldächlein; auf dem Mosaik des Doms v. Monreale um 1182, und im Hortus deliciarum der →Herrad v. Landsberg erscheint in der Toröffnung ein Cherub als Wächter. Bei der realist.-got. Paradiesschilderung der »Tres Riches Heures« des Duc de Berry 1413/16 (→Stundenbücher) werden Adam und Eva durch einen Engel aus dem got. Gartenportal gedrängt. – In den beiden Visionen einer jenseitigen Gottesresidenz, bei Ez 40–48 und in der Offb 21–22 gehören Portale zur wesentl. Substanz dieser Architekturen. Bei ersterem wichtig das Osttor, welches geschlossen sein wird bis der Herr Israels darin erschienen ist. Das Christentum deutete ihn als den Messias Christus, den z. B. die Fresken von Schwarzrheindorf um 1151 oder das Torrelief über dem Hauptportal der Kathedrale v. Sens um 1200 so zeigen. Das Thema kann aber auch auf Maria ausgedehnt werden mit dem Bild von Mariä Verkündigung wie an der Bronzetür in Hildesheim, wo das leere Faldistorium in dieser Szene der Inkarnation erscheint. Das roman. Relief der sitzenden »Gottesmutter des Dom Rupert« in Lüttich, um 1149/58, würde ohne den Text aus Ez 44, 2 auf ihrem rundbogigen Rahmen nicht als diesem Thema zugehörig erkannt. Klar ist das T.motiv, mit einem Teppich verhängt, bei →Rogiers van der Weyden Madonna im Kunsthist. Mus. Wien und monumental als figurenreiches Kathedralportal auf einer Miniatur Jean →Fouquets im Stundenbuch des Étienne Chevalier, Mus. Condé, Chantilly. Anderseits wird die T. zum Attribut Ezechiels, wie eine Miniatur im Psalterium aureum von St. Gallen um 880/890 zeigt, und der Prophet Ezechiel mit Inschrift neben Kg. David als Portalhüter um 1200 an →Antelamis Eingang des Domes v. Fidenza um 1250 plast. demonstriert. – Schließlich ist die T. auch das auffallendste Element der Ringmauer des goldenen →Himmlischen Jerusalem der Offb; seine vier Seiten öffnen sich in je drei kostbaren Portalen, in denen die Figuren der zwölf Apostel stehen. Die Miniatur im Apokalypsenkomm. des →Beatus v. Liébana aus dem 10. Jh. und der Kronleuchter in Komburg, Württbg., 12. Jh., seien Beispiele. Auf den Gedanken des Himmelstores als Haupteingang der jenseitigen Gottesstadt konzentrieren sich die Darstellungen v. a. im Zusammenhang mit dem →Weltgericht. Auch hier stellt man eine Wechselwirkung in der Schilderung zw. Malerei und gebauter Kirche als Abbild des Himmels fest. Stefan Lochners Weltgericht um 1435, Wallraf-Richartz-Mus.

Köln, schildert den Einzug der Seligen wie eine ma. Prozession in den Dom. Architekton. weniger ergiebig ist das Thema des Hölleneingangs, dessen verbreitetstes Motiv Abwandlungen des dämon. Rachens sind. Beim Abstieg Jesu in die Vorhölle zu den Gerechten des Alten Bundes werden in der ostchristl. Kunst die am Boden liegenden T.flügel gezeigt. V. a. in der Romanik gibt es einfache gemauerte Höllenpforten, wie z. B. am Tympanon von Ste-Foie in Conques, 12. Jh., wo im untersten Register die Eingänge zur himml. und höll. Wohnung nachbarl. nebeneinander liegen. – Nicht von Ezechiel und der Himmelstorsymbolik abzuleiten ist die Türsymbolik Christi, sondern direkt von seinem Gleichnis des Guten Hirten Joh 10. Dessen Kernsatz »Ego sum hostium« steht im Buch, das der Erlöser im roman. Tympanon des Doms zu Gurk vorweist. Schon in der Darstellung des Gleichnisses am altchristl. Elfenbeinkasten des 4. Jh. in Brescia wird die Pforte des Schafgeheges in der Würdeform einer Säulenarkade gestaltet. Typolog. sah man in Ri 16, 3 Samsons Raub des Stadttores von Gaza als Vorbild von Christi Auferstehung. AT und NT verknüpfen auch das Marienbild im Evangeliar → Bernwards v. Hildesheim um 1015, wo seitl. die durch Eva geschlossene Paradiesest. und die durch Maria wieder geöffnete Heilst. angefügt sind. Ein symbol. Portalthema lieferte das Gleichnis von den Klugen und Törichten Jungfrauen, Mt 25, 1–3. Vor 1140 erscheinen sie als senkrechte Borte an der Portalöffnung in St-Denis, dann an Paris Notre-Dame und Amiens. Im Cod. v. Rossano, 6. Jh. als Fries, ebenso zusammengefaßt Ende des 12. Jh. an der Galluspforte des Basler Münsters, mit Nachfolge in Egisheim, Elsaß. Am Straßburger Münster in einem Portalgewände als dramatische Statuenreihe, Ende 13. Jh. S. a. →Portalplastik. A. Reinle

*Lit.:* J. Sauer, Symbolik des Kirchengebäudes und seiner Ausstattung in der Auffassung des MA, 1924² – G. Bandmann, Ma. Architektur als Bedeutungsträger, 1951 – A. Reinle, Zeichensprache der Architektur, 1976, 245–287.

**Tura Cosmè,** it. Maler, * gegen 1431, † Ferrara 1495. Bereits 1451 für den Ferrareser Hof tätig, seit 1458 Hofmaler Borsos d'→Este. 1471 von Ercole d'Este zum Hofporträtisten ernannt, beschäftigen ihn bis 1486 v. a. die zahlreichen hier anfallenden Arbeiten – Festdekorationen für Hochzeiten, Turniere, Katafalke, Bemalen von Möbeln, Schildern, Prunkwaffen, Standarten und anderen Heraldika, Entwerfen von Silbergeschirr und Tapisserien (erhalten nur eine 'Beweinung Christi', 1475, Cleveland und Slg. Thyssen). Ebenso ist die Ausmalung der Palastkapelle von Belriguardo (1469–72) verloren; nur aus dem schon von Lionello d'Este angelegten Studiolo der Villa Belfiore (dok. 1459–63), in dem erstmals die neun Musen nach einem Programm von →Guarino Guarini (1447) dargestellt wurden, ist noch die thronende 'Erato' (? früher 'Primavera' gen., London) vorhanden. In ihrer metall. Härte und Brillianz zeigt sie T.s höf. hochartifizielle Kunst bereits in ihrer ganzen »manieristisch«, »spätgotischen« Stilisierungsmanie, die zeichner.-expressive Ansätze von →Donatello, dessen Paduaner Umgebung und →Mantegna ins Extreme steigert. 1469 folgen die Orgelflügel des Ferrareser Doms mit 'Georgs Drachenkampf' und der 'Verkündigung Mariae'; den Höhepunkt bildet das Polyptychon (1475) aus San Giorgio f. l. m. mit den Stifterfiguren des Bf.s Lorenzo und seines Bruders Prior Niccolò Roverella und Hl.n (verloren resp. Gal. Colonna, Rom) zu seiten der überhohen Mitteltafel mit der Madonna und musizierenden Engeln in einer extravaganten Thronarchitektur ganz in Rosa und Hellgrün (London), in der überwölbenden Lünette kontrapunktisch düster und hochexpressiv eine mächtige, mehrfigurige 'Pieta' (Paris). Die Einordnung der wenigen anderen Werke – kleinere Andachtsbilder ('Pieta' in Venedig, Mus. Correr und Wien; 'Madonna', Venedig, Accad.) und Teile von Polyptychen, meist stehende Einzelfiguren – lassen sich nur unsicher mit überlieferten Aufträgen verbinden und in der wenig ausgeprägten Stilentwicklung einordnen. In gewissen Arbeiten vermeint man Rückwirkungen der beiden jüngeren Ferrareser Meister, F. del →Cossa und E. de' →Roberti, zu erkennen. Als einzige umfangreiche Monumentalarbeit dieses Kreises hat sich die Ausmalung des großen Saales im Palazzo Schifanoia erhalten, wohl nach einem Programm des Hofastrologen und -historikers Pellegrino Priscianis das Thema der Monate in den Triumphen der Planeten, astrolog. Personifikationen und Szenen am Hofe Borsos d'Este entfaltend (um 1470). Ch. Klemm

*Lit.:* E. Ruhmer, T., Paintings and Drawings, 1958 – R. Molajoli, L'opera completa di C. T. e i grandi pittori ferraresi del suo tempo, 1974 – San Giorgio e la Principessa di C. T. Dipinti restaurati…, Ausst.kat. Ferrara, 1985 – R. Varese, Atlante di Schifanoia, 1990 – Muse e il Principe, Ausst.kat. Mailand, Poldi-Pezzoli, 1991 – J. Dunkerton, La Vergine Annunciata di C. T., Restauro 1993, H. 5, 16–22, 65f.

**Turba philosophorum,** lat. Titel eines arab. Werkes (»Muṣḥaf al-ǧamāᶜa«) aus der Frühzeit der Rezeption gr. Kosmologie und Alchemie im Islam (um 900). Die T. fand spätestens seit dem 13. Jh. den Weg ins Lat., dann in die dt. (15. Jh.) und weitere Landessprachen; bis weit in die NZ erblickten europ. Alchemiker in der T. ein Hauptwerk ihrer Kunst. Die T. gibt sich als ein von Arisleus (Archelaos) verfaßtes Protokoll über Debatten der 'Dritten pythagoreischen Synode', einer Alchemikerversammlung, auf der namentl. genannte 'Philosophen' unter Vorsitz des Pythagoras vorab Streitfragen zu lösen suchten, die sich aus der sprachl. Verschleierung alchem. Wissens durch Decknamengebrauch ergeben hatten. Ihr Verf. besaß gute Kenntnisse der gr.-vorsokrat. Naturphilosophie, verarbeitete →Hippolytus' »Refutatio omnium haeresium« (Sermones 1–9) und verknüpfte kosmolog. Elemente der vorsokrat. geprägten Doxographie mit alchem. Lehrgut (Sermones 9–72). Die T. gehört zu den inhaltl. schwierigsten und anspruchsvollsten Werken der älteren Alchemielit. Europas (Drucke: Auriferae artis quam chemicam vocant, antiquissimi authores, sive T., Basel 1572 [1593, 1610], 1–69, 70–151 [2 Fassungen]; Theatrum chemicum V, Straßburg 1622 [1650], 1–52 [3. Fassung]). J. Telle

*Ed.:* J. Ruska, T., 1931, 105–170 [lat.], 171–257 [dt. Übers.] – *Übers.:* The T., transl. A. E. Waite, 1896, 1976⁴ – La T. Gallica. Éd. de la version française, ed. P. Duval, Les Cahiers de Fontenay 33, 1983, 9–67 – La Tourbe des Philosophes, 1993 – *Lit.:* Verf.-Lex.² IX, 1151–1157 [J. Telle] – M. Plessner, The Place of the T. in the Development of Alchemy, Isis 45, 1954, 331–338 – Ders., The T. A Preliminary Report on Three Cambridge Mss., Ambix 7, 1959, 159–163 – J. Telle, Ein altdt. Spruchgedicht nach der T., ZDPh 95, 1976, 416–443 – Sezgin IV, 60–66 – Ullmann, Nat., 213–216 – M. Plessner, Vorsokrat. Philos. und gr. Alchemie in arab.-lat. Überlieferung. Nach dem Ms. ed. F. Klein-Franke, Boethius 4, 1975 – U. Rudolph, Chr. Theol. und vorsokrat. Lehren in der T., Oriens 32, 1990, 97–123 – P. Kingsley, From Pythagoras to the T. Egypt and Pythagorean Tradition, JWarburg 57, 1994, 1–13.

**Turban,** in der muslim. Welt männl. Kopfbedeckung aus einem kunstvoll gewundenen Tuch über einer Kappe, heute nur noch selten gebräuchlich. Auf pers. *dulband* über türk. *tülbent* werden die europ. Namen zurückgeführt; das häufigere türk. Wort ist *sarık*, das bevorzugte arab. ᶜ*imāma* (zahlreiche weitere Bezeichnungen gebräuchlich). Unklaren vorislam. Ursprungs, wurde der T. im →Islam nach dem Vorbild des Propheten →Mohammed Abzeichen der Würde des gläubigen Arabers, auch Ehrenzeichen bei

Amtseinsetzungen sowie Kennzeichen von Konvertiten zum Islam. Nie religiös vorgeschrieben, war er gleichwohl empfohlen, bes. zum Gebet. Größe und Form des T.s sowie Farbe, Art und Muster der verwendeten Stoffe, auch die Zulässigkeit von eingewebten Edelmetallstreifen und von Schmuckstücken waren Gegenstand von (nach Zeit und Land wechselnden) eingehenden, oftmals religiös begründeten Vorschriften, die zunehmend der Unterscheidung von Ständen und zivilen Rangunterschieden dienten; im Scheitel befand sich manchmal ein kurzer Stab als Stammesabzeichen. Wenn Christen und Juden T.e tragen durften, mußten sich deren Farben von denen der Muslime nach strikten Vorschriften unterscheiden; Muslime bevorzugten Weiß. Bei den Osmanen wurden T.e häufig in den Mausoleen ihrer Träger aufbewahrt oder auf deren Grabstelen in Stein nachgebildet. K. Brisch

*Lit.:* EI¹ VIII, 885–893 – H.-P. LAQUEUR, Osman. Friedhöfe und Grabsteine in Istanbul, Istanbuler Mitt., Beih. 38, 1993.

**Turbanhelm**, angebl. mit einem →Turban umwundener →Kapuzenhelm mit runder, gewölbter Glocke samt kleiner Spitze und Augenausschnitten, sowie einer geschlossenen Ringelkapuze, welche nur die Augen freiließ. Das Gesicht schützte zusätzl. ein verschiebbares Naseneisen in Stirnmitte. Der T. war pers. Ursprungs und wurde im 15. und frühen 16. Jh. von der schweren Adelskavallerie der Mamlūken und Osmanen getragen. O. Gamber

*Lit.:* H. R. ROBINSON, Oriental Armour, 1967.

**Turenne**, Burg und Vicomté im südl. Limousin (dép. Corrèze), südl. v. Brive, im 8. Jh. im Besitz von Vasallen des Hzg.s v. →Aquitanien (767 Belagerung Hzg. →Waifars durch →Pippin III.), im 9. Jh. karol. Comitat bzw. Vicecomitat (839 Absetzung des Gf.en Radulf/Raoul wegen Empörung gegen →Ludwig d. Fr.), 860 (unter Ranulph) Anerkennung der Lehnshoheit des Gf.en v. →Toulouse. T. tritt im 10. Jh. (Enkel und Urenkel Ranulphs: Bernhard und Aymar) als Vicomté hervor, die seit dem späten 10. Jh. zu den Besitzungen des Hauses →Comborn gehörte, im 14. Jh. an die Gf.en v. →Comminges kam (1331). Seit 1350 besaß das Haus →Roger (de Beaufort), das durch die ihm entstammenden zwei avignones. Päpste (→Clemens VI., →Gregor XI.) mächtig geworden war, die Vizgft. T. durch Heirat. Nach dem Tode *Raymonds v. T.* († nach 1412) fiel die Vgft. (über den mit dem Roger de Beaufort verschwägerten Marschall Jean II. →Boucicaut) schließlich an die La Tour d'Auvergne (1444). Die Vgft. T. hat als selbständige Herrschaft (→Seigneurie mit ausgeprägtem Allodialbesitz), in deren südl. Bereich die bedeutende Abtei OSB →Souillac lag, noch in den Religionskriegen des 16. Jh. eine wichtige Rolle gespielt (Hugenottenstützpunkt). Teile der eindrucksvollen Burganlage des 11.–14. Jh. sind erhalten. U. Mattejiet

**T., Raymond de,** prov. Heerführer, * 1350/51, † (frühestens) 1412, Sohn des Guillaume II. →Roger, Gf.en v. Beaufort und Vgf.en v. T., Großneffe von Papst →Clemens VI. und Neffe von Papst →Gregor XI., erhielt 1375 die Vgft. T. anläßlich seiner Heirat mit Marie, Tochter des Gf.en Jean v. →Boulogne/→Auvergne. Seit 1373 im Dienst der avignones. Kurie, fungierte er 1375–77 als Generalkapitän der päpstl. Truppen im →Comtat Venaissin. Er gab Gregor XI. bei seiner Rückkehr nach →Rom das militär. Geleit (1376–77). Mit der Wahl →Clemens' VII. zum avignones. Papst (→Abendländ. Schisma) sank nach 1378 der Stern des einst papstnahen Hauses Roger (Verweigerung der Herausgabe der von Gregor XI. hinterlassenen privaten Güter an T. und seine Familie durch Clemens VII.); T. zog sich auf seine Güter zurück und nahm Kriegsdienste an (Bekämpfung der engl. Söldner in der Auvergne, Teilnahme am Zug Hzg. →Jeans de Berry gegen →Flandern, 1383). Auch die neuen Herren der →Provence, Ludwig I. v. Anjou und Maria v. Blois, unterstützten die Gegner des Hauses Roger, so die Einwohner v. St-Rémy im Kampf gegen die seigneurialen Rechtsansprüche der Roger, aber ebenso Eudes de →Villars bei seiner Rückforderung der von den Roger einbehaltenen Güter seiner Gemahlin Alix des →Baux. T. eröffnete 1386 simultan im Comtat Venaissin und in der Basse-Provence den Krieg und führte (nach kurzem Waffenstillstand, 1390) und gestützt auf sieben feste Häuser 1391 neue Söldnerbanden in die Haute-Provence, die das Land furchtbar verwüsteten. Die von den États de Provence (Aix 1397) eingeleiteten Verteidigungsmaßnahmen führten erst 1399 zum Erfolg. Die Behauptung, T. sei damals in der Rhône ertränkt worden, ist romanhafte Legende. Er setzte vielmehr seine Auseinandersetzungen mit Eudes de Villars und Jean II. →Boucicaut um die strittigen Territorien vor dem Pariser →Parlement fort. Die hist. Mythenbildung um T. fand ihren lit. Höhepunkt im Epos »Nerto« (1884) des prov. Nationaldichters Frédéric Mistral.

N. Coulet

*Lit.:* N. VALOIS, R. de T. et les papes d'Avignon, Annuaire-Bull. de la Société de l'Hist. de France, 1889, 215–276 – R. VEYDARIER, R. de T. dans l'historiographie provençale. Un mythe national? (Evénement, identité et hist., hg. C. DOLAN, 1991), 205–220 – DERS., R. de T., la deuxième maison d'Anjou et la Provence [Thèse Montréal, 1995].

**Turgot** (Thurgot), Prior v. →Durham 1087–1107, Bf. v. →St. Andrews 1107–15, † 31. Aug. 1115 in Durham; stammte aus einer niederen Adelsfamilie in Lincolnshire. Nach der norm. Eroberung von den Normannen als Geisel genommen, gelang es ihm, nach Norwegen zu fliehen, wo er die Gunst Kg. Olafs errang. Als er bei seiner Rückkehr nach England an der Küste von Durham Schiffbruch erlitt, beschloß er, ein religiöses Leben zu führen. Er gesellte sich zu Aldwin v. Winchcombe, der das Kl. Jarrow (→Jarrow-Wearmouth) wieder begründete. 1074 gingen sie gemeinsam nach Schottland, um dort eine ähnl. Aufgabe für das Kl. →Melrose zu übernehmen. Nach England zurückberufen, erneuerten Aldwin und T. die Kirche v. Monkwearmouth, wo T. als Benediktinermönch eintrat. 1083 ging T. nach Durham, als →Wilhelm de St-Calais, Bf. v. Durham, dort das Kathedralpriorat gründete und Aldwin zum ersten Prior ernannte. Möglicherweise zw. 1083 und 1087 (auf jeden Fall vor 1093) hatte T. die Stellung eines Beichtvaters bei Kgn. →Margarete v. Schottland inne. 1087 folgte er Aldwin als Prior v. Durham und bekleidete dieses Amt 20 Jahre. Er verwaltete die Diöz. als Archidiakon, nachdem Bf. Wilhelm verbannt worden war (1088–91), und leitete den Bau der 1093 gegr. Kathedrale. Die Beziehungen zu Bf. →Ranulf Flambard waren gespannt, aber 1107 wurde T. von Alexander I., Margaretes Sohn, zum Bf. v. St. Andrews ernannt und 1109 geweiht. Sein unfruchtbarer Episkopat war geprägt durch seine Ablehnung der Ansprüche Yorks auf die Oberhoheit über die schott. Kirche. T. war der Verfasser der »Vita Sancte Margarite«. G. W. S. Barrow

*Lit.:* D. KNOWLES, The Monastic Order in England, 1949 – D. E. R. WATT, Series Episcoporum Ecclesiae Catholicae Occidentalis, VI, 1, 1991.

**Turibulum** → Weihrauchgefäß

**Turin** (it. Torino), Stadt in Oberitalien (→Piemont) am Zusammenfluß der Dora Riparia und des Po. Ursprgl. ligurische Gründung, röm. Kolonie (colonia Julia Augusta Taurinorum). T. wurde Ende des 4. Jh. Mittelpunkt einer autonomen Diöz. und trennte sich unter dem ersten Bf. →Maximus († zw. 408 und 423) von der Diöz. →Vercelli ab. Anfang des 5. Jh. stand es unter der Herrschaft der →Goten und erlebte Ende des Jh. eine Invasion der →Burgunder: 497 hatte Bf. Victor eine wichtige Funktion in dem Friedensvertrag zw. dem Ostgotenkg. →Theoderich und dem Burgunderkg. →Gundobad, der auf Ansprüche südl. der Alpen verzichtete. Anfang des 6. Jh. wurde T. in das got.-byz. Herrschaftsgebiet des Sisiges eingeschlossen (Zentrum →Susa), blieb jedoch Bf.ssitz.

Nach 568 wurde T. Hauptort eines langob. Dukats (drei Hzg.e v. T., →Agilulf, →Ariwald und →Raginpert, wurden Kg.e). Mit der Ankunft der Franken in Italien Ende des 8. Jh. wurde T. Zentrum einer iudiciaria und eines comitatus und genoß die Förderung der karol. Herrscher: →Ludwig d. Fr. setzte dort einen ihm ergebenen Bf., der auch als Theologe wirkte, ein (→Claudius v. T.) und machte 825 T. zum wichtigsten Schulzentrum des südl. Piemont und Liguriens. 827 (Ratpert) und 880 (Suppo) sind frk. Comites in T. bezeugt. Danach wurde der »comitatus Taurinensis« mehr als ein halbes Jh. lang von den Mgf.en v. →Ivrea (anskar. Dynastie) verwaltet. Um 950 wurde T. selbst Mittelpunkt einer Mark (unter der arduin. Dynastie), die sich bis zum Ligur. Meer erstreckte und die Comitate T., Auriate, →Asti, Bredulo, Alba, Albenga, →Ventimiglia umfaßte. Die arduin. Mgf.en herrschten bis zum Ende des 11. Jh. (Tod der Gfn. →Adelheid 1091), danach zerfiel die Mark. Zur gleichen Zeit kämpften die Bf.e Landulf und Cunibert gegen die philoröm. Reform.

Im 12. Jh. übten die Bf.e die weltl. Gewalt über T. aus (Bf. Mainardus, v.a. aber Carolus, der 1159 von Ks. Friedrich I. Barbarossa die offizielle Anerkennung seiner Herrschaftsgewalt erwirkte). Neben der bfl. Gewalt konnte sich die Kommune nur schwach entwickeln. Ihre Consules (erstmals zw. 1147 und 1149 belegt) kamen aus dem Bf. treu ergebenen Familien des mittleren Adels. Der Bruch trat jedoch 1226 ein, als die Kommune T. der →Lombardischen Liga beitrat, während Bf. Jakob-Giacomo auf der Seite Ks. Friedrichs II. blieb. Um die Mitte des 13. Jh. entwickelte die Kommune, an deren Spitze nun ein →Podestà stand, ihr größtes autonomes Expansionsstreben und unterwarf mehrere Signorenfamilien des Contado (Piobesi, Piossasco, Scalenghe, Barge, Cavour, Mathi), wurde jedoch in ihrer Ausbreitung durch benachbarte, merkantil geprägte Kommunen wie →Chieri eingeschränkt. Die Kommune T. war nicht stark genug, um den Vorstoß der Gf.en v. →Savoyen definitiv zu hemmen (Thomas II. wurde 1255-59 von T. gefangengesetzt) und wurde 1280 von diesen erobert, nachdem die Stadt 1270-80 unter der Herrschaft →Karls v. Anjou, dann Mgf. Wilhelms VII. v. Montferrat gestanden hatte. Seit diesem Zeitpunkt wurde der kommunale Podestà durch einen Vikar-Judex ersetzt, der von den Fs.en v. Achaia, einer Linie der Savoyer, ernannt wurde. Er verwaltete T. und das westl. Piemont von dem damaligen Zentrum →Pinerolo aus. Zw. dem Ende des 13. und der Mitte des 14. Jh. rebellierten die Bürger von T. mehrmals (unter der Führung der Familien Silo und Zucca), bis Jakob v. Achaia (Giacomo d'Acaia) mit Familien, die dem traditionellen Adel fernstanden, die »Societas Sancti Iohannis« gründete, die eine Art Parallelkommune fungierte und die zw. der Stadtbevölkerung und den Savoyern wieder friedl. Beziehungen herstellte. 1360 verlieh →Amadeus VI. der Kommune T. Freiheiten, in denen ausdrückl. Statuten aus der 2. Hälfte des 13. Jh. (insbes. von Thomas III., 1280) zitiert wurden. Daraus gingen die im »Liber catenae« gesammelten, längere Zeit gültigen Statuten hervor. Die 1404 in T. gegr. Universität brauchte bis zu ihrer Funktionsfähigkeit rund 30 Jahre; in der Zwischenzeit war das Studium von den Savoyern nach Chieri und nach Savigliano verlegt worden.

1418 starb Ludwig von Savoyen-Achaia ohne Erben. Die Hauptlinie der Savoyer unter →Amadeus VIII. gliederte das »Hzm. Piemont« in ihre Territorien ein und wählte T. zum Zentrum ihrer Herrschaften in Italien. Nach dem Tode Amadeus' VIII. (1432) institutionalisierte sich das 'Consilium Cismontanum', das savoy. Verwaltungsorgan südl. der Alpen. Im 15. und 16. Jh. wurden T. und das Piemont zum wichtigsten Teil des Hzm.s Savoyen. Folge dieser wiedergewonnenen Zentralstellung war ein Bevölkerungsanstieg in der Stadt, die dennoch sehr klein blieb: T.s Einwohnerzahl von etwa 3500 am Anfang des 13. Jh. erhöhte sich auf 4000 um die Mitte des 15. Jh. und stieg Anfang des 16. Jh. auf 5000 an. G. Sergi

Lit.: G. Casiraghi, La diocesi di T. nel Medioevo, 1979 – G. Sergi, Potere e territorio lungo la strada di Francia. Da Chambéry a T. fra X e XIII s., 1981 – T. e i suoi statuti nella seconda metà del Trecento, 1981 – T. nel basso medioevo: castello, uomini, oggetti, hg. R. Bordone–S. Pettenati, 1982 – Piemonte medievale. Forme del potere e della società (Fschr. G. Tabacco, 1985) – A. M. Nada Patrone, Il medioevo in Piemonte, 1986 – T. fra Medioevo e Rinascimento, hg. R. Comba–R. Roccia, 1993 – A. Barbero, Un'oligarchia urbana. Politica ed economia a T. fra Tre e Quattrocento, 1995 – G. Sergi, I confini del potere. Marche e signorie fra due regni medievali, 1995.

**Turiner Grabtuch**, in einer Kapelle hinter der Apsis des Turiner Doms aufbewahrtes, in einem Stück gewebtes Leinentuch (4,36 m × 1,10 m), auf dem das Abbild des Körpers eines Mannes von ca. 1,81 m Länge (in Vorder- und Rückenansicht) mit den Spuren von Kontusionen und Wunden am linken Handgelenk und an den Füßen zu sehen ist. Die überzeugtesten Vertreter der Echtheit sehen es als das Tuch an, in das Jesus nach der Kreuzabnahme gehüllt wurde. Die Kirche hat dies nie ausdrückl. bestätigt, obgleich sie das T. G. als »verehrungswürdige Ikone Christi« betrachtet, bei der der »Wert des Bildes den eventuellen hist. Wert übersteigt« (Kard. A. Ballestrero, 13. Okt. 1988). Die hist. Dokumentation wirft viele Probleme auf. Es gibt keine vollständige Slg. des Urkk.materials. Dokumente, die sich auf andere Grabtücher beziehen, müssen ausgesondert werden. Auch das Lirey-Dossier (Dép. Aube), die Slg. der Urkk., die die Präsenz des Grabtuchs in der von Geoffroy I. de →Charny um 1349 gegründeten Kollegiatkirche v. Lirey (Diöz. Troyes) bezeugt, ist nicht vollständig (Teiled. U. Chevalier 1900-03, I. Wilson, 1978). Päpstl. Bullen von 1389-90 und ein Promemoria des Petrus d'Arcis, Bf. v. Troyes, an Clemens VII. (Ende 1389) bezeugen erstmals, daß in Lirey ein Leinentuch mit dem Abbild der Vorder- und Rückseite eines hingerichteten Mannes existierte. Petrus d'Arcis stützt sich dabei auf Unters.en der Vorgänge in Lirey (seit ca. 1355) seines Vorgängers Heinrich v. Poitiers. Demzufolge sei das Bild auf dem Leinentuch die vermutl. von dem damaligen Dekan der Kollegiatkirche v. Lirey zur Initiierung einer Wallfahrt in Auftrag gegebene, geschickte Fälschung eines Künstlers gewesen, der selbst seine Missetat gestanden habe. Petrus d'Arcis ging deshalb persönl. gegen den neuen Dekan vor. Der Papst gestattete hingegen die Verehrung des Grabtuchs in Lirey (6. Jan. 1390), unter der Bedingung, daß deutl. gemacht werden müsse, daß es sich nicht um das wahre Grabtuch Christi, sondern um eine Darstellung davon handle. Hzg. Ludwig v. Savoyen, der möglicherweise das Grabtuch gekauft hatte, gab 1464 auf Klagen der Kanoniker v. Lirey zu, daß es sich in seinem Besitz befinde. 1506 begründete Papst

Julius II. das Fest des Sanctum Sudarium (4. Mai); das Grabtuch wurde in der hzgl. Kapelle in Chambéry aufbewahrt (dort 1532 durch einen Brand beschädigt), 1535–61 in der Kathedrale v. Vercelli, seit 1578 in Turin.

Die Diskussionen um die Echtheit flammten wieder auf, als 1898 Photographien ergaben, daß das Bild auf dem T. G. nicht, wie normal als Negativ, sondern als Positiv erschien. Modernste naturwiss. Untersuchungsmethoden tendieren im allg. dazu, sein Alter höher anzusetzen. Gegen die Datierung der C¹⁴-Analyse von Gewebeproben zw. 1260 und 1390 n. Chr. wurde eingewendet, daß der Stoff des Grabtuchs im Lauf der Jahrhunderte vielen Eingriffen unterworfen worden sei, die das Analyseresultat beeinträchtigen könnten. Im Gegensatz zu den Historikern, die sich fast einhellig gegen die Echtheit ausgesprochen haben, sind die Naturwissenschaftler zumeist für die Authentizität des Grabtuchs. G. Casiraghi

*Lit.:* U. CHEVALIER, Autour des origines du Suaire de Lirey, avec documents inédits, 1903 – W. BULST, Das Grabtuch v. Turin. Zugang zum hist. Jesus? Der neue Stand der Forsch., 1978 – P. A. GRAMAGLIA, L'uomo della Sindone non è Gesù Cristo, 1978 – I. WILSON, The Turin Shroud, 1978 – G. BRUNET, Le dernier des saints suaires: le Suaire de Turin, Cah. du Cercle ERNEST RENAN 27, 1979, 53–96 – G. GHIBERTI, Sepolcro, sepoltura e panni sepolcrali di Gesù, Riv. biblica 27, 1979, 123–158 – H.-M. FERET, Mort et résurrection du Christ d'après les Evangiles et d'après le linceul de Turin, 1980 – H. PFEIFFER, La Sindone di Torino e il volto di Cristo nell'arte paleocristiana, biz. e mediev. occid., 1982 – A.-M. DUBARLE, Hist. ancienne du linceul de Turin jusqu'au XIIIᵉ s., 1985 – P. A. GRAMAGLIA, La Sindone di Torino, Riv. di storia e lett. relig. 24, 1988, 524–568 – V. SAXER, La Sindone di Torino e la storia, RSCI 43, 1989, 50–79 – P. L. BAIMA BOLLONE, Sindone o no, 1990 – G. INTRIGILLO, La Sindone dopo la datazione con il radiocarbonio, 1990 – O. PETROSILLO – E. MARINELLI, La Sindone. Un enigma alla prova della scienza, 1990 – S. RODANTE, La scienza convalida la Sindone. Errata la datazione mediev., 1994 – J.-M. MALDAMÉ, Encore le saint Suaire de Turin, BLE 97, 1996, 280–287.

**Türken,** weitverzweigte, in Nord-, Zentral- und Westasien sowie Ost- und Südosteuropa verbreitete Gruppe von Völkern, deren Einheit v. a. von der Zugehörigkeit zu derselben Sprachfamilie bestimmt wird. Gemeinsame anthropolog. Merkmale fehlen jedoch. Übereinstimmungen in der materiellen Kultur (Tracht, Behausung, Waffen u. a.), der Kunst (Tierstil) und der Religion (Himmels- und Ahnenkult, →Schamanismus) sind weniger als spezif. Züge der türk. Ethnien zu werten, sondern einem zentralasiat. Kultursyndrom zuzuordnen, von dem auch mongol., tungus., finno-ugr. und idg. Verbände erfaßt wurden. Auch innerhalb der Welt der frühen T. gab es deutl. Kulturgrenzen zw. innerasiat. Steppennomaden (→Nomaden), Bauern und Stadtbewohnern (z. B. Uiguren) sowie Jägern und Rentierzüchtern (Jakuten) in der sibir. Taiga.

Die »Urheimat« der 'Prototürken' erstreckte sich vom Altai im W bis nach Transbaikalien im NO und deckt sich im Kern mit dem Gebiet der heutigen Mongolei. Unsicher ist, wann das Ethnonym 'türk' erstmals in den Q. auftaucht. So ist umstritten, ob die für das 5. Jh. von dem arab. Historiker →al-Ṭabarī erwähnten 'Turk' mit den frühen T. identisch sind. Unklar ist ferner, ob die Gründer der ersten Reiternomadenreiche, die Hsiung-nu, →Hunnen und →Avaren, türk. Herkunft waren, da deren sprachl. Zuordnung mangels an entspr. Sprachdenkmälern und Quellenzeugnissen nicht möglich ist.

Erste verläßliche Nachrichten über die T. stammen aus chin. Quellen. Sie vermerken zum Jahre 552, daß sich das Nomadenvolk der T'u-küe gegen seine bisherigen Herren, die (mongol.?) Jou-Jan erhob und ein eigenes Reich gründete. Die neuerdings erschlossene Bedeutung des Ethnonyms *türk* (pl. *türküt*), 'vereinigter Adel' (S. TEZCAN), bezeugt die Vormachtstellung, die das neue Steppenimperium für mehr als ein Jh. in einem Gebiet behauptete, das vom Amur im O bis zur Wolga im W reichte. Einzigartige Zeugnisse für das Selbstverständnis der frühen T. und deren Weltbild sind die Inschriften in sogdischer (z. B. von Bugut um 571/580) und alttürk. Sprache (v. a. die vier sog. Orchon-Inschriften). Sie dienten als Gedenksteine, um verstorbene Fs.en oder Helden »magisch zu verewigen« (A. V. GABAIN). Diese Schriftdenkmäler bieten zusammen mit den Darstellungen chin., muslim. und byz. Autoren ein umfassendes Bild von Aufstieg und Blüte der frühen T.reiche und gewähren zugleich Einblick in die Gesellschaftsordnung und Kultur der Alt-T.

Schon unter dem dritten namentlich bekannten Khagan Muqan (553–572) erfolgte eine weitausgreifende Expansion der T., die bei der Verfolgung der abtrünnigen Avaren 579 bis zur Krim vorstießen und nach Unterwerfung der Hephthaliten die Kontrolle über Sogdien und wichtige Teile der Seidenstraßen gewannen. Die Folge war ein Konflikt mit den →Sāsāniden um das Seidenhandelsmonopol, der die T. 576 veranlaßte, sich mit dem →Byz. Reich zu verbünden. Doch führten innere Wirren zur Teilung des türk. Khaganats in ein Ost- und ein Westreich. Die chin. Kaiser aus der T'ang-Dynastie (618–907) nutzten deren instabile Lage, um 630 das östl. Khaganat zu erobern und 659 auch das westtürk. Stämme der On oq (»Zehn Pfeile«) zu unterwerfen.

Erst ein Sieg der Tibeter über die Chinesen i. J. 679 verhalf den Ost-T. unter ihrem Khagan Elteriš und seinem Berater, dem »weisen Tonjukuk«, erneut zu ihrer Unabhängigkeit. 699 gelang es sogar, durch den erzwungenen Anschluß der westtürk. On oq-Stämme die Einheit des T.reiches für kurze Zeit wiederherzustellen. Doch vermochten sich die T. der seit Beginn des 8. Jh. einsetzenden arab. Invasionen (→Araber) kaum zu erwehren. Durch Abfallbewegungen von unterworfenen Stämmen zusätzlich geschwächt, erlagen die T. den Angriffen der sprachverwandten →Oghuzen, Uiguren und Karluken zw. 745 und 766.

Ein Steppenimperium war untergegangen, das an Ausdehnung und Bedeutung nur noch vom Weltreich der →Mongolen im 13. Jh. übertroffen wurde. Die glanzvolle Hofhaltung der türk. Khagane und ihrer Stellvertreter wird von so unterschiedl. Augenzeugen wie dem byz. Gesandten Zemarchos im 6. Jh. und dem chin. Pilger Hsüan-tsang im 7. Jh. bewundert. Die hohe Kultur einer Oberschicht, die u. a. auf einer weit verbreiteten Schriftkenntnis (v. a. der türk., von der aramäischen Kursive abgeleiteten Runenschrift und der sogdischen Schrift) beruhte, ist auch auf intensive Beziehungen zu Sogdien und →China zurückzuführen. Sogdische Kaufleute spielten eine große Rolle im Handelsverkehr, während der kulturelle Einfluß an zahlreichen iran. Lehnwörtern im Alttürkischen ablesbar ist. Die Vorliebe für chin. Spiegel und Seidenstoffe ist ebenso evident wie die Mitwirkung chin. Künstler an türk. Totengedenkstätten (Kültegin-Denkmal). Zu den religiösen Vorstellungen der frühen T. gehörten der Glaube an einen höchsten Himmelsgott (*tängri*), Animismus, Schamanismus und Ahnenkult. Wertvolle Hinweise auf die Glaubenswelt geben die Bestattungsbräuche (Trennung von Totensanktuarien und Gräbern, Pferdeopfer und -bestattungen, 'Balbals', d. h., Grabstatuetten der Toten bzw. der von ihnen einst getöteten Feinde).

Die Erinnerung an das »türk.« Großreich blieb auch

nach dessen Zerfall bei den zentralasiat. Völkern lange lebendig. Zur Verbreitung des Namens trugen nicht zuletzt die arab., pers. und byz. Autoren bei, die über die Steppennomaden berichteten. Selbst die frk. Chronik des sog. →Fredegar weiß im 7. Jh. um die Existenz der 'Turci'. Im W knüpften v. a. die →Chazaren, die bis ca. 630 zum türk. Reich gehört hatten, an dessen Tradition an. Strittig ist aber, ob die alttürk. Ašina-Dynastie auch die Herrschaft bei den Chazaren ausübte und deren Khagan nach 630 stellte. Der Ašina-Clan scheint bei den Steppenvölkern ein Prestige genossen zu haben, das später nur noch von dem der mongol. Činggisiden (→Dschingis Chān) übertroffen wurde. Auf die Herkunft von den Ašina beriefen sich u. a. die bis 1213 regierenden Qārāhāniden und die Selǧuqen. Den dynast. Traditionen der T. und Chazaren folgten auch die frühen →Ungarn, die seit dem 6. Jh. unter westtürk. und chazar. Herrschaft gelebt hatten und deren Fs.en türk. Herkunft waren. Folgerichtig bezeichnen auch die byz. Autoren Chazaren wie Ungarn als 'Tourkoi'. Die turksprachigen Elemente in den pontischen Steppen (→Schwarzes Meer) und an der mittleren Wolga erhielten in den folgenden Jahrhunderten beträchtl. Zuzug durch die Invasionen der →Pečenegen, der in den aruss. Chroniken als 'Torki' erwähnten →Uzen und der →Kumanen. Die größte Einwanderungswelle von turksprachigen Verbänden erfolgte aber im Verlauf der mongol. Eroberungszüge (→Tataren). Sie führte bereits im 14. Jh. zur Turkisierung und Islamisierung der →Goldenen Horde.

In Zentralasien formierten sich nach dem Zerfall der türk. Hegemonialmacht im 8. Jh. die Nachfolgereiche der Uiguren, Kirgizen und Karluken. Während die Uiguren in den Oasen des Tarimbeckens und in Kansu seßhaft wurden und sich dort unter dem Einfluß von Buddhismus, Manichäismus und nestorian. Christentum zu Trägern einer reichen Kultur entwickelten, wandten sich andere Verbände nach W. Der Sieg der Araber über die Chinesen bei Talas hatte 751 dem →Islam im westl. Innerasien zum Durchbruch verholfen und den Migrationen und Reichsgründungen neue Impulse gegeben. Als erste traten die Karluken gegen Ende des 8. Jh. zum Islam über. Unter ihren Nachfolgern, den Qārāhāniden, die 840–1212 in Ost- und Westturkestan herrschten, entstand die erste islamisch geprägte türk. Lit.sprache (Fürstenspiegel Qutadġu-bilig »Glücklichmachendes Wissen« von Yūsuf aus Balāsāġūn, 1069/70, und das Wörterbuch Dīvān-ı luġāt-it Türk 'Sammelbd. der türk. Sprache' v. Mahmūd al-Kāšġarī, 1073). Byz. und muslim. Autoren (Ps.-Maurikios: Taktikon [→Taktika, 2], →Konstantin VII. Porphyrogennetos u. a. ; Mahmūd al-Kāšġarī, ar-Rāwandī u. a.) betonen übereinstimmend den krieger. Geist und die militär. Schlagkraft der türk. Nomaden. Seit al-Muʿtaṣim (833–842) verwendeten daher die abbasid. Kalifen u. a. muslim. Fs.en türk. Militärsklaven (ġulām) als Gardetruppen, deren Mitglieder bis in die höchsten Ämter gelangten und z. T. später eigene Dynastien gründeten (→Ṭūlūniden, 868–905; Ġaznaviden, 962–1190; »Sklavensultane« v. Delhi, 1206–90; →Mamlūken, 1260–1517). Als polit. Erben der frühen T. traten aber auch die →Oġuzen (→Uzen und →Turkmenen) in Erscheinung, deren Reiterheere die Grundlagen für den späteren Aufstieg der →Selǧuqen und →Osmanen schufen. H. Göckenjan

Lit.: EI¹ IV, 969–979 [W. BARTHOLD–A. SAMOYLOVITCH] – LIU MAU-TSAI, Die chin. Nachrichten zur Gesch. der Ost-T., I–II, 1958 – PTF I–II, 1959–64 – R. GIRAUD, L'Empire des Turcs célestes, 1960 – W. BARTHOLD, Zwölf Vorl. über die Gesch. der T. Mittelasiens, 1962 – G. DOERFER, Türk. und mongol. Elemente im Neupers., I–IV, 1964–75 – K. JETTMAR, H. W. HAUSSIG, B. SPULER, L. PETECH, Gesch. Mittel- asiens, HO I, 5, 5, 1966 – C. CAHEN, Pre-Ottoman Turkey, 1968 – Studia Turcica, hg. L. LIGETI, 1971 – A. v. GABAIN, Einf. in die Zentralasienkunde, 1979 – E. ESIN, A Hist. of Pre-Islamic and Early-Islamic Turkish Culture, 1980 – P. CANNATA, Profilo storico del primo impero turco, 1981 – K. CZEGLÉDY, From East to West: the Age of Nomadic Migrations in Eurasia, Archivum Eurasiae Medii Aevi 3, 1983, 25–125 – MORAVCSIK, Byzturc, 1983³ – J. P. ROUX, Hist. des Turcs, 1984 – J. P. LAUT, Der frühe türk. Buddhismus und seine lit. Denkmäler, 1986 – S. TEZCAN, Gibt es einen Namen Kök-Türk wirklich? (Türk. Sprachen und Lit.en. Materialien der ersten Turkologen-Konf. Bamberg, 1987), 357–375 – L. JOHANSON, Grenzen der Turcia (Turcica et Orientalia. Stud. G. JARRING, 1988), 51–61 – A. RÓNA-TAS, Ethnogenese und Staatsgründung. Die türk. Komponente in der Ethnogenese des Ungartums, Rhein. Westf. Akad. d. Wiss., Abh. 78, Stud. zur Ethnogenese 2, 1988, 107–142 – CS. BÁLINT, Die Archäologie der Steppe, 1989, 239–267 – H. GÖCKENJAN, Die Welt der frühen Reitervölker (Die Mongolen und ihr Weltreich, hg. A. EGGEBRECHT u. a., 1989), 7–43 – The Cambridge Hist. of Early Inner Asia, hg. D. SINOR, 1990 – P. B. GOLDEN, An Introd. to the Hist. of the Turkic Peoples, 1992 – W. SCHARLIPP, Die frühen T. in Zentralasien, 1992 – K. H. MENGES, The Turkic Languages and Peoples, 1995 – GY. HAZAI, Byzanz und die Turkvölker (Byzanz und seine Nachbarn, hg. A. HOHLWEG, 1996), 249–262.

**Türkenkriege.** [1] *Allgemeine Voraussetzungen:* Der Begriff 'T.' ist eine zusammenfassende Bezeichnung für einen Komplex militär. Auseinandersetzungen des späten MA und der frühen NZ, die verschiedene Staaten West-, Mittel- und Osteuropas mit dem zur Großmacht aufgestiegenen →Osman. Reich geführt haben und die ihre Spezifik daraus beziehen, daß sie ein nach universaler Herrschaft strebendes, von expansiven Kräften getragenes, muslimisch geprägtes, in oriental. Traditionen stehendes, mit autochthonen Elementen Südosteuropas angereichertes und durch diese Symbiose originäres Gesellschaftssystem mit hist. gewachsenen europ. Regionen konfrontiert haben, die zu ersten zögernden Versuchen ansetzten, sich aus dem religiösen und polit. 'Universalismus' des christl. MA herauszuarbeiten und modernere Formen staatl. und gesellschaftl. Organisation auszubilden, die in ihrer Konsequenz auch dem Streben nach Weltherrschaft neue Dimensionen erschließen sollten. Für die Gegner der Osmanen waren die T. zunächst nichts anderes als eine Fortführung der →Kreuzzüge, und sie blieben noch lange der Kreuzzugsidee, ihrer Symbolik und ihren Parolen verhaftet, obwohl sie sich von der Tradition der 'respublica christiana', auf der sie gegründet waren, immer mehr entfernten.

[2] *Die Auseinandersetzungen des 15. Jh.:* Am Beginn stand die Schlacht v. →Nikopolis (25. Sept. 1396), in der ein v. a. aus burg. und dt. Rittern und ung. Militäraufgeboten bestehendes Kreuzfahrerheer eine vernichtende Niederlage gegen eine straff organisierte und klug geführte Armee unter dem ersten Osmanensultan →Bāyezīd I. hinnehmen mußte. Dies löste eine nach und nach ganz Europa erfassende Welle von Türkenfurcht aus und begründete einen lange wirksamen Mythos der Unbesiegbarkeit der von vielen Gläubigen mit →Gog und Magog gleichgesetzten Türken. Ein weiterer Versuch in den Jahren 1443/44, die Türken durch ein kombiniertes Heeres- und Flottenunternehmen aus Europa zu verdrängen, scheiterte in der Schlacht v. →Varna, in der der Jagiellonenkg. →Wladysław III., der päpstl. Legat Giuliano →Cesarini und viele ung. und poln. Kreuzfahrer (aber auch etwa 30000 Türken) den Tod fanden und mit der auch das Schicksal des →Byz. Reiches und der Fall seiner Hauptstadt →Konstantinopel (1453) besiegelt waren. Der osman. Versuch, diese Erfolge sofort zu einem Vorstoß nach Zentraleuropa auszunutzen, wurde allerdings 1456 durch das von einem zusammengewürfelten Kreuzfahrer-

heer vollbrachte »Wunder v. Belgrad« unter Führung des ung. Reichsverwesers und Türkenkriegshelden Johannes →Hunyadi und des franziskan. Kreuzzugspropagandisten und Volkspredigers →Johannes v. Capestrano zunichte gemacht; die aufkeimende Hoffnung auf ein unverzügl. Vordringen bis nach Jerusalem erwies sich jedoch als Illusion. Ein weiteres Kreuzzugsunternehmen, das direkt unter päpstl. Führung (→Pius II.) stehen sollte, blieb 1464 noch im Hafen v. Ancona stecken, und auch die päpstl. Bemühungen um eine Straffung des Ablaßwesens (→Ablaß) zur Beschaffung zusätzl. Finanzmittel für den Krieg gegen die 'Ungläubigen' brachte nicht die erhofften Ergebnisse. Ausgehend vom böhm. 'Ketzerkönig' →Georg v. Podiebrad, wurde schon zu diesem Zeitpunkt das Kreuzzugsmonopol des Papsttums überhaupt bestritten und die Fähigkeit der universalen christl. Mächte zur Vertreibung der Türken aus Europa offen in Frage gestellt.

[3] *Die Verteidigungsanstrengungen Ungarns:* Tatsächl. waren die antitürk. Aktivitäten des 15. Jh. nur noch der Theorie nach gemeinsame chr. Unternehmungen. Aber auch »kleine Lösungen« in der Form von Bündnissen zw. den von der Türkengefahr unmittelbar betroffenen Staaten bzw. durch die dynast. Zusammenfassung mehrerer Länder zur Bündelung ihrer Abwehrkräfte brachten nur begrenzte Resultate. Zumindest zeitweiligen Erfolg hatten dagegen Versuche →Ungarns zum Aufbau eines vorgelagerten Verteidigungsgürtels in Form von Grenzbanaten (→Banat), die von 'Militärbaronen' geführt und von einer defensiv wie offensiv einsetzbaren 'militia portalis' gesichert und durch eine Donauflottille unterstützt wurden. Vielleicht entwickelten sich damit bereits Vorformen der späteren Militärgrenze; Art und Umfang der Beteiligung von bäuerl. Kräften (1514 →Dózsa, György) an diesen Sicherungsmaßnahmen bleiben jedoch umstritten.

[4] *Türkenkrieg und Reichspolitik:* Die militär. und polit. Aktivitäten Sultan →Meḥmeds II. zur abschließenden Sicherung der türk. Herrschaft in Südosteuropa und die zunehmenden türk. Vorstöße auf Reichsterritorien bewirkten im Reich zunächst nur sehr allg. Pläne zu einer →Reichsreform als ksl. Gegenleistung für ständ. Reichshilfe gegen die Türken, zaghafte Absichtserklärungen zur Friedenssicherung wenigstens im Reichsinneren und noch zaghaftere Aufrufe zu europ. Fürstenkongressen zwecks Koordinierung antitürk. Maßnahmen, als deren Wortführer mehrfach der vom Kreuzzugsgedanken durchdrungene Hzg. v. →Burgund, →Philipp der Gute, hervortrat ('Banquet du Faisan' und Besuch des ersten 'Türkenreichstags' zu →Regensburg, 1454). Erst verstärkte Türkeneinfälle veranlaßten Ks. →Friedrich III. am Ende der 60er Jahre, seine Rüstungen für ein militär. Unternehmen gegen die Osmanen mit größerem Ernst zu betreiben, 1469 den →St.-Georgs-Ritterorden zu begründen und auf dem 'Großen Christentag' in →Regensburg 1471 präzise Vorstellungen für eine →Türkensteuer und für die Organisierung eines »kristlichen Zug(es) wider die Türken auss dem heiligen Römischen Reiche (teutscher nacion)« zu entwickeln, dessen Endziel aber wohl weiterhin der Erwerb der schon versunkenen byz. Kaiserkrone durch den Röm. Ks. (Nürnberger Reichstag 1466) und damit ein illusionäres Weltkaisertum war.

[5] *Die Auseinandersetzungen des frühen 16. Jh.:* Während der Vorstoß der Osmanen nach Italien 1480 (→Otranto) zunächst noch eine Episode blieb, löste die Besetzung von Šabac und Belgrad durch Süleymān den Prächtigen 1521 eine neue Phase der T. aus, die mit der Niederlage und dem Tod Kg. Ludwigs II. bei →Mohács 1526 das Ende der ung. Selbständigkeit brachte und die türk. Heere bis vor die Mauern von Wien führte. Gleichzeitig erreichte die reformator. Bewegung mit Luther ihren ersten Durchbruch, der die religiöse Einheit der chr. Welt endgültig zerstörte und auch den Konnex von T.n und Kreuzzug auflöste, damit auf kath. Seite ebenfalls Tendenzen zu einer Säkularisierung der T. förderte, auch wenn das Papsttum weiterhin an der Fiktion einer gemeinsamen chr. Außenpolitik gegen die 'Ungläubigen' festhielt.

Der Sieg über die türk. Eroberungsheere vor Wien (1529 und nochmals 1532) wurde auch durch ein gemeinsames Reichsheer päpstlich und lutherisch orientierter Fs.en und Städte abgesichert. Dem Reichsheer fehlte jedoch ein Mandat zur Verfolgung des Gegners über die Reichsgrenzen hinaus, und das wesentl. kleinere Heer des dt. und ung. Kg.s Ferdinand konnte beim Vorrücken nach Ungarn nur begrenzte Erfolge verzeichnen. Nach dem osman.-habsburg. Vertrag v. 1547 bildete sich ein labiles Gleichgewicht heraus, das von österr. Seite zum Aufbau einer Militärgrenze genutzt wurde und der neuartigen Konzeption eines weltl. Grenzkrieges Vorschub leistete.

Im Mittelmeerraum wurde die Republik →Venedig nach 1453 bei der Verteidigung ihrer kolonialen Positionen vom Westen lange Zeit praktisch alleingelassen und dadurch gezwungen, sich immer wieder mit den Osmanen zu arrangieren. Als die türk. Expansion zu Beginn des 16. Jh. über das östl. Mittelmeer hinausdrängte und in den Piratenflotten der Barbareskenstaaten potente Helfer fand, versuchte Ks. Karl V. als habsburg. Erbe der span. Reconquista, in den von ihm beherrschten oder kontrollierten Territorien Süditaliens und Nordafrikas mit wechselndem Erfolg einen befestigten Sperrgürtel aufzubauen. Karl konnte aber nicht verhindern, daß seine frz. Konkurrenten im Kampf um die Vorherrschaft in Europa sogar Anschluß an den türk. Gegner suchten. Damit war nach dem Zerreißen der religiösen Einheit auch die gemeinsame polit. Front gegen die Türken zusammengebrochen und der Weg frei für Entwicklungen, die die Grenzen des MA deutlich überschritten. Diese Entwicklungen wurden durch die T. zweifellos forciert; inwieweit sie von ihnen auch initiiert waren, ist Gegenstand intensiver wiss. Diskussion.

K.-P. Matschke

Lit.: C. Göllner, Zur Problematik der Kreuzzüge und der T. im 16. Jh., RESE 13, 1975, 97–115 – From Hunyadi to Rákócsy: War and Society in Late Medieval and Early Modern Hungary, hg. J. M. Bák–B. K. Király, 1982 – Die T. in der hist. Forsch., 1983 – D. Mertens, Europ. Friede und T. im SpätMA. Zwischenstaatl. Friedenswahrung in SpätMA und früher NZ (Münstersche Hist. Forsch., 1, 1991), 45–90 – N. Housley, The Later Crusades (1274–1580), 1992 – W. Baum, Ks. Sigismund, Konstanz, Hus und die T., 1993 – F.-R. Erkens, »Und wie ein grosse Reise do tun«. Überlegungen zur Balkan- und Orientpolitik Sigismunds v. Luxemburg (Fschr. E. Meuthen, 1994), 739–762.

**Türkensteuer,** allg. Bezeichnung für →Steuern, die zur Abwehr der →Türken seit der Mitte des 15. Jh. im Reich beschlossen wurden. Das Prinzip einer allg. Geldsteuer war erstmals 1427 (Kampf gegen die →Hussiten) realisiert worden; die T. knüpfte daran an. Sie basierte auf der Pflicht jedes Christen zur Verteidigung des Glaubens und der Kirche sowie der jedes Reichsangehörigen zur Hilfe für Kg. und Reich. Dieses Begründungspaket aus einer temporären militär. Erfordernis und der Christenpflicht half, grundsätzl. Bedenken gegen finanzielle Abgaben (Ausweis der Abhängigkeit oder gar Unfreiheit) und die Furcht vor deren normativem Charakter zurückzustellen. Unabhängig vom (geringen) Ertrag prägte die Steuerdiskussion des 15. Jh. die Entwicklung der Reichsfinanzen.

Erst im 16. Jh. kann von einer effizienten Erhebung gesprochen werden: Die Zahlungsbereitschaft wuchs mit dem Druck, den die immer bedrohlicheren Osmaneneinfälle erzeugten; gleichzeitig verbesserte sich auch die Steuerorganisation im Rahmen der Reichsverfassungsentwicklung. Die Bewilligung der Gelder und die Erhebungsmodalitäten wandelten sich sukzessive von einer irregulären Notmaßnahme zu einem integralen Bestandteil der Selbstorganisation des Reiches. Wichtige Stationen auf diesem Weg waren die Regensburger Decima von 1471 und ihre Augsburger Ausformung 1474. Finanziert werden sollte der Reichsanteil an einem abendländ. →Türkenkrieg entsprechend der päpstl. Forderung nach einem Türkenzehnten. Es handelte sich um eine allg., direkte und proportionale Steuer auf sämtl. Einkommen und Vermögenswerte, die jeden nach seiner individuellen Leistungsfähigkeit erfassen sollte. Durch die breitere Streuung erhoffte man sich eine Entlastung von den hohen Matrikularquoten (seit 1422). Das Projekt scheiterte in der Praxis. Kaum besser erging es dem →Gemeinen Pfennig (Worms 1495). Wenn auch primär mit dem Türkenkrieg begründet, war er doch die erste, nicht mehr auf unmittelbare Kriegskosten bezogene Abgabe. Die Höhe der Belastung, der direkte Zugriff auf sämtl. Reichsglieder ungeachtet der Herrschaftsverhältnisse und die Offenlegung der Einkommen trugen wesentl. zum Mißerfolg dieser Steuerform bei. Zudem wurde die Bedrohung militär. zunächst nur als habsbg. Territorialproblem angesehen. Neben der allg. Steuer bildete sich die Matrikularabgabe fort. Diese Steuerform war leichter zu erheben als der Pfennig und v. a. pauschal zu begleichen. Im 16. Jh. wurde die →Reichsmatrikel zu der im Vergleich zum Pfennig (bis 1551) erfolgreicheren T. Förderl. wirkte es sich aus, daß den Landesherren der Erhebungsmodus selbst überlassen wurde. So verband sich das Reichsinteresse mit der Festigung territorialer Herrschaftsstrukturen. S. Wefers

Lit.: E. ISENMANN, Reichsfinanzen und Reichssteuern im 15. Jh., ZHF 7, 1980, 1–76, 129–218 – P. MORAW, Der »Gemeine Pfennig« (Mit dem Zehnten fing es an, hg. U. SCHULTZ, 1986), 130–142 – P. SCHMID, Der Gemeine Pfennig von 1495, 1989.

**Turkmenen** (türk. *türkmän*, Augmentativ v. *türk*, 'viele Türken', 'Türkentum'?; eine verbreitete, schon von Mahmūd al-Kāsġarī vorgenommene volksetymol. Deutung ist dagegen die Ableitung von pers. *türk mānand* 'türkenähnl.'), turksprachiges Volk in Vorder- und Zentralasien, dessen Sprache zusammen mit dem Osmanli- und Azeri-Türkischen zur SW-Gruppe der Turksprachen gehört. Die T. werden erstmals im 6. Jh. n. Chr. in der chin. Enzyklopädie des T'ung-tien als T'ö-hü-möng bezeichnet und finden seit dem 10. Jh. auch bei arab. (al-Maqdisī) und pers. Autoren (Gardīzī, Mahmūd al-Kāsġarī, Rašīd ad-Dīn u. a.) Erwähnung.

Urspgl. im Altai beheimatet, waren sie im Verband der →Oġuzen (→Uzen) nach W gewandert und hatten sich im 10. Jh. am Serafšan und Syr-Darja niedergelassen. Ihrer eigenen Überlieferung zufolge stammten die T. vom legendären Oġuz-Khan ab. Wie die Oġuzen gliederten sie sich in 24 Stämme (*ḥalk*). Der Name der T. wurde zum Sammelbegriff für jene oġuz. Nomaden, die zum →Islam übergetreten waren und sich als polit. gesonderter Verband von den Oġuzen getrennt hatten. Seit dem 11. Jh. bezeichneten sich auch die Selǧuqen häufig als T. Erst seit der Mongolenzeit verdrängte das Ethnonym T. den Namen der Oġuzen. Noch im 14. Jh. bezeichnete →Ibn Battūtā auch die Osmanen als T.

Die T. bildeten nur sprachlich und religiös durch ihr Bekenntnis zum Islam eine Einheit. Urspgl. reine →Nomaden, verschmolzen manche Verbände in Transoxanien (Mā-warā'al-Nahr) und Ḫurāsān mit der iran. Bevölkerung (*Nuchurli*). Einige Gruppen wurden allmählich seßhaft. Auch in der Folgezeit blieben die Übergänge zw. turkmen. Nomaden bzw. Halbnomaden und Oasenbauern fließend.

Die T. bildeten nie ein Großreich, spielten aber bei den Eroberungszügen der →Selǧuqen im W seit dem 11. Jh. eine große Rolle und trugen zur Turkisierung und Islamisierung Anatoliens in erhebl. Maße bei. Sie vermochten im 12. Jh. bis zu 300000 Krieger aufzubieten, von denen etwa ein Viertel an jedem Feldzug teilnahm. Allein im 11. Jh. wanderten in Kleinasien ungefähr 500000–700000 T. ein. Im 12. Jh. wuchs deren Zahl auf etwa eine Million an. Eine neue Immigrationswelle erreichte Anatolien als Folge des Mongolensturms. Die Zahl der neuen Einwanderer wurde auf etwa 350–400000 Menschen geschätzt.

Mangel an Weideflächen und drückende Abgaben sorgten für soziale Unruhe, die sich 1239 im stark religiös motivierten Aufstand des Bābā Isḥāq entlud (u. a. Bericht des Simon v. St-Quentin). Mit dem Zerfall des Selǧuqenreiches entstanden seit ca. 1260 selbständige turkmen. Emirate (*beylikler*), deren bedeutendstes, das Fsm. der →Karaman in SW-Anatolien, eine führende Rolle im Aufstand der T. gegen die Fremdherrschaft der mongol. →Īlchāne spielte (1277).

Gefährliche Gegner erwuchsen den →Osmanen an ihrer Ostgrenze in den turkmen. Stammesföderationen der →Aq-Qoyunlu ('Weiße Hammel') und →Qara-Qoyunlu ('Schwarze Hammel'). Die Qara-Qoyunlu, denen sich auch kurd. Ethnien angeschlossen hatten, nomadisierten zw. Mosul im nördl. →Irak und dem Vansee und machten unter Qara Yūsuf (1389–1420) →Täbrīz zu ihrer Hauptstadt. Ihr bedeutendster Herrscher Ğahān-šāh (1438–67) berief sich auf die nomad. wie islam. Herrschaftstradition, wenn er die Titel *Chāqān* und →*Sultan* für sich beanspruchte. 1467 wurden die Qara-Qoyunlu v. den Aq-Qoyunlu unter →Uzun Ḥasan (1453–78) aus dem oġuz. Clan der Bayindir entmachtet, der 1469 auch den Timuriden Abū Sa'īd schlug. Uzun Ḥasans Versuch, gemeinsam mit →Venedig eine antiosman. Koalition zu bilden, scheiterte aber 1473 mit seiner Niederlage gegen Sultan →Meḥmed II. Die letzte der großen turkmen. Dynastien, die Ṣafawiden, sollten, gestützt auf die turkmen. Qizilbaš ('Rotköpfe')-Stämme, in →Persien von 1501 bis 1736 regieren.

H. Göckenjan

Lit.: F. SÜMER, Kara Koyunlular, I, 1967 – C. CAHEN, Pre-Ottoman Turkey, 1968 – S. G. AGADŽANOV, Očerki istorii oguzov i srednej Azii IX–XII vv., 1969 – H. UZUNÇARŞILI, Anadolu Beylikleri ve Akkoyunlu Karakoyunlu Devletleri, 1969 – M. MAZZAOUI, The Origins of the Safawids, 1972 – S.G. AGADŽANOV, Sel'džukidy i Turkmenija v XI–XII vv. 1973 – I. MELIKOFF, Le problème Kizilbas, Turcica 6, 1975, 49–67 – J. E. WOODS, The Aqquyunlu, 1976 – F. SÜMER, Oguzlar, 1980³ – E. WERNER, Die Geburt einer Großmacht – die Osmanen (1300–1481), 1985 – H. R. ROEMER, The Türkmen Dynasties (The Cambridge Hist. of Iran, 6, 1986), 147–188 – DERS., The Qizilbash Turcomans (M. MAZZAOUI, Intellectual Studies on Islam, 1990), 27–39 – P. B. GOLDEN, An Introd. to the Hist. of the Turkic Peoples, 1992, 366–371 – A. DSHIKIJEW, Das turkmen. Volk im MA, 1994.

**Turlupins**, freigeistige häret. Sekte, deren Anhänger um 1370 in Paris verhaftet wurden, bekannt auch unter der Selbstbezeichnung 'Société des pauvres' (Gesellschaft der Armen), gilt als Teil der Bewegung der →Brüder des Freien Geistes. Als Führer treten eine Frau, Jeanne Daubenton, und ein namentlich unbekannter Mann hervor. Jeanne wurde 1373 verbrannt, ebenso der Leichnam des (fünfzehn Tage zuvor verstorbenen) Mannes. Jean Gerson

(→Johannes Carlerius) berichtet von Verfolgungsmaßnahmen gegen T. in der Île-de-France, aber auch in der Umgebung v. Lyon. Papst Gregor XI. empfahl dem frz. Kg. Karl V. (sowie dem Gf. en Amadeus VI. v. Savoyen), gegen die T. die dominikan. Inquisition einzusetzen.

1459 wurden als 'T.' bezeichnete Ketzer in Lille zum Tode verurteilt. Ihr Häresiarch, Alfons v. Portugal, verkündete, daß die Flammen nicht zum Tode führten. 1465 wurden T. angeklagt, die Gültigkeit der Sakramente und die päpstl. Autorität zu leugnen. Der Ketzerprediger Fr. Jean le Fel verglich sie mit Wölfen, die den bösen Trieben der Natur ergeben seien. Der Großteil der verfolgten T. kehrte in den Schoß der Kirche zurück, einer erlitt jedoch den Feuertod. E. Lalou

Q.: Les grandes chroniques de France, ed. P. Paris, 1836–38, VI, 334 – Jean Gerson, Opera, I, 19, 55, 114 u. a. – *Lit.*: LThK² X, 411 – R. E. Lerner, The Heresy of the Free Spirit in the Late MA, 1972 – J. Huizinga, Herbst des MA, 1975¹¹.

**Turm.** Ein T. kann auf runder, viereckiger oder polygonaler Grundfläche errichtet, freistehend oder einem Bau an- oder eingebaut den unterschiedlichsten Zwecken dienen: der Beobachtung und Verteidigung (Burg, Festung, Stadttor) und als Glockenturm (Rathaus, Kirche); über den Zweckbau hinaus kommt ihm Symbol- und Repräsentationscharakter zu (Bergfried, Geschlechtert., Rathaust.).

Im Kirchenbau unterscheidet man nach der Stellung des T.s im Bauzusammenhang: Der *Campanile*, als Einzelt. frei neben einer Kirche oder an diese nur angelehnt, ist in frühchristl. Zeit und in Italien verbreitet, beginnend mit S. Vitale in Ravenna (547 geweiht); n. der Alpen nur vereinzelt.

Der *Chort*. kann im O oder W einer Kirche (bes. in Deutschland seit dem 11. Jh.) stehen, überbaut den Altar und hat keinen eigenen Außenzugang; sein Erdgeschoß ist auf einer Seite zum Kirchenraum hin geöffnet. Der T. steht über dem quadrat. Chor oder über dem Vorchorjoch mit anschließender Apsis oder Polygonchor, oder er birgt im Erdgeschoß die Apsis. Er kommt hauptsächl. bei Saalkirchen in Süd- und Mitteldeutschland, aber auch in Frankreich, England und Skandinavien in roman. und got. Zeit vor.

Der *Westt.* ist ein zentraler, axial gelegener, zumeist quadratischer, selten runder T., dem Mittelschiff oder dem Saal westl. vorgelegt. Er enthält einen Eingang oder eine Eingangshalle im Erdgeschoß, häufig eine Empore oder Kapelle im Obergeschoß. Ende des 11. Jh. beginnend, wächst seine Beliebtheit v. a. bei den Pfarrkirchen der Gotik, bes. im niederdt. Raum, aber auch sonst in Europa. Der Westt. ohne Westeingang dient häufig als Westchor.

Die *Dreiturmgruppe* besteht aus einem quadrat. Hauptt. mit zwei runden oder eckigen Treppent. n. Der Hauptt. enthält über einem Durchgangsgeschoß eine Empore und ein oder mehrere Glockengeschosse. Dieser Typ ist in der ersten Hälfte des 10. Jh. aus dem →Westwerk hervorgegangen. Mit Beginn des zweiten Viertels des 11. Jh. wird auf das Westportal verzichtet und ein Gegenchor eingebaut. Im 1. Viertel des 12. Jh. wird dieser wieder aufgegeben zugunsten der früheren otton. Eingangslösung; im späteren 12. Jh. wird die Dreiturmgruppe allg. von der Doppelturmfassade abgelöst.

Die *Doppelturmfassade* flankiert mit ihren beiden T. n den in das Mittelschiff führenden Haupteingang. Der Giebel des Mittelschiffs kann sichtbar in die Vorderflucht der T. vorgezogen oder durch einen horizontal schließenden Vorbau verdeckt sein. Die Doppelturmfassade beginnt in Deutschland mit sal. Bauten am Oberrhein um 1025/30, etwa gleichzeitig auch in Frankreich, bes. in der Normandie. Sie findet allg. Verbreitung im 12. Jh. und bei den frz. und von Frankreich beeinflußten Kathedralen der Gotik. Wenige Kirchen zeigen im 15. Jh. zwei übereck vor die Seitenschiffe gestellte Westtürme.

Der *Vierungst.* erhebt sich über der Vierung, zunächst in Holzkonstruktion (5.–9. Jh.) bis zu drei Geschossen (Tristegum), seit Anfang des 10. Jh. in Stein. Der Vierungst. kann als Zylinder, Kubus oder Achteck über dem Kirchendach aufragen; er kann mehrgeschossig sein und seinen Querschnitt ändern (Aquitanien, Auvergne, Poitou); sein Oberbau ruht seit dem 10. Jh. (Frankreich, bes. Cluny) auf Trompen. In Dtl. bildet der quadrat., zum Kirchenraum hin mit einer Flachdecke abgeschlossene, eingeschossige Vierungst. die Normalform bis 1100. Dann kommen erste achteckige Vierungst. e auf, wie sie in stauf. Zeit vorherrschend werden. Die über Trompen hochgeführten und belichteten Vierungst. e finden sich nur bei ksl. Gründungen der Salier und vereinzelt in spätstauf. Zeit; allg. bleibt aber auch der achteckige T. zur Vierung hin durch ein Gewölbe geschlossen, um seine Aufgabe als Glockent. erfüllen zu können. Es bilden sich drei Formen heraus: 1. geschlossener, achteckiger Vierungst. mit Vierungsgewölbe, Trompe über dem Gewölbe zur Überleitung ins Achteck der T. geschosse; 2. offener, achteckiger Vierungst; die Trompen leiten zum belichteten Tambour über, auf dem das Gewölbe aufsitzt; 3. achteckiger Vierungst. ohne Vierungsgewölbe, quadrat. Flachdecke in Langhaushöhe oder achteckige Decke in der Dachzone; Trompen zur Überleitung ins Achteck. In der Gotik wird der Vierungst. vom hölzernen Dachreiter verdrängt, der bei →Zisterzienserkirchen üblich war.

Weitere T. e können als quadrat., runde oder polygonale T. e an verschiedenen Stellen des Kirchengebäudes angeordnet sein: als *Chorflankent.* seitl. der Apsis oder des Chores, quadrat., aber auch rund, seit Anfang des 11. Jh.; als *Chorwinkelt.* in den Winkeln, die von Vorchor und Querhausarmen gebildet werden, bes. 11.–13. Jh.; als *Querhauswinkelt.* über dem ö. oder w. Joch des Seitenschiffs vor dem ö. oder w. Querhaus; als *Querhaust.* an der n. und s. Stirnmauer des Querhauses, rund oder polygonal, 11./12. Jh.; als *Querhausflankent.* über dem äußeren ö. und w. Joch eines dreischiffigen Querhauses oder auf Mauerecken aufgesetzt, zweite Hälfte 12. und 13. Jh.: über den Querhausarmen, als *Fassaden-, Eck-* oder *Winkelt.* unterschiedl. Stellung.

An Schlössern und größeren städt. Wohn- und Verwaltungsbauten kommen →Treppent. e in der Front oder bei mehrflügeligen Anlagen in den Winkeln vor, in der Spätgotik als Wendeltreppen mit reich gegliederten und durchbrochenen Mauern (Wendelstein, Albrechtsburg in Meißen). G. Binding

*Lit.*: RDK III, 567–575; IV, 551–556; VI, 21–24 – G. Binding, Architekton. Formenlehre, 1987², 50–59 – Lex. der Kunst VII, 1994, 459–461 – H. Kunze, Das Fassadenproblem der frz. Früh- und Hochgotik, 1912 – N. Karger, Der Kircht. in der österr. Baukunst vom MA bis 1740, 1937 – H. Schaefer, The Origin of the Two-Tower Facade in Romanesque Architecture, ArtBull 27, 1945, 85–108 – W. Orth, Fassade und Einzelt. in der kirchl. Baukunst des dt. Hausteingebietes in der Zeit von 1250–1550, 1950 – R. Kleßmann, Die Baugesch. der Stiftskirche zu Möllenbeck a. d. Weser und die Entwicklung der w. Dreiturmgruppe [Diss. Göttingen 1952] – G. Loertscher, Die roman. Stiftskirche von Schönewerd. Ein Beitr. zur Doppelturmfassade im 11. Jh. (Basler Studien zur Kunstgesch. 5, 1952) – G. Urban, Der Vierungst. bis zum Ende des roman. Stils [Diss. masch., Frankfurt/M. 1953] – G. W. Holzinger, Roman. T. kapellen in Westt. n überwiegend ländl. Kirchen im s. Teil des alten Ebm. s Köln [Diss. Aachen 1962] – K.

LIST, Der roman. Kircht. in Kippenheim (Krs. Lahr), Nachrichtenbll. der Denkmalpflege in Baden-Württ. 5, 1962, 51–58 – W. MÜLLER, Die Ortenau als Chorturmlandschaft, 1965 – R. LIESS, Die Braunschweiger T.werke (Fschr. W. GROSS, 1968), 79–127 – H. SCHNELL, Die Entwicklung des Kircht.s und seine Stellung in unserer Zeit, Das Münster 22, 1969, 85–96, 177–192.

**Turmeda, Anselm** → Anselm Turmeda

**Turmhügel** → Motte und Baillie

**Turnbull, William**, Bf. v. →Glasgow 1447–54, * um 1400, † 3. Sept. 1454 in Glasgow, wahrscheinl an der Pest; stammte aus einer im Grenzgebiet zu England ansässigen schott. Familie, Student der neuen Univ. v. →St. Andrews (1420 Mag. art.). Da T. die in St. Andrews vorherrschenden Nominalisten (→Nominalismus) ablehnte, wechselte er zu der noch jüngeren Univ. v. →Löwen über, wo die Realisten bestimmend waren. Hier schloß er Freundschaft mit James →Kennedy, dem Cousin Jakobs II. T. studierte in Florenz und Pavia (dort Dr.), kehrte 1439 nach Schottland zurück und erlangte rasch bedeutende Ämter sowohl im kirchl. als auch im weltl. Bereich (Vikar v. Edinburgh, Archidiakon v. Lothian, Keeper of the Privy Seal, kgl. Sekretär). 1447 zum Bf. v. →Dunkeld gewählt, wurde er, obwohl noch nicht zum Priester geweiht, auf den Bf.ssitz v. Glasgow versetzt, der im Rang dem von St. Andrews folgte. T. und Kennedy spielten eine bedeutende Rolle bei der Vermittlung der Heirat Jakobs II. mit Marie v. Geldern 1449. 1451 erlangte T. eine Bulle von Papst Nikolaus V. zur Gründung einer Univ. in Glasgow, nach dem Vorbild von →Paris, doch zeigte sie auch Einflüsse von →Köln, Löwen und St. Andrews.

G. W. S. Barrow

Lit.: J. DURKAN, W. T. Bishop of Glasgow, 1951 – DERS.–J. KIRK, The Univ. of Glasgow 1451–1577, 1977.

**Turnier**
A. Allgemein. Westeuropa – B. Mitteleuropa – C. Italien – D. Byzanz

**A. Allgemein. Westeuropa**
I. Begriff. Anfänge – II. England – III. Frankreich.

I. BEGRIFF. ANFÄNGE: Der Begriff 'T.' (torneamentum, frz. tournoi, engl. tournament) beinhaltet die Vorstellung eines Waffenganges zw. zwei (u. U. zahlreich besetzten) Parteien von Berittenen, die auf freier Fläche oder in einem abgegrenzten Gelände mit →Lanze oder (bevorzugt) →Schwert miteinander kämpfen; die charakterist. drehende Bewegung, welche die Kämpfer und ihre Pferde bei diesem Kampfspiel auszuführen hatten, hat dem T. seinen Namen gegeben. Der Begriff 'Tjost' (frz. joute, von lat. 'juxta' bezeichnet dagegen den →Zweikampf, bei dem die beiden Kämpfer einander zu Pferde oder zu Fuß mit Lanze, Schwert oder →'Schlagwaffen' ein Gefecht liefern (→Fechten), entweder mit scharfen ('Rennen') oder stumpfen Waffen ('Stechen'). Seltener belegt sind die dem T. synonymen Begriffe cembel und bohordeis (Buhurt), Ausdruck einer weniger brutalen, stärker »zivilisierten« T.kultur. Die ersten →Tafelrunden, die sich als 'T.gesellschaften' auf Arthur (→Artus) und die arthurian. Romane breton. Tradition beziehen, treten im 2. Viertel des 13. Jh. auf ('Table ronde' v. Hesdin, 1238). Die Spielarten des T.s, bei denen ein Ritter anderen »irrenden Rittern« den Durchgang zu verwehren hat, sind im wesentl. erst im 15. Jh. gebräuchlich.

Das T. als zentraler sportl., festl. und militär. Manifestation der ritterl. Gesellschaft (→Ritter, →Chevalier) setzt die Kenntnis einer bestimmten Technik (bzw. mehrerer Techniken), einen Sinn für den Wettkampf und die Existenz eines homogenen Milieus voraus. Seit Beginn des 13. Jh. schrieb die Legende die Ursprünge des T.s einem Herrn namens 'Geoffroy de Preuilly' zu. Hist. Belege für T.e liegen aber erst seit den Jahren um 1125/30 eindeutig und in zunehmender Dichte vor. Ein wichtiges frühes Zeugnis ist der Bericht →Galberts v. Brügge über →Karl d. Guten, Gf. v. Flandern († 1127), der mit einem Gefolge von Rittern die T.e in der Normandie, Frankreich und selbst in Gegenden außerhalb des Kgr.es zu besuchen pflegte, was ihm hohes Ansehen eintrug.

1130 untersagte das Konzil v. Clermont (Auvergne) »die Abhaltung jener abscheul. Märkte oder Jahrmärkte, auf denen die Ritter sich nach ihrer Gewohnheit zusammenfinden, um ihre Kräfte und ihre Kühnheit zu messen, was oft zum Tode von Männern und zu großer Gefahr für die Seelen führt«. Im selben Kanon wird festgesetzt, daß ein bei einem T. tödl. verwundeter Ritter zwar die Tröstungen der Religion, nicht aber ein Begräbnis an geweihter Stätte empfangen solle. Diese kirchl. Verurteilung des T.s, die erneut beim II. und III. →Laterankonzil (1139, 1179) begegnet, wurde vom Papsttum erst 1316 aufgehoben, zu einer Zeit, als das T. durch die Einführung fester Regeln weniger brutal und gefahrvoll geworden war und als nützl. Vorbereitung für den →Kreuzzug anerkannt wurde.

II. ENGLAND: Das in allen nördl. Gebieten des Kgr.es Frankreich (einschließl. des Hennegau) praktizierte T. verbreitete sich rasch auch in England: Anläßl. der Belagerung von Lincoln (1141) maßen sich die Ritter Stephans v. Blois und Roberts v. Gloucester in einem Kampf, »der 'joute' genannt wird«. Eine wichtige Etappe markieren die von Richard Löwenherz (1194) erlassenen T.regeln, die den Wert des T.s für die Ertüchtigung der engl. Ritterschaft gegenüber der frz. würdigen, von den Teilnehmern eine Einschreibgebühr fordern, zugleich aber den Mißbrauch von T.en zur Konspiration gegen den Kg. und die unangemessene Störung des Kg.sfriedens durch T.e verwerfen. Hatten dessenungeachtet T.e in England des 13. Jh. der baronialen Opposition gegen die engl. Kg.sgewalt (→Baron, III) noch Gelegenheit zu Wettkampf und Selbstdarstellung geboten, so wandelte Eduard I. (1272–1307), selber ein großer T.fechter, das T. vollends in ein Objekt kgl. Gönnerschaft und monarch. Propaganda um (»Statuta armorum«, 1292). Sein Enkel Eduard III. (1327–77) blieb dieser Haltung treu, insbes. durch Stiftung des →Hosenbandordens und den engen Anschluß an die arthurian. Tradition der Tafelrunde. Dennoch verschwand seit Mitte des 14. Jh. in England das eigtl. T. (Gruppent.) fast vollständig; unter Heinrich IV. (1399–1413) und bes. Heinrich V. (1413–22) verloren selbst die Tjosts ihre Bedeutung, lebten aber unter Eduard IV. (1461–89) im engeren Bereich des Kg.spalastes nochmals kurzfristig auf. Dafür wurden (meist als Randerscheinung des →Hundertjährigen Krieges, oft zur Bekräftigung von Waffenstillständen) seit Mitte des 14. Jh. gelegentl. T.e zw. Engländern und Franzosen oder Engländern und Schotten ausgefochten.

III. FRANKREICH: Das Kgr. Frankreich war der T.platz Europas par excellence; manchmal wird das T. schlechthin als frz. Brauch charakterisiert. Das Goldene Zeitalter des T.s waren die letzten Jahrzehnte des 12. und die ersten Dezennien des 13. Jh. Manche Fs.en (z. B. →Heinrich d. J., der 2. Sohn Kg. Heinrichs II. Plantagenêt; Gf. →Heinrich der Freigebige v. Champagne; →Philipp v. Elsaß, Gf. v. Flandern) erwarben sich auf diesem zentralen Gebiet der höf. →Kultur hohes Ansehen. Ein herausragender Vertreter der T.kultur war →Guillaume le Maréchal, in dessen Vita nicht zuletzt der materielle Preis der Tapferkeit (Lösegelder der Besiegten, Gewinn ihrer Pferde und Harnische) betont wurde. →Chrétien de Troyes führt in »Erec et Enide« das T. in die höf. Lit. ein. Die den kirchl. Gesetzen treue frz. Monarchie der Kapetinger hielt sich dagegen bei der Förderung des T.s lange Zeit zurück; von Ludwig IX. d. Hl. en (1226–70) bis zu Johann dem Guten (1350–64) bemühten sich die Kg.e vielmehr um ein Verbot des T.s, das als abträgl. für die Kreuzfahrt und den eigtl. Kriegsdienst erachtet wurde. Unter Philipp IV. d. Schönen (1285–1314) empfiehlt dagegen Pierre →Dubois das T. als Vorbereitung für den Kreuzzug. Unter Philipp VI. v. Valois (1328–50) und Johann d. Guten legt Geoffroy de →Charny dar, daß »faits d'armes de paix« (Tjost und T.) und »faits d'armes de guerre« einander ergänzen; mit beiden Arten des Waffendienstes sei Ehre zu gewinnen.

Wie in England trat auch in Frankreich das Gruppent. älteren Stils zugunsten des zunehmend ritualisierten Tjosts zurück. Unter Karl VI. (1380–1422), einem passionierten Tjoststecher, fordert →Christine de Pisan den Kg. auf, alljährl. Tjoste und T.e für den gesamten Adel zu veranstalten. Im 15. Jh. waren Tjoste und Ritterspiele ('pas d'armes') fast völlig zur Sache der großen Fs.enhäuser geworden (Hzg.e v. →Anjou: Kg. →René; Hzg.e v. →Burgund: Philipp d. Gute, →Maximilian v. Habsburg). Die sich als »irrende Ritter« stilisierenden T.helden fanden internationale Beachtung (Jacques de →Lalaing). Am Vorabend der Renaissance wurden Tjoste und andere T.spiele (→Spiel, →Fest) unter der Leitung von →Herolden als aufwendige Spektakel inszeniert und gewannen zunehmend lit. und höf. Dimension (im Zuge der seit dem späten 12. Jh. belegten, aber sich nun steigernden Rolle der höf. Dame; →Frau, C. II). Am Ende des MA begegnet auch erstmals die vom Kriegsharnisch unterschiedene 'T.rüstung'. Ph. Contamine

Lit.: M. VALE, War and Chivalry, 1981 – G. DUBY, Guillaume le Maréchal, 1984 [dt. Übers. 1986] – Das ritterl. T. im MA, hg. J. FLECKENSTEIN, 1985 [Beitr. PH. CONTAMINE, M. PARISSE, J. BARKER, M. KEEN] – J. BARKER, The Tournament in England 1100–1400, 1986 – J. BUMKE, Höf. Kultur, 2 Bde, 1986 – M. STANESCO, Jeux d'errance du chevalier médiéval, 1988 – R. BARBER–J. BARKER, Tournaments, 1989 – Il tempo libero, hg. S. CAVACIOCCHI, Atti della XXVI Sett. di Studi, Prato, 1995 [Beitr. M. KEEN, A. RANFT].

**B. Mitteleuropa**
Das T. findet schon bald nach seiner Entstehung von Frankreich aus über den niederlothring. Raum als kultureller Kontaktzone seine Verbreitung nach Dtl. (Mitte 12. Jh.), wobei die dt. Bezeichnung (tornament, turnir, turnei u.ä.) der frz. folgt. Den Boden bereitet auch hier das krieger. Kampfspiel zu Pferde, dessen Ziel und Zweck allein die Übung für den Ernstfall war, in den es durchaus selbst noch umschlagen konnte. Ohne seine militär. Bedeutung jemals ganz zu verlieren, unterscheidet sich das T. vom Kampf jedoch durch verbindl. Regelhaftigkeit, die es aus der Sphäre krieger. Auseinandersetzung immer deutlicher zu lösen vermochte und in die Sphäre höf. Lebens einzubinden erlaubte, wo es den wesentl. Kristallisationskern ritterl.-höf. Kultur (→Ritter, -tum; →Kultur und Gesellschaft, höf.) bildete; in stauf. Zeit lassen sich die →Mainzer Hoftage bzw. -feste v. 1184, 1188 als frühe Höhepunkte einer solchen Entwicklung ausmachen, die unter Ks. Maximilian eine letzte großartige Blüte erlebt. Zugleich sind sie Beispiele für die bes. Förderung, die das T. auf fsl. Ebene erfährt.

Zu den entscheidenden Regularien zählten förml. Einladung, Einhaltung und Überwachung zuvor festgelegter Kampfbestimmungen sowie die schiedsrichterl. Ausrufung des Siegers, wobei die Preisverleihung (»T.dank«) aus der Hand einer Dame das förml. Ende des T.s markierte. Bedeutender noch als der materielle Gewinn war für den Sieger der Zuwachs an ritterl. Ehre und damit verbunden die Erhöhung seines Sozialprestiges in der ritterl.-höf. Gesellschaft. Gekämpft wurde stets auf bes. eingerichtetem Platz (»in den Schranken«). Man unterschied zw. *buhurt*, einem Reitergefecht zweier Gruppen mit meist stumpfen Waffen (seit Mitte des 14. Jh. auch mit schweren hölzernen Schlagstöcken als »Kolbent.«), und *tjost*, dem Zweikampf mit angelegten Lanzen, der – wieder unter fsl. Regie – als neue T.praxis in Dtl. Mitte des 13. Jh. bis in die NZ in Mode kam.

Mit der Einbindung in das höf. Fest gewinnt das T. eine Bedeutung weit über das reine Kampfgeschehen hinaus. Die höf. Festgesellschaft insgesamt identifiziert sich mit der elitären Praxis ritterl. Bewährung, welche »über die rechtl. Unterschiede zw. principes, nobiles und ministeriales hinweg ihre Gemeinsamkeit als milites manifestiert« (FLECKENSTEIN); die verpflichtende Gegenwart der zugehörigen Damen an den Schranken überhöht – als Huld verstanden – den Kampf zum Minnedienst (→Minne). Zeitgenöss. Dichtung (zuerst →Hartmann v. Aue, »Erec«; →Ulrich v. Liechtenstein, »Frauendienst«; →Heinrich v. Veldecke, »Eneas«) spiegelt solches nicht nur, sondern förderte zugleich das reale Bemühen um Nachformung des in ihr formulierten Ideals.

Die soziale Dimension des T.s erklärt, warum das T. im SpätMA auch außerhalb des fsl. Hofes, in den Milieus von Niederadel und Stadt, begegnet: In der Stadt ist es das →Patriziat, welches durch Nachahmung ein Grundelement adliger Lebenskultur beansprucht und sich durch materiellen Aufwand prakt. demonstrieren und behaupten kann, dabei in Form der »Gesellenstechen« sogar Gelegenheit zu einem gemeinsamen egalitären Auftritt mit dem Adel findet. Der Niederadel entwickelt reagierend auf ihm überaus intensiv gepflegte T.kultur zu einem Instrument der Standespolitik. Die Teilnahme wurde exklusiv durch das Postulat eines »T.adels« (Ausschluß von Patriziat und Stadtadel) sowie durch die Einforderung ritterl.-höf. Lebensführung – beides wurde nun zu Beginn des T.s anläßl. der offiziellen Registrierung der Kämpfer durch Vorzeigen von jeweiligem Wappen und →T.helm (Zeremonie der »Helmschau«) zum Kriterium der Zulassung und im Streitfall vor der öffentl. Einteilung der jeweiligen T.gegner (»Helmteilung«) nach Heroldsauskunft schiedsgerichtl. geklärt. Der teilnehmende Adel erscheint hier, vereint über die aufwendige Organisation großer überregionaler sog. »Vier-Lande-T.e«, als Genossenschaft, die fsl. T.aufwand zu entsprechen suchte, um den spezif. Anspruch auf Herrschaft durch standesgemäß aufwendigen Lebensgestus zu untermauern. In den Q. findet dieses seine Entsprechung auch in dem synonymen Gebrauch von T. und *hof*. Außerdem suchte man die Chance, das T. als standesinterne Regelungsinstanz (Schiedsgericht) zur Vermeidung der →Fehde zu instrumentalisieren. Treibende Kraft waren die egalitären Adelsgesellschaften (→Ritterbünde, -gesellschaften), die den Kampf um Sozialprestige und das Ringen um adlige Selbstbehauptung mit Hilfe solcher T.e auch außerhalb ihrer Reihen zu forcieren trachteten. Gerade solches Bemühen jedoch leitete durch ökonom. Überanstrengung der Beteiligten das Ende dieses beeindruckenden T.reigens ein. Aber →Wappen- und T.bücher noch des 16. Jh. zeugen bis heute von der sozialen Bedeutung dieser T.e, die der Niederadel im Reich aufwendig gepflegt hat und auf die er sich im Blick auf seine Tradition und Reputation auch in der frühen NZ noch bezog.

Für die Ausbreitung des T.s nach Mitteleuropa (ein Vorgang in der 2. Hälfte des 13. Jh.) erwies sich Dtl. als aktiver Mittler. Es waren dt. Ritter, die das T. u.a. nach Böhmen exportierten oder auch nach Polen und Ungarn. Allerdings blieb es dort vornehml. eine Angelegenheit des kgl. Hofes und der jeweils führenden Adelsschicht; in Ungarn bleibt der Niederadel sogar bewußt auf seine heim. Tradition fixiert und entzieht sich dem im T. propagierten Rittertum. Andererseits begegnen Adlige dieser Länder sehr bald immer wieder auch im Ursprungsland des T.s – in Frankreich – und pflegen den direkten Vergleich. Im Gebiet des →Dt. Ordens sind es dann die Preußenfahrer (→Preußenreise), welche lebendigen Kontakt zur westeurop. T.szene und zu ihrer Entwicklung knüpfen lassen. Bürgerl. T.e können am Ende des 15. Jh. für Prag nachgewiesen werden, sind aber auch andernorts in Ostmitteleuropa zu vermuten. A. Ranft

Lit.: H. WOZEL, T.e, 1979 [Abb.] – Das ritterl. T. im MA, hg. J. FLECKENSTEIN, 1985 [Lit.] – J. BUMKE, Höf. Kultur, 2 Bde, 1986 – W. H. JACKSON, The Tournament and Chivalry in German Tournament Books of the Sixteenth Century... (The Ideals and Practice of Medieval Knighthood, hg. C. HARPER-BILL–R. HARVEY, 1986) – H. H. PÖSCHKO, T.e in Mittel- und Süddtl. von 1400–1550 [Diss. Stuttgart 1987; Lit.] – L. KURRAS, Ritter und T.e, 1992 [Abb.] – K. MILITZER, T.e in Köln, JbKGV 64, 1993, 37–59 – A. RANFT, Die T.e der vier Lande: Genossenschaftl. Hof und Selbstbehauptung des niederen Adels, ZGO 142, 1994, 83–102.

### C. Italien

Eine mit L. A. MURATORI beginnende gelehrte Tradition sieht als »Initiator« der ludi militares in Italien den Ostgotenkg. →Theoderich an, der Ennodius und Cassiodor zufolge Kampfspiele eingeführt haben soll, um seine Leute in Übung zu halten und dem Volk Unterhaltung zu bieten. In Wirklichkeit lassen sich die krieger. Übungen, die bei den Goten und Langobarden üblich waren, nicht für die Vorgeschichte des T.s (it. *torneo*) und des Tjost (it. *giostra*) heranziehen. Im eigtl. Sinne kann man erst seit der 2. Hälfte des 11. Jh. von T.en sprechen. Die erste gesicherte Erwähnung in Italien geht auf das Jahr 1115 zurück (»De bello Balearico« [oder b. Maiorlcano], Laurentius Veronensis zugeschrieben). Gleichwohl waren derartige Kampfspiele, wie sie v.a. in Frankreich, Dtl. und in den Kreuzfahrerstaaten abgehalten wurden, anscheinend in Italien bis zur Eroberung des Kgr.es. →Neapel durch →Karl v. Anjou 1266 nicht häufig. Die Verbreitung von militär. Spielen auf der Apenninenhalbinsel scheint also auf frz.-südit. Einfluß zurückzugehen. Die Q. von 1115 spricht, ziemlich allgemein, von »hastarum ludi« und »cursus equorum«, für die Preise ausgesetzt waren. Während der zweite Begriff sich auf Rennen nach Art eines 'Palio' beziehen kann, ist der erste Begriff mit den 'hastiludia' in Beziehung zu setzen, krieger. Lanzenspielen zu Wettkampf- und Übungszwecken. Zum Jahr 1158 berichtet der Chronist →Rahewin (Gesta Fred. IV, 11) im Zusammenhang mit dem Italienzug →Friedrichs I. Barbarossa von einem »certamen«, das zw. den Cremonesen und Piacentinern ausgetragen wurde, »quod modo vulgo tornoimentum vocant«, ohne jedoch dem Ereignis ausgesprochenen Charakter von Spielen zu geben, da er berichtet, es habe dabei Gefangene, Tote und Verwundete gegeben. Es bleibt daher ungewiß, ob der Chronist unter dem Begriff 'tornoimentum' Spiele, blutige Herausforderungen oder echte Kriegshandlungen verstanden wissen will. Auf die verschwimmenden Grenzen zw. Spiel und krieger. Auseinandersetzung scheint auch →Dante anzuspielen, der Begriffe, die militär. Feldzüge bezeichnen wie 'stormo' und 'gualdane' neben 'torneamenti' und 'giostra' stellt (Inferno, XXII, 6). Dieser oszillierende Sprachgebrauch Dantes findet seine Entsprechung bei den Kommentatoren der Divina Commedia. So erklärt Buti: »T. (*torneamenti*) machte man, wenn Ritter freiwillig innerhalb eines eingeschränkten Platzes zum Kampfe zusammenkamen, um Ehre zu gewinnen; in diesem T. verwundet einer den andern bis zum Tode, wenn er sich nicht als besiegt erklärt... Tjost (*giostra*) heißt es, wenn ein Ritter gegen den anderen mit angelegter Lanze anrennt..., und es als Sieg gilt, den anderen aus dem Sattel zu heben; und darin liegt der Unterschied zum T., wo man kämpft bis zum Tode«. Bei Francesco da →Barberino scheint der Unterschied zw. T. und Tjost – beides Spiele mit noch immer gefährl. und gewalttätigem Charakter, die daher von der Kirche verurteilt werden – v. a. darin zu bestehen, daß das T. von zwei gegnerischen Gruppen ausgetragen wird und wie eine Art krieger. Zusammenstoß – wenn auch in reduzierter Form – anmutet, während der Tjost aus Einzelkämpfen von jeweils zwei Reitern besteht. So gelangt man zu der berühmten Definition des →Landino: »...T.e und Tjoste sind militär. Übungen, die bei Festen und Spielen zur Unterhaltung des Volks abgehalten werden. Im T. führen Gruppen gegeneinander eine Art Kampf vor; im Tjost stellt ein Mann gegen den anderen einen Einzelkampf dar«. Es bestanden daneben auch Formen, in denen offenbar die Züge von Pferderennen mit jenen des Tjostes verschmolzen: diese *quintane, bigordi, armeggerie* waren im 14. und 15. Jh. in Italien bes. bei Festen und Feiern sehr verbreitet. In der 'giostra all'italiana', die auch in Spanien verbreitet war, verwendete man Angriffs- und Verteidigungswaffen, die sich nur wenig von den im Krieg üblichen unterschieden. F. Cardini

Lit.: EDant V, 659 [E. PASQUINI] – L. A. MURATORI, De spectaculis et ludis publicis (Antiquitates Italicae Medii Aevi, Diss. XXIX, II), 832–862 – AAVV, La civiltà del torneo, 1990 – M. SCALINI, Il Saracino, 1987.

### D. Byzanz

Das T. ist in Byzanz in jedweder Form (als torneamentum, gr. τερνεμέντο, oder als *giostra*/Tjost, gr. τζούστρια) ein aus dem Westen (Frankreich) importiertes Spiel, das gesellschaftl. und mental nie wirklich Wurzeln fassen konnte, da sich hier nie ein →Rittertum als Stand entwickelt hatte und der Kavallerist im Heer nicht mit dem adligen Ritter des W gleichzusetzen ist. T.e spielen sich, in der äußerl. Art des Kampfes den westl. Spielen gleich, innerhalb des Hofes ab, und breitere Schichten der Bevölkerung haben daran auch passiv kaum Anteil. Der erste sichere Hinweis auf ein T. findet sich bei Niketas →Choniates z. J. 1159 in Antiocheia, bei dem Ks. →Manuel I. selbst auftrat. Aus der Regierungszeit dieses Ks.s stammt auch eine nur aus einer Bildbeschreibung bekannte T.schilderung. Nach 1204 begegnen in den lat. besetzen Gebieten T.e, an denen z. T. auch Griechen teilnahmen. Sie fanden auch Eingang in die lat. und nationalsprachl. Lit. dieser Regionen. Mit Ankunft der →Anna v. Savoyen in Konstantinopel (1326) belebte sich das T. wieder im O, doch gibt es schon nach 1332 keine Q. mehr darüber in den byz. Landesteilen, während sie in den ven. und frk. Gebieten bis in die Zeit der Türkenherrschaft verbreitet waren. P. Schreiner

Lit.: W. PUCHNER, Η »γκιόστρα« στη ελληνική παράδοση, Ἠπειρωτικά Χρονικά 31, 1994, 107–163 – P. SCHREINER, Ritterspiele in Byzanz, JÖB 46, 1996, 225–239 [mit Q.hinweisen].

**Turnierbuch** → Wappenbuch

**Turnierhelm,** um 1430 in Westeuropa aus dem Grand Bacinet entstandener →Helm mit Gittervisier für das →Turnier mit Streitkolben und Schwert. Da das Turnier nur dem Landadel zustand, wurde der T. zum Kennzeichen des adligen Wappens. O. Gamber

Lit.: O. GAMBER, Ritterspiel und Turnierrüstung im SpätMA (Das ritterl. Turnier im MA, hg. J. FLECKENSTEIN, 1985).

**Turnose** (frz. *Gros tournois*, lat. Grossus Turonensis, it. *Tornese*), Silbermünze (4,22 g), eingeführt am 15. Aug. 1266 durch Kg. Ludwig IX. v. Frankreich: →Gros tournois. P. Berghaus

Lit.: →Gros tournois – P. GRIERSON, Coins of Medieval Europe, 1991, 115.

**Tŭrnovo** → Tărnovo

**Turov**, Stadt und aruss. Fsm. im südl. Weißrußland. [1] *Stadt:* T., am Fluß Pripjat', am Handelsweg vom →Dnepr zur Ostsee gelegen, ist als zweigliedrige burgstädt. Anlage (2,5 ha) Mitte 10. Jh. archäolog. nachgewiesen. T. wird in der aruss. Chronistik (→Porest' vremennych let) als Gründung des legendären skand. Fs.en Tury 980 erwähnt. Als Zentrum des Fsm.s T. wurde es unter Fs. →Svjatoslav Izjaslavič um 1088 Bf.ssitz. Eine Steinkirche ist für die Wirkungszeit Bf. →Kyrills v. T. Ende 12. Jh. nachweisbar.

[2] *Fürstentum:* Das Fsm. T. lag im Pripjat'-Becken auf dem Gebiet der →Dregoviĉen (Städte →Pinsk, Sluck, →Grodno). Unter Vladimir d. Hl.n, dessen Sohn →Svjatopolk (1. S.) 988 Fs. v. T. wurde, gehörte es zur Kiever Rus' (→Kiev, A). T. spielte in ihren Fs.enfehden, aber auch in ihren Beziehungen zu Litauen und Polen bis zum 12. Jh. eine wichtige Rolle. Durch Erbteilungen geschwächt, verlor T. im 12. Jh. an Bedeutung und geriet unter den Einfluß des Fsm.s →Halič-Volhynien, im 14. Jh. gelangte es unter →Gedimin an →Litauen. K. Brüggemann

Lit.: M. DOVNAR-ZAPOL'SKIJ, Očerk istorii krivičskoj i dregovičskoj zemel' do konca XII stoletija, 1891 – P. F. LYSENKO, Kiev i Turovskaja zemlja, Kiev i zapadnye zemli Rusi v XI–XIII vv., 1982, 81–108.

**Turpin** (Tilpin), Benediktiner aus →St-Denis, Ebf. v. →Reims 748–794, nahm 769 am röm. Konzil teil (MGH Conc. II/1, 75). Gemäß einem allerdings frühestens in der Mitte des 9. Jh. gefälschten bzw. interpolierten Brief bestätigte schon Papst Hadrian I. dem Ebf. T. die Privilegien der Reimser Metropole. Erst seit dem 11. Jh. entwickelte sich die dann zukunftsträchtige Tradition, daß T. Karl d. Gr. auf seinem Zug nach Spanien begleitet habe (→Rolandslied); im sog. →Pseudo-Turpin ist T. der angebl. Verf. des Berichtes über den Spanienzug Karls d. Gr. Umstritten bleibt, inwieweit diese Schr. (vielleicht in St-Denis) schon vor der Zusammenstellung des sog. →»Liber Sancti Jacobi« um 1150, als dessen 4. Buch sie v.a. überliefert ist, verfaßt wurde. Sie gehört jedenfalls in den Zusammenhang der epischen Dichtungen um →Karl d. Gr. Die hsl. Überlieferung (ca. 300 lat. und volkssprachl. Textzeugen) deutet auf einen sehr großen Erfolg seit dem ausgehenden 12. Jh. In Dtl. wurde eine eigene Fassung im Zusammenhang mit den Bemühungen um die Hl.sprechung Karls d. Gr. 1165 erstellt; der um 1215 gefertigte Karlsschrein zeigt Szenen aus diesem Buch sowie auch eine Darstellung T.s. Weitere Darstellungen finden sich u.a. in den volkssprachl. Fassungen des Pseudo-Turpin, die teilweise mit den Grandes →Chroniques de France überliefert sind. K. Herbers

Ed.: →Pseudo-Turpin – H. W. KLEIN, Die Chronik von Karl d. Gr. und Roland. Der lat. Pseudo-Turpin in den Hss. aus Aachen und Andernach, 1986 – K. HERBERS–M. SANTOS, Liber S. Jacobi [im Dr.] – Lit.: M. C. DÍAZ Y DÍAZ, El Códice Calixtino de la catedral de Santiago, 1988 – M. GROTEN, Die Urkk. Karls d. Gr. für St-Denis von 813 (D. 286), eine Fälschung Abt Sugers?, HJb 108, 1988, 1–36 – H. W. KLEIN, Karl d. Gr. und Compostela (Dt. Jakobspilger und ihre Berichte, 1988), 133–148 – Karl d. Gr. und sein Schrein in Aachen, 1988 [versch. Beitrr.] – A. DE MANDACH, Neues zum »Pilgerführer der Jakobswege« (Europ. Wege der Santiago-Pilgerfahrt, 1990), 41–58 – E. A. R. BROWN, St-Denis and the T. Legend (The Cod. Calixtinus and the Shrine of St. James, 1992), 51–88 – J. VAN HERWAARDEN, Op weg naar Jacobus, 1992 – A. MOISAN, Le livre de St-Jacques ou Cod. Calixtinus de Compostelle, 1992 – K. HERBERS, Expansión del culto Jacobeo por Centroeuropa (El camino de Santiago, Camino de Europa, 1993), 19–43 – A. DE MANDACH, Naissance et développement de la chanson de geste en Europe, VI, 1993 – M. SOT, Un historien et son église au X$^e$ s.: Flodoard de Reims, 1993, 463–467, 636 – K. HERBERS, Politik und Hl.nverehrung auf der Iber. Halbinsel (Politik und Hl.nverehrung im HochMA, 1994), 177–276.

**Türplastik** → Portalplastik

**Turquetum** (Torquetum, turketum u.ä.), dreidimensionales astron. →Instrument, das die Funktionen einer →Armillarsphäre und eines →Astrolabs vereinigt. Es besteht aus einer Reihe von Scheiben (für Äquator, Ekliptik und Breite). Diese werden so eingestellt, daß die Kreise auf den Scheiben dieselbe Stellung einnehmen wie die entsprechenden Kreise am Himmel. Ein Himmelskörper wird durch eine Alhidade anvisiert, und seine Koordinaten werden mit Hilfe der Gradeinteilung auf den Scheiben abgelesen. An der Alhidade ist ein Halbkreis befestigt; auf einer durch ein Lot beschwerten Faden mit einer Perle kann die Höhe des Himmelskörpers (bzw. die Uhrzeit, gemessen in ungleichen Stunden; →Quadrant) bestimmt werden.

Der Ursprung des Instruments und auch seines Namens ist unbekannt. Wir wissen nicht, ob es von den Arabern erfunden wurde (das Universalinstrument des →Ğābir ibn Aflaḥ ist davon verschieden). Es wird in einer speziellen Arbeit von →Franco v. Polen (1284 oder früher) behandelt, etwa gleichzeitig auch in einem allg. astron. Traktat von →Bernhard v. Verdun sowie in anderen damit zusammenhängenden Texten. →Johannes v. Gmunden oder einer seiner Schüler verfaßte eine Arbeit über das Instrument. Eine ausführl. Abhandlung »De torqueto« stammt von Johannes →Regiomontanus (gedr. 1544). – Die →Kometen von 1299 und 1301 wurden mit Hilfe des T.s beobachtet (Peter v. Limoges). Die ältesten erhaltenen Instrumente stammen aus dem Besitz von Martin Bylica (hergestellt von Hans Dorn) und →Nikolaus v. Kues. R. Lorch

Lit.: L. THORNDIKE, Franco de Polonia and the Turquet, Isis 36, 1945–46, 6–7 – E. ZINNER, Dt. und ndl. astron. Instrumente des 11.–18. Jh., 1956, 177–183, T. 11 – E. POULLE, Bernard de Verdun et le turqet, Isis 55, 1964, 200–208.

**Turribius**, Bf. v. →Astorga (Asturica Augusta), † um 480 in Astorga. Er pilgerte ins Hl. Land, wo er zum Priester geweiht wurde. Nach seiner Rückkehr besuchte er in Rom Papst Leo I. Mitte 5. Jh. zum Bf. v. Astorga erhoben, bekämpfte er den Priscillianismus (→Priscillian), u.a. in schriftl. Form. Als Theoderich II. Astorga zerstörte, wurde er gefangengenommen, aber später befreit. J. M. Alonso-Núñez

Lit.: DHEE IV, 2575 – Dict. encyclopédique du Christianisme ancien, II, 1990, 2493 – L. ALONSO LUENGO, Santo Toribio de Astorga, 1939 – Hist. de la Iglesia en España, I, hg. R. GARCÍA VILLOSLADA, 1979.

**Türst, Konrad**, Arzt, * um 1450 in Zürich, † 1503 ebd., Sohn eines Fraumünster-Chorherrn, Studium in Basel, Pavia (Lic. med. 1482, Dr. med. 1482/83) und Ingolstadt; 'Assistent' Konrad Heingartners in Bern 1482–85; Stadtarzt in →Zürich ab 1489, 1499 durch Maximilian I. zum ksl. Leibarzt berufen. T. stand in engen Verbindungen zum Mailänder Hof (→Ludovico il Moro; Gian Galeazzo →Sforza) und zur Berner Landesregierung, hier insbes. zum Landeshauptmann Rudolf v. Erlach. – Als Repräsen-

Prof. Dr. Ljubomir Maksimović
Filozofski fakultet, Beograd: *Geschichte Südosteuropas*

Prof. Dr. Helmut Meinhardt
Zentrum für Philosophie und Grundlagen der Wissenschaft, Universität Gießen: *Philosophie und Theologie des Mittelalters*

Prof. Dr. Volker Mertens
Germanisches Seminar, Freie Universität Berlin: *Deutsche Literatur*

Prof. Dr. Peter Moraw
Historisches Institut – Landesgeschichte, Universität Gießen: *Deutsche Geschichte im Spätmittelalter*

Prof. Dr. Hubert Mordek
Historisches Seminar, Universität Freiburg i. Br.: *Kanonisches Recht; Kirchengeschichte und Kirchenverfassung*

Prof. Dr. Dr. Hans-Georg v. Mutius
Seminar für Semitistik, Universität München: *Geschichte des Judentums*

Prof. Dr. Erwin Neuenschwander
Institut für Mathematik, Universität Zürich: *Geschichte der Mathematik, Astronomie und Mechanik*

Mrs. Stella Mary Newton, London: *Kostümkunde*

Prof. Dr. Dr. h.c. Konrad Onasch, Halle/Saale: *Russische Kunst*

Prof. Dr. Paul Ourliac
Institut d'Études Politiques, Université des sciences sociales, Toulouse: *Romanisches Recht*

Prof. Dr. Edith Pásztor
Istituto di Storia Medioevale, Università di Roma: *Häresien*

Prof. Dr. Alexander Patschovsky
Fachgruppe Geschichte, Universität Konstanz: *Häresien*

Dr. Joachim M. Plotzek
Erzbischöfliches Diözesan-Museum, Köln: *Buch-, Wand- und Glasmalerei, Mosaikkunst*

Prof. Dr. Günter Prinzing
Historisches Seminar, Abt. Byzantinistik, Universität Mainz: *Byzantinische Geschichte und Kultur*

Prof. Dr. Adolf Reinle, Zürich: *Skulptur*

Prof. Dr. Marcell St. Restle, München: *Byzantinische Kunstgeschichte*

Prof. Dr. Michael Richter
Fachgruppe Geschichte, Universität Konstanz: *Keltologie*

Prof. Dr. Jonathan Riley-Smith
Royal Holloway College, London University: *Geschichte der Kreuzzüge*

Prof. Dr. Burkhard Roberg
Historisches Seminar, Universität Bonn: *Kirchengeschichte und Kirchenverfassung*

Prof. Dr. Werner Rösener
Max-Planck-Institut für Geschichte, Göttingen: *Agrar- und Siedlungsgeschichte*

Prof. Dr. Luciano Rossi
Romanisches Seminar, Universität Zürich: *Romanische Literaturen und Sprachen (Teilbereich)*

Prof. Dr. Walter Rüegg, Veytaux: *Humanismus; Universitäten, Schulwesen*

Prof. Dr. Hans Sauer
Institut für Anglistik/Amerikanistik, Technische Universität Dresden: *Altenglische Literatur; Mittelenglische Literatur*

Prof. Dr. med. et phil. Heinrich Schipperges, Heidelberg: *Geschichte der Medizin*

Prof. Dr. Peter Schreiner
Institut für Altertumskunde. Abt. Byzantinistik, Universität Köln: *Historische Grundwissenschaften in Byzanz, Südost- und Osteuropa*

Prof. Dr. Ursula Schulze
Germanisches Seminar, Freie Universität Berlin: *Deutsche Literatur*

PD Dr. Dr. Sigrid Schwenk
Forstwissenschaftlicher Fachbereich, Universität Göttingen: *Jagdwesen*

Prof. Dr. Klaus von See
Institut für Skandinavistik, Universität Frankfurt: *Skandinavische Literatur; Politische und Rechtsgeschichte Skandinaviens* (unter Mitarbeit von Dr. Harald Ehrhardt)

Prof. Dr. Josef Semmler
Abt. Mittelalter, Universität Düsseldorf: *Mönchtum*

Prof. Dr. Rolf Sprandel
Institut für Geschichte, Universität Würzburg: *Handel, Gewerbe, Verkehr, Bergbau, Bankwesen*

Prof. Dr. Heinz Stoob
Institut für vergleichende Städtegeschichte, Münster: *Städtewesen*

Prof. Robin L. Storey, M.A., Carlisle: *Englische Geschichte im Spätmittelalter*

Prof. Dr. František Svejkovský
Dept. of Slavic Languages and Literatures, University of Chicago: *Slavische Literaturen*

Prof. Dr. Giovanni Tabacco, Torino: *Geschichte Italiens im Spätmittelalter*

Prof. Dr. Andreas Tietze, Wien: *Geschichte der Osmanen*

Prof. Dr. Adriaan Verhulst
Faculteit van de Letteren en Wijsbegeerte, Rijksuniversiteit Gent: *Agrar- und Siedlungsgeschichte; Geschichte der Niederlande*

Prof. Dr. Giulio Vismara, Milano: *Italienische Rechtsgeschichte*

Dr. Ludwig Vones
Historisches Seminar, Universität Köln: *Geschichte der Iberischen Halbinsel*

Prof. Dr. Peter Weimar
Rechtswissenschaftliches Seminar, Universität Zürich: *Römisches und gemeines Recht*

Prof. Dr. Karl Ferdinand Werner, Paris/Rottach-Egern: *Geschichte Deutschlands und Frankreichs im Hochmittelalter*

Prof. Dr. Hartmut Zapp
Kanonistisches Seminar, Universität Freiburg i. Br.: *Kanonisches Recht*

Prof. Dr. Klaus Zernack
Geschichtswissenschaften Freie Universität Berlin: *Geschichte Ostmitteleuropas im Spätmittelalter*

## MITTEILUNG AN DIE BEZIEHER DER LIEFERUNGSAUSGABE

Das LEXIKON DES MITTELALTERS wird acht Bände mit je 1128 Seiten und einen Ergänzungsband umfassen. Je 10 Lieferungen zu je 7 Druckbogen (= 112 Seiten) und eine Titelei ergeben einen Band. Der Verlag behält sich vor, auch Lieferungen mit einem größeren Umfang und entsprechend höherem Bezugspreis zu disponieren. Zusammen mit der letzten Lieferung eines Bandes kann auf Wunsch eine Einbanddecke bezogen werden. Die Titelei erscheint mit der letzten Lieferung eines Bandes.

Die vorliegende Lieferung ist die 5. Lieferung des achten Bandes. Sie umfaßt 7 Druckbogen = 112 Seiten. Der Subskriptionspreis für die Fortsetzungsbezieher beträgt DM 50,– / SFr. 50,– / ÖS 365,–, der Einzelbezugspreis DM 60,– / SFr. 60,– / ÖS 438,–. Dieser Preis ist auf der Grundlage der Effektivkosten des Jahres 1993 berechnet.

### REDAKTION MÜNCHEN

Dr. Mag. phil. Gloria Avella-Widhalm
Dr. Liselotte Lutz
Roswitha Mattejiet, M. A.
Ulrich Mattejiet, M. A.

### ARBEITSSTELLE LEXIKON DES MITTELALTERS AM HISTORISCHEN SEMINAR DER UNIVERSITÄT ZÜRICH

Dr. Charlotte Bretscher-Gisiger
Dr. Thomas Meier

### ANSCHRIFTEN

für München:
LexMA Verlag, Hackenstraße 5, D-80331 München
Telefon (089) 23 68 03-0, Telefax (089) 26 44 99

für Zürich:
Arbeitsstelle LexMA, Münstergasse 9, CH-8001 Zürich
Telefon (01) 26 23 773, Telefax (01) 26 24 792

© 1996 LexMA Verlag GmbH, München.
Alle Rechte, einschließlich derjenigen des auszugsweisen Abdrucks,
der fotomechanischen und elektronischen Wiedergabe, vorbehalten.
Satz und Druck: Laupp & Göbel, Nehren b. Tübingen
Printed in Germany. ISBN 3-89659-875-9